現代と社会学

干川 剛史 著

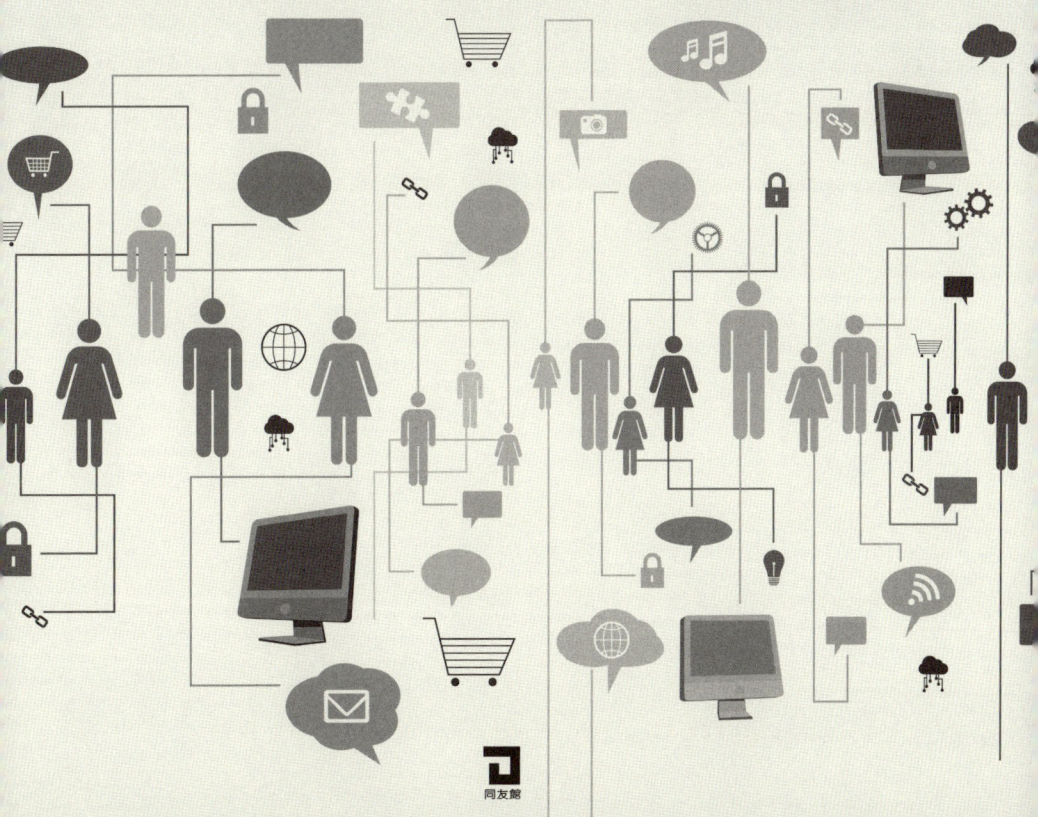

はじめに

　現代社会とは、簡単に言ってしまえば、私たちが今生きている社会ということになるであろう。そうであるならば、1980年代以降に生まれた若者世代と第二次世界大戦後から1970年代にかけて生まれた中年世代、戦前・戦中に生まれ育った高齢者世代の間では、それぞれが生きてきた時代や生活環境が大きく異なるため、必然的に現代社会の見え方も違ってくるであろう。

　現代社会の見方には、社会学という一つの学問の中にも様々なものがあるが、そうした多様な社会の見方について第1部「現代社会の基礎論」の中で詳しく扱うことにする。

　そこで、第1章では、まず、最初に著者独自の観点から現代社会の構造をとらえる。次に、第2章では、現代社会をとらえるための道具である社会学の諸概念について説明し、そして、第3章では、19世紀の中頃に社会学が成立してから今日に至るまでの体系的な社会のとらえ方である社会学理論の主なものについて論じる。

　ところで、現代社会の特色を作り出す変化としてどのようなものがあるのか。これについては、第2部「現代社会の特色と諸問題」で考察することにする。

　そこで、現在の日本社会に焦点を置けば、まず、日本の社会に戦後の高度経済成長に伴なって大きな進展を見せた都市化による地域社会の変容があげられるであろう。これについては、第4章で論じることにする。

　また、少子・高齢化、つまり、生まれてくる子どもの数が減少し、高齢者の数が増えていく社会現象であり、それが進展することで、人々の健康や生活を守る医療・福祉・年金などの社会制度の抜本的な改革が迫られるようになっている。この少子・高齢化については、第5章において結婚と家族の変化について扱う際に取り上げ、第6章では、1990年代から拡大が見られる世代間・男女間・地域間の格差について、多様な統計データに基づいて考察する。

次に、身近なものとして、情報化があげられるであろう。端的に言えば、多くの人々がスマートフォン・携帯電話やパソコンでインターネットを通じて様々な情報を「いつでも、どこでも、誰とでも」やり取りできるようになったのである。こうした情報化については第7章でくわしく論じることにする。

　さらに、第8章では、情報化や少子・高齢化、都市化などの大きな社会の変容によって生じる様々な社会問題に対して身近なところから志をもつ人々が多様なやり方で取り組んでいく活動、すなわちボランティアについてとりあげ、こうした活動がどのように社会を変える可能性をもつのか、また、その可能性が現実のものとなるにはどのような課題があるのかについて論じることにする。

目　次

はじめに

第1部　現代社会の基礎論

第1章　現代社会の構造　3
（1）現代社会を構成する10の社会的諸領域　3
（2）公共圏を取り巻く9つの社会的諸領域　4
（3）公共圏と社会的諸領域とが重なりあう領域　5

第2章　現代社会をとらえるための基本的な考え方　9
（1）社会的行為とコミュニケーション　9
（2）社会関係　12
（3）社会組織と社会集団　14

第3章　現代社会と社会学理論　21
（1）現代社会のとらえ方　21
（2）社会実在論　21
（3）社会唯名論　28
（4）社会実在論と社会唯名論の対比　32
（5）社会学理論の統合と今日の社会学理論の潮流　32

第2部　現代社会の特色と諸問題

第4章　都市化と地域社会の変動　39
（1）産業の発展と都市化　39
（2）都市的生活様式の特徴　43
（3）生活の社会化・個人化による生活基盤の居住地から社会的ネットワークへの移行　47
（4）生活諸問題と地域コミュニティ再構築の可能性と課題　49

（5）社会関係資本と地域コミュニティ再構築　87
　　（6）社会関係資本と地域社会の勢力構造　95
　コラム①　「灰干しプロジェクト」の展開　100

第5章　現代社会と家族　109
　　（1）家族とは何か　109
　　（2）核家族と家族の3形態　110
　　（3）家族の変容　115
　　（4）少子化と晩婚化・未婚化　128

第6章　格差社会と不平等　143
　　（1）日本は格差社会か？　143
　　（2）世代間の格差　151
　　（3）男女間の格差　155
　　（4）格差・少子化社会の課題　183

第7章　情報化の進展と社会生活の変容　201
　　（1）情報化とは何か　201
　　（2）情報化進展の現状　202
　　（3）情報化による日常生活の変化　209
　　（4）デジタル・メディア社会の課題　221
　　（5）インターネットと社会関係資本　268
　コラム②　インターネットの歴史　276

第8章　現代社会とボランティア　279
　　（1）ボランティアとは何か　279
　　（2）ボランティア活動の現状と課題　280
　　（3）東日本大震災とボランティア　306
　　（4）デジタル・ネットワーキングの可能性　334

あとがき
索　引

第 1 部
現代社会の基礎論

第1章　現代社会の構造

　現代社会、すなわち今日の日本社会がどのような姿をしているかを、著者独自の観点である「ネットワーク公共圏モデル」から説明してみたい。

　このモデルの前提となる考え方は次の通りである。今日の日本社会は、社会全体の存続や発展に不可欠な社会的機能を担う社会的諸領域に分化し、それらの社会的領域の間で膨大な量の情報のやりとりや様々な社会的活動を通じて分業と協働が行われることで、社会全体が成り立っているという考え方である。

　このような考え方は、社会が成立するために必要な社会的機能に着目して社会の仕組みと構造を解明しようとする「社会システム論」の流れを汲むものであり、情報化が進展した現代社会の状況に適するように考案された説明図式である。

（1）現代社会を構成する10の社会的諸領域

　著者が提唱する「ネットワーク公共圏モデル」では、現代社会は、公共圏を中心にした10の社会的領域から成り立っている。まず、公共圏と他の9つの社会的諸領域（市場経済圏、行政圏、司法圏、マスメディア圏、エンターテイメント圏、アカデミック圏、スピリチュア圏、ライフケア圏、親密圏）の関係は、図1－1で表される（干川 2014：192）。

　ここで、「ネットワーク公共圏モデル」という図式は、現代社会のあるべき姿を示しつつ現実の社会構造を描き出すために用いられる道具としての理念型である。

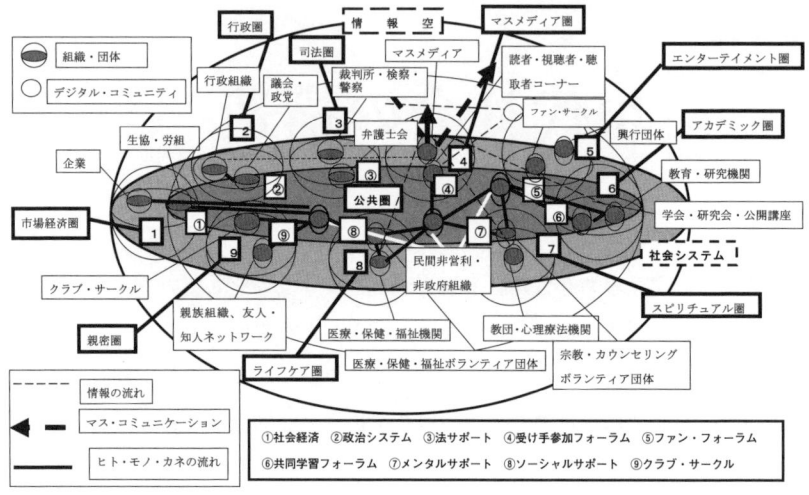

(出典) 著者作成

【図1-1　現代社会の構造（ネットワーク公共圏モデル）】

（２）公共圏を取り巻く９つの社会的諸領域

　公共圏を取り巻く９つの社会的諸領域について、時計回りに説明すると、１「市場経済圏」は、様々な種類の企業が、財やサービスの生産・流通を通じて、商品を消費者に供給しながら利潤の追求を行なう社会的領域である。次に、２「行政圏」は、政府や自治体などの行政機関が、企業や納税者個人から徴収した税をもとに社会基盤の整備や行政サービスを行う社会的領域である。また、３「司法圏」は、法制度に基づいて、裁判所や検察・警察が、不正な行為の発生の抑止と紛争の処理を行う社会的領域である。

　他方で、４「マスメディア圏」は、新聞・テレビ・ラジオなどのマスメディアが、社会的諸領域から社会的に重要な情報を収集し、情報を伝達する社会的領域である。

　それに加えて、５「エンターテイメント圏」は、興行団体が提供するスポーツ・音楽・芸能・ゲーム・ギャンブルなどを通じて、人々が夢や熱狂、楽しみや癒しを得る社会的領域である。

そして、6「アカデミック圏」は、教育・研究機関において、高度な専門知識・技術をもつ専門家を通じて、人々が社会生活に必要な知識や技術を学習する社会的領域であり、7「スピリチュアル圏」（精神世界）は、信仰やカウンセリングをつうじて、人々が病・老・死など人生の苦難に直面することで生じる苦悩を和らげ、心の平安を得る社会的領域である。8「ライフケア圏」は、医療・保健・社会福祉等の諸機関から提供されるサービスをつうじて、病者・障害者・社会的弱者が、生命の維持・健康の維持・増進、生活・生計の維持・改善を図る社会的領域であり、9「親密圏」は、家族・親族組織、友人・知人といった身内や仲間内の者の間だけで相互扶助や娯楽を行うことを通じて、生計を維持したり、やすらぎを得たりする社会的領域である。

（3）公共圏と社会的諸領域とが重なりあう領域

図1－1における公共圏とそれぞれの社会的諸領域とが重なりあう領域について説明すると、公共圏と市場経済圏が重なりあう領域が①「社会経済」であり、これは、市民が共同して安全・安心な商品やサービスを入手するために、生活協同組合やワーカーズコレクティブなどの営利を目的としない協同的経済組織が組織され運営される領域である。また、公共圏と行政圏が重なりあう領域である②「政治システム」は、公共圏において世論という形で表明される民意が、政党政治や選挙を通じて政策決定へと反映される領域である。また、③「法サポート」は、法的に不正な行為により人権が侵害されている人びとを弁護士や人権擁護団体が協力し合って救済する領域である。

そして、④「受け手（視聴者・聴取者・読者）参加フォーラム」は、公共圏とマスメディア圏が重なりあう領域であり、そこでは、読者や視聴者、聴取者というマスメディアの受け手が、様々なテーマについて電話・FAX・インターネットなどを利用して投書・投稿・発言などで意見表明を行い、マスメディアを通じて世論が形成されていく。

それに加えて、公共圏とエンターテイメント圏が重なりあう領域が、⑤「ファン・フォーラム」であり、スポーツ・音楽・映画・芸能・ファッション・アト

ラクション・ゲーム・ギャンブルなどに関心をもつ人々（ファン）が、自分の好むアスリート・アーティスト・アクター・タレント・モデル、ファッション・アトラクション・ゲーム・ギャンブルについてイベントやインターネットによって意見交換・交流が行われファン・サークルが形成され、様々な活動が行われる。

　さらに、公共圏とアカデミック圏が重なりあう領域が、⑥「共同学習フォーラム」であり。ここでは、様々な専門分野に関心をもつ市民と専門家が、共通の関心事についての意見交換や議論をつうじて、相互理解・啓発や解決策の探究を行い、問題解決に取り組む。

　他方で、公共圏と「スピリチュアル圏」が重なり合う領域が、⑦「メンタルサポート」であり、支援者が宗教者やカウンセラーと協力し合あいながら、ボランティア団体を組織し、人生の苦悩に直面する人びとが心の平安を得られるように支援する領域である。また、公共圏とライフケア圏が重なりあう領域が、⑧「ソーシャルサポート」であり、病者・障害者・社会的弱者の支援のために、市民が、医療・保健・福祉分野の民間非営利組織を組織し運営する領域である。

　最後に、公共圏と親密圏が重なりあう領域⑨「クラブ・サークル」であり、これは、共通の趣味や関心事をもつ人たちが意見や情報の交換を行い、活動を展開する領域である。

　そして、公共圏は、「個々の社会的領域だけでは対処しきれない、環境、福祉、大災害のような社会全体に関わる大きな問題に対して、各社会的領域で職業活動や日常生活を営む人々が、共通の問題関心を持って、新しい発想のもとに、自発的に、それぞれの社会的領域から諸資源（ヒト・モノ・カネ・情報等）を調達しながら緊張関係を保ちつつ互いに連携し合って取り組んで行く社会的領域、いわば市民活動に支えられた社会的実験場としての領域である」（干川2014：86）。

　そして、公共圏が成立するためには、インターネットなどのコミュニケーション・メディアを通じて、ヒト・モノ・カネ・情報等の諸資源が社会的諸領域から供給され、それらの諸資源が市民活動で活用されることを通して、各種の市民活動を担う人々や諸組織・団体（市民やNPO・NGO）が連携しながら活動

を展開し、それらの間で、また、各社会的領域の活動主体（企業、行政機関、マスメディア、専門家、個々人）との間で社会的ネットワークが張り巡らされることが必要である。

　以上のように、「ネットワーク公共圏」モデルの観点から現代社会の構造を描き出した。
　このようなモデルは、社会全体を包括的にとらえて構造を明らかにしようとする図式であるが、このような図式は、多角的に社会をとらえようとする社会学という学問においては、一つの社会のとらえ方にしか過ぎない。
　そこで、第2章では、現代社会をとらえるための社会学の基本的な考え方について論じることにする。

［参考文献］
・干川剛史（2014）『デジタル・ネットワーキングの展開』晃洋書房

第2章 現代社会をとらえるための基本的な考え方

　現代社会をとらえる際の基本的考え方は、社会は最低二人の人間がいれば成り立ち、社会が成り立つためにはそれらの人々の間で社会的行為とコミュニケーションが繰り返し行われ、社会関係が形成されることが不可欠であるという考え方である。

　そこで、社会をとらえる最初の出発点として社会的行為とコミュニケーションについて論じる。

（1）社会的行為とコミュニケーション
（1-1）社会的行為

　社会的行為（social action）とは、他者に向けて、何らかの意図をもって行われる行動（behavior）である。

　ここで、行為は、意図をもって行われる行動のことであり、熱くなった鍋に手が触れて思わず手を引っ込めるというような反射的な行動とは区別される。

　そして、社会的行為の社会的性質には、1）相手との関係の中で行われるということと、2）言語・文化と行為者独自の解釈枠組に基づくということをあげることができる。

　ところで、社会は、最低二人の人間がいれば成立する。そこで、最小の社会構成員2名の間でのコミュニケーションと社会的行為の循環過程を、図2－1で示す。

　社会構成員の間で何らかの行為が行われる場合、それが互いに納得の行く形で円滑に行われるためには、社会構成員の間で、コミュニケーションを通じて意思の疎通がなされる必要がある。

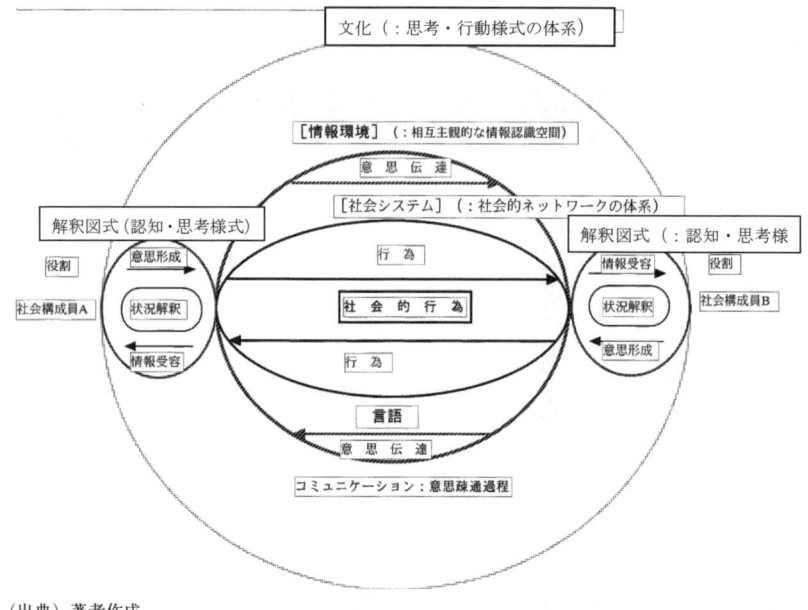

(出典）著者作成

【図2－1　社会的行為とコミュニケーション】

　まず、社会構成員Aは、その認知・思考過程で、ある考え（例えば、「今晩、Bと一緒に飲食をしたい」）をいだき（意思形成）、その意思を言語や表情・身振りなどの記号を用いて情報として社会構成員Bに伝えようとする（意思伝達）。そして、Bは、Aの言ったこと（情報）を解釈してAの意思を把握し（「Aは、私と今晩、飲食したいと言っているのではないか」）（情報受容）、それが可能かどうか状況を解釈した上で、自分がそうしたいかどうかを考え（意思形成）、返事をする（「今晩は、予定が入っていないので、大丈夫」だと言う）（意思伝達）。

　次の段階として、Aは、Bの返事（情報）を聞いて解釈し、Bの意思を把握し、状況を解釈しながら、具体的な提案を行う（「‥時に、～で」どうか？）。Bは、その提案（情報）を聞いて解釈し、Aの意思を把握し（情報受容）、状況を解釈した上で、自分がそれでよいかどうかを考え（意思形成）、返事をす

る（「その時間と場所で、よい」と言う）。

　このようなコミュニケーション（意思疎通過程）を経て、お互い納得した上で、AとBは、特定の時間と場所で、（飲食という）社会的行為を行うことになる。

（1－2）言語と文化
　言語とは、社会構成員の間で事物の意味を伝達・共有するために使用される記号（シンボル）体系であり、社会的行為が行われる際には、思考過程で行為の意図の明確化、手順の計画化、自己の行為に対する他者の反応の予測・期待を行い、自己の行為の仕方を定める働きをする。

　また、文化とは、特定の社会・時代において人々が共有する思考・行動様式の体系であり、社会構成員の間で行為が円滑に行えるように状況に応じた適切な行為の仕方を指示する。そして、文化の構成要素としては、行動文化、物質文化、精神文化がある。

　行動文化は、社会規範（慣習・道徳・法）、技術（状況に応じた対処の仕方）、社会制度（目的達成のための諸手続きの体系）などの社会的行為を方向づける社会的諸規則から構成されている。

　物質文化は、行動文化に従って社会的行為の目的を達成するのに必要な手段としての道具、機械、設備、施設である。

　そして、精神文化は、狭い意味での文化であり、科学的知識や常識、芸術、価値体系（宗教・思想）など人々の世界観・人生観を方向づけるものである。

　ここで、言語を媒介としたコミュニケーションが行われる場が、相互主観的認識空間である「情報環境」であり、社会的行為が行われる場が、社会的ネットワークの体系である「社会システム」である。

　そして、コミュニケーションと社会的行為は、思考・行動様式の体系である文化、直接的は行動文化に従って行われることで円滑なものとなり、社会構成員相互にとって納得の行くものとなるが、それが可能になるのは、社会構成員A、Bそれぞれが、成長過程において周囲の人たちとコミュニケーションと社

会的行為を繰り返しながら文化を学習すること（社会化）を通じて、認知・思考過程を方向づける解釈図式を形成し（文化の内面化）、特定の状況で期待される役割に基づいてコミュニケーションと社会的行為を行うことができるからである。

（2）社会関係
（2−1）社会関係とは何か
　『社会学辞典』(1958) によれば、社会関係とは、「社会集団の構成要素である自我および他者の間に、比較的持続的かつ安定的な相互接触が行われ、互いに他に影響を与え、行動を規制しあっているとき、この両者の間には社会関係が成立している」とされている。そして、「社会関係の基礎をなしているのは、一定したパターンをもってくりかえされる相互作用である」（福武他 1958：342）。

　したがって、社会関係（social relations）とは、持続的に行われる社会的相互行為から形成される社会構成員間の関係であるといえるであろう。

（2−2）社会関係が成立するための条件
　社会的相互行為が持続するための条件としては、まず、1つは、社会構成員相互の解釈の一致、つまり、社会構成員相互の間で、相手の意図や状況についての解釈に大きなズレが生じていない状態である。これを可能にするのが、社会構成員が共有する言語と文化と、それを各社会構成員が習得することによって形成される解釈枠組の類似性である。

　もう一つが、社会構成員の間で相互に抱く期待に応じて行為が行われ、期待が満たされている状態である期待の相互（充足）性である。

　この二つの条件が、満たされることで、社会構成員の間で相互行為が持続・安定し、社会関係が形成・維持されるようになる。

　したがって、社会構成員の間で言語と文化が共有されておらず、それぞれの解釈図式が異質であり、相互の期待が満たされない場合は、怒りやあきらめが

生じ、社会的相互行為が中断され、社会関係が形成されない、また、消滅することになる。

（2−3）社会関係の分類

ところで、ジンメル（Georg Simmel、1858 〜 1918）は、社会関係論の出発点とされている心的相互作用説を提唱し、社会化（社会的相互作用・相互影響の過程）の形式として服従（優位と下位）・対立（軋轢と闘争）をとりだし、また形式を規定する量的限定や空間的条件を分析した。そして、社会関係の概念を最も重要なものとして社会学の中心に位置づけたのは、内的結合説のフィーアカント（Alfred Ferdinand Vierkandt、1867 〜 1953）と関係学のヴィーゼ（Leopold von Wiese、1876 〜 1969）である。

このようなジンメルらの考え方によれば、社会関係は、「結合と分離」の二つの要素の織りなされたものである（福武他 1958：343）。

そして、社会学の一般的な考え方では、社会関係は、対等者間の結合関係（協同）と反対関係（分離）にわけられ、これらに不等者間の上下関係が加えられる（濱島他 1997：250）。

まず、①結合関係（協同）とは、共通の目標達成を目指して行われる相互行為によって形成される助力と協力といった関係である。

それに対して、②反対関係（分離）とは、相互の敵意・攻撃・無関心・拒否といった否定的態度やそれに基づく相互行為によって成立する、対立、無視、競争、闘争などの関係である。つまり、反対関係（分離）は、相互の誤解、利害の対立に基づく緊張的関係であり、それがより一層深まると関係の断絶に至る。

他方で、③上下関係は、力、すなわち、物理的力、知識・技術、権限などの格差に基づいて行われる相互行為によって成立する、職務上・教育上などの関係である。

ところで、複数の行為者間で取り結ぶことのできる社会関係の数は、$Y = (X^2 - X) \div 2$（X：行為者の数）という公式（多角形の対角線の数を導き出す公

式と同じ）で算出することができる。例えば、2人の行為者の間で取り結ぶことの出来る関係の数は、$(2^2-2)÷2＝2÷2＝1$であるが、しかし、20人になると、$(20^2-20)÷2＝(400-20)÷2＝380÷2＝190$という膨大な数になってしまう。

　このように、行為者の数が増加すると、社会関係を一つ一つ詳細に描き出すことが非常に困難になってしまうために、多数の行為者が作り出す関係のまとまりを表す概念が必要となり、それが、組織・集団という概念である。

（3）社会組織と社会集団
（3-1）社会組織
　社会組織（social organization）とは、「社会の互いに合い異なる行動を営む構成員が、ある一定の目的に到達するために、特定の機能の遂行に適するよう

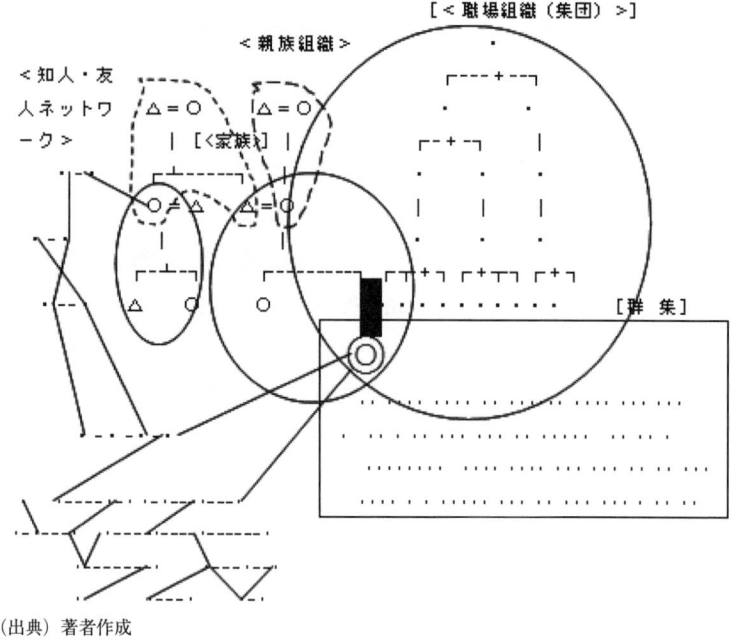

（出典）著者作成

【図2-2　社会組織と社会集団の事例】

に、一定の秩序のもとに結合される規則的な相互作用の様式」（福武他 1958：367）によって構成される社会関係の複合体である。

　すなわち、社会組織は、**図2-2**のように、親族組織、職場組織、知人・友人ネットワークなどのように、夫婦関係・親子関係、上司―部下・同僚関係、知人・友人関係などの複数の社会関係が複雑に絡み合ってできあがっている。

　一定の目的を達成し存続している社会組織には、親族組織における家父長、政治組織における政府のような機関の存在が認められる。近代社会では全体社会そのものが目的をもつとはいえないから、社会組織は典型的には部分社会ないし集団の内部の組織として存在する（濱島他 1997：259）。

　つまり、社会組織は、全体社会の「内部に形成される一機構であって、それ自体、ある機能を営むための活動力をもち、このような活動を遂行するために、それは常に機関を備える。いいかえれば社会組織は、機関としての人間または集団によって構成されそのおのおのは密接な相互関連性を保ちながら、組織全体としての、一定の目的にかなった行為を推進するための機能をもつ」、そして、「社会組織は、その活動と能率を促進するために、構成員の間に分業と協業を確立することによって、これに密接な相互関係をもたらすものである」（福武他 1958：367-368）。

　このように古典的な社会組織の定義では、企業組織や行政組織などの明確な目標と役割分業に基づいた非常に緊密な関係から成る社会組織が前提とされているが、しかし、実際には、社会組織には、親族組織や知人・友人ネットワークといった目標や役割分業が不明確で緩やかな関係が形成されるものも含まれるので、ここでは、「社会組織とは、社会関係の複合体である」という最も広い意味の定義をしておくことにしよう。

（3-2）社会集団

　社会集団とは、「複数行為者のあいだの相互行為や相互関係に規則性と持続性が見られ、彼らのあいだにある程度共通の志向が分有されている」集合体であり、「多かれ少なかれ、①共有の目標ないし関心（これが集団の性格・機能

を規定する)、②地位や役割の分化と、それに対応した③規範または行為準則(ともに目標達成に向けて成員の意志や行動を動機づけ、規制する)、④われわれ意識ないし共属意識などの存在を特徴とし、それらが成員間の相互行為や相互関係の規則性・持続性・安定性・凝集性を保障する」(濱島他 1997：285)。

つまり、社会集団は、構成員の間で共通の目標・関心、共属意識(=「われわれ感情」)が共有されることによって、構成員と非構成員とを明確に区別できる行為者の集合体のことであり、家族、企業、群集、大衆など、その目標、地位や役割の分化の程度が異なる様々な社会集団が存在する。

社会集団の社会的機能としては、「その目標達成によって直接・間接に社会全体に貢献し、人間と社会を媒介する中間項として働き、とくに成員欲求の充足を行う点などが挙げられる」(濱島他 1997：285)。

（3－3）社会組織と社会集団の関係

社会組織と社会集団の違いは、構成員の間の地位・役割関係が明確であるか

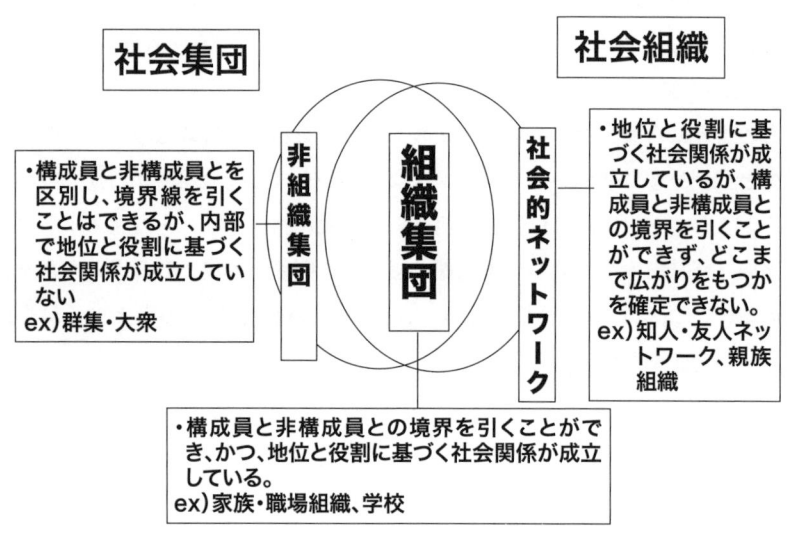

(出典) 著者作成

【図2－3　社会組織と社会集団の関係】

否か、構成員と非構成員との間の区別が明確にできるか否かである。

つまり、**図2-3**のように、家族、職場組織、学校など、日常的に人々が社会組織または集団と呼ぶものは、地位と役割に基づく関係が成立し、構成員と非構成員との区別ができる社会組織と社会集団両方の性質を兼ね備えた「組織集団（organized group）」である。

ここで、組織集団とは、「集団成員間に役割分担がなされ、その役割にもとづいて各成員の活動が相互に調整され、共同目標に向けて協働しあう集団」である。そして、人々の集まりが組織的集団である要件は、共同目標、成員の活動を規定する地位と役割の配分、地位と役割を規定する規則・規範、そして地位と役割にもとづく協同関係である。

しかし、社会集団の中には、このような要件を備えていない人々の集合体、つまり、構成員と非構成員との区別ができるが、内部で地位と役割に基づく社会関係が成立していない「非組織集団（unorganized group）」がある。

その典型的なものが、街頭の「群集」であったり、映画やスポーツを見るために集った「観客」であったり、また、マス・メディアなどを媒介にして一定の世論を形成する「大衆」などである。このような非組織的集団には、共通目標はあっても共同目標を協働して達成しようとする協同関係はない（濱島他 1997：396）。

他方で、社会組織の中には、地位と役割に基づく社会関係が成立しているが、構成員と非構成員との境界を引くことができず、どこまで広がりをもつかを確定できない知人・友人ネットワークや親族組織などの「社会的ネットワーク（social network）」がある。

ここで、社会的ネットワークとは、個々の社会構成員が、友人・隣人・親族・職場の人びと、教育・保健・医療・福祉機関等の専門家などのさまざまな人びとと何らか互助的・互酬的な関係をもちながら、社会生活を営むことによって形成される、個々の社会構成員を取り巻く社会関係の網の目のことである（濱島他 1997：266）。

（3－4）地位と役割

「地位」（status）とは、社会関係・社会組織における行為者の位置のことである。そして、地位には、性別・世代、家族の社会経済的地位のように生得的、歴史的・社会的に決定される「帰属的地位」と学歴、資格、職位のように才能や努力によって獲得される「業績的地位」に分けられる。

他方で、「役割」（role）とは、特定の地位を占める者に対して他者が期待する類型的な行動様式のことである。通常、個々の社会構成員は、複数の地位を持ち、それぞれに付与される「役割セット」（role set）をもつ。

例えば、著者は、大学教員であり、いくつかの学会の学会員であり、職場の同僚であり、世帯主であり、妻の夫であり、子どもの父親、ネコの飼い主‥‥というように、複数の地位を持ち、それぞれの地位に付与されている役割セットをもっている。

その中の大学教員という地位に付与される役割セットは、学生を教育する、研究をする、大学運営に携わるなどの役割によって構成される。

ところで、「差別」を地位と役割という観点から見ると、差別とは、「帰属的地位の違いによって業績的地位を得るための機会が平等に与えられていない状態である」といえるであろう。

そして、差別的な扱いは、特定の帰属的地位をもつ人に対して行う他者の決め付け的な期待（偏見）から生じると考えられる。

例えば、現代日本における男女の性別役割分業については、「女性は、家庭で家事・育児を行うべき」という決め付け的期待と「男性は、家族を養うために職業をもって働くべき」という決め付け的期待が、大多数の社会構成員によってあたりまえのものとして共有されていることが背景にあり、さらに、そのような期待によって正当化される社会規範や社会制度によって職場や学校、家族や地域などにおいて具体的に差別的な扱いが行われることになる。

したがって、性別役割に対する世間の人々の意識、そうした意識によって正当化される社会規範や社会制度が変化すれば、性別役割分業のあり方も変わることになるであろう。

（4－5）社会集団の分類の一例としての公式集団と非公式集団

　社会集団は、社会学においてはいくつかの基準によって分類されるが、その形成過程が意図的・人為的なものであるか否かという観点から、「公式集団」と「非公式集団」に分類される。

　まず、「公式集団」(formal group) とは、構成員の地位に伴う権限と責任によって明確に規定された構成員間の関係によって成り立つ官庁や企業、学校のような組織的集団であり、一定の施設・資金・人員・時間において最大限の成果を達成することを目指す原則である「効率の論理」に基づいて意図的・人為的につくられ、職務上の権限に基づいた上下関係が基本になって構成されている。

　その一方で、「非公式集団」(informal group) とは、公式集団の内部において構成員の感情や好みによって自然発生的に成立する仲間内の集団であり、好き嫌いや相性といった感情の論理に基づいて作られ、それらに基づいた暗黙の了解・掟によって存続・維持される。

　官庁や企業、学校というような公式集団に所属する人々は、日常的な仲間との交流を通じて、また仲間から存在を認められることで、個人は自分が誰であるかを確認し精神的安定性を得るため、生身の関係から成り立っている仲間内の集団である非公式集団に心の拠り所もとめる。

　このことからわかることは、個々人の行動は、所属するそれぞれの集団において好ましいとされる思考・行動様式（文化）にしたがって思考・行動するため、どのような家族や職業集団に、またどのような仲間集団に属しているのかによって大きな影響力を受けるということである。

　したがって、集団について考察することは、集団の中での個々人の思考・行動様式を理解するのに役立つといえるであろう。

［参考文献］
・片桐新自・永井和良・山本雄二編（2006）『基礎社会学』世界思想社
・濱島朗・竹内郁郎・石川晃弘編（1997）『社会学小事典［新版］』有斐閣
・福武直・日高六郎・高橋徹（1958）『社会学辞典』有斐閣

第3章 現代社会と社会学理論

（1）現代社会のとらえ方

　現代社会の特色としては、科学技術の発展・情報化・グローバル化・少子高齢化といった大きな社会的な変化と、それらがもたらす多様な社会問題の発生があげられる。

　そこで、社会の大きな変化の中で過去を振り返り、また他の社会と比較することで現在の社会状況を把握し、分析し、考察する手だてが必要となってくる。

　ところで、社会学という学問においては、その成立期から、社会の構造と変動をとらえ考察するための認識・分析・説明図式として、様々な観点から社会学理論が立てられ展開されてきた。その際に、社会をとらえるときの視点をどこにおくのかによって、社会学理論の多様性が生まれてくる。

　社会の構造と変動をとらえる際の立場として、社会の外側に観察者としての視点を置いて社会全体を観察対象として客観的にとらえようとする「社会実在論」と、社会の内側に行為者としての視点を置いて、社会的行為を出発点とする社会の構成過程に着目する「社会唯名論」という二つの立場がある。

（2）社会実在論

　社会実在論とは、社会は個人を超えた客観的な実在物であり、個人の行為は社会的条件によって左右されるとする立場である。

（2-1）コントの社会学理論

　その典型的なものが、社会学の創始者であるコント（Auguste Comte、1798-1857）の社会有機体説である。コントの社会有機体説は、生物有機体と

のアナロジー（類比）によって、社会を社会有機体、つまり生き物のからだと同じものとしてとらえ、社会の構造と動態を明らかにしようとする「社会静学」と社会の歴史的進化過程を明らかにしようとする「社会動学」の二つの分野に分けられている。

まず、社会静学は、社会の秩序だった働きがいかに可能であるかを明らかにしようとし、生物有機体の器官の分化と全体的統合の類比から、社会の諸部分の機能の専門化と全体的統合という観点を導き出し、社会を内部の分業と部分間の協調によって構成される有機体としてとらえている。

他方で、社会動学は、社会がどのように進歩していくのかを明らかにしようとし、コントは、次のような人類の知的進化・社会組織・政治組織それぞれについて「三段階（状態）の法則」を導き出した。

まず、人類の知的進化の法則については、思弁によって万物の根源としての超越的人格・存在を導き出し、それ基づいて、森羅万象を説明しようとする思考様式である「神学（宗教）的段階」から、思弁によって万物にあてはまる絶対的法則を導き出し、それに基づいて諸現象を説明する思考様式である「形而上学（哲学）的段階」を経て、観察と推論から一般的法則を導き出し、それに基づいて特定の現象を説明する思考様式である「実証的段階」に至るのである。

そして、実証的科学としての社会学は、コントによって近代社会の成立期における社会の現実の混乱と危機を乗り越える科学として構想されたのである。

また、このような人間の知的進化と対比する形で、コントは、社会組織の三段階の法則を導き出した。

それによれば、軍事的な社会関係を中心として、征服が行われ、奴隷制が敷かれる「軍事的社会」から、法律的な社会関係の下に、法律家が政治的舞台で活躍する「法律的社会」を経て、産業家が、支配的な地位を占める「産業的社会」に至るのである。

さらに、この社会組織の三段階の法則と対応する形で、神政→王政→共和政という政治組織の三段階の法則が導き出される。

（2－2）マルクスの社会理論

マルクス主義の創始者のマルクス（Karl Marx、1818 - 1883）は、社会構成体論によって社会の構造について説明し、史的唯物論によって生産様式の変化から社会の発展段階を説明している。

（2－2－1）社会構成体論

マルクスは、『経済学批判』序言（1859年）および『資本論』（1867年）において、社会構成体論を展開し、社会は土台（経済構造）と上部構造（政治・法制度、社会意識）から構成されていると社会構造について説明している。

マルクスによれば、図3－1のように、社会の土台にあたる経済構造は、生産諸関係の総体であり、生産様式によって規定されおり、上部構造に位置づけられる政治・法制度、社会意識（社会心理・イデオロギー）は、経済構造の変化によって、変化していくとされている。

ここで、「社会意識」とは、社会的相互行為の中で、社会構成員の心理的・意識的なレベルで共通の反応として生じる流動的な社会過程であり、「さまざまな階級・階層・民族・世代その他の社会集団が、それぞれの存在諸条件に規定されつつ形成し、それぞれの存在諸条件を維持し、あるいは変革するための力として作用する」（濱島他 1997：245 - 246）。

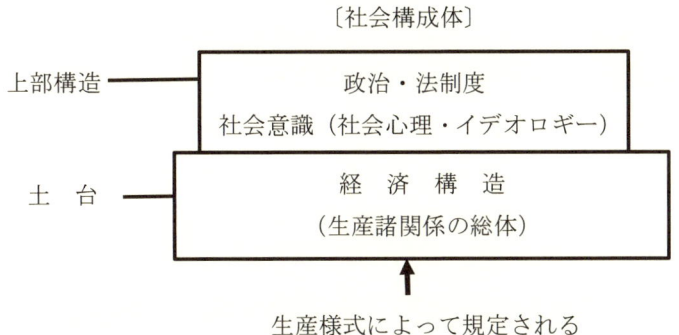

（出典）著者作成

【図3－1　社会構成体の図式】

社会意識は、「社会心理」と「イデオロギー」から構成される。まず、社会心理とは、慣習・伝統・イデオロギーなどの影響、経済・政治・文化の変化の影響を受けて自然発生的に生じる一貫性と構造をもった社会構成員によって共有される意識である。その具体的なものは、流行、偏見、国民性、社会的性格、漠然とした日常意識である（福武他 1958：361）。

　他方で、イデオロギーは、科学、芸術思想、宗教の教義、哲学思想、政治思想などとして体系化し、結晶化した、社会構成員が共有する観念・意識形態、体系化された明確な世界観である。具体的には、諸個人の生活に根底的な意味を与える「価値体系」や自己と環境、両者の関連について合理的な認識をもたらす「分析体系」、自己の願望と確信に基づいて潜在的エネルギーを意思によって活性化する「信念体系」、具体的な争点をめぐる意見の体系である「世論」がそれにあたる。

　ここで、イデオロギーという概念は、フランスの唯物論者デュスット・ド・トラシー（Desutt de Tracy）の『イデオロジー要論』（1804-15）において「イデオロジー」（iedologie［仏］）として成立し、マルクス＝エンゲルスの『ドイツ・イデオロギー』（1845-46）によって特定の階級や党派の利害を反映する観念・思想である「イデオロギー」（Ideologie［独］）として確立された（濱島他 1997：22）。

　ところで、社会の土台である生産諸関係の総体としての経済構造は、生産様式によって特徴づけられる。ここで、「生産様式」とは、社会の中での生産のされ方のことであり、生産力の水準と生産関係によって規定され、ある社会と別の社会を区別する指標となるものである。そして、「生産力」とは、経済活動のための技術的基盤である生産諸手段（道具、機械、動力源）の組み合わせである。また、「生産関係」とは、生産過程に参加する人間相互が生産手段の所有・非所有に基づいて結ぶ関係である、具体的には、主人－奴隷、領主－農奴、資本家－労働者といった関係である（濱島他 1997：353）。

　マルクス主義においては、生産力と生産関係との不均衡によって社会が変化していくとされている（濱島他 1997：352）。

しかし、マルクスによれば、これが当てはまるのは、封建的生産様式から近代ブルジョワ的生産様式への（ないしは、近代ブルジョワ的生産様式から共産主義への）移行過程のみであり、他の移行過程は、(生産力の増大とは無関係に)生産関係の変化によってのみ説明されるとされている。

(2−2−2) 史的唯物論

　史的唯物論とは、生産様式の変化から社会の発展段階を説明する理論である。

　マルクスは、『経済学批判』序言（1859年）において、「アジア的・共同体的生産様式」、「古代的生産様式」、「封建的生産様式」、「近代ブルジョワ的生産様式」、「共産主義（的生産様式）」という5つの発展段階を提示している。

　まず、アジア的・共同体的生産様式とは、低い生産力と生産手段の共有に基づく平等な生産関係によって構成される生産様式である。この生産様式は、稲作を中心に農耕を行うことで成立した中国・日本などの東アジアの村落共同体に特有のものである。

　そして、古代的生産様式とは、生産手段の所有者としての市民と、生産手段をもたず、強制的に生産労働に従事させられる奴隷との階級的生産関係によって構成される生産様式である。この生産様式は、古代ギリシャと古代ローマに特有のものであり、西暦476年の西ローマ帝国の滅亡による西ヨーロッパの封建制への移行によって、衰退した。

　次に、封建的生産様式とは、封建領主と小作農民との階級的生産関係によって構成される生産様式である。この生産様式は、中世の西ヨーロッパ、中国と日本などの東アジア諸国に見られる。

　この封建的生産様式は、18世紀から19世紀にかけて西ヨーロッパで生じた産業革命によって、近代ブルジョワ的生産様式に移行する。

　ここで、産業革命とは、18世紀から19世紀にかけて主に西ヨーロッパで起こった工場制機械工業の導入による産業の変革と、それに伴う社会構造の変革のことである。

産業革命において、水力・蒸気を利用する動力機械が発明され、また、植民地貿易によって得られた巨万の富が銀行を通じて資本として工業生産に投入されることで、工場制工業生産体制が確立され、生産諸力が飛躍的に発展する。
　この過程において、生産手段を所有し経済的実権と政治的発言力を得た産業資本家（ブルジョワ）が、領主・僧侶といった封建的諸階級と闘争を繰り返し、市民（ブルジョワ）革命という形で経済的・政治的実権を掌握し、近代ブルジョワ的生産様式に基づく近代国家体制が成立する（『共産党宣言』(1848年)）。
　こうして成立した近代ブルジョワ的生産様式とは、飛躍的に増大した生産力に基づく資本家と労働者との階級的生産関係によって構成される生産様式である。
　近代ブルジョワ的生産様式に基づく近代資本主義社会おいては、科学と技術の結合に基づく急速な技術革新によって生産諸力が連続的に増大する。その一方で、そこから生まれる富の配分を巡ってブルジョワ階級と労働者（プロレタリアート）階級の闘争が展開される。
　そして、マルクスは、このようなブルジョワ階級と労働者階級の闘争、すなわち共産主義革命を通じて、労働者階級が勝利を収めることによって、共産主義（的生産様式）が成立するという展望を示している。
　共産主義革命によって成立する共産主義（的生産様式）は、自由な労働者の協同組合的所有という形での生産手段の共有に基づく、階級対立が解消された平等な生産関係によって構成される生産様式である（『共産党宣言』(1848年)）。
　ところで、マルクスは『ゴータ綱領批判』(1875年)において、共産主義社会を低い段階と高い段階に区別し、低い段階では「能力に応じて働き、労働に応じて受け取る」、高い段階では「能力に応じて働き、必要に応じて受け取る」という基準が実現するという見解を述べた。また、資本主義社会から共産主義社会への過渡期における国家をプロレタリアート独裁（労働者による革命的独裁）とした。

（2−3） E．デュルケームの方法論的集合主義

エミール・デュルケーム（Émile Durkheim、1858年 − 1917年）は、『社会学的方法の規準』（1895年）において、社会学の研究対象は「社会的事実」であることを示した。

デュルケームが社会学独自の研究対象とした社会的事実とは、1）個人に対して外在し、個人に拘束を及ぼし、2）個人にではなく、何らかの集団を基体とし、3）個人的な表現物から独立した集団あるいは全体社会に共有された行動・思考の様式のことである。

そして、このような「社会的事実」を客観的かつ実証的に分析し、社会的事実と個人の行動様式の関連を統計に基づいて説明した研究成果が、『自殺論』である。

『自殺論』（1897年）によれば、自殺とは、当人自身によってなされた積極的・消極的な行為から直接・間接に生じる、当人自身にとって予知可能な結果としての自死であり、「自殺の潮流」という社会的次元における原因の結果として生じる。

『自殺論』は、自殺の社会環境的条件を社会の統合力（人々の関係の強さ）と規範の規制力（規範によるコントロールの強さ）とし、これらの状態と自殺率との関連について統計的データを用いて説明している。

つまり、自殺を個人の孤立した個人的行為として見るのではなく、個人が置かれている社会環境的条件と関連づけて説明しているのである。

そして、デュルケームは、『自殺論』において、社会の統合力と規範の規制力を分析軸として、自殺を以下のように分類している。

まず、一つ目の類型が「自己本位的自殺」であり、これは、社会の統合力が弱く、個人が心のよりどころを失い生きる意味を自覚できない場合に起こる自殺である。例えば、都市部の独居老人の自殺のように、周りに誰も知り合いがおらず、病気や経済状況の悪化を苦にして起こる自殺である。

2つ目の類型が、「集団本位的自殺」であり、これは、社会の統合力が強すぎて、社会によって自殺が義務づけられたり奨励されたりする場合に起こる自

殺である。例えば、日本の中近世の武家社会における武士の切腹や太平洋戦争中の玉砕や特攻攻撃における軍人の自死である。

そして、3つ目の類型が、規範の規制力が弱まり解体することで、無限に拡大した個人の欲求が満たされない場合に起こる「アノミー的自殺」である。例えば、1990年代前半のバブル景気の崩壊で株式投資に失敗した投資家の自殺などが、これにあたるであろう。

最後に、デュルケームは、『自殺論』の脚注において示唆しているだけであるが、この著作の翻訳者の宮島喬が訳注の中であげている第4の類型が、「宿命的自殺」である。これは、集団や社会の規範の規制が強すぎるために、個人の欲望が過度に抑圧されることで起こる自殺であり、例えば、軍隊を脱走し追い詰められた兵士の自殺などである。

自己本位的自殺とアノミー的自殺は、社会の変化が激しい社会（社会の統合力、規範の規制力が弱い社会）に多い自殺類型であり、集団本位的自殺や宿命的自殺は、身分秩序の厳格な社会（社会の統合力、規範の規制力が強い社会）に多い自殺類型であるといえるであろう。

（3）社会唯名論

社会唯名論とは、社会の中で客観的に実在するのは個人だけであり、社会は個人によって構成されるとする立場である。

（3－1）M．ウェーバーの理解社会学

M．ウェーバー（Max Weber（通称）Karl Emil Maximilian Weber（正式名称）、1864年－1920年）が『理解社会学のカテゴリー』（1913年）と『社会学の基礎概念』（1921年）において提唱した「理解社会学」とは、行為の主観的意味（動機・意図）を理解し、社会事象を行為過程と結果から因果的に説明する社会学理論である。

理解社会学の考え方によれば、社会事象は、事象を包む外的環境と、その事象に関与する行為者の主観的に思念された目的や動機に方向づけられながら生

じるのである。

　そして、ウェーバーは、『プロテスタンティズムの倫理と資本主義の精神』（1905年）において、このような理解社会学の観点から近代西洋資本主義の成立過程とそこから発生する問題を明らかにしようとした。

　それによれば、近代西洋資本主義を成立させる担い手となったオランダ、イギリス、フランスなどのプロテスタントの商工業者たちは、ルターの教義に従うことで、その職業を「天職」（神によって永遠の救いに召されるための世俗的活動である職業）として認識し、その職業活動を方向づける「エートス」（内面化された倫理に基づく行動への実践的機動力）として「現世での自分の職業に励み、質素・倹約に努める」という「禁欲的合理主義」を受け入れたのである。

　さらに、プロテスタントの商工業者たちは、「人びとが救われるかどうかは、全知全能の神によってすでに予定されている」というカルヴァンの「予定説」に従うことで、「自分の魂が救われるかどうかを確信する唯一の方法が、天職としての職業活動を通じて、隣人愛を実践しつつ、現世での自分の職業に励み、質素・倹約に努め、成功することである」と信じ、禁欲的合理主義に基づいて職業活動を全うしようとした。

　そして、プロテスタントの商工業者たちは、勤勉に職業活動を営み、質素・倹約に励み、そこから得た富を浪費せずに職業活動に投資し、事業を拡大しつつ成功を収め、資本家や企業家となって莫大な富を蓄積していく。

　これによって、近代西洋資本主義社会の金融基盤が成立し、その担い手としての資本家や企業家、熟練労働者といった「産業的中産者層」が形成され、それに加えて、動力を利用した生産技術が発明され工業生産に応用されることによって、近代西洋資本主義社会が成立する。

　近代西洋資本主義社会が確立され、進展していくにしたがって、資本家や企業家は、その営利事業を通じて、より大きな成功を収めようとして熾烈な競争を行うようになる。

　そして、この競争に勝つために、彼らは、勤勉と質素・倹約に励みつつ事業を拡大してより多くの収益を得ようとし、そこから得た収益を次から次へと事

業拡大のために投資して行くことによって「営利の自己目的化」が生じるようになる。

　つまり、自分の魂が救われるかどうかを確かめたいという宗教的信仰を出発点とする勤勉な職業活動と質素・倹約な生活態度が、宗教的動機から離れて営利競争に打ち勝つこと自体を目的とするようになったのである。

　この過程によって、近代西洋資本主義の本質である「功利主義的現世主義」、すなわち「資本主義の精神」に基づく営利活動が、今日に至るまでの近代資本主義社会を構築し進展させて行くことになったのである。

（3－2）心理学的社会学（J.G.タルド、G.ジンメル、C.H.クーリー、G.H.ミード）

　「心理学的社会学」とは、社会を成り立たせている「心的なもの」（個人の欲求や関心）に着目し、それをもった個人の間の相互作用という観点から社会的事象を説明しようとする社会学の方法論である。

　タルド（Jean-Gabriel Tarde、1843年－1904年）は、『模倣の法則』（1907年）において、

　「模倣」を、「特定の行為者の行動・意見・信念を他の行為者がまねること」と定義し、特定の行為者の革新的創造行為を他の行為者が模倣することで、社会の中で伝播され、社会現象が起こると論じている。また、彼は、『世論と群集』（1901年）において、「公衆」を空間的には散らばって存在するが、新聞という媒体を通じて精神的集合体となり世論を形成する存在としてとらえている。

　そして、ジンメルは、『社会学』（1892年）において、「心的相互作用」を「行為者が、愛情や憎悪、関心や目的に促され、互いに他者を志向し、他者に作用を及ぼし、他者から作用を受ける過程」であり、それが、社会を成り立たせるものであると論じた。

　他方で、クーリー（Charles Horton Cooley、1864年－1929年）は、『社会組織論』（1909年）と『社会過程論』（1918年）において、他者という鏡に映っている自らの像である「鏡に映った自己」（looking-glass self）という概念を提唱し、人間は他者が自分をどのように認知し評価しているかを、他者との相互

作用の過程の中で、他者の自分に対する反応を通じて察知し、鏡に映った自己に対する自らの反応によって「社会的自我」が形成されると論じた。さらに、家族や仲間集団、近隣集団を社会的自我が形成される基本的な社会単位である「第一次集団」として位置づけた。

そして、ミード（George Herbert Mead、1863年－1931年）は、『精神・自我・社会』（1934年）において、クーリーの理論を発展させる形で、自己の内部で他者の役割や態度の自覚的取得によって形成される「客我」(me) と、これに対抗する創造的・主体的な「主我」(I) という概念を提示した。そして、図3－2のように、他者の役割や態度はまず客我として自己の内部に取り入れられ、この客我に対して、これに同調したり批判したりする主我の反応が生じるという相互作用によって自我が発達すると論じた。

さらに、ミードは、自我の発達段階について論じた。それによれば、まず、子どもは、遊びの中で特定の他者（母親や教師）の役割を取得する過程である「遊戯(play)」の段階から、複数の相異なる他者（例えば、野球におけるチーム全員）の役割を全体の中に位置づけることを学ぶ過程である「ゲーム」の段階を経て、「一般化された他者」（個人が所属する社会や集団全体の役割）」の役割を取得し、社会の構成員になっていくのである。

このミードの自我の発達過程論は、後に、「シンボリック相互作用論」(H.ブルーマー) の基礎として受け継がれた。

(出典) 著者作成

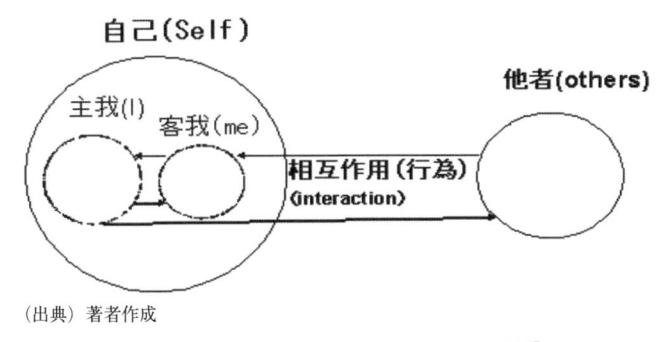

【図3－2　自己－他者・主我－客我の関係】

（4）社会実在論と社会唯名論の対比

　以上のように論じてきた社会実在論と社会唯名論を対比するなら、**表3－1**のようになるであろう。

　すなわち、社会実在論においては、研究対象は、社会全体であり、客観主義的な観点から全体論的な社会構造・社会変動の「説明」を行おうと試みる。その人間観は、社会的条件によって人間の思考・行動様式が決定されるという「決定論的人間像」である。こうした理論的立場に立つ主な社会学者として、マルクスやデュルケムがあげられるであろう。

　他方で、社会唯名論においては、その研究対象は、個人の行為や関係であり、主観主義的な観点から原子論的な「理解」に基づいて社会構成過程の解明を試みる。その人間観は、個人が特定の意図や動機に基づいて行為することで社会を作り上げていくという「主体的人間像」であり、このような理論的立場に立つ主な社会学者として、ウェーバーやジンメルをあげることができるであろう。

（5）社会学理論の統合と今日の社会学理論の潮流

　T.パーソンズ（Talcott Parsons、1902年－1979年）は、『社会的行為の構造』（1937年）と『行為の一般理論をめざして』（1951年）において、主観的視点（行

【表3－1　社会実在論と社会唯名論の対比】

立場	研究対象	方法	観点	人間観	主な社会学者
社会実在論	社会全体	全体論的な社会構造・社会変動の「説明」	客観主義的	決定論的人間像	マルクス、デュルケム
社会唯名論	個人の行為・関係	原子論的な「理解」による社会構成過程の解明	主観主義的	主体的人間像	ウェーバー、ジンメル

（出典）著者作成

為者の立場）と客観的視点（観察者の立場）を統合した「主意主義的行為論」を提唱し、社会的行為が、行為者の主観的目的・動機と観察者が把える客観的条件に基づいて行われることを説明した。

パーソンズのこの社会学理論は、客観主義的な観点から全体論的な社会構造・社会変動の「説明」を行おうと試みるデュルケームに代表される「社会実在論」と主観主義的な観点から原子論的な「理解」に基づいて社会構成過程の解明を試みるウェーバーに代表される「社会唯名論」を統合する試みであるといえるであろう。

主意主義的行為論によれば、社会的行為を構成する要素は、行為者、目的、状況（手段・条件）、規範、動機づけである。

この理論を学生が勉学のために大学に通学するという具体的な社会的行為にあてはめるならば、まず、「行為者」である学生は、卒業に必要な単位を取得するために講義に出席するという「目的」のために、徒歩と電車という「手段」（行為者が、コントロール可能な状況）を用いて、自宅と大学の間の距離や天候、時間帯に応じた電車の運行状況などの「条件」（行為者が、コントロール困難・不可能な状況）の下で、交通法規や乗車マナーといった「規範」に従いながら、学びたいという意欲に「動機づけ」られて、大学に日々通学するのである。

ここで、目的、動機づけは、行為者が任意に設定できる主観的要素であり、他方で、状況（手段及び条件）、規範は、行為者の行為の仕方を左右する客観的要素である。

その後、パーソンズは、『社会体系論』（1951年）において「構造－機能主義」理論を確立し、それは、1950～60年代の社会学の主流の理論となった。

パーソンズは、社会システムの中で比較的変化しにくい安定した要素を「構造」と呼び、この構造に対して可変的な要素が果たす役割を「機能」と呼び、この二つの概念によってシステムの分析を進めていく考え方、すなわち「社会システム論」を提示した（片桐 他 2006：12）。

パーソンズは、その社会システム論の中で、社会システムが維持・存続する

ために必要なAdaptation（適応）・Goal attainment（目標達成）・Integration（統合）・Latency（潜在）という4つの機能的要件を示し（「AGIL図式」）、社会システムを構成する諸要素間の相互依存関係を明らかにすることで社会システムの構造を解明しようとした。

　「AGIL図式」を用いて、現代社会の構造を描き出すと、図3－3のようになり、まず、Adaptation（外的状況の条件への「適応」）の機能を担う社会システムの構成要素は、「経済」である。また、Goal attainment（「目標達成」のための社会構成単位間の利害調整）の機能を担う構成要素は「政治」である。そして、Integration（社会構成単位間の連帯の維持・統合）の機能を担う構成要素が「社会的連帯」であり、さらにLatetncy（社会構成員の間の「潜在的」な関係維持と緊張の処理、動機づけ）の機能を担う構成要素が「文化」である。

　このAGIL図式によれば、グローバリゼーションの進展した今日の日本の社会システムが維持・存続するために必要な具体的な機能要件としては、まず、「経済」においては、欧米の先進工業国だけでなく中国やインドなどの人件費が安く急速な経済成長を遂げている新興工業国との間の熾烈な地球規模の経済競争に「適応」し経済成長を遂げなければならない。「政治」において政権政

Adaptation:外的状況への ＜適応＞→目標設定 **経　　済**	Goal attainment:＜目的達成＞のための状況の諸要素の統制→有効な手段の選択 **政　　治**
Latetncy:＜潜在＞的なパターンの維持と緊張の処理→協働的行為への動機づけ **文　　化**	Integration:社会の構成単位間の連帯を維持し＜統合＞する→協力関係形成 **社会的連帯）**

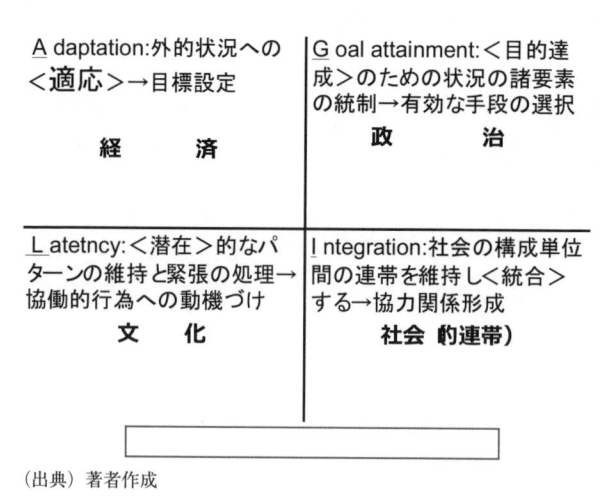

（出典）著者作成

【図3－3　AGIL図式による社会システムの構造の描出】

党は、こうした「目標達成」を目指した政策を掲げながら、関係諸国との間の利害調整や国内の企業や行政機関、諸団体との間の利害調整を行い、有効な政策立案・遂行を行おうとする。そして、そのようにして形成された政策が実現されるために、利害当事者である国内外の企業、政府、諸団体との「社会的連帯」を維持・強化し、さらに、それらの利害当事者それぞれが、それらの間で共有される「文化」に基づいて連携しあいながら目標の達成に向けて動機づけられて行くことで、はじめて、グローバルな経済競争に適応し、社会システムが維持・存続できるのである。

しかしながら、このようなAGIL図式に基づくパーソンズの社会システム論では、客観主義的観点が強調されることになった。

その結果、(社会的行為が行為者の主観的目的・動機と観察者が把える客観的条件に基づいて行われることを説明しようと試みた)「主意主義的行為論」の客観主義的観点と主観主義的観点を統合しようとした理論的観点からすれば、行為者が何を考え行為するか（解釈に基づく目的設定と動機づけ）という行為者の主体性・自律性を支える主観的要素が軽視されることになり、社会システム全体の構造（秩序）の維持・存続に力点が置かれることになった。

そこで、現象学的社会学の創始者とされるA．シュッツ（Alfred Schutz、1899－1959年）から、「行為者が何を考え行為するか（解釈作用と動機づけ）をパーソンズは軽視している」という批判がなされた。

さらに、1960～70年代の欧米におけるベトナム反戦運動・学生運動・公民権運動といった政治状況において、体制維持的・保守的な社会理論としてパーソンズの社会学理論が批判された。このような時代背景において、行為者の状況・行為に対する意味づけを重視する「意味学派的社会学理論」（現象学的社会学、エスノメソドロジー、シンボリック相互作用論、レイベリング論）が、隆盛を見せるようになる。

そして、1980年代初頭において、J．ハーバーマス（Jürgen Habermas、1929年－）やN．ルーマン（Niklas Luhmann、1927－1998年）、A．ギデンズ（Anthony Giddens、1938年－）が「構造－機能主義的社会学理論」と「意味

学派的社会学理論」の統合を試み、今日の社会学理論へと至っている。

[参考文献]
・片桐新自・永井和良・山本雄二編（2006）『基礎社会学』世界思想社
・Weber, Max.大塚 久雄 訳（1904/05 = 1989）『プロテスタンティズムの倫理と資本主義の精神　改訳』岩波文庫
・Weber, Max.海老原明夫・中野敏男訳（1913 = 1990）『理解社会学のカテゴリー』未来社
・Weber, Max.阿閉吉男・内藤莞爾訳（1921 = 1987）『社会学の基礎概念』恒星社厚生閣、第一節第九項と第三節参照。

第 2 部
現代社会の特色と諸問題

第4章 都市化と地域社会の変動

(1) 産業の発展と都市化

　「都市化」(urbanization) とは、都市的生活様式 (urbanism) が、社会全体に浸透し、拡大していく過程のことである。そして、都市化は、産業の発展、それに伴う人口の都市集中（人口の都市化）と生活水準の上昇および情報通信・交通機関の発達によって進行していく（濱島・竹内・石川 1977：294）。
　図4－1は、第1回国勢調査が実施された1920（大正9）年以来の日本の人

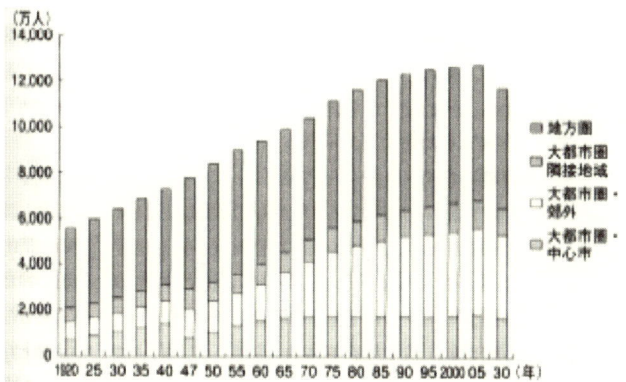

(注) 1.「大都市圏・中心市」は東京特別区（23区）・横浜市・名古屋市・大阪市・神戸市（2005年時の境域に基づく）の合計。「大都市圏・郊外」は、以上を除く東京都、埼玉県、千葉県、神奈川県、愛知県、大阪府、兵庫県の合計、「大都市圏隣接地域」は茨城県、栃木県、群馬県、滋賀県、京都府、奈良県の合計。「地方圏」はその他の合計。
2. 2005年まで「国勢調査」、2030年は国立社会保障・人口問題研究所の推計（2003年12月）による。
(出所) 統計情報研究開発センター・日本統計協会編（2005）；国立社会保障・人口問題研究所（平成15年12月推計）に基づき、筆者が作成。

（出典）町村敬志「第7章　空間と場所」長谷川公一・浜日出夫・藤村正之・町村敬志『社会学』図7－2（町村 2007：211）

【図4－1　圏域別にみた日本国内人口の変動】

口推移を、大都市圏・地方圏に分けて示したものである（町村 2007：211）。

この図によれば、1920年から2005年までの間に人口は7180万人増加したが、その66.8%（4798万人）が大都市圏に集中していたのである。その背景としては、出生数の増加による人口の自然増の他に、地方圏から大都市圏に向かう人口移動があった。さらに、地方圏でも市部人口が増加することによって、日本全体の都市化が進行した。その結果、2005年には総人口の86.3%が市部に居住するようになった。

また、大都市圏においては、第2次世界大戦前では、人口増加は東京都区別区（当時は東京市）と大阪市などの中心市に集中していたが、戦災・疎開によって激減した。その後、1950年代後半から70年代前半にかけての高度経済成長期において、大都市郊外で人口が増加し、その結果、国内総人口の3割以上が郊外で暮らすようになった。

そして、地方圏人口は、1975年には総人口の半分以下になったが、実数で見るとその後も横ばい状態が続いていた。しかし、2005年以降、総人口が減少傾向へと転じる中で、少子高齢化が進んだ地方圏では急激な人口減少が予測されている（町村 2007：212-213）。

日本における人口移動は、明治期からすでに見られ、1920年から1930年では年間47万人が、1930年から1935年では年間61万人が移動したというデータがある。第2次大戦後、高度経済成長に伴って、人口移動がより激しくなり、年間約200万人から300万人が移動し、特に1970年前後では年間400万人が移動したとされ、その結果、東京圏、大阪圏、名古屋圏などの大都市圏が形成されることになった。このような日本での人口移動は、基本的に農村から都市への移動であり、これを「向都離村」と呼んでおり、その結果、図4-2のように、1955年から市部人口が郡部人口を上回るようになった。

その一方で、産業従事者の構成の変化を見ると、図4-3のように、1960年から第1次産業従事者の割合が急激に減少している。

図4-3の産業従事者の割合の変化からわかるように、高度経済成長によって産業の中心が第1次産業（農林水産業）から第2次産業（鉱業・製造業・建

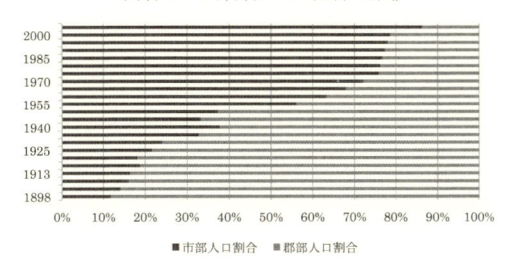

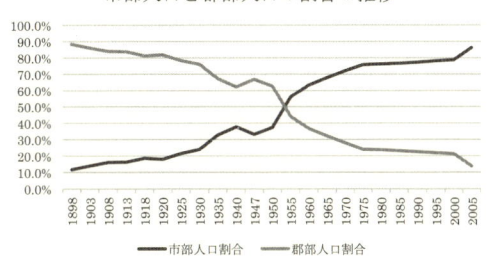

市部人口と郡部人口の割合の推移

市部人口と郡部人口の割合の推移

（出所：総務省統計局「日本の長期統計系列 第2章 人口・世帯 2－7 都道府県・市部・郡部別人口，人口密度，人口集中地区人口及び面積」より著者作成）

【図4－2　日本の総人口と市部人口・郡部人口の割合の推移】

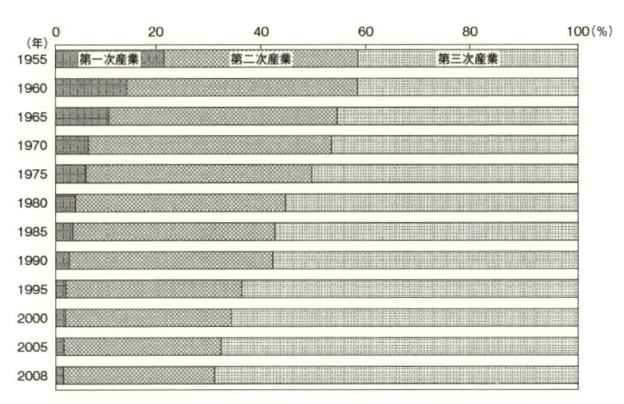

資料出所　内閣府「国民経済計算」
(注)　1）数値は、国内総生産のうち各産業が占める割合。
　　　2）第一次産業は農林漁業、第二次産業は製造業＋鉱業＋建設業、第三次産業はその他として算出。
（出所：厚生労働省 2010：86）

【図4－3　産業3部門就業者の割合の推移（1955年～2005年）】

設業)・第3次産業(商業・運輸・通信・サービス業)へと移行し、産業構造が転換した。

そして、第一次産業地域としての農村から第二・三次産業地域としての都市へと若年労働人口が大量に移動し、都市部の人口が急速に増加し、人口の都市集中という意味での都市化(人口の都市化)が進展した。このことは、図4－4によって裏づけられる。

図4－4は、都道府県を越える人口移動をその総数、また、都道府県を大都市圏と非大都市圏に分けて両者内外の移動を集計したものである。総数については、高度経済成長が始まる1950年代後半から人口移動が激しくなり、1970年代前後をピークにして高度経済成長の終わりとともに緩やかになっていることである。

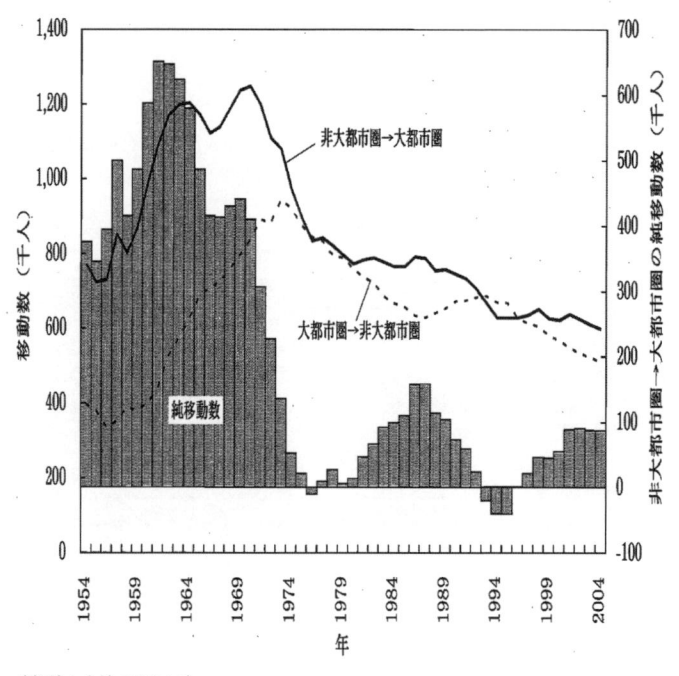

(出所:小池 2006:5)

【図4－4　大都市圏・非大都市圏間の人口移動数の推移】

他方で、大都市圏・非大都市圏については、非大都市圏から大都市圏への移動にやや遅れて大都市圏内の移動がピークを迎えている。また、非大都市圏内の移動については、1960年代前半以降大きな変化は見られない（小池 2006：5）。

このように、日本の社会においては、第2次大戦後の高度経済成長期における大都市圏を中心とした産業の発展に伴う人口の大都市集中という形で都市化が進展した。

ところで、このような日本における産業の発展を推し進めて行ったのが、国家による全国総合開発政策（「太平洋ベルト地帯構想」(1960年)、「全国総合開発計画」(62年)「新全国総合開発計画」(69年)「第三次全国総合開発計画」(77年)「第四次全国総合開発計画」(87年)、「新しい全国総合開発計画」(95年)）である。

このように、第二次大戦後の高度経済成長に伴う社会全体の人口構造上の大きな変化は、大都市圏で暮らす人びとの間だけでなく、非大都市圏で暮らす人びとの間にも、都市的な生活の仕方（都市的生活様式）が浸透・拡大していき、人間関係や生活・意識の側面で変化をもたらす。すなわち、都市的生活様式の浸透・拡大・定着過程としての都市化が進展して行くのである。

それでは、都市的生活様式とはどのようなものであるかについて、次に論じていくことにしよう。

（2）都市的生活様式の特徴

都市という社会的環境がどのようにそこに暮らす人びとに影響を与えるかという問について、ドイツの社会学者ジンメルは、都会人が計算高く無感動である一方で、個性豊かで理知的であることを指摘した（秋吉2007：47、ジンメル1976）。

そして、都市固有の物理的特徴が独自の社会構造をつくり出し、人びとの意識に影響するというジンメルの考え方は、シカゴ学派に継承された。

シカゴ学派は、1920年代から30年代にかけてアメリカのシカゴ大学社会学科を拠点として展開した研究者集団である。経験から意識が形成されるというプ

ラグマティズム哲学を方法論的な基礎に置きつつ、トマスやパークの社会解体論、バージェスの同心円地域理論を分析枠組みとして、新興都市シカゴに発生していた社会問題を「道徳的秩序」の問題として解明した（宮島 2003：90）。

シカゴ学派の都市研究の方法論である「都市生態学」は、生物学の一分野である生態学の発想法に基づいており、生物が競争を経てそれぞれの生態的地位を確立するように、様々な社会集団の接触や対立や競争のパターンから都市独特の空間構造が形づくられるようになるという考え方をする。

都市生態学によれば、産業は原材料や輸送手段にアクセスしやすい地域に集中する。労働者は職場近くに住居を構え、比較的裕福な中流階級は、事業所が密集する都市中心部のビジネス地域やそこで働く労働者の居住地域を避けて郊外に移り住むようになる。その結果、都市中心部のビジネス地区を軸として、都市は同心円状の区域に分化して発展して行くという図4－5のようなバージェスの同心円地域理論が提示されるようになった。

このような生態学的な考え方とともに提唱されたのが、居住空間の規模・密度、居住者の異質性という都市の特質が、そこに住む人々の生活様式に作用するという、ワースの「アーバニズム論」（都市的生活様式論）である（秋吉 2007：44）。

「アーバニズム」(urbanism) とは、一般的な意味では、「都市が都市である特性」としての都市に特徴的な生活様式やある場所の都市度などを示す。ワースの論文「生活様式としてのアーバニム」(1938) によって、アーバニズムは、「都市的生活様式」を指し示す概念として定着した。ワースは、この論文で「都市」と「生活様式としてのアーバニズム」を概念的に区別する。それによれば、都市は、規模が大きく、密度が高く、社会的異質性の高い居住地として定義され、このような居住地に生成する特徴的な生活様式がアーバニズムである。それは、土地利用の分化、第一次的関係の衰退と第二次的接触の優位、個人の原子化・疎外・孤立、参加の感覚の喪失、流動的な大衆と集合行動などを特徴とするものである（宮島 2003：4）。

すなわち、ワースの考えた都市的生活様式とは、多様な民族的・文化的背景

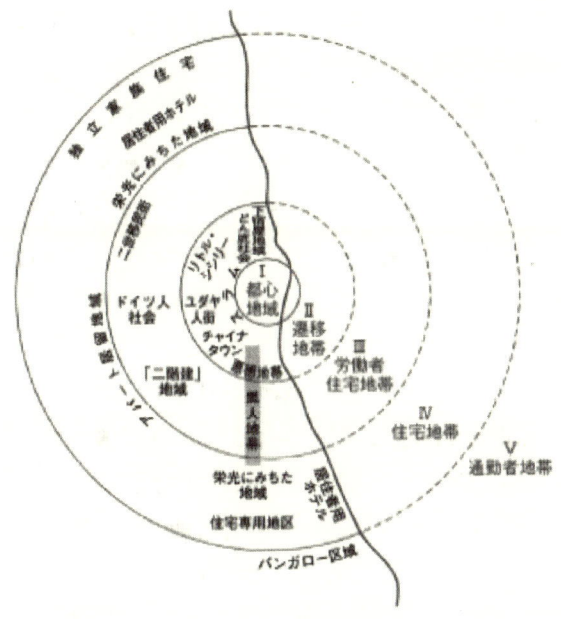

(出所) Park & Burgess (1925=1972: 53) の表現を一部変えた。

(出典) 町村敬志 (2007)「第7章 空間と場所」長谷川公一・浜日出夫・藤村正之・町村敬志『社会学』図7－1（町村 2007：208）

【図4－5 バージェスの同心円モデル】

や多様な職業に就いている多数の人びとが高密度で暮らす都市では、近隣関係や親族関係が弱まり、一時的・一面的・表層的な社会関係が形成されやすく、競争が激しくなり、社会関係を結ぶ相手を自分の目的を達成するための手段と見なすような利害的関係が見られるとされた。さらに、都市の人口の大量・高密度・異質性は、他者への無関心を起こさせ、孤立感を感じ、自分とは異なる多様な人間がいることを容認するなどの意識・態度を生じさせやすいとした（Wirth 1938）（森谷 2002：153）。

しかし、その後の都市に関する調査研究の結果は、ワースの理論を必ずしも支持するものではなく、フィッシャーの「アーバニズムの下位文化理論」(1975)では、アーバニズムは、むしろ居住地の都市度（人口の集中度）を意味する用

語となり、都市では一つの生活様式ではなく、多様な下位文化が成立するとされている（Fischer 1975）（宮島2003：4）。

フィッシャーは、都市居住者と小規模町村の住民のパーソナル・ネットワークを調査し、両者の間の違いは、生活様式の違いに基づくものであって、優劣をつけるべきものではないが、都市では、規模の小さい町村では見られない多様な下位文化が形成されていることを指摘している（秋吉2007：45）。

他方で、倉沢進は、ワースのアーバニズム論への疑問から独自の都市的生活様式論を提唱している。それによれば、農村では、個々の住民は、生活課題を自家処理する能力が高いが、自家処理できない住民の共通・共同問題を主として専門家ではない住民による相互扶助によって処理する社会的仕組み（相互扶助システム）が作り上げられている。それに対して、都市では、個々の住民は、生活課題を自家処理する能力は低く、住民の共通・共同問題を専門家・専門機関が分業的に処理する社会的仕組み（専門処理システム）が構築されている。

倉沢によれば、住民の生活課題の解決がこのような専門処理システムに深く依存している点が都市的生活様式の特徴である。したがって、個々の住民の生活課題の自家処理能力が極端に低い都市では、そこで暮らす人びとの生活に都市的生活様式が浸透していることは自明である。その結果、住民同士が力を合わせて何かをする必要もなくなり、地域組織も弱体化・形骸化してくる。また、専門処理に適さない生活課題があったり、採算の合わない生活課題の処理は行なわれなかったりという弊害も生じてくる。さらに、非専門家の住民の方が効果的に処理できる生活課題もある（倉沢 1978）（江上 2002：153－154）。

このように、専門処理システムへの依存を次第に深めていくという形で都市的生活様式が浸透・拡大して行き、交通・通信の発展に伴って、人びとの生活基盤は、地域社会からそれを超え出たネットワークへと移行して行くようになる。

そこで、この生活基盤の移行過程を、生活の社会化と個人化という観点から考察して行くことにする。

（3）生活の社会化・個人化による生活基盤の居住地から社会的ネットワークへの移行

　都市での生活が次第に専門処理システムに依存するようになる過程が、「生活の社会化」と「生活の個人化」である。

　まず、生活の社会化とは、人びとの生活が家族の外部の施設や機関に依存して行く過程のことである。それによって、衣食住だけでなく、冠婚葬祭、出産・育児、教育、趣味・娯楽、健康・スポーツ、保険・年金、高齢者の扶養・介護にいたるまで、行政や民間の施設や機関に依存する度合いが強まっていく。

　そして、この過程は、卸売・小売業・飲食店や各種サービス業の発展、鉄道・自動車・飛行機・船舶などの交通機関の発達、洗濯機・冷蔵庫・エアコンなどの家電製品の普及、電話や携帯電話・インターネットなどの情報通信手段の普及によって進行して行く。

　したがって、生活の社会化は、産業、教育、娯楽、健康、医療などの専門的な機関（専門処理システム）が、家庭の機能を代行するようになっていく過程であり、都市的生活様式の拡大・浸透する過程である（高橋 1988：309）。

　日本においては、高度経済成長期の産業構造の転換によって、勤労者の大多数が大都市部に立地する第二・三次産業で雇われて働くようになったために、生活の場が、生産の場としての職場と消費生活の場としての家庭に時間的・空間的に分離するようになり、生活に必要な物資や労力の大部分は、金銭や一定の手続きを経て専門処理システム（政府・地方自治体、学校、病院、企業、商業施設など）を通じて得ることができるようになった。

　その結果、それ以前の農業・自営業を営んで生計を立てていた家族が持っていた機能（生産・消費、生殖・養育、教育、娯楽、祭祀、介護・扶養など）が、それらの機能を代行する専門処理システムに移行し、外部化して「生活の社会化」が進展していった。

　そして、個々の家庭の生活問題の解決・処理は、専門処理システムに依存するようになるので、地域社会における相互扶助の必要性は低下することになり、地域社会の中の人びとの間の結びつきは弱まっていく（原田 2007：168－

169)。

　次に、生活の個人化とは、人びとの生活が個人単位に分化し、それぞれの生活時間・空間や思考・行動様式を持つようになる過程のことである。その結果、人びとは家族や地域社会の一員として生活を営むよりも、個人単位で生活を営む傾向を強めるようになった。例えば、子どもを持たない夫婦や配偶者を持たないという生活の仕方が特異なことではなくなり、家族に属するということが自明ではなくなった。また、長寿化に伴って、配偶者に先立たれて一人暮らしを強いられる高齢者も増加している。

　このような生活の個人化は、様々な社会的領域における専門処理システムの増大・充実に伴う生活の社会化によって促進され、人びとは、必ずしも家族に頼らなくても、一人ひとりがそれぞれの生活を送ることが可能となったのである。そして、生活の個人化は、私生活を公的な事柄よりも優先させるようになる「私化」の傾向を助長するようになる。

　このような生活の社会化と生活の個人化によって作り出される都市的な生活様式が浸透・拡大することで、家族、学校、職場、地域社会などの生活領域において、老若男女を問わず、私化の傾向を強めていき、人びとの間の結びつきを弱めて、人びとの地域社会からの離脱傾向を深めていく（原田 2007：169-170）。

　そして、生活の社会化と個人化は、人びとの居住地との関係を弱めて行くのに伴って、人びとの生活基盤が、居住地から個人単位の生活網としての社会的ネットワークへと移行して行く。

　なぜならば、人びとの生活欲求を充足させるための専門的な施設や機関は、居住地内外に立地するので、それらの施設や機関を利用するために、人びとは居住地の外に出かけ、そこで、同じ関心や目的を持つ人びとと関わり関係を結び、居住地を越えた個人単位の社会的ネットワークを形成しながら、その都度、生活欲求を充足するようになる。

　そうなると、人びとは、その生活欲求を充足する上で、自らが居住する地域の重要度は相対的に低くなっていき、居住地域への関心を弱め、しばしば無視

するようになっていく（高橋 1988：310-311）。

　ここで、社会的ネットワークとは、複数の行為者がいくつかの社会関係によって結ばれて出来る社会関係の複合体のことである。一般的に、ネットワークは、複数の点をいくつかの線で結んで出来る関係の複合体のことを指し示すが、社会的ネットワークの場合は、点にあたるのが行為者（個人、社会組織・集団）であり、線にあたるのが、行為者間の社会関係である（松本 2002：47）。

　ところで、都市化によって地縁・血縁で結ばれた地域コミュニティ（共同体）が解体するという見解は、長い間、社会学の最も基本的な命題であった。そして、地域コミュニティの解体と再構築についての議論が都市社会学の分野を中心に行なわれる中で、コミュニティ概念自体の見直しが行なわれるようになる。それによって、地理的近接性や局地性、心理的一体感によって特徴づけられる地域コミュニティではなく、各個人が空間の制約を離れて選択的に作り上げていく絆、すなわち、社会的ネットワークへと地域コミュニティをめぐる議論の中心が移行していった（町村 2007：228-230）。

　しかし、都市の人口の過密化と地方の人口の過疎化による地域コミュニティの解体に伴って様々な生活問題が発生し、その解決のあり方をめぐって、再び地域コミュニティへの関心が高まってきた。

　そこで、様々な生活問題の解決のために地域コミュニティの再構築がいかに可能であるのか、その可能性と課題を考察することにしたい。

（4）生活諸問題と地域コミュニティ再構築の可能性と課題

（4-1）都市の問題：郊外地域社会の高齢化と混住化、グローバル化による大都市中心地域の格差拡大

　高度経済成長期の1960年代・70年代における急速な都市化の進展によって、過疎・過密、都市問題・農村問題、生活環境の問題などの地域問題が発生した。

　ここで、地域問題とは、地域住民が生活の維持と向上に不可欠な諸条件が損なわれることである。

　地域で暮らす人びとの生活は、土地（農地を含む）・住宅・交通・下水道な

どの生活基盤、教育・文化・福祉・購買・医療・清掃などの生活施設、保安・保健施設や自然環境などの諸条件に依存している。人びとの生活は、これらの諸条件が維持・拡充されることで維持され、向上する。したがって、これらの諸条件が失われると地域問題が発生することになる（高橋 1988：312）。

　1960年代・70年代の地域問題は、大都市圏の郊外に集約的・集中的に引き起こされ、住民運動が活発に展開し、地域コミュニティの再構築への取り組みが行なわれてきた（高橋 1988：313）。

　大都市圏郊外の地域社会は、一部の大規模団地やニュータウンを除けば、都市中心部の企業や官庁で働くホワイトカラー層を中心とした個人主義的傾向の強い新住民と農業・自営業従事者を中心とした伝統的共同体に基礎をおく旧住民が混在する地域社会として形成されるようになり、そこでは、新旧住民の間の思考・生活様式や利害の相違が葛藤を引き起こしやすく、両者の間の関係形成を困難にする。

　他方で、高度経済成長期における急激な都市化に伴うスプロール化（市街地の無秩序な拡大）によって形成される郊外地域社会では、学校、生活道路、公園などの生活基盤の整備の遅れから生活問題が発生し、それに対して生活基盤の拡充を求める権利意識の強い新住民を中心とした住民運動が展開され、利害の異なる住民間の分裂をもたらす（町村 2007：213-214）。

　新住民と旧住民が混住する郊外地域社会のこのような状況が、地域問題に対する対応能力、すなわち自治能力を衰退させることになる。

　さらに、すでに半世紀以上の歳月を経た郊外地域社会は、再び大きな変化に直面しつつある。まず、郊外の団地やニュータウンでは住民の年齢的同質性が高く、高齢化問題が一挙に発生しやすく、地域活力の低下が深刻になりやすい。また、都心に通う専門・管理・事務職層、いわゆるホワイトカラー層が住む郊外地域社会に、自動車・電機などの製造業が進出することによって、それらの工場の従事者、いわゆるブルーカラー層が郊外地域社会に居住するようになり、「郊外地域社会のブルーカラー化」が進行し、さらに、工場の従事者に日系ブラジル人などの外国人が新たに加わり、郊外地域社会は、階層的にも民

族的にも混住化の度合いを強めて行く。

　このような郊外地域社会のブルーカラー化は、自動車・電機などの製造業が立地し発展している、群馬・神奈川・静岡・愛知・岐阜・三重などの地域に見られる。

　そして、ホワイトカラー層を中心とする従来の郊外地域社会の居住者は、職業の同質性に基づく思考・行動様式の均質性が高く、そこに、ブルーカラー層の住民や外国人が入り込んでくることで、異質な者を排除しようとする傾向が生じてくる。例えば、外国人犯罪のデマはしばしば大都市郊外で発生している（町村 2007：216）。

　他方で、1970年代半ば以降、大都市の都心周辺地域において、産業の流出、人口の減少などが目立つようになって「大都市の衰退」や「インナーシティ問題」（大都市中心周辺部の居住環境・治安の悪化等の問題）の傾向が見られる。

　これらの地域問題を解決するために、大都市圏で、地域コミュニティの再構築が必要とされている（高橋 1988：313）。

　インナーシティ問題は、関西圏の大都市、特に、神戸市で顕著に見られた。神戸市内の灘区・中央区・兵庫区・長田区には、ケミカルシューズ製造をはじめとする中小の工場が立ち並ぶ職住混在地帯が広がっていた。この地域を「インナーエリア」（比較的早い時期から開発が進められた、都心周辺部の旧市街地）とみなすことができるが、1965年から1990年の4区の人口の変化をみると、1965年の76.2万人から1990年の50.6万人へと33％の減少を示している。この時期の神戸市全体の人口は、65年の121.7万人から90年には147.7万人へと大幅な増加を示しているのに比べると、この地域から大きな人口の流出があったことがわかる。ここで流出したのは、20～30代の若い核家族世帯、収入では中堅所得層以上の人たちであった。さらに、この地域への周辺地域からの流入者や地域内の移動者は低所得層が多い。したがって、移動できる豊かな人びとはこの地域から流出し、高齢者・低所得者などが滞留、あるいは流入することで、インナーシティ問題が深刻化し、1995年の阪神・淡路大震災では、建物の老朽化によって甚大な被害を被るようになったのである（高木 2002：111）。

他方で、東京においては、都心周辺部に建物の老朽化や人口の減少は見られるが、インナーシティ問題は、神戸市のように顕在化しなかった。その要因としては、製造業の流出によって産業基盤が失われるほど大きくなかったことで、滞留する人びとの中に高齢者が多く、地域内の人間関係を維持し「下町的世界」というべき安定したコミュニティが維持されていたとされている。

　しかし、1980年代のバブル経済期には東京で大規模な再開発が進行する。その結果、インナーエリアの職住混合地帯では、業務地区化の進展とそれに伴って上層の中間層が流入し「ジェントリフィケーション」（居住者の階層の上昇）が見られるようになった。

　東京においてジェントリフィケーションが顕著に進行した地域としては、中央区佃1丁目があげられる。この地域は東京駅から約2km、隅田川河口付近に位置し、明治以来、機械工場や造船所、倉庫が立ち並ぶ地域であったが、1970年代に工場や倉庫は次々に閉鎖され、その後、民間企業、東京都、都市・住宅整備公団（現　独立行政法人「都市再生機構」）が共同で住宅建設を行なった。特に佃1丁目地区は、民間の開発業者による再開発が行なわれ、上層中間層が集住するマンション群が1988年に入居開始となっている。再開発前の1980年には、建設・製造業の占める比率が高かったのに対して、1990年になると、建設業・製造業の占める比率は小さくなり、サービス業、金融・保険・不動産業が大きく伸びている。建設・製造業の従事者とその家族は、下町的世界を構成している階層の人びとであるのに対して、サービス業の中の専門的サービス業と金融・保険・不動産業は世界都市（世界規模の影響力をもつ都市）の中枢を担う業種であり、これらの業種の従事者の多くが上層中間層を構成しており、これらの人びとがこの地域に居住することでジェントリフィケーションが生じたのである（高木2002：113－114）。

　このように、日本においては、神戸市などの一部の大都市以外には、「インナーシティ問題」は顕著に現われてこなかった。

　しかしながら、大都市圏において、特に、グローバル化の進展によって世界都市となった東京圏においては、経済的な不平等が拡大し、貧困問題が生じて

いる。

（4－2）地方圏の衰退

　日本においては、高度経済成長期までは、農村社会と都市社会とは、生活様式において大きな違いが存在した。農村社会は、農業者が居住するだけではなく、農業者が農業を営んで生活するために活動する地理的・社会的領域を意味する（牧野 2007：20）。

　農村社会と都市社会の違いを比較すると、農村社会の特徴として、住民の同質性、人口量が少ない、人口密度が低い、農業中心、結節機関（駅・ホール・役所や劇場などの不特定多数の人びとの社会的交流の場）の少なさをあげることができる。

　他方で、都市社会の特徴としては、住民の異質性、人口量の多さ、人口密度の高さ、非農業中心、結節機関の多さをあげることができる。

　しかし、農村社会が、共同・共通の生活問題の解決を専門機関に委ねるという形での都市的生活様式の流入によって、生活の社会化と生活の個人化が進み、都市化することによって、農村社会と都市社会を明確に区別することが難しくなっている。

　というのは、高度経済成長による農工間の生産性・所得格差の是正を目的に制定された「農業基本法」に基づく農業政策によって、農地の基盤整備、経営規模の拡大や農作業の機械化が行なわれた結果、個々の農業者は、基盤整備費の負担、機械化による農機具費用の負担、農業資材費の上昇によって、農業収入だけで生活することが難しくなり、また、農業の機械化によって省力化が進み一家総出で農作業に従事する必要が無くなり、少数の専業農家を除いて、大部分の農業者は、第2・3次産業に従事しながら、つまり、農外就労しながら、農業を営む「兼業化」が進展した。

　このように兼業化した農家は、その生計を主に農外収入に頼るようになり、日常生活と農地・農業とのつながりが弱まっていき、都市的な生活を営むようになる。

例えば、かつての農家の食事が自家用の畑で取れた野菜を主とした自給自足的なものであったのに対して、仕事帰りに小売店で購入してきた食材を食事に多く取り入れるなどの生活の変化が生じ、自給自足的な農村的生活様式から現金収入に依存する都市的生活様式へと移行するようになる（牧野 2007：25-27）。

このように農村社会で暮らす人びとの間に都市的生活様式が広まり、農村社会でも都市化が進行して行く。

しかしながら、依然として、農村社会と都市社会の間の生産性や所得の格差は、解消されるどころか、拡大しつつある。

その背景に政府の5次にわたる「全国総合開発計画」に基づく農業政策がある。

全国総合開発計画は、農村地域だけでなく、日本全体を視野に入れた国土開発計画であるが、**表4－1**のように、5次にわたる計画を通じて、国土の均等発展を目的として実施されていった。

つまり、農村社会と都市社会との間には、所得の格差や生産性の格差、雇用機会の不均等があり、その結果、都市への過度の人口集中や農村社会での過疎問題が生じるとされ、こうした問題の解消を目的に全国総合開発計画が策定され、都市機能の地方圏への分散、拠点開発方式や定住構想等による地域開発政策が実施されていったのである。

しかし、これらの全国総合開発計画の実施によって、都市と農村の間にある格差を根本的に解消することはできず、大都市圏への人口と産業の集中が進み、また、1980年代後半からはグローバル化に伴う東京の世界都市化、インターネットや移動体通信などの情報通信技術の発達・普及による情報化の進展によって都市と農村の間の格差が拡大し、農村人口の減少や高齢化が進展し、農村社会は、解体の危機に瀕するようになってしまった（牧野 2007：27-28）。

このような都市と農村の間の格差に代表される工業開発の進展に応じた地域間・産業間・階層間の経済的な格差は「不均等発展」と呼ばれるが、こうした格差によって取り残されていく地域・産業・階層の不満を鎮め政治的な安定を

第 4 章　都市化と地域社会の変動　55

【表 4 − 1　「全国総合開発計画」の比較】

	全国総合開発計画（全総）	新全国総合開発計画（新全総）	第三次全国総合開発計画（三全総）	第四次全国総合開発計画（四全総）	21世紀の国土のグランドデザイン
閣議決定	昭和37年10月5日	昭和44年5月30日	昭和52年11月4日	昭和62年6月30日	平成10年3月31日
策定時の内閣	池田内閣	佐藤内閣	福田内閣	中曽根内閣	橋本内閣
背景	1 高度成長経済への移行 2 過大都市問題、所得格差の拡大 3 所得倍増計画（太平洋ベルト地帯構想）	1 高度成長経済 2 人口、産業の大都市集中 3 情報化、国際化、技術革新の進展	1 安定成長経済 2 人口、産業の地方分散の兆し 3 国土資源、エネルギー等の有限性の顕在化	1 人口、諸機能の東京一極集中 2 産業構造の急速な変化等により、地方圏での雇用問題の深刻化 3 本格的国際化の進展	1 地球時代（地球環境問題、大競争、アジア諸国との交流） 2 人口減少・高齢化時代 3 高度情報化時代
長期構想	—	—	—	—	「21世紀の国土のグランドデザイン」一極一軸型から多軸型国土構造へ
目標年次	昭和45年	昭和60年	昭和52年からおおむね10年間	おおむね平成12年（2000年）	平成22年から27年（2010-2015年）
基本目標	〈地域間の均衡ある発展〉都市の過大化による生産・生活面の諸問題、地域による生産性の格差について、国民経済的視点からの総合的解決を図る。	〈豊かな環境の創造〉基本的課題を調和しつつ、高福祉社会を目ざして、人間のための豊かな環境を創造する。	〈人間居住の総合的環境の整備〉限られた国土資源を前提として、地域特性を生かしつつ、歴史的、伝統的文化に根ざし、人間と自然との調和のとれた安定感のある健康で文化的な人間居住の総合的環境を計画的に整備する。	〈多極分散型国土の構築〉安全でうるおいのある国土の上に、特色ある機能を有する多くの極が自立し、特定の地域への人口や経済機能、行政機能等諸機能の過度の集中がなく地域間、国際間で相互に補完、触発しあいながら交流している国土を形成する。	〈多軸型国土構造形成の基礎づくり〉多軸型国土構造の形成を目指す「21世紀の国土のグランドデザイン」実現の基礎を築く。地域の選択と責任に基づく地域づくりの重視。
基本的課題	1 都市の過大化の防止と地域格差の是正 2 自然資源の有効利用 3 資本、労働、技術等の諸資源の適切な地域配分	1 長期にわたる人間と自然との調和、自然の恒久的保護、保存 2 開発の基礎条件整備による開発可能性の全国土への拡大均衡化 3 地域特性を活かした開発整備による国土利用の再編成と効率化 4 安全、快適、文化的環境条件の整備保全	1 居住環境の総合的整備 2 国土の保全と利用 3 経済社会の新しい変化への対応	1 定住と交流による地域の活性化 2 国際化と世界都市機能の再構成 3 安全で質の高い国土環境の整備	1 自立の促進と誇りの持てる地域の創造 2 国土の安全と暮らしの安心の確保 3 恵み豊かな自然の享受と継承 4 活力ある経済社会の構築 5 世界に開かれた国土の形成
開発方式等	〈拠点開発構想〉目標達成のため工業の分散を図ることが必要であり、東京等の既成大集積と関連させつつ開発拠点を配置し、交通通信施設によりこれを有機的に連絡させ相互に影響させると同時に、周辺地域の特性を生かしながら連鎖反応的に開発をすすめ、地域間の均衡ある発展を実現する。	〈大規模プロジェクト構想〉新幹線、高速道路等のネットワークを整備し、大規模プロジェクトを推進することにより、国土利用の偏在を是正し、過密過疎、地域格差を解消する。	〈定住構想〉大都市への人口と産業の集中を抑制する一方、地方を振興し、過密過疎問題に対処しながら、全国土の利用の均衡を図りつつ人間居住の総合的環境の形成を図る。	〈交流ネットワーク構想〉多極分散型国土を構築するため、①地域の特性を生かしつつ、創意と工夫により地域整備を推進、②基礎的な交通、情報・通信体系の整備を国自らの指針に基づき全国にわたって推進、③多様な交流の機会を国、地方、民間諸団体の連携により形成。	〈参加と連携〉—多様な主体の参加と地域連携による国土づくり—（4つの戦略） 1 多自然居住地域（小都市、農山漁村、中山間地域等）の創造 2 大都市のリノベーション（大都市空間の修復、更新、有効活用） 3 地域連携軸（軸状に連なる地域連携のまとまり）の展開 4 広域国際交流圏（世界的な交流機能を有する圏域）の形成
投資規模	「国民所得倍増計画」における投資額に対応	昭和41年から昭和60年約130～170兆円 累積政府固定投資（昭和40年価格）	昭和51年から昭和65年約370兆円 累積政府投資（昭和50年価格）	昭和61年度から平成12年度 1,000兆円程度 公、民による累積国土基盤投資（昭和55年価格）	投資総額を示さず、投資の重点化、効率化の方向を提示

（出典）国土交通省（2008）「全国総合開発計画（概要）の比較」http://www.kokudokeikaku.go.jp/document_archives/ayumi/21.pdf）

確保するために、格差是正を目的にして多様な地域開発や公共事業が次々に用意され、その予算配分をめぐって政府・各省庁、保守政党、財界・企業の間に構造化された癒着関係が形成されてきた。

しかし、このような開発主義の体制は、次のような社会状況の変化によって、1990年代に大きな困難に直面することになった。

まず、1990年代前半のバブル景気の崩壊によって経済成長が困難になることで、格差是正のために地方圏に投入されてきた財源が削減されていった。しかも、1960年代の工業基盤整備、1970年代の高速交通体系（高速道路・新幹線・空港）の建設、1980年代のテクノポリスやリゾートという形で推移してきた開発政策は、実際には多くが当初の目的を達成できないまま、多大な財政的負担を地方圏が背負うことになった。情報通信技術や遺伝子工学などの高度な科学技術を応用した「ハイテク産業」へと産業の中心が移行する「脱工業化」から取り残され、また、グローバル化による国際的な競争激化によって海外に生産拠点が移転して基幹産業を失った地方圏は、存続の危機に直面することになった。

また、郊外の幹線道路沿いに立ち並ぶ全国チェーン店や大型ショッピングセンターに客を奪われて、中心市街地の多くの店舗が廃業してシャッター通り化してしまっている状況は、これまでまちづくりの中心的な担い手であった自営業者層が衰退することで、地域社会の存続が困難となっている。

さらに、中山間地や離島、半島などの条件不利地域では、過疎化がさらに進行し無人化・原野化が起こり始めているともいわれている（町村 2007：221）。

高齢化率50％を超えて人口減少と高齢化が進む集落のことを「限界集落」というが、この限界集落の問題点としては、冠婚葬祭をはじめ、田役、道役などの相互扶助の維持が困難になり、集落の人びとの間の相互扶助に基づく村落的生活様式が成立しなくなっていることである。

このような限界集落は、集落内外における人間関係が希薄となった独居高齢者の孤独な日常生活、手入れを行なう人間がいなくなり荒れ果てて鳥獣の姿も見えない「沈黙の森」と化した杉の人工林などに象徴される「病める現代山村

の偽らざる姿」となり、こうした限界集落の光景は、全国各地で顕在化している。

　さらに、事態は進展して行き、集落そのものが消滅する「消滅集落」といった事態も生じてきているともいわれている。

　このような限界に達していない集落でも、兼業化や生活の個人化の進展によって近隣関係の維持が困難になり、集落内の相互扶助の存続が危機に瀕しているところも見られるようになった（牧野 2007：28-29）。

　過疎化が進む農村社会の生活問題としてまずあげられるのが、医療問題である。つまり、地域内に医療機関がなく、病気になっても医療を受けることができない「無医村」の問題である。また、地域内に診療所があったとしても、重大な疾病にかかったり、高度医療を必要としたりする場合には、長時間の移動をしなければならず、手遅れになる場合も多いという問題である。

　次に、過疎化によって高齢化が急速に進んでいる地域では、介護の担い手不足・欠如という介護問題があげられる。高齢化の進んだ過疎地では、高齢者以外の人たちが少ないので、また、地域内に介護保健施設が無いので、高齢者同士が介護をする「老々介護」をせざるを得ない状況や、独居高齢者の場合は、自分が動けなくなったら、都市部の病院や福祉施設に入ることを覚悟して、そこで生活を続けざるを得ない状況がある。

　3つ目に、子どもの問題がある。過疎化によって地域の子どもの数が減少し、小中学校が統廃合され、遠距離通学をせざるを得なくなったり、小規模な学校では、複数の学年の児童・生徒が同じ教室で学ぶ複式学級方式をとらざるを得なくなったりする。その結果、近隣に同年齢の遊び仲間がいないために、室内での一人遊びが多くなり社会性や運動能力、体力が低下すると危惧される。

　その他に、公共交通機関の減便や廃止に伴う児童・生徒・高齢者の交通手段の確保が困難になるという問題や、農産物価格の低下と農業機材の高騰などによって、働いても収入が伸びなかったり減収になる「ワーキング・プアー」（働く貧困層）の問題などによって、過疎化が加速し、地域社会で暮らすための手立てが奪われていき、地域社会を去らざるを得なくなる人々が増加し、さ

らに過疎化が進行して行くという悪循環が生じるようになる（牧野 2007：30 －32）。

　このような深刻な事態に至らなくても、農村社会は、都市化の影響を受けて地域内の人びとの関係が変わってきている。

　現在でも、地域内で営農や日常生活に不可欠な農業用水や共有地の管理は、相互扶助に基づいて行なわれているが、それは、それぞれの農家の利害関係の中で、利害が一致する範囲で行われるようになった。つまり、自分の家の生活に利点がある時に、集落内の農家の間で相互扶助的に共同管理や作業を行なうようになったのである。

　このような変化の中で、現在の農村の住民は、地域内部でのみ生活が完結することが困難となり、地域の外部の人びとと積極的につながっていくことが必要となっている。

　そこで、例えば、中山間地の農家が、農産物の産地直送販売を媒介にして、生産者が消費者のニーズを知り、消費者は生産の現場を知ることで、農村住民と都市住民の間の交流に基づいて新しい農村社会の再構築に取り組む試みが行なわれるようになった。

　しかし、長期にわたって農産物の産地直送販売を通じて交流を続けてきた農村住民と都市住民との間には、依然として農村社会についての大きな意識のズレが解消できない場合が多い。また、農産物の産地直送販売を通じて農村と関わりをもつ都市住民の大半は、商品としての「安全な農産物」を求めており、農村社会固有の論理を踏まえた上で農業や農村に主体的に関わろうとする者はごく少数である（牧野 2007：33－34）。

　そこで、このような農村社会の状況の中で、また、地域問題に対する自治能力を衰退させている都市社会において、地域コミュニティの再構築がいかに可能であるのか、その可能性と課題を模索してみたい。

（4－3）地域コミュニティ再構築の課題

　都市に住む人であれ、農村部に住む人であれ、そこに住む人たちは、安全・

安心で、安定した生活ができることを望んでいることには、変わりが無い。
　それでは、安全・安心で、安定した生活ができる地域コミュニティをいかに作り出すことができるのか。
　この課題について、国土交通省の「国土のグランドデザイン2050」と「日本創成会議・人口減少問題検討分科会」の提言「ストップ少子化・地方元気戦略」等を手がかりにして考察したい。
　国土交通省「国土のグランドデザイン2050」は、2013年10月から策定作業が行われ、2014年7月に公表された（国土交通省 2014a：2）。
　「国土のグランドデザイン2050 概要①」によれば、本格的な人口減少社会の到来と巨大災害の切迫等に対する危機意識を共有し、2050年を見据え、未来を切り開いていくための国土づくりの理念・考え方を示す「国土のグランドデザイン2050～対流促進型国土の形成～」が策定された（国土交通省 2014b：1）。
　そして、「時代の潮流と課題」として、以下の6つがあげられている。

①急激な人口減少、少子化
　2050年には、現在の居住地域の6割以上の地点で人口が半分以下に減少し、うち2割が無居住化。地域消滅の危機
②異次元の高齢化の進展
　世界のどの国も経験したことのない4割の高齢化率へ。高齢社会に対応した国土・地域づくりが急務
③都市間競争の激化などグローバリゼーションの進展
　国家・都市間の競争が激化。大都市の国際競争力の強化が課題
④巨大災害の切迫とインフラ（社会基盤）の老朽化
　首都直下地震、南海トラフ巨大地震の30年以内発生確率70％。高度経済成長期以降に集中整備したインフラ（道路・用水・上下水道等）の老朽化が深刻
⑤食料・水・エネルギーの制約、地球環境問題
　世界は人口爆発。食料・水・エネルギー確保が課題
⑥ICTの劇的な進歩など技術革新の進展
　すべての人やモノが様々なデバイス（装置）で常にネットワークにつながる

時代。さらに、幅広い分野で進む技術革新を積極的に取り込む社会面・制度面の対応が課題

(国土交通省　2014b：1)

　これら6つの課題に対処し新たな国土を構築するために、次の12の「基本戦略」が提示されている。

①国土の細胞としての「小さな拠点」と、高次地方都市連合等の構築
　・集落が散在する地域において、日常生活に不可欠な機能を歩いて動ける範囲に集め、周辺地域とネットワークでつなぐ「小さな拠点」の形成（全国5千箇所程度）。
　・複数の地方都市等がネットワークを活用して一定規模の人口（概ね30万人）を確保し、相互に各種高次都市機能を分担し連携する「高次地方都市連合」の構築（全国60～70箇所程度）

②攻めのコンパクト・新産業連合・価値創造の場づくり
　・コンパクト＋ネットワークによる新しい集積の下で、人・モノ・情報が活発に行き交う中で新たな価値の創造・イノベーションにつなげる「攻めのコンパクト」

③スーパー・メガリージョンと新たなリンクの形成
　・リニア中央新幹線の整備により、三大都市圏がそれぞれの特色（東京圏の国際的機能、名古屋圏の先端ものづくり、大阪圏の文化、歴史、商業）を発揮しつつ一体化し、世界最大のスーパー・メガリージョンが形成され、世界から人・モノ・カネ・情報を引き付け世界を先導
　・スーパー・メガリージョン内外の人・モノ・情報の高密度な連携を促進（筑波、関西学研など、知の創発拠点をつなぐ「ナレッジ・リンク」の形成等）

④日本海・太平洋2面活用型国土と圏域間対流の促進
　・ユーラシアダイナミズム（東アジア諸国やロシアの経済活動の活発化）への対応と災害に強い国土づくりの観点から、日本海側と太平洋側の連携を強化
　・シベリア鉄道を活用したシベリアランドブリッジ、北極海航路、パナマ運

河再拡張を契機として、日本海側と太平洋側の2面をフル活用し、世界との結びつきを強化

⑤国の光を観せる観光立国の実現
- アジアを中心とした旺盛な国際観光需要を積極的に取り込んでいくことが重要
- 内外の観光客を呼び込み、「交流人口」の増加により地域経済を活性化
- 留学、ビジネス等「滞在人口」の拡大
- 成熟した旅行者層や富裕層に積極的にアプローチし、食、流通、農業、文化等、様々な業界にインバウンド（海外からの観光客の誘致）推進の担い手を広げた新たな取り組みを創出

⑥田舎暮らしの促進による地方への人の流れの創出
- 近年の若者や女性の「田園回帰」と呼ばれる新たな人の流れなどを踏まえ、大都市から地方への人の流れを創出
- 地方におけるIT産業をはじめとした多様な産業の振興等を通じて、若者や子育て世帯を含めたUIJターンを促進
- シニア世代の知識・技術・経験は、地域産業やコミュニティ活動などの維持・振興に寄与するとともに、シニア世代の移住は、将来見込まれる大都市部の介護施設不足の緩和に寄与することから、「元気なうちの田舎暮らし」を促進

⑦子供から高齢者まで生き生きと暮らせるコミュニティの再構築
- 都市政策・住宅政策・福祉政策・交通政策等の連携によりコミュニティを再構築
- 環境に優しく、高齢者が健康に歩いて暮らせ、同時に子育てしやすい多世代循環型の地域の構築

⑧美しく、災害に強い国土
- 地域独自の景観や自然等の幅広い地域資源を活用した魅力ある地域づくり・無電柱化の推進等
- 災害リスクの評価・共有と、これを踏まえた防災・減災対策の重点化

- ロボットやセンサー等を駆使して、防災・減災、メンテナンス等におけるイノベーションを生み出し「防災先進社会」を構築

⑨インフラを賢く使う
- インフラの整備に加え、使い方を工夫することで、既存ストックを最大限に活用。「対流基盤」としてのインフラの高度化とともに、先進技術を積極的に活用し、より頭脳化された「スマート・インフラ」への進化を促進
- インフラの管理レベルを考慮し、効率的・効果的な維持管理を行いつつ、インフラの特性や利用状況等を踏まえ、必要に応じ、更新等を行うほか、機能連携、用途変更、統廃合等を実施

⑩民間活力や技術革新を取り込む社会
- 民間の資金、技術、ノウハウを活用してインフラの整備・運営にPPP／PFIを活用
- 技術革新の成果を最大限に活かすため、制度と技術を一体的につくり上げる

⑪国土・地域の担い手づくり
- ソーシャルビジネスをはじめ、地域ビジネスの担い手を支援するプラットフォームを整備
- クラウドファンディングの活用等、新たな「公」の担い手のビジネスマネジメントの向上を促進
- 技術者・技能者の処遇を改善し職人が尊敬される社会へ
- 若者が安心して一生を託せ、女性がより活躍できる建設産業の実現

⑫戦略的サブシステムの構築も含めたエネルギー制約・環境問題への対応
- バイオマス、小水力等再生可能エネルギーの活用によるエネルギーの地産地消等
- サブシステム型のエネルギーシステムを構築。これらは災害時等のセキュリティの観点からも重要
- 下水汚泥・下水熱の有効利用によるエネルギー化
- 省エネ・創エネを効率的に実施するスマートシティの実現

(国土交通省 2014b：3－4)

第4章　都市化と地域社会の変動　63

　以上の12の「基本戦略」を示した上で、国土交通省は、**図4－6**のような「目指すべき国土の姿」として実物空間と知識・情報空間が融合した「対流促進型国土」を提示している。

　これは、地球表面の実物空間（「2次元的空間」）と知識・情報空間が融合した、いわば「3次元的空間」で、数多くの小さな対流が創発を生み出し、大きな対流へとつながっていく国土の姿である（国土交通省　2014b：4）。

　上記のように、国土交通省は、実質的には「第6次全国総合開発計画」である「国土のグランドデザイン2050」を提案し、この国土形成計画に基づいて、21世紀半ばまでに人口減少と巨大災害への対処を中心に日本の国土の再構築を目指している。

　このような国土形成計画は、総花的なものであるが、少子高齢化による「地域消滅」の問題に正面から取り組もうとしているのが、「日本創成会議・人口減少問題検討分科会」の提言「ストップ少子化・地方元気戦略」である。

　そこで、日本創成会議の「分科会」座長の増田寛也編著『地方消滅』と「提言」から、少子高齢化による地域消滅の問題とその対策について見てみよう。

　まず、『地方消滅』の「序章」によれば、「日本は2008年をピークに人口減少に転じ、このまま何も手を打たなければ、2010年に1億2806万人であった日本

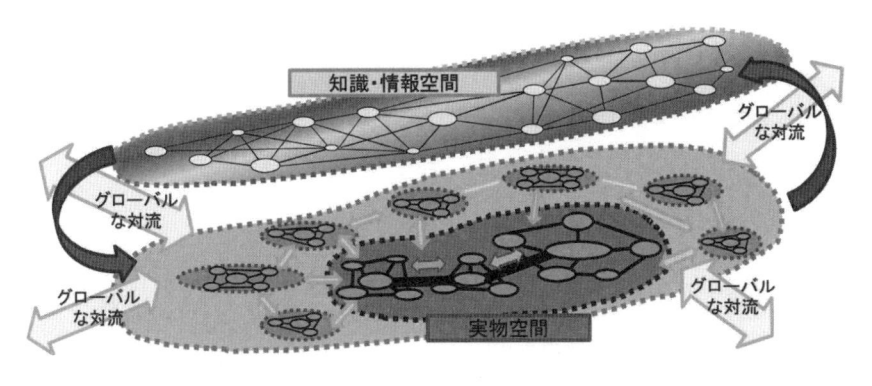

（出所：国土交通省　2014b：4）

【図4－6　「対流促進型国土」のイメージ図】

の総人口は、2050年には9708万人となり、今世紀末の2100年には4959万人と、わずか100年たらずで現在の40%、明治時代の水準にまで急減すると推計されている」(増田 2014：1-2)。

　こうした人口減少の予測に対して、「政府は、2003年7月『少子化社会対策基本法』を制定し、内閣府に『少子化社会対策会議』を設置、さらに2007年の第1次安倍内閣以降は、内閣府特命担当大臣（少子化対策担当）を任命し、少子化対策に取り組んできた。しかし、残念ながら有効な対策が打ち出せていないのが現状である。その背景には、私たち国民のこの問題に対する関心の薄さがあった」(増田 2014：3)。

　そこで、「提言」では、以下のように人口減少の深刻な状況について国民の基本認識の共有を図ることが主張されている。

　すなわち、多くの国民は人口減少の深刻さを十分に認識していないので、有効な対策を検討し、果断に実施するためには、「人口減少社会」の実像と「今後の対応」のあり方に関し国民の基本認識の共有を図る必要がある。このために、人口減少の現状と将来の姿を身近な地域のレベルまで示すなど、国民に早急に情報提供する必要がある。また、この問題を国民に分かりやすく伝え、活発な議論や取組を実現するために、各界の人材を『ストップ少子化・アンバサダー（仮称）』に指名し、その活動を支援するようなことも有用である（日本創成会議・人口減少問題検討分科会 2014：3)。

　国民に人口減少について正しく基本認識を共有してもらう手立てとして、『地方消滅』では、以下のような人口減少に関する「九つの誤解」を提示している（増田 2014：5-8)。

　それらの「誤解」の内容を見てみよう。
　第1の誤解：本格的な人口減少は、50年、100年先の遠い将来の話ではないか？
　基本認識：遠い将来のことではなく、地方の多くはすでに人口が急減する深刻な事態を迎えている（増田 2014：5)。
　第2の誤解：人口減少は、日本の人口過密状態を解消するので、むしろ望ましいのではないか？

基本認識：日本の人口減少には、地方から大都市圏（特に東京圏）への「人口移動」が深く関わっている。日本全体が同じ比率で人口減少していくのではなく、地方は人口が急減するが、大都市は今以上に人口集中が進む。最終的には東京圏の人口も減少に転じるが、一時的には人口減少により過密が解消されるどころか、大都市圏（特に東京圏）の人口は、現在よりも過密になる（増田 2014：5−6）。

第3の誤解：人口減少は地方の問題であり、東京は大丈夫ではないか？

基本認識：東京が人口を維持できているのは、地方から人口流入があるからである。東京の出生率は極めて低く、人口再生産力に乏しい。地方の人口が消滅すれば、東京への人口流入がなくなり、いずれ東京も衰退する（増田 2014：6）。

第4の誤解：日本全体の人口が少なくなるのだから、東京に人口を集中し、生産性を向上させた方がよいのではないか？

基本認識：地方から無尽蔵に東京に人口を供給できると考えることは不可能であり、東京への人口集中は、短期的には生産性を向上させても、長期的には衰退を招く。東京を持続可能な都市とするためにも、人口の東京一極集中を改善する必要がある（増田 2014：6）。

第5の誤解：近年、日本の出生率は改善しているので、このままいけば自然と人口減少は止まるのではないか？

基本認識：日本は、今後若年女性数が減少するため、出生率が少々上昇しても、出生数は減少し続ける（増田 2014：7）。

第6の誤解：少子化対策はもはや手遅れであり、手の打ちようがないのではないか？

基本認識：人口減少がもはや避けられないのは事実だが、将来人口をどの程度で維持するかは、これからの取り組みにかかっている。少子化対策は早ければ早いほど効果がある（増田 2014：7）。

第7の誤解：出生率は、政策では左右されないのではないか？

基本認識：フランスやスウェーデンは、政策により出生率が向上している。

幸いなことに日本の場合、国民のなかに「子どもを持ちたい」という希望は多い。国際的に見て低水準の少子化対策を抜本的に強化すれば効果は十分期待できる（増田 2014：7-8）。

第8の誤解：「子育て支援」が十分な地域でも、出生率は向上していないのではないか？

基本認識：日本の出生率低下の原因は、子育ての環境整備の不十分さの問題だけでなく、晩婚化や若年層の所得の低さなどの影響もある。これらの問題へ総合的な対策を行うことが必要であり、それにより出生率の向上が期待できる（増田 2014：8）。

第9の誤解：海外からの移民の受け入れだけしか、人口問題は解決できないのではないか？

基本認識：日本を多民族国家に転換するほどの大胆な外国人受け入れをしなければ、出生率の低下は防げないが、それを実現するための政策遂行について国民の合意と支持を得るのは困難だと思われる（増田 2014：8）。

「提言」要約版によれば、上記の9つの誤解は、根拠のない「楽観論」（誤解1～5）と「悲観論」（誤解6～9）であり、「人口減少社会」の実像と今後対応あり方 に関し正確かつ冷静に認識する必要がある（日本創成会議・人口減少問題検討分科会 2014b：4）。

また、「提言」要約版に掲載されている人口減少の要因に関する参考資料によれば、地方の人口減少の最大要因は、若者（男女）の大都市（特に東京圏）への流出であり（図4-7）、人口流出の動きは、地方と大都市（東京圏）の「経済雇用格差」に深く関連している（図4-8）（日本創成会議・人口減少問題検討分科会 2014要約版：5）。

そして、地方から大都市（東京圏）への若者（男女）の流出は、人口減少に拍車をかけている（図4-9・10）（日本創成会議・人口減少問題検討分科会 2014要約版：5）。

さらに、地方からの人口流出がこのまま続くと、人口の「再生産力」を示す「若年女性（20～39歳）」が2040年までに50%以上減少する市町村が896（全

第4章　都市化と地域社会の変動　67

○日本特有の課題は、大都市圏への「人口移動」。若年層流出により地方は「人口再生産力」を喪失。
○第1期は1960～70年代の高度成長期、第2期は1980～90年代のバブル経済期、第3期は2000年以降の製造業拠点の海外移転による地方経済悪化期。

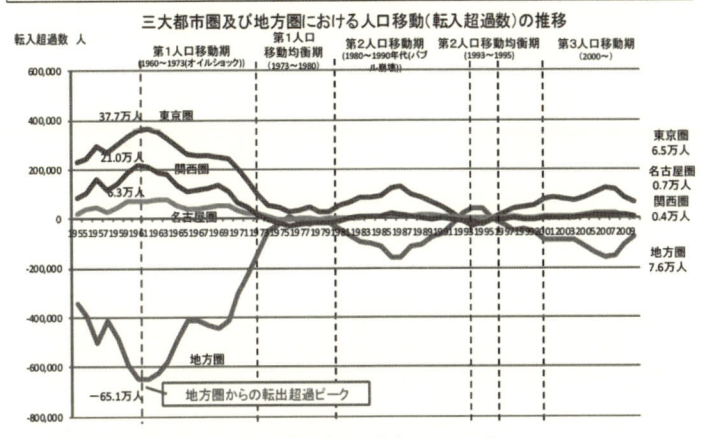

（出所：日本創成会議・人口減少問題検討分科会 2014b：5）

【図4－7　三大都市圏及び地方圏における人口移動（転入超過数）の推移】

東京圏への転入超過数と、これに影響を与えると考えられる雇用の東京圏・地方圏格差との関係をみると、90年代以降において、有効求人倍率の東京圏における相対的な改善と東京圏へ転入超過数の増加との関係がうかがえる。

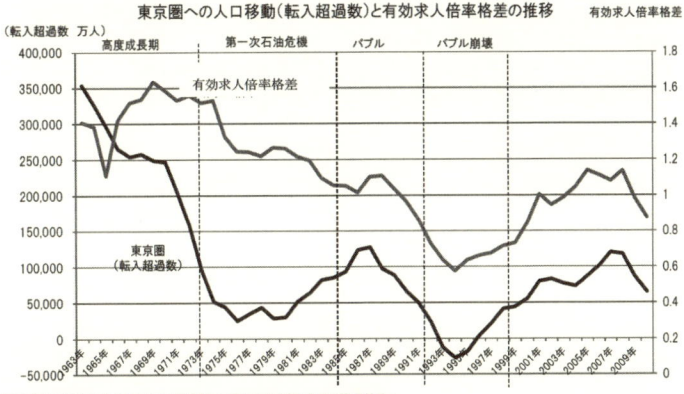

（出典）総務省「住民基本台帳人口移動報告」、厚生労働省「職業安定業務統計」
（注）ここでいう「有効求人倍率格差」とは、東京圏（埼玉県、千葉県、東京都、神奈川県）における有効求人倍率（有効求人数／有効求職者数）を東京圏以外の地域における有効求人倍率で割ったもの。

（出所：日本創成会議・人口減少問題検討分科会 2014b：5）

【図4－8　東京圏への人口移動（転入超過数）と有効求人倍率格差の推移】

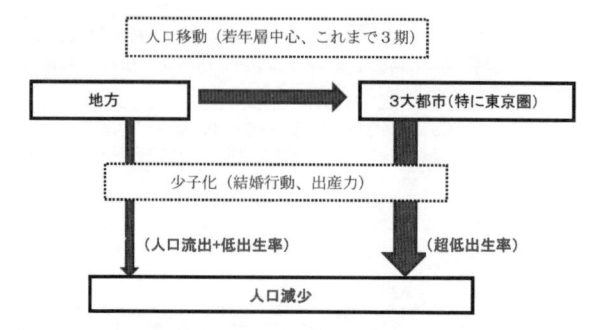

(出所：日本創成会議・人口減少問題検討分科会 2014b：5)
【図4－9　地方から大都市（東京圏）への若者（男女）の流出と人口減少との関連】

○人口稠密な大都市圏の出生率は低い。東京の合計特殊出生率は1.09（日本全体では1.41）。
○東京への若者の流入が増えれば、人口減少のスピードはさらに加速する。

(出所：日本創成会議・人口減少問題検討分科会 2014b：5)
【図4－10　都道府県別の合計特殊出生率（2012年）】

体の49.8%）にのぼると推計される（図4－11）。

　これらの市町村は、いくら出生率が上がっても将来的には消滅するおそれが高い。

　一方で、大都市、特に東京圏は東京近郊を中心に高齢化が一挙に進むこ

> ○今後も人口移動が収束しないとすると、若年女性が50％以上減少する市町村は急増。
> ※国立社会保障・人口問題研究所(社人研)の推計は、移動率が一定程度収束することを前提としている。

20～39歳女性が半分以下になる自治体比率（2010～2040年）

○ 国立社会保障・人口問題研究所の推計を前提とした場合、20～39歳女性人口が2010年から2040年にかけて半分以下になる自治体比率は20.7％。
○ さらに人口移動が収束しないとする仮定を置くと、20～39歳女性人口が2010年から2040年にかけて半分以下になる自治体数は49.8％。

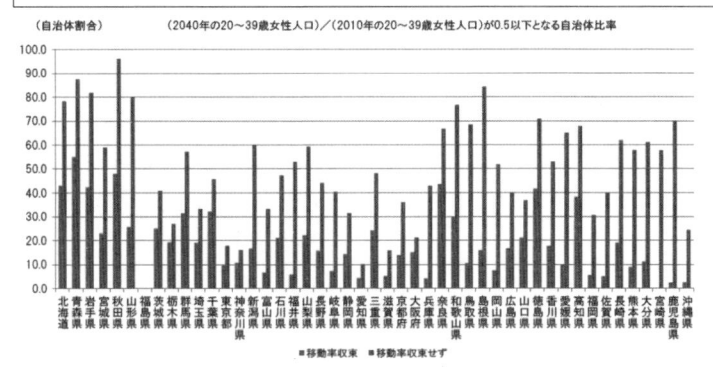

（備考）国立社会保障・人口問題研究所「日本の地域別将来推計人口（平成25年3月推計）」及びその関連データから作成

（出所：日本創成会議・人口減少問題検討分科会 2014b：6）

【図4－11　20～39歳女性が半分以下になる自治体比率（2010年～2040年）】

とが予想されている（図4－12）（日本創成会議・人口減少問題検討分科会 2014b：6）。

　以上のように、日本創成会議の「分科会」は、日本の人口減少について問題提起を行った上で、以下のような2つの「基本目標」を設定する。

　まず、第1の基本目標は、国民の「希望出生率」を実現することである。つまり、結婚・出産は個人の自由が最優先されるべき事柄であり、それを前提とした上で、戦略の第一の基本目標を「国民の希望が叶った場合の出生率（希望出生率）を実現すること」に置く。

　この基本目標の実現のため、結婚をし、子どもを産み育てたい人の希望を阻

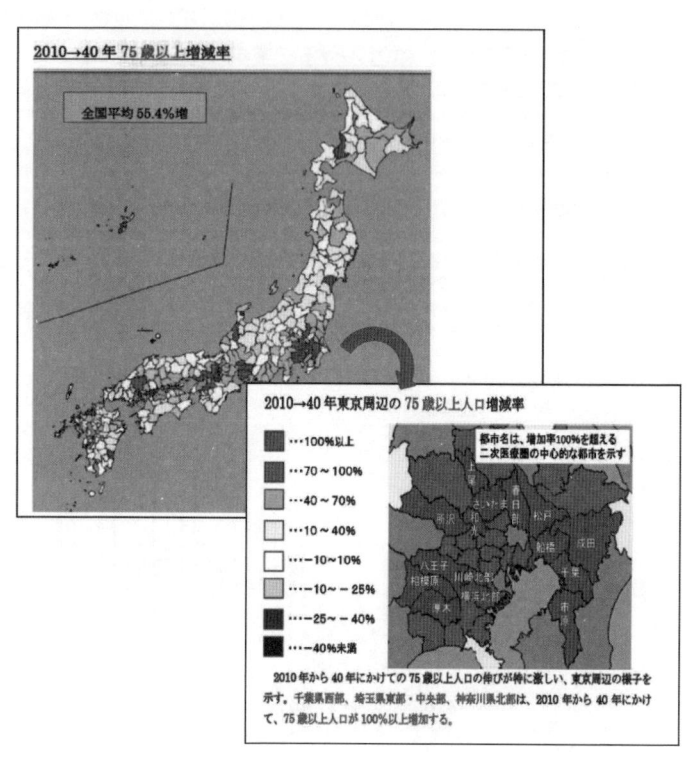

(出所:日本創成会議・人口減少問題検討分科会 2014b:6)

【図4−12　全国と東京圏の75歳以上人口の増減率（2010年〜2040年）】

害する要因（希望阻害要因）の除去に取り組む（日本創成会議・人口減少問題検討分科会 2014:9）。

　ここで、現時点の「希望出生率」としては、合計特殊出生率（出生率）＝1.8の水準が想定される。これを踏まえ、10年後の2025年を目処に「出生率＝1.8を実現すること」を基本目標とする（日本創成会議・人口減少問題検討分科会 2014a:9）。

　「希望出生率」＝1.8の根拠は、直近の平成22年出生動向調査結果において夫婦の「理想の子ども数」は平均2.42人、「予定子ども数」は平均2.07人であること、独身者（女性）の結婚希望率が89.4％、「理想の子ども数」が2.12人であ

第 4 章　都市化と地域社会の変動　71

ることなどを踏まえ、以下の方式で算出した（**図 4 −13**）。

　この「希望出生率」の実現が、十分に可能であることを「提言」は次のように論じている。

　現在日本で最も出生率が高い沖縄県で出生率=1.8 〜 1.9であり、OECD諸国の半数は出生率=1.8を超えている（**図 4 −14**）。また、スウェーデンでは、1999年から2010年の11年間で出生率は1.50から1.98まで約0.5ポイント上昇したことなどを勘案すれば、この基本目標は、困難は伴うが実現不可能ではない。そのカギを握るのは、「20歳代の結婚・出産動向」である（日本創成会議・人口減少問題検討分科会 2014a：9）。

　そして、今後、対策が効果をあげ出生率が着実に向上していった場合は、基

```
希望出生率＝
〔既婚者割合×夫婦の予定子ども数＋未婚者割合×未婚結婚希望割合×理想子ども数〕×離別等効果
1.8 ≒ 〔(34%×2.07人) ＋ (66%×89%×2.12人)〕×0.938
```

（出所：日本創成会議・人口減少問題検討分科会 2014a：9）

【図 4 −13　「希望出生率」の算出方法】

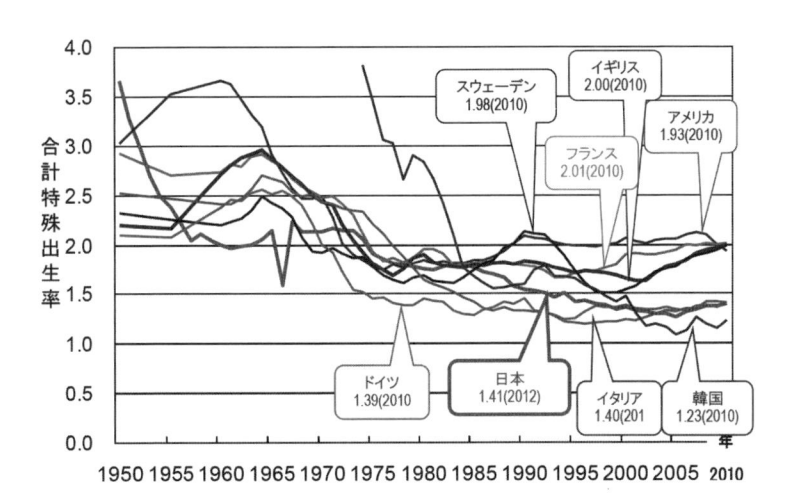

（出所：日本創成会議・人口減少問題検討分科会 2014a：10）

【図 4 −14　諸外国の合計特殊出生率の推移】

本目標を再設定することが適当である。その際には、将来において人口を安定的に維持できる水準である「人口置換水準（出生率=2.1）」を視野に入れることが考えられる。出生率=2.1は、夫婦の平均理想子ども数が2.42人であることなどを考慮すると、国民の希望という点で長期的には視野に置きうる水準と言える（日本創成会議・人口減少問題検討分科会 2014：10）。

　他方で、第二の基本目標は、地方から大都市へ若者が流出する「人の流れ」を変え、「東京一極集中」に歯止めをかけることである（日本創成会議・人口減少問題検討分科会 2014：13）。

　すなわち、「人の流れ」を変えることは日本全体の「出生率向上」にもむすびつく。人口過密の大都市は、住居や子育て環境や地域での孤立などから出生率が低いのが一般的である。各種データを見ても人口密度が高いほど出生率が低いという相関関係が認められる。

　地方から大都市への「若者流入」は日本全体の「人口減少」に拍車をかけていると言える。

　少子化対策の視点からも、地方から若者（男女）が大都市へ流出する「人の流れ」を変えることが重要である（日本創成会議・人口減少問題検討分科会 2014a：15）。

　東京圏は、このまま推移すれば、相当規模の若者の流入が続くことが見込まれるが、これ以上の『東京一極集中』は、少子化対策の観点から歯止めをかける必要がある。「東京一極集中」は、首都直下地震の切迫という「災害リスク」の面でも重大な問題を有していることも認識する必要がある（日本創成会議・人口減少問題検討分科会 2014：15）。

　その一方で、東京圏は、これまで国内の人材や資源を吸収し続けて日本の成長力のエンジンとなってきたが、今後は、世界有数の「国際都市」として、海外の人材や資源を大胆に誘致し、世界の多様性を積極的に受け入れるベースとなることが期待される。これにより、地方中核拠点都市圏との間で補完的な関係を構築していくことを指向していくことが望まれる（日本創成会議・人口減少問題検討分科会 2014：15）。

さらに、地方から大都市への「人の流れ」を変えるためには、地方において人口流出を食い止める「ダム機能」を今一度構築し直す必要がある。それに加えて、近年の若者（特に女性）の動向を見ると、地方から大都市への「流出を食い止める」だけでなく、一旦大都市に出た若者を地方に「呼び込む・呼び戻す」機能の強化を図ることが重要になってきている。地方の持続可能性は、「若者にとって、魅力のある地域かどうか」にかかっていると言えよう。すなわち、『若者に魅力のある地域拠点都市』を中核とした「新たな集積構造」の構築が目指すべき基本方向となる（日本創成会議・人口減少問題検討分科会 2014：16）。

　しかしながら、地方の人口減少は避けられないことである。そこで、この厳しい条件下で限られた地域資源の再配置や地域間の機能分担と連携を進めていくことが重要となる。このためには、「選択と集中」の考え方を徹底し、人口減少に即して最も有効な対象に投資と施策を集中することが重要となる（日本創成会議・人口減少問題検討分科会 2014：17）。

　以上の2つの基本目標（「1．国民の『希望出生率』実現」と「2．地方から大都市への『人の流れ』を変えること」）に基づいて、日本創成会議・「分科会」は、「ストップ少子化・地方元気戦略」を提唱している（日本創成会議・人口減少問題検討分科会 2014：21）。

　この「戦略」は、「1．ストップ少子化戦略（若者（男女）が結婚し、子どもを産み育てやすい環境を作る）」、「2．地方元気戦略（地方を建て直し、再興を図る）」、「3．女性・人材活躍戦略（女性や高齢者など人材の活躍を推進する）」という3つの戦略から構成される（日本創成会議・人口減少問題検討分科会 2014a：21）。

　「1．ストップ少子化戦略」には、2つの「実現目標」がある。〈その1〉が、「20歳代～30歳代前半に結婚・出産・子育てしやすい環境を作る」ことである。これは、日本では、多くの男女は結婚し、子どもを持つことを希望しているが、20歳代～30歳代前半は社会経済的な理由等でそれが叶わず、結果として、晩婚化や未婚化が進行し、20歳代～30歳代前半の出生率が低いという現状を変

えることを目標としている（日本創成会議・人口減少問題検討分科会 2014a：21）。

〈その２〉が、「第２子や第３子以上の出産・子育てがしやすい環境を作る」ことである。これは、日本における夫婦の理想子ども数は平均2.42人であるが、現状は1.7人であり、他方で、第２子の出生を妨げる要因には、経済的要因のほか、育児と就業の両立が難しいことや夫の育児への参加度が低いことなど「子育て支援サービス」や「働き方」の問題があり、さらに、子育てや教育コストが大きいため第３子以上を生み育てるのが極めて困難であるという現状を変えることである（日本創成会議・人口減少問題検討分科会 2014a：21）。

そして、「提言」の要約版では、以下の具体的施策が、簡潔に示されている。
①「若者・結婚子育て年収500万円モデル」を目指した雇用・生活の安定
②結婚・妊娠・出産支援（公共機関による結婚機会提供、妊娠出産知識普及、妊娠・出産・子育てワンストップ相談支援）
③子育て支援（待機児童解消、「保育施設付マンション」、ひとり親家庭支援）
④働き方改革（育休保障水準引上げ、多様な「働き方」、「企業別出生率」公表）
⑤多子世帯支援（子どもが多いほど有利になる税・社会保障、多子世帯住宅）
　　　　　　　　　　　（日本創成会議・人口減少問題検討分科会 2014b：1）

ここで、「若者・結婚子育て年収500万円モデル」とは、若年世代が20歳代に結婚し、２人〜３人を産み育てる上での経済的基盤として、20歳代で300万円（独身）以上、30歳代後半で500万円（夫婦）以上の年収が「安定的」に確保されていることを目標とするモデルである（日本創成会議・人口減少問題検討分科会 2014a：22）。

子育て経費に対する支援や新規就農支援、起業支援などを含めて、①20歳代で結婚するには、独身で300万円以上の年収を有し、②その後、子どもの養育費がかかる30歳代後半に夫婦合計で500万円以上を安定的に有していることが一つの目標となると考えられる（日本創成会議・人口減少問題検討分科会 2014：22）。

そこで、上記モデルを実現するためには、非正規雇用など結婚をする上で厳

しい環境にある若者を中心に、年収をおおむね倍増することを目指す必要がある（日本創成会議・人口減少問題検討分科会 2014a：22）。

非正規雇用の若者が結婚して30歳代後半で年収500万円（夫婦）を安定的に確保する典型的なケースとしては、以下の2つがあげられる。

〈ケース1〉
・主たる家計維持者が、正社員で年収400万円以上、
・配偶者が必要に応じパート等で年収100万円程度

〈ケース2〉
・夫婦ともに「多様な正社員」で合計年収が500万円以上

（日本創成会議・人口減少問題検討分科会 2014：22）

このような「若者・結婚子育て年収500万円モデル」が導き出される根拠となる、現在の日本の現状は以下の通りである。

まず、内閣府「平成22年度結婚・家族形成に関する調査報告書」の調査結果によると、結婚の分岐点として、男性の場合で「年収300万円」をあげる者が多い（図4－15）（内閣府 2011：15）。

また、平均年収の実態は、正規雇用（2012年）で20歳代前半が約300万円、20歳代後半が約370万円、30歳代前半が約430万円、30歳代後半が約480万円。一方、非正規雇用の年収は正規雇用に比べると約半分（54％）である。そのこともあり、20～30歳代の非正規雇用の未婚率は正規雇用の2倍となっている（図4－16）。

以上からみて、結婚したい非正規雇用労働者が結婚できるような年収の実現には、現在の水準を2倍程度引き上げる必要がある（日本創成会議・人口減少問題検討分科会 2014a：23）。

また、雇用実態において非正規の割合は36.2％（2013年）。これは過去最高で、特に15～34歳までの若年層での増加が著しい。非正規のうち「不本意非正規」が全体で341万人（25～34歳で84万人）である（日本創成会議・人口減少問題検討分科会 2014：23）。

そこで、正規と非正規に「二極化」した現状を転換させる雇用形態として、「多

【図4-15 年収別の婚姻・交際状況】

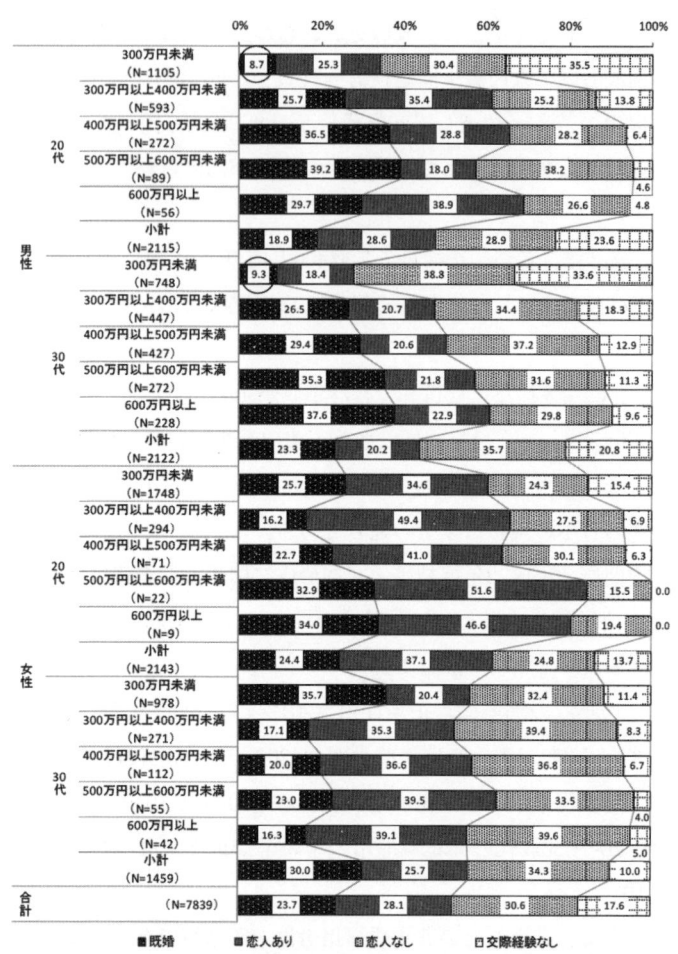

		既婚	恋人あり	恋人なし	交際経験なし
男性 20代	300万円未満 (N=1105)	8.7	25.3	30.4	35.5
	300万円以上400万円未満 (N=593)	25.7	35.4	25.2	13.8
	400万円以上500万円未満 (N=272)	36.5	28.8	28.2	6.4
	500万円以上600万円未満 (N=89)	39.2	18.0	38.2	4.6
	600万円以上 (N=56)	29.7	38.9	26.6	4.8
	小計 (N=2115)	18.9	28.6	28.9	23.6
男性 30代	300万円未満 (N=748)	9.3	18.4	38.8	33.6
	300万円以上400万円未満 (N=447)	26.5	20.7	34.4	18.3
	400万円以上500万円未満 (N=427)	29.4	20.6	37.2	12.9
	500万円以上600万円未満 (N=272)	35.3	21.8	31.6	11.3
	600万円以上 (N=228)	37.6	22.9	29.8	9.6
	小計 (N=2122)	23.3	20.2	35.7	20.8
女性 20代	300万円未満 (N=1748)	25.7	34.6	24.3	15.4
	300万円以上400万円未満 (N=294)	16.2	49.4	27.5	6.9
	400万円以上500万円未満 (N=71)	22.7	41.0	30.1	6.3
	500万円以上600万円未満 (N=22)	32.9	51.6	15.5	0.0
	600万円以上 (N=9)	34.0	46.6	19.4	0.0
	小計 (N=2143)	24.4	37.1	24.8	13.7
女性 30代	300万円未満 (N=978)	35.7	20.4	32.4	11.4
	300万円以上400万円未満 (N=271)	17.1	35.3	39.4	8.3
	400万円以上500万円未満 (N=112)	20.0	36.6	36.8	6.7
	500万円以上600万円未満 (N=55)	23.0	39.5	33.5	4.0
	600万円以上 (N=42)	16.3	39.1	39.6	5.0
	小計 (N=1459)	30.0	25.7	34.3	10.0
合計	(N=7839)	23.7	28.1	30.6	17.6

* 「300万円未満」は「収入がなかった」、「100万円未満」、「100万円～200万円未満」、「200万円～300万円未満」の合計。
* 「600万円以上」は「600万円～800万円未満」、「800万円～1000万円未満」、「1000万円以上」の合計。
* 「既婚」は、結婚3年以内。

対象：職業が「学生」、年収は「わからない」を除く<SA>

- 男性の「既婚」は、20代30代では年収300万円未満が、8～9%で最も低く、年収300万円以上になると約25～40%弱となり、大きな開きがある。
- 全体的には、年収が上がると男女、20代30代とも「既婚」が増える傾向だが、600万円以上の20代男性、30代女性は、「既婚」の割合が低い。
- 20代女性は年収300万円以上あると、「恋人あり」が40～50%で、20代男性より高い。

(出所：内閣府 2011：15)

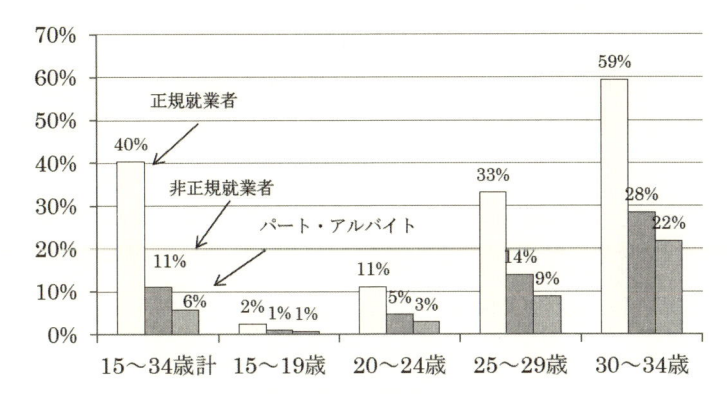

第4章 都市化と地域社会の変動　77

(出所：日本創成会議・人口減少問題検討分科会 2014a：23)
【図4−16　雇用形態別の若年者の有配偶者の割合】

様な正社員」という形態がある。「多様な正社員」は、正社員と同じ「無期雇用」であるが、職種・勤務地・労働時間等が限定されている社員で、賃金は正社員の8〜9割程度。約5割の企業が導入している。「安定的雇用」を確保しつつ、多様な人材の確保・定着に資する形態と言える（日本創成会議・人口減少問題検討分科会 2014a：23）。

　他方で、若者の雇用・生活の安定化のためには、非正規雇用のキャリア・アップと処遇改善を行う必要がある。また、若者が結婚できる生活を確保する観点からも、パート等短時間労働者への健保・厚生年金等社会保険の適用拡大を進めることが重要である（日本創成会議・人口減少問題検討分科会 2014a：23−24）。

　ところで、「ストップ少子化・地方元気戦略」を構成する2番目の「2．地方元気戦略（地方を建て直し、再興を図る）」は、以下のような内容である。

　まず、この戦略の「実現目標」は、「若者に魅力のある地域拠点都市」を中核とした「新たな集積構造」の構築を目指して、投資と施策を集中することである（日本創成会議・人口減少問題検討分科会 2014a：33）。

　すなわち、地方から若者（男女）が大都市へ流出する「人の流れ」を変えるとともに、人口減少に即した社会経済構造に再編していく。このために、「選

択と集中」の考え方の下で、「若者に魅力のある地域拠点都市」を中核とした「コンパクトな拠点」と「ネットワーク」によって形成される「新たな集積構造」を構築することを目指して、投資と施策を集中する。そして、具体的な施策メニューとして、「地域自治体による地域連携」のほか、「地域経済を支える基盤づくり」や「農林水産業の再生」、さらに「地方へ人を呼び込む魅力づくり」を展開する。こうしたことが、「実現目標」の内容として示されている（日本創成会議・人口減少問題検討分科会 2014a：33）。

そこで、具体的な施策として、次のようなものが提案されている。

まず、「若者に魅力のある地域拠点都市」を中核とした「コンパクトな拠点」と「ネットワーク」の形成である。つまり、地方から若者（男女）が大都市へ流出する「人の流れ」を変えていくために、地域拠点都市とその周辺の地域において教育・研究機関を充実させ、通勤時間の軽減や在宅就労の条件整備、生活コストの軽減を促進し、安心して子育てをしながら就業できる職住環境が整え「若者に魅力ある地域拠点都市」を創出し、これを中核に据えて、地方の社会経済構造を再構築していくことである（日本創成会議・人口減少問題検討分科会 2014a：33）。

ここで、「地域拠点都市」とは、地方圏からの人口流出を食い止めるためダム機能を目指して、人口減少期における地方経済の牽引役であるとともに、高次の都市機能の集積を図る構想として政府が提示した「地方中枢拠点都市」とほぼ等しいものであり、政令指定都市および中核市（人口20万人以上）のうち昼夜間人口比率が1以上の都市であり、全国に61あり、平均人口は45万人とされている（増田 2014：51-52）。

同時に、こうした「地域拠点都市」の創出を含め、地方の社会経済構造の再構築においては、今後の人口減少を踏まえた対応が重要となってくる。そこで、コンパクトな拠点を交通・情報ネットワークで結ぶ地域構造を構築することにより、行政や医療福祉、商業等のサービス業の効率性や質の向上を図るとともに、新たな集積によって人・モノ・情報が活発に行き交い、価値の創造やイノベーションにつながっていくことを可能とする「コンパクトシティ」と「小

さな拠点」の形成が構想される（日本創成会議・人口減少問題検討分科会 2014a：34）。

すなわち、地方都市については、「コンパクトシティ」の形成に向けて、市役所等を中心とする「まちなか」の機能の再整備と、「まちなか」と周辺部をつなぐ地域公共交通ネットワークの整備を一体的に進める取組である。その一方で、集落地域では、地域を守る砦となる「小さな拠点」として商店や診療所等の日常生活に不可欠な施設・機能や地域活動を行う場を「歩いて動ける範囲」に集約するとともに、これと周辺集落をむすぶデマンドバス等を充実することにより、人口減少下でも持続可能な地域づくりである（日本創成会議・人口減少問題検討分科会 2014a：34）。

さらに、「コンパクト土地利用システムの構築」として、人口減少や拠点のコンパクト化に伴い生み出される「空き地」や公共施設等の跡地を活用し、ゆとりある居住空間や防災空間、市民農園等の農地として活用する。また、「空き家」を活用して、「二地域居住」やＩターンを希望する者に住宅を提供していくことが構想されている（日本創成会議・人口減少問題検討分科会 2014a：34）。

他方で、都市住民や若者にとって魅力ある農山漁村を作るためには、美しい田園風景や豊かな自然環境などを保全しながら、中山間地域を含め農山漁村の生活環境の維持・向上を図っていく必要がある。このため、農山漁村の総合的な土地利用計画に基づき、農林地の保全等農山村における秩序ある土地利用を確保しながら、集落の維持に必要な施設・機能の集約を図る。また、山間部の放置された農地を森林化することによって林業への活用を図るほか、農山村の空き家、廃校等を利用した定住環境・交流人口の拡大を図ることが構想されている（日本創成会議・人口減少問題検討分科会 2014a：35）。

そして、「コンパクトシティ」と「小さな拠点」の形成や「コンパクト土地利用システムの構築」を効率的かつ効果的に行うために、地域資源の「見える化」の推進のための情報通信技術（ICT：Information and Communication Technology）の活用が提案されている。すなわち、人口減少に対応できる「コ

ンパクトな拠点」と「ネットワーク」を活かした「新たな集積構造」を創るためには、例えば、医療施設とバス路線を同時に見直すなど、拠点とネットワークの一体的再編について、それぞれの地域で様々な主体が地理空間上で戦略を描くことができるようにしていく必要がある。そこで、医療、福祉、買い物、商業、交通等の様々な地理空間情報を可能な限りオープンデータ化し、GIS（地理情報システム）上で「見える化」し、様々なシミュレーションを可能とすることで、合理的な戦略を立てられるようにしていく必要があり、これを可能とする次世代の国土GISの充実強化を図ることが考えられる（日本創成会議・人口減少問題検討分科会 2014a：35）。

　このような構想が地方において実現されるためには、地域経済を支える基盤づくりが必要となる。

　そこで、農林水産物や加工品、ファッション、観光などの分野での地域ブランドを目指した地域資源を活かした産業の創出が必要である。そのためには、経営・組織マネジメントを行う人材や市場競争に打ち勝つために必要なスキルを持った人材を地方へ再配置する政策が必要不可欠となる。こうした「スキル人材」は、東京等の大都市でグローバル競争を戦っている大企業には沢山存在している。管理職レベルで100万人いるといわれるこうしたスキル人材が、そのノウハウを地域経済再興に活かしていくことができるよう、スキル人材を地方にシフトし、「知の偏在」の解消を目指すことが重要である（日本創成会議・人口減少問題検討分科会 2014a：37-38）。

　具体的な方策としては、東京で活躍した中高年と地方とのマッチングをさせる仕組みが有効である。例えば、地域ブロック毎に一定以上活躍したスキル人材をリスト化して、地方に紹介する仕組みを創設する。都会に住む人は、45歳ごろを「一括移住・転職年齢」とし、セカンドキャリアを考える機会を数多く設けることも考えられる。こうした人には、地方の地場企業の転職セミナー会や、自治体の移住誘致会、地方留学機会を提供する。加えて、首都圏の中高年には持ち家世帯も多く、地方移転にネックとなることもあることから、後述するような住宅の売却を支援する仕組みを創設することも検討すべきである。ま

た、一定年齢以上の公務員は、地方企業・機関へ出向・転職し、地方で活躍する機会を与えることを進めるべきである（日本創成会議・人口減少問題検討分科会 2014a：38）。

　さらに、地域経済を支える基盤づくりのために、地方において農林水産業を地域産業の柱の一つとして位置づけ、その建て直しを図る必要がある。農業従事者は長らく減少傾向が続き、年齢も高齢化が進んできた。しかし、近年の政策展開（新規就農支援）によって、若者などが新規就農するケースが増加していることは注目される。フランスでも青年就農交付金が若年農業者の増加に成果をあげており、日本においても、都市に住む若者等による農林水産業への就業を支援していくことが重要である。また、農林山漁村において、生活困窮にある若者が農業法人等において就労することは、若者の自立支援だけでなく、農林水産業の担い手確保の上でも意義が大きい。そうした若者の就労支援とともに、地域社会との交流の場を設け、環境づくりを行っていくことが重要である（日本創成会議・人口減少問題検討分科会 2014a：39-40）。

　さらに、農産品の付加価値を高めるためには、「6次産業化」や「農商工連携」、「農観連携」、「医福食農連携」といった他分野との連携を推進していくことが重要である。このため、「6次産業ファンド」の本格展開のほかに、こうした事業を起こし運営することができる「スキル人材」の養成・確保にも取り組む必要がある（日本創成会議・人口減少問題検討分科会 2014a：40）。

　ところで、「地方元気戦略」を具体的に実施するにあたって、必要不可欠なのは、地方に人を呼び込む工夫である。

　地方と都市の間を人が移動する機会は、「大学等への入学」、「最初の就職」、「40代ごろの転職・再出発」、「定年」の4つがあるとされている。「人の流れ」を変えるためには、これらを地方に人を呼び込む好機としてとらえるとともに、さらにこの4つ以外にも移動の機会を増やしていく努力が重要である（日本創成会議・人口減少問題検討分科会 2014：41）。

　そこで、教育・研究機会の充実強化の方策として、まず、初等・中等教育段階においては、子どもの学習能力・意欲に応じた教育を塾に頼らず公立学校で

提供するようなシステムを作ることにより、地方への呼び込みを図ることが考えられる。また、幼年期や青少年期の教育として、1週間程度子どもの田植え、稲刈りなどの農作業体験等を通じて、地方の農山漁村に若者を引き付ける契機とする取組も有用である。次に、大学・大学院教育段階においては、Eエデュケーションなどによって、地方大学で東京圏の大学の講義を受けている場合と同様の学位を授与する仕組を実現する。また、大学や研究機関を地方に誘致するとともに、現在の地方大学の機能強化を図る。例えば、地方中核都市を支える地方大学を強化するため、地方の国立大学と公立大学の合体も含めた再編強化を進め、地方大学を核とした研究組織や産業を育成することは、有能な若者を集める上で有効な方法と考えられる。そのために、地方自治体や地元経済界による地方大学への投資が円滑にできるような制度づくりを行うべきである（日本創成会議・人口減少問題検討分科会 2014a：41）。

　次に、若者が大都市に流入している背景には、地方に若者にとって魅力のある雇用機会が少ないことがあげられる。従来は大都市の大学に行っても地方の企業等に就職するUターンやJターンが多かったが、近年は地方に戻らない若者（特に女性）が増えている。若者に地方の企業に就職を支援する方策として、雇用保険から例えば5年間100万円の所得支援を本人に行うような仕組みを検討することが考えられる。また、圏域内にとどまった若者に対しては、地元自治体が積極的に人材育成として投資するとともに、圏域内での異業種間交流ができるようなコミュニティの形成を推進する。例えば、地方の中小企業に就職した若者に対しては他社との「合同入社式」や「合同研修」の機会を提供したり、圏域内の大学（院）で修学を支援することが考えられる。また、子育て世帯に対して、地方都市の近隣で職住近接が可能な住まいを確保する。具体的には「保育サービス付き住宅」を整備し、子育て世帯が安く居住できるようにすることも有用である（日本創成会議・人口減少問題検討分科会 2014a：41－42）。

　そして、40代ごろの転職・再出発を目指し、地方への移住を考えている人は増えている。こうした地方移住関心層は、移住先の詳しい情報を求めており、

こうしたニーズに対応して「全国住み替えマップ」のような形で情報提供を行っていくことが考えられる。また、総務省の「地域おこし隊」や農林水産省の「新・田舎で働き隊」のような、都市住民が地方に移住することを支援する取組は着実に実績をあげている。定年退職者が農村に移住し、農業に従事する「定年帰農」を支援する取組も有用である（日本創成会議・人口減少問題検討分科会 2014a：42）。

　また、高齢者については、東京圏はじめ大都市は、今後急速に高齢化が進み、医療や介護サービスが圧倒的に不足するおそれが高い。当然ながら地元での医療・介護サービス基盤の整備を図ることが求められるが、一方で、都会に住む高齢者が地方への住み替えを選択するケースが増加することが想定される。こうした動きは、地方の医療・福祉分野での雇用機会の増加にも有効と言える。こうしたニーズに対応する観点から、高齢者移住を支援する方策として、高齢者の個人単位や自治体間のマッチング組織の整備や高齢者が居住していた戸建住宅を賃貸マーケットに出し、若年層に貸し出すスキームの整備のほか、介護保険法等の「住所地特例」の拡充を行い、受け入れ自治体の費用負担の軽減も行うことが考えられる（日本創成会議・人口減少問題検討分科会 2014a：43）。

　大都市から地方への高齢者の住み替えを促進するためにも、高齢者の生活を支える「まちづくり」が必要不可欠である。

　すなわち、高齢者の生活を支える「まちづくり」を進める必要がある。高齢者が地域資源の整った「まちなか」に住むように誘導するため、高齢者が住宅を若者に売却して住み替える場合の優遇策等も検討すべきである。また、都市中心部の商業施設等の容積率、建蔽率等の規制緩和や既存建物を介護施設・保育所等に活用する場合の要件緩和により、「まちなか」のケア体制を整備していくべきである。さらに今後は、一人暮らしの高齢者が急増することから、こうした高齢者の移動（オンデマンドバスなど）、買い物、見守り、除雪サービス等の確保を図る必要がある。その際には、民間インフラ（コンビニ、宅配業者等）を活用することも視野に入れるべきである（日本創成会議・人口減少問

題検討分科会 2014a：43-44)。

　他方で、観光による地域経済振興策として、人口減少に伴い定住人口が減少する中で、交流人口の拡大による地域の活性化を図るため、日本ブランドの作り上げと発信、ビザ要件の緩和等による訪日旅行の促進、外国人旅行者の受入の改善、国際会議等（MICE：Meeting, Incentive travel, Convention, Exhibition/Event）の誘致や投資の促進を行うとともに、世界に通用する魅力ある観光地域づくりを推進していくことが重要である。外国人旅行客の農山漁村への誘客促進を図るために必要な受入体制の整備を行うこともあげられる（日本創成会議・人口減少問題検討分科会 2014a：44)。

　以上のように、日本創成会議・人口減少問題検討分科会は、「地方元気戦略」という名称で地域再生のための提言を行っている。

　そして、『地方消滅』において、日本全国での20歳から39歳までの若年女性人口の減少が、将来にわたる人口減少の原因であると指摘されているが、そのような中で、表4－2のように、全国的な動向とは反対に若年女性が増える、もしくは減少がゆるやかな市区町村が20あることが示されている（増田 2014：125)。

　この20の市区町村について、増田は、「地域が活きる6つのモデル」として以下のように6つのモデルに分類している。

　まず、「1．産業誘致型モデル」は、工場や大規模商業施設などを誘致する（もしくは元々立地されている）ことにより、財政基盤の安定化を図り、住環境整備を進め、人口流入を実現させている市区町村である。このモデルに分類される市区町村（石川県川北町、鳥取県日吉津村、愛知県幸田町・みよし市・高浜市、佐賀県鳥栖市）は、企業の業績や経営状態に大きく左右されるリスクがある。したがって、グローバル競争が激化する中で、企業、自治体、住民の緊密なコミュニケーションによる一体的な取り組みが重要となる（増田 2014：127-128)。

　2番目の「2．ベットタウン型モデル」は、大都市や地方中核都市の近郊に位置することを活かして、住環境整備を重点的に進め、定住人口を増加させて

【表4－2　2040年若年女性変化率上位都市とその要因】

No	都道府県名	市区町村	人口移動が収束しない場合				社人研	類型	特徴
			2010年総人口	2010年20-39歳女性	2040年総人口	2040年20-39歳女性	若年女性人口変化率 2010～2040	若年女性人口変化率 2010～2040		
1	石川県	川北町	6,147	864	7,906	1,001	15.8%	10.9%	産業誘致型	金沢市、小松市に通勤可能。ジャパンディスプレイの立地により、財政的にも安定
2	秋田県	大潟村	3,218	311	2,868	358	15.2%	8.0%	産業開発型	独立独歩による農業の産業化に成功。1人あたりの住民税額も県内2位の秋田市を大きく上回る。
3	神奈川県	横浜市都筑区	201,271	27,357	270,271	31,020	13.4%	1.1%	ベットタウン型	横浜市中心部へのアクセスが良く宅地開発も盛ん
4	福岡県	粕屋町	41,997	6,977	57,173	7,766	11.3%	-0.3%	ベットタウン型	福岡市に隣接
5	宮城県	富谷町	47,042	6,441	61,273	6,978	8.3%	6.0%	ベットタウン型	仙台市に隣接
6	富山県	舟橋村	2,967	378	3,361	406	7.5%	7.9%	ベットタウン型	富山市に隣接
7	鳥取県	日吉津村	3,339	422	3,657	450	6.8%	-2.4%	産業誘致型	米子市に隣接。王子製紙、イオンなどが立地し、財政的にも安定
8	福岡県	志免町	43,564	6,378	51,398	6,684	4.8%	-4.5%	ベットタウン型	福岡市に隣接
9	大阪府	田尻町	8,085	1,108	8,531	1,150	3.8%	-4.7%	公共財主導型	関西国際空港の立地により、財政的にも安定
10	京都府	木津川市	69,312	9,539	84,958	9,896	3.7%	-3.2%	公共財主導型	関西文化学術研究都市として成功
11	群馬県	吉岡町	19,801	2,598	24,199	2,648	1.9%	-4.0%	ベットタウン型	前橋市、渋川市にそれぞれ隣接。高崎市へのアクセスも良い
12	愛知県	日進市	84,237	11,842	103,147	12,056	1.8%	-7.8%	学園都市型	多くの大学の立地に加え、名古屋市、豊田市に隣接
13	埼玉県	吉川市	65,298	8,815	76,443	8,961	1.7%	-7.7%	ベットタウン型	大規模宅地開発が盛ん
14	愛知県	幸田町	37,930	5,466	43,520	5,538	1.3%	-8.9%	産業誘致型	中部工業団地等、自動車関連産業が盛ん
15	埼玉県	滑川町	17,323	2,371	21,445	2,391	0.8%	-7.9%	ベットタウン型	東京のベットタウンとして、宅地開発が盛ん
16	愛知県	みよし市	60,098	7,941	67,808	7,907	-0.4%	-6.6%	産業誘致型	自動車関連企業が多く立地
17	広島県	広島市安佐南区	233,733	34,226	275,118	33,622	-1.8%	-9.1%	ベットタウン型	新交通システムが寄与し、住宅増
18	奈良県	香芝市	75,227	10,175	83,551	9,992	-1.8%	-7.1%	ベットタウン型	大阪近郊の高級住宅地
19	愛知県	高浜市	44,027	5,807	50,353	5,669	-2.4%	-8.6%	産業誘致型	自動車関連企業が多く立地。窯業も盛ん。老人介護福祉施設の整備も進む
20	佐賀県	鳥栖市	69,074	9,406	77,944	9,180	-2.4%	-8.7%	産業誘致型	九州最大の交通の要衝。市が物流拠点戦略を推進し、企業立地も盛ん

（出所：増田寛也編著（2014）『地方消滅』　表6-1（増田 2014：126-127）と同内容の図を「日本創成会議・人口減少問題検討分科会　提言『ストップ少子化・地方元気戦略』記者会見」（http://www.policycouncil.jp/#prop03）の「資料2-1全国市区町村別『20～39歳女性』の将来推計人口（Excel版）」のデータから著者が作成）

いる市区町村（神奈川県横浜市都筑区、福岡県粕屋町・志免町、宮城県富谷町、富山県舟橋村、群馬県吉岡町、埼玉県吉川市・滑川町、広島県広島市安佐南区、奈良県香芝市）である。若年女性変化率上位20市区町村の中でモデルケースが最も多いが、地方中核都市の周辺都市というケースでは、今後も人口を維持し

ていくために、圏域一体での取り組みが重要となる。というのは、地方中核都市が凋落した場合、ベットタウンも当然ながら影響を受けるからである。また、同一年齢層の転入者が多数を占めるため、高齢化が一気に進むリスクも懸念される（増田 2014：129）。

　3つ目の「3．学園都市型モデル」は、大学や高等専門学校、公設・私設研究機関を集積させることにより、若年人口の継続的な流入を実現し、ローカル経済を持続させている市区町村（愛知県日進市）である。欧米では、有名な大学の多くは地方にあり、学生が集まることで「大学の街」として都市が成り立っているケースが多い。今後の日本の構造を考える際の重要なモデルである（増田 2014：130）。

　4つ目の「4．コンパクトシティ型モデル」は、若年女性変化率上位20市区町村には入っていないが、将来の人口減少を見据えて、従来の街の機能を中心地に集約することで、ローカル経済圏としての効率化を目指しているモデルである。集約化による都市機能向上を「魅力」に結びつけられるかがカギとなると考えられる。例えば、香川県高松市丸亀町は、中心部の地権者が中心となって第三セクターのまちづくり会社を立ち上げ、商店街通り沿いの再開発ビルの建設を継続的に進めている。こうした事業方式で、商店街全体の店舗構成を調整して賑わいを創出している（増田 2014：131）。

　5つ目の「5．公共財主導型モデル」は、国家プロジェクト規模の大規模施設の立地を契機として、地域のあり方を作り変え、財政基盤を安定させることで、人口減を防ぐ市区町村（大阪府田尻町、京都府木津川市）である。ただし、国の財政状況を踏まえれば、今後は従来のような開発を行うことは難しいと考えられる。国内の資金だけに頼るのではなく、国際的なプロジェクトを誘致するといった「進化」が求められるモデルである（増田 2014：132）。

　最後の「6．産業開発型モデル」は、地域の特色ある資源を活かした産業振興を実現し、雇用の拡大や住民の定着を実現している市区町村（秋田県大潟村）である。大潟村は、農業の産業化に成功し、今回の推計では秋田県内で唯一「消滅可能性都市」に該当していない。農業の大規模化、産業化が進み、人口も安

定している大潟村は、農村部からの若者流出に歯止めをかけているきわめて重要な事例である（増田 2014：133-134）。

以上のような「地域が活きる6つのモデル」に分類される市区町村の取り組みは、地域のつながりを作り直し、そこに暮らす人びとの安心感や充実感を高めることで、人びとの生活を豊かなものとする試みでもある。

そこで、このような試みを「社会関係資本」（social capital）という観点から考察し、社会関係資本を豊かにすることが、よりよい地域コミュニティを作り出すことにつながることを明らかにしたい。

（5）社会関係資本と地域コミュニティ再構築

内閣府の『平成19年版　国民生活白書』では、「つながりが築く豊かな国民生活」という副題の下に「家族・地域・職場のつながり」をテーマとして取り上げ、これらの「つながり」の現状、過去からの変化、その変化が国民生活に与えた影響、「つながり」の再構築に向けた動きなどについて分析している（http：//www5.cao.go.jp/seikatsu/whitepaper/h19/01_honpen/html/07sh01.html）。

『平成19年版　国民生活白書』の「【コラム】地域力を測る指標社会関係資本」によれば、社会関係資本指数（「つきあい・交流」、「信頼」、「社会参加」の程度を表すと考えられる指標を合成して算出した指数）と2003年の刑法犯認知件数（人口千人当たり）および合計特殊出生率との関係を都道府県別にそれぞれについて分析し、「社会関係資本指数は、刑法犯認知件数とは負の相関関係が、合計特殊出生率とは正の相関関係が認められた」ことを明らかにし、「社会関係資本が豊かな地域ほど、犯罪率は低く、出生率は高いことがうかがえる。したがって、社会関係資本つまり地域力を高めることは、社会全体の利益にも貢献し得る可能性がある」という見解を提示している。

ここで、OECD（経済協力開発機構）の定義によれば、「社会関係資本」とは、「グループ内部またはグループ間での協力を容易にする共通の規範や価値観、理解を伴ったネットワーク」のことである（内閣府 2009：98）。

このOECDの定義にしたがえば、社会関係資本とは、「地域社会における信頼やネットワーク」のことであるといえるであろう。

ところで、「社会関係資本」(social capital) とは何かについて、社会学においては、ジェームズ・コールマン (James, S. Coleman) が、"Foundations of Social Theory"（1991）（『社会理論の基礎』（2004年））において詳細に論じている（Coleman 1990：300-321；コールマン：471-501）。

それによれば、社会関係資本は、家族関係や地域の社会組織に内在する、子どもや若者の認知的ないし社会的発達にとって有用な一群の資源であり、権威や信頼や規範から成る諸関係は、社会関係資本の諸形態である（Coleman 1990：300；コールマン：472）。

そして、社会関係資本は、社会関係の構造に内在し、その構造の中にいる人々に特定の行動を促すが、ある人たちにとって有用な社会関係資本が、他の人たちにとっては、無用であり、有害でさえある場合もある（Coleman 1990：302；コールマン：475）。

ところで、コールマンによれば、社会関係資本には、特定の人が自己の利益を達成するために利用可能な構造的資源（私的財）としての側面があり（Coleman 1990：305；コールマン：479）、その一方で、全ての人に恩恵をもたらす構造的資源（公共財）としての側面がある（Coleman 1990：315；コールマン：493）。

社会関係資本の公共財としての側面に重点を置いて、社会関係資本と民主的な市民社会との関連を探究しているのが、ロバート・パットナム（Robert, D. Putnum）である（Putnum 1993；2000；2002；パットナム 2001；2006；2013）。

パットナムは、"Democracies in Flux"（2002）（『流動化する民主主義』(2013)）において、社会関係資本に関する学説の変遷をたどっている（Putnum 2002：3-19；パットナム 2013：1-17）。

パットナムによれば、ほぼ一世紀前に、進歩的な教育者で社会改革者のL・ジャドスン・ハニファンは、生まれ故郷のウェスト・バージニア州の農村学校

で働いていたが、彼が働いている地域の深刻な社会的・経済的・政治的問題を解決するには、地域住民間の連帯のネットワークを強化する以外に方法はないと決意するようになり、1916年に彼が書いた文書の中で、民主主義と発展を持続するためには、新しいやり方で地域社会に関わることが重要であることを説き、社会的な単位を構成する個々人や家族間の善意、仲間意識、同情、社会的交わりを示す言葉として、「社会関係資本」という概念を作り出した（Putnum 2002：4；パットナム 2013：2）。

このハニファンに由来する「社会関係資本」という概念は、20世紀において、以下のような変遷を経ている。

まず、1950年代に、カナダの社会学者ジョン・シーリー（John Seely）とその同僚たちが、クラブや協会の会員資格のように売買可能な証券と同様に、より高い社会階層への上昇に役立つものとして「社会関係資本」という概念を用いた。1960年代になると、都市研究者のジェーン・ジェイコブズ（Jane Jacobs）が、近代的な大都会における近隣住民の非公式な絆がもつ集団的な価値を強調するために、この概念を用いた。そして、1970年代には、経済学者のグレン・G・ルアリー（Glenn, C. Loury）が、奴隷制と人種差別という歴史的遺産があるために、アフリカ系米国人が、より広い社会的絆に加わりにくいということを強調するために、「社会関係資本」という概念を用いた。1980年代になると、フランスの社会学者ピエール・ブルデュー（Pierre Bourdieu）は、「社会関係資本」を「お互いに知り合いで、どのような人物であるかということがわかっているという関係から成る、多少とも制度化された持続可能なネットワークに位置を占めること、すなわち、集団への所属に結びついた、現実のあるいは潜在的な一群の資源」として定義した。1984年には、ドイツの経済学者エッケハルト・シュリヒト（Ekkehart Shlicht）が、組織と道徳的秩序の経済的価値を強調するために、この概念を用いた。最期に、1980年代に、ジェームズ・コールマンが、この概念を確定し、アカデミックな議論の土俵を作り出すことによって、「社会関係資本」という概念は、当初用いられていた社会学や政治学の分野だけでなく、経済学、公衆衛生学、都市計画、犯罪学、建築学、

社会心理学など様々な分野で用いられるようになった（Putnum 2002：5；パットナム 2013：2-3）。

　パットナム、上記のように、「社会関係資本」の概念の変遷をたどり、この概念を用いた多様な分野における研究成果を概観した上で、最近の社会関係資本に関する研究成果が、地域社会の問題への市民の積極的参加が民主主義自体にとって不可欠であるという論点を共有し合っていることを指摘し、「社会関係資本」の基本的な考え方を、マイケル・ウールコック（Michael Woolcock）とディーパ・ナラヤン（Deepa Narayan）の議論を引き合いに出して示している。

　それによると、「社会関係資本」という概念の基本的な点は、ある人の家族、友人、仲間が重要な資産を構成しているということであり、その資産は、困難の中で頼りにすることができ、それ自体を楽しむことができ、物質的な利益を得ることができるものである。このことは、個人についてあてはまるだけでなく、集団についてもあてはまる。すなわち、社会的ネットワークの多様な蓄積に恵まれた地域は、貧困や脆弱性に対処したり、紛争を解決したり、新しい機会を活かすより大きな可能性を持っているのである（Putnum 2002：6；パットナム 2013：4）。

　このような考え方に基づいて、パットナムは、「社会関係資本」を、私的財である同時に公共財でもあり、社会的ネットワークとそれに伴う互酬性の規範としてとらえている（Putnum 2002：7-8；パットナム 2013：5）。

　また、パットナムは、"Making Democracy Work"（1993）（『哲学する民主主義』（2001））において、「社会関係資本」は、協調行動を促進することで社会の効率性を向上させうる、信頼、規範、ネットワークという社会組織の特徴を指し示していると論じている。そして、パットナムは、コールマンの知見を手がかりにして、出資者が、定期的に一定の金額を拠出して集まったお金の一部または全部を受け取ることができる非公式な相互金融システムとしての「回転信用組合」（rotating credit association）（日本の「講」にあたるもの）を事例として引き合いに出し、自発的な協力が「社会関係資本」によって促進され

ることを示した上で、信頼が「社会関係資本」の本質的な構成要素であり、協力を円滑にすると論じている（Putnum 1993：167-171；パットナム 2001：206-212）。

また、パットナムは、社会的信頼は、互酬性の規範と市民参加のネットワークから生じうると述べ、社会的信頼を支える最も重要な規範としての互酬性の規範には、特定の人びとに間の相互扶助としての特定的互酬性と不特定多数の人びとの間の相互扶助としての一般的互酬性の2種類があり、一般的互酬性の規範と市民参加のネットワークが、裏切りへの誘因を減らし、不確実性を低減させ、将来の協力の可能性を高めることで、社会的信頼を作り出し協力を促進する。さらに、社会的信頼と一般的互酬性の規範に基づいて市民が協力して行動することで、市民参加のネットワークが拡大し、そこから、また、社会的信頼と一般的互酬性の規範強固なものとなる好循環が生じると論じている（Putnum 1993：171-177；パットナム 2001：212-221）。

以上のようなパットナムの「社会関係資本」についての議論に基づけば、「社会関係資本」は、信頼と互酬性の規範と社会的ネットワークから構成されていて、それらの要素は、循環的に相互に影響を及ぼし合って「社会関係資本」を増殖させていくといえるであろう。

ところで、パットナムによれば、「社会関係資本」は、様々な文脈で有用性を発揮するという形で多くの形態をとって現れるが、そのような形態は、特定の目的にとってだけ有用で、他の目的にとっては有用ではないという意味で、互いに異質である。また、「社会関係資本」は、どこでも存在し、常に良いものであるとは想定できず、いくつかの形態は、社会的に好ましくない意図しない結果をもたらしうるという、潜在的な欠点を考慮しなければならない。そして、特定の形態の「社会関係資本」は、民主主義と社会の健康にとって好ましいものであるが、他の形態の「社会関係資本」は、破壊的（あるいは、破壊的な恐れのあるもの）である。例えば、米国で1世紀にわたって頑なまでの信念と人種差別的な思想に根差す暴力を伝統として来たKKK（クー・クラックス・クラン）は、自由で民主的なルールと伝統を破壊する「社会関係資本」の形態

を代表するものである。KKK内部の信頼と互酬性の規範は、共有された「自己防衛」という目的によってその集団を強固なものとするが、こうした集団の存在によって、「社会関係資本」が、必ずしもすべて、民主的な統治の役に立つわけではないということがわかるであろう（Putnum 2002：8-9；パットナム 2013：6-7）。

　そこで、パットナムは、多様な形態で現れる「社会関係資本」を分類し考察する際に手がかりとして、以下の4つの分類を提示している（Putnum 2002：9-12；パットナム 2013：7-10）。

　1つ目の分類は、「公式的社会関係資本」（formal Social Capital）対「非公式的社会関係資本」（informal Social Capital）という分類である。「公式的社会関係資本」は、父母会や労働組合などのように、役員の選出、参加資格、会費、定例会議等に関する規定を持ち、組織としての形が整った集団があるが、このような公式集団を成り立たせる「社会関係資本」が、「公式的社会関係資本」である。他方で、即席でつくられたバスケットボールのチームや同じ酒場に居あわせた人々の集まりを成り立たせる「社会関係資本」が、「非公式的社会関係資本」である。「公式的」であれ、「非公式的」であれ、両方の「社会関係資本」の形態は、その中で互酬性を発展させ、そこから私的あるいは公共的な成果を得ることができるネットワークを作り上げている。つまり、公式集団は、ひとつの形態の「社会関係資本」を構成しているのにすぎず、もう一つの形態の「社会関係資本」を構成する非公式な集団は、特定の価値ある目的を達成する上で、公式集団よりも有用な場合もあるのである（Putnum 2002：9-10；パットナム 2013：8）。

　2つ目の分類が、「太い社会関係資本」（thick Social Capital）と「細い社会関係資本」（thin Social Capital）である。「太い社会関係資本」とは、密接に幾重にも絡み合っているものであり、例えば、平日は工場で一緒に働き、土曜は一緒に飲みに出かけ、毎日曜日には、一緒にミサに参列するといった鉄鋼労働者の間の関係である。他方で、「細い社会関係資本」とは、スーパーマーケットのレジの前で列をつくって順番待ちをしている時にときおり見かけて会釈を

交わす関係のような細くてほとんど見えないような糸によって織りなされている「社会関係資本」である。これと関連して、マーク・グラノベッター（Mark Granovetter）は、「強い絆」と「弱い絆」について論じている。それによれば、「強い絆」は、接触が頻繁で閉鎖的な関係である。例えば、私の友人全員が、それぞれ友人であり、私が彼らと長い時間を過ごす場合に形成される関係である。このような関係は、人々を動員にしたり、相互扶助を行うのに適している。それに対して、通りすがりの顔見知りや共通の友人がいないような人との関係が、「弱い絆」である。グラノベッターは、職探しに際して、強い絆よりも弱い絆の方が重要であり、また、弱い絆は、社会をまとめ上げたり、一般的な互酬性の規範を幅広く作り上げたりするのに適しているということを指摘している（Putnum 2002：10-11；パットナム 2013：8-9）。

　3つ目の分類が、「内部志向的社会関係資本」（inward-looking Social Capital）と「外部志向的社会関係資本」（outward-looking Social Capital）である。

　「内部志向的社会関係資本」によって形成される集団としては、階級、性別、民族に基づいて組織化された集団であり、例えば、ロンドンのジェントルマンズ・クラブ（上流階級の男性専用の会員制クラブ）や商工会議所、労働組合、新参の移民によって設立された非公式の信用組合など、内部志向的で構成員の物質的、社会的、政治的利害の増進を目的としている。他方で、「外部志向的社会関係資本」によって形成される集団としては、赤十字、米国の公民権運動、環境運動があげられ、外部志向的あるいは利他的な組織であり、明らかに公共的ならびに個人的な利益を提供するものである。しかしながら、パットナムは、それぞれの「社会関係資本」によって形成される集団は、人々にとってまた社会にとって必要性があるから組織化されるのであり、「外部志向的社会関係資本」によって形成される集団が、「内部志向的社会関係資本」によって形成される集団よりも社会的・道徳的に優れているという価値判断をすることは、控えるべきである。また、都会の遊戯公園を清掃する青少年の奉仕グループが、新参の移民の地域社会の繁栄を可能にしてきた内部志向的な非公式の信

用組合と比べて、より多く社会全体の「社会関係資本」を増大させたということを数量的に示すことはできないと述べている（Putnum 2002：11；パットナム 2013：9）。

4つ目の分類が、「架橋型社会関係資本」（bridging Social Capital）と「紐帯強化型社会関係資本」（bonding Social Capital）である。「紐帯強化型社会関係資本」は、民族、年齢、性別、社会階級といった社会的属性において互いに似通った人々を結びつけるネットワークから成り立ち、「架橋型社会関係資本」は、社会的属性において互いに異質な人々を結びつけるネットワークから成り立つ。実際の社会集団は、両者の「社会関係資本」から構成されているが、その組み合わせ方は、様々である。例えば、社会階級は異なるが民族と宗教が同一の人びとから構成される友愛団体のような集団もあれば、人種は異なるが性別が同じ人々から構成されるキルティング・サークルやスポーツ・リーグなどの集団がある（Putnum 2002：11；パットナム 2013：9-10）。

このように、パットナムは、「社会関係資本」の4つの分類を示すことで、「社会関係資本」が多次元なものであることを明らかにした。

そして、彼は、社会を構成する「社会関係資本」は多次元的なものであるがゆえに、単に多寡という観点からのみ「社会関係資本」の違いや変化をとらえることはできず、どのような種類の「社会関係資本」が社会の中で卓越しているのかによって、社会の性質が異なってくることを示している。例えば、ある国において「公式的社会関係資本」が増大しつつ「架橋型社会関係資本」が減少することで社会が特定の公式集団へと分裂していくとか、「架橋型社会関係資本」が増大しつつ「太い社会関係資本」が減少することで人々の絆が弱い社会になって行くとか、「太い社会関係資本」が増えつつ「外部志向的社会関係資本」が減少することで社会が閉鎖的になって行くなどである（Putnum 2002：12；パットナム 2013：10）。

「社会関係資本」の4つの分類とそれぞれの基準については、表4－3のようにまとめることができるであろう。

【表4-3 社会関係資本の四つの分類】

分類	基　　準	
公式的　対　非公式的	構成員の資格要件	
	明確	不明確
	公式的	**非公式的**
太い　対　細い	構成員の接触頻度	
	高い	低い
	太い	**細い**
内部志向的　対　外部志向的	構成員の志向性	
	内向き	外向き
	内部志向的	**外部志向的**
架橋型　対　紐帯強化型	構成員の社会的属性	
	異質	同質
	架橋型	**紐帯強化型**

（出所：Putnum 2002：9-12；パットナム 2013：7-10）を著者が図表化）

（6）社会関係資本と地域社会の勢力構造

　ところで、町村敬志は、「どのような構造的文脈に社会関係資本は依存しているのか」。また、「誰に対して社会関係資本は効用をもたらしているのか」という問題設定に基づいて、「社会関係資本がどのような人びとの関係構造に内在しているのか」、「それはどのような人びとの行為を促進するのか」という観点から、**図4-17**のように、〈社会関係資本が内在する関係構造〉軸と〈社会関係資本の効用が及ぶ向き〉軸を設定して、前者が、社会関係資本が「多数派／少数派」どちらの関係構造に由来するのかを区別する。他方で、後者は、社会関係資本が「多数派／少数派」どちらの生活機会を改善するかを区別する（町村 2007：231）。

　多数派と少数派という勢力格差の存在を前提にすると、社会関係資本の考え方から次のようないくつかの状況を想定することができる。

　少数派となっている集団は、多くの場合、十分な経済的資本をもつことができないでいる。このため少数派は、自らの集団内部にある社会関係をほかの用途に転用することによってその不足を補い、生活機会をより豊かにしようと試

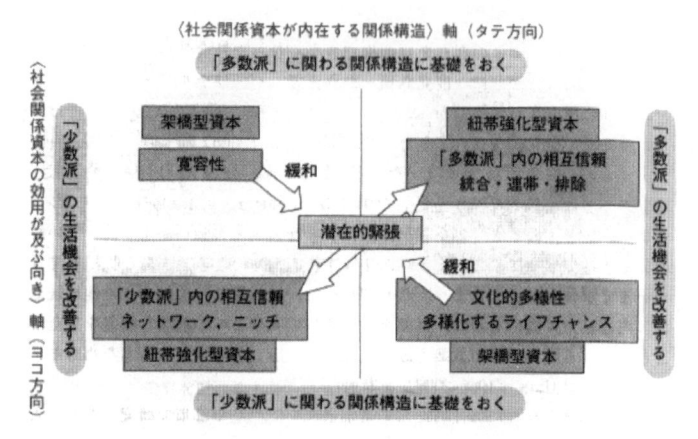

〈社会関係資本が内在する関係構造〉軸（タテ方向）

「多数派」に関わる関係構造に基礎をおく

架橋型資本 寛容性 → 緩和	紐帯強化型資本「多数派」内の相互信頼 統合・連帯・排除
↓ 潜在的緊張 ↑	
「少数派」内の相互信頼 ネットワーク、ニッチ 紐帯強化型資本	緩和 ← 文化的多様性 多様化するライフチャンス 架橋型資本

「少数派」に関わる関係構造に基礎をおく

〈社会関係資本の効用が及ぶ向き〉軸（ヨコ方向）：「少数派」の生活機会を改善する ／ 「多数派」の生活機会を改善する

（出所：町村 2007：230）

【図4－17　社会関係資本の類型】

みる。例えば、同郷ネットワークや民族的な紐帯、独特な下位文化を相互扶助や起業へと結びつける例がその典型的なものである。少数派によるこのような試みは、他方で、しばしば、地域社会の統合を弱体化させるものと多数派によって見なされる。その結果、統合強化によって安定を求めようとする多数派の視点からは、少数派の排除こそが社会関係資本を増大させることにつながるという短絡的な結論が引き出されかねない。

　しかし、現実には、対立の緩和に貢献する別のベクトルをもった社会関係資本も存在する。例えば、少数派の生活条件改善に寄与する「寛容性」という特性を多数派が持っていることは、社会全体の創造性の涵養に貢献し、ひいては多数派自身の利益にもなる。他方で、多数派の生活条件改善にも寄与するような少数派側による貢献の回路（例えば、文化や消費における選択肢の提供）も存在し、これらの回路を質量ともに豊かにしておくことが、少数派と多数派の間の緊張緩和や衝突回避のためには不可欠である。

　ちなみに、上記のように、ロバート・パットナムも、同一集団内の効用を高める社会関係資本を「紐帯強化型」（bonding）、異なる集団間で効用を高め合うような社会関係資本を「架橋型」（bridging）と呼んで区別している（Putnum

2002：11；パットナム 2013：9-10)。

　したがって、閉鎖性がもともと強い社会で多数派のネットワークをさらに強化することは、結果的に社会の寛容性を減退させる結果をもたらす。したがって、異なる回路に道を開いていくことが重要であることが、社会関係資本の考え方からわかる（町村 2007：231-232)。

　このような社会関係資本の考え方から地域コミュニティの再構築の方向性を考察するならば、コラム①でとりあげたような事例においては、地域社会内外の志をもった様々な立場の人たちが、互いにアイディアを出し合い、協力し合うことによって地域コミュニティの再構築が展開して行く。

　これらの地域コミュニティの再構築過程では、最初のうちは、志をもった人たちは、少数派である。

　その少数派の人たちが、地域づくりの手立てを提示して、地域内外の人びとに呼びかけ、賛同者を得ながら試行錯誤を行ない、多数派とせめぎあいながらも、着実に成果を上げ、その過程と成果を様々なメディアを通じて情報発信することで、地域内外の人びとに注目され、さらに多くの賛同者を獲得して支援を受けながら、取り組みを展開して行くことで、次第に少数派が多数派となっていく。

　そして、このように展開して行く地域コミュニティの再構築過程は、「紐帯強化型」社会関係資本を飛び石として活用しつつ、利害が相反する様々な立場の人びとを結びながら、「架橋型」社会関係資本を増大させ、多数派、少数派双方の成果機会の改善へと結びつくように地域コミュニティを再編成して行くといえるであろう。

[参考文献]

・秋吉美都 (2007)「09　都市社会」西原和久・保坂稔編『入門　グローバル化時代の新しい社会学』新泉社
・倉沢進 (1978)「都市的生活様式論序説」磯村英一編『都市問題の社会学』鹿島出版

会
- ゲオルク・ジンメル（1976）「大都市と精神生活」『ジンメル著作集 12』白水社
- 小池司朗（2006）「出生行動に対する人口移動の影響について―人口移動は出生率を低下させるか？―」国立社会保障・人口問題研究所編『人口問題研究』第62巻第4号
  （http://www.ipss.go.jp/syoushika/bunken/data/pdf/18185102.pdf）
- 厚生労働省（2010）「平成22年版　労働経済の分析」
  （http://www.mhlw.go.jp/wp/hakusyo/roudou/10/）
- 国土交通省（2008）「全国総合開発計画（概要）の比較」
  （http://www.kokudokeikaku.go.jp/document_archives/ayumi/21.pdf）
- 国土交通省（2014a）『国土のグランドデザイン2050 〜対流促進型国土の形成〜』
  （http://www.mlit.go.jp/kokudoseisaku/kokudoseisaku_tk3_000043.html）
- 国土交通省（2014b）「国土のグランドデザイン2050 概要①」
  （http://www.mlit.go.jp/common/001047114.pdf）
- 総務省統計局「日本の長期統計系列　第2章　人口・世帯2-7　都道府県・市部・郡部別人口，人口密度，人口集中地区人口及び面積」
  （http://www.stat.go.jp/data/chouki/02.htm）
- 高木恒一（2002）「第9章　都心とインナーエリア」高橋勇悦監修　菊地美代志・江上渉編『21世紀の都市社会学』学文社
- 高橋勇悦（1988）「16　地域社会」本間康平・田野崎昭夫・光吉利之・塩原勉『社会学概論〔新版〕』有斐閣
- 内閣府（2007）『平成19年版国民生活白書』
  （http://www5.cao.go.jp/seikatsu/whitepaper/h19/10_pdf/01_honpen/index.html）
- 内閣府（2011）「平成22年度結婚・家族形成に関する調査報告書」
  （http://www8.cao.go.jp/shoushi/shoushika/research/cyousa22/marriage_family/mokuji_pdf.html）
- 日本創成会議・人口減少問題検討分科会（2014a）「ストップ少子化・地方元気戦略」
  （http://www.policycouncil.jp/pdf/prop03/prop03.pdf）
- 日本創成会議・人口減少問題検討分科会（2014b）「ストップ少子化・地方元気戦略」

要約版（http://www.policycouncil.jp/pdf/prop03/prop03_digest.pdf）
・濱島朗・竹内郁郎・石川晃弘編（1997）『社会学小事典［新版］』有斐閣
・原田謙（2007）「第10章　ボランティア活動と地域社会の形成」高橋勇悦・大坪省三編著『社会変動と地域社会の展開』学文社
・牧野修也（2007）「第2章　変容する農村社会と地域間格差」高橋勇悦・大坪省三編著『社会変動と地域社会の展開』学文社
・増田寛也編著（2014）『地方消滅』中公新書
・町村敬志（2007）「第7章　空間と場所」長谷川公一・浜日出夫・藤村正之・町村敬志『社会学』有斐閣
・松本康（2002）「第4章　社会的ネットワークと下位文化」高橋勇悦監修　菊地美代志・江上渉編『21世紀の都市社会学』学文社
・宮島喬編（2003）『岩波小事典　社会学』岩波書店
・森谷健（2002）「Ⅱ　地域社会の変容」小林修一編著『社会福祉選書15　社会学』建帛社
・Coleman, J. S.（1990）Foundations of Social Theory, Belknap Press of Harverd University Press.（久慈利武監訳（2004）『社会理論の基礎』［上］〔社会学の思想4〕青木書店）
・Fischer, Claude. S.（1975）Toward a Subcultural Theory of Urbanisim, Journal of Sociology vol, 80.（奥田道大・広田康生訳（1983）「アーバニズムの下位文化理論に向けて」『都市の理論のために』多賀出版
・Park, R. E. &Burgess, W. E.（1925）The City, University of Chicago Press.（大道安次郎・倉田和四生訳（1972）『都市』鹿島出版1972年）
・Putnam,R.D.（1993）Making Democracy Work:Civic Tradition in Modern Italy, Princeton University Press.（河田潤一訳（2001）『哲学する民主主義——伝統と改革の市民的構造』NTT出版）
・Putnam, R. D.（2000）Bowling Alone:The Collapse and Revival of American Community, Simon & Shuster.（芝内康文訳（2006）『孤独なボウリング——米国コミュニティの崩壊と再生』柏書房）

・Putnam, R. D. (Ed.) (2002) Democracies in Flux: The Evolution of Social Capital in Contemporary Society, Oxford University Press, (猪口孝訳 (2013)『流動化する民主主義: 先進8カ国におけるソーシャル・キャピタル』ミネルヴァ書房)
・Wirth, Louis (1938) Urbanism as a Way of Life, American Journal of Sociology vol, 44. (高橋勇悦訳 (1978)「生活様式としてのアーバニズム」鈴木広訳編『都市化の社会学』(増補) 誠信書房)

コラム① 「灰干しプロジェクト」の展開

(1) 三宅島火山災害と「灰干しプロジェクト」

「灰干しプロジェクト」とは、三宅島・笠岡諸島・飛島の各地で採算が取れないために漁獲されないゴマサバ・トビウオなどの豊富な未利用魚種を、三宅島の火山灰を利用して乾燥・熟成加工し、付加価値の高い食材として生産し、全国の商店街ネットワークを通じて販売し、三宅島・笠岡諸島・飛島各地の漁業と水産加工業の活性化を通じて地域産業の振興を図ることを目的とした、首相官邸「地域活性化統合本部会合」の2008・2009年度の「地方の元気再生事業」の公募委託助成を受けたモデル事業である (千川 2009：168-169)。

このプロジェクトは、2000年に発生した火山災害の被災地の三宅島の復興を目的としてはじまり、霧島連山新燃岳火山災害と東日本大震災によって新たな展開を見せている。

ここで、灰干しとは、図1のように、肉・魚介類・野菜などの食材を、火山灰と直接触れないように布と透水性のセロハンに包んで、火山灰で上下からサンドイッチ状に挟んで冷蔵庫で乾燥熟成させた高級干物であり、食材の臭みが取れ、味が濃縮されておいしくなる。

2008年から「灰干しプロジェクト」による三宅島・笠岡諸島北木島・飛島の三島の技術交

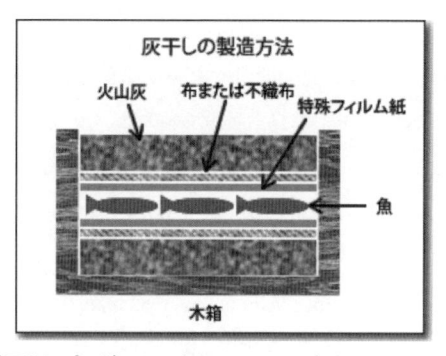

【図1 「灰干しプロジェクト」Web サイト (http://www.haiboshi.jp/group.php?gid=10013) に掲載された灰干しの製造方法の模式図】

流が行われ、北木島では、2008年9月から灰干しの試作を開始して、2009年7月9日に「株式会社　島のこし」が設立され、「灰干し工場」が2009年11月18日に完成し落成式が行われた（株式会社　ラフ・三宅島人材受け入れ連携協議会・灰干しネットワークLLP 2010：89）。

　その後、人材育成と生産体制を確立して、パッケージ等のデザイン等の商品化を行い、出荷を開始した。大理石づくりの灰干し工場が大きな反響を呼び、NHKテレビで全国放送されたのをはじめ、多数の新聞や雑誌にも取り上げられた。

　その結果、工場オープンからすぐに、生産が注文に追い付かない状態となり、1セット3000円で販売し、1日30万円の売り上げを記録した。

　さらに、灰干しプロジェクトは、灰干しの試作や講習会や調査の実施を通じて、三宅島・笠岡諸島北木島・飛島の三島から北海道から鹿児島までの全国15地域へ、すなわち、北海道釧路市、宮城県南三陸町、石川県輪島市、静岡県伊東市、笠岡諸島の白石島・真鍋島、愛媛県上島町弓削島・三瓶島、島根県出雲市・浜田市・飯南町、福井県小浜市、宮崎県五ヶ瀬町、鹿児島市の地域へと展開した（株式会社　ラフ・三宅島人材受け入れ連携協議会・灰干しネットワークLLP 2010：89-90）。

（2）霧島連山新燃岳火山災害と「灰干しプロジェクト」

　2011年1月19日に霧島連山の新燃岳が噴火を始め、同月27日には52年ぶりに爆発的噴火を起こし、噴出した火山灰などの量は、推計4千万～8千万トンとされている（朝日新聞2011.2.4：21）。

　新燃岳の麓の都城市や高原町などの地域では、断続的に降り注ぐ大量の火山灰の除去作業に追われ、自宅の屋根に上って作業をしていた高齢者が屋根から滑り落ちて重軽傷を負うという事故が多発していた。

　この火山災害をきっかけとして、霧島山麓の宮崎県高原町では、2011年3月から、新燃岳から噴出した火山灰を利用して、食肉（鶏・豚・イノシシ・シカ）や川魚（ニジマス）の「灰干し」づくりの取り組みが盛んに行われてきた。

　その取り組みは、宮崎県内の新聞・テレビで何度も取り上げられ、宮崎県を中心とする九州南部では、日に日に灰干しに対する人びとの関心が高まり、鹿児島県では高原町の事例を模倣して桜島の火山灰を使用して鶏肉や魚で灰干しを製造・販売する業者も出現するようにまでなっている。

　ところで、灰干しの作り方を高原町の人たちに紹介したのは、三宅島の復興支援活動としてこのプロジェクトに取り組んできた著者である。

　その経緯は、以下のようである。著者は、まず、2011年2月5日から9日にわたって、都城市・高原町・宮崎市の市役所・町役場・県庁と災害ボランティアセンターを訪れ、現地調査を行いながら、これまでの災害での支援活動経験に基づく支援の申し出を行った。その際に、高原町役場の了承を得て、灰干し試作用に「霧島美化センター」に集積されていた火山灰数十kgを提供してもらい、この火山灰を石川県内で灰干しづくりに取り組んでいる星稜

女子短期大学准教授（当時）の故 沢野伸浩（2015年3月10日に死去）氏に宅配便で送り、鶏もも肉と鶏レバーの灰干しを試作してもらうことができた。
　そして、また、著者は、同年3月20日～24日にかけて現地を訪れ、高原町で支援活動をしていた災害ボランティアの知り合いである「被災地NGO協働センター」のY氏から、高原町で地域づくりや被災地支援活動に取り組む「特定非営利活動法人　たかはるハートム」を紹介してもらい、新燃岳の被災地復興のために灰干しづくりを提案し、灰干しの試食会と講習会が開催された（写真1）。その様子は、「テレビ宮崎」や「宮崎日日新聞」で紹介された。
　また、「宮崎放送」主催の「みやざきご当地グルメ選手権」（同年8月27日開催）に、たかはるハートムが、灰干し500食を携えて初出場し、準優勝するという好成績を収めた。
　そして、「熟成たかはる灰干し」は、宮崎県や鹿児島県を中心に九州全域でテレビ・新聞・ラジオで頻繁に取り上げられ、高原町の目玉の特産品として徐々に知名度を高めていき、注文が生産を上回り常に品薄状態となっている。
　さらに、高原町の特産品Webページのトップに高原町NO.1の特産品として「熟成たかはる灰干し」が掲載されている（図2）。

（2011年3月23日　著者撮影）
【写真1　高原町光明寺での灰干し講習・試食会】

【図2　宮崎県高原町の特産品Webページに掲載されている「熟成たかはる灰干し」のパンフレット】

また、2014年7月下旬より高原町の「ふるさと納税」の特産品として「熟成たかはる灰干し」が出品され、宮崎県内と九州地方を中心に全国からほぼ毎日、役場を通して製造・販売を行っている町内の精肉店に注文が行われている（**図3**）。
　そして、著者は、高原町で開催される灰干し関連のイベント（講演会・試食販売会等）に参加し、また、現地の実態把握を行いながら、「熟成たかはる灰干し」の品質改良とブランド化について提案と助言を行ってきた（**写真2**）。
　その一方で、著者は、南三陸町を中心とする東日本大震災の被災地でも、新燃岳の火山灰と三陸の魚介類を使用した灰干しづくりを提案してきた。

（3）「ぼうさい朝市ネットワーク」から南三陸町「福興市」を経て「南三陸復興まちづくり機構」へ

　2011年4月29・30日から2013年5月まで、毎月末に南三陸町で開催されている「福興（復

【図3　宮崎県高原町の「ふるさと納税」の特産品Webページのパンフレットに掲載されている「熟成たかはる灰干し」】

（2012年3月23日　研究協力者による撮影）
【写真2　高原町「灰干しの日」の著者による記念講演】

興）市」で（2013年6月からは、不定期開催）、2011年9月25日に、著者が、物品販売の手伝いを毎回している「酒田市中通り商店街」の協力を得て、三宅島と高原町で作られた灰干しを試験販売することになった（写真3）。

　三宅島の灰干しは、灰干しプロジェクトのメンバーである村会議員で漁師のA氏が、自ら漁船で獲った魚等と三宅島の火山灰を使って製造し、三宅島漁協の鮮魚販売所「いきいきお魚センター」に卸しているもので、特に、サメの灰干しは、三宅島の人たちの間でおいしいと評判になっている（図4・写真4）。

　ところで、南三陸町では、水産加工業者が、灰干しプロジェクトのメンバーとして、東日本大震災の前からサケとホタテで三宅島の火山灰を使った灰干しの試作をしていた。

　ところが、2011年3月11日に発生した東日本大震災による津波で、それらの水産加工業者

（2014年6月28日著者撮影）

【写真3　「南三陸町福興市」における「灰干しプロジェクト」による「熟成たかはる灰干し」（鶏・豚・イノシシ・シカ）試食・販売テント】

【図4　「三宅島灰干し研究会」のパンフレット】

(2012年12月2日三宅村役場駐車場で開催)
(三宅島ふるさと再生ネットワーク『三宅島新報43号』(2013年1月1日発行) より転載)

【写真4　第13回三宅島産業祭での灰干し販売】

の店舗や工場ごと灰干しの試作で使用していた火山灰も道具も流された。
　そして、水産加工・販売業の「株式会社ヤマウチ」社長の山内正文氏が実行委員長となり、2011年4月29・30日から毎月最終日曜日に開催されている「南三陸町　福興市」は、「福興市公式サイト」の「福興市とは」によれば、「南三陸町の地元商店街と町が手を取り合って再び幸せを取り戻すため」の「祈りを込めて『福が興る市』と命名して復興のシンボルとなる市」であり、「この『福興市』は単に一商店街だけの為のものではなく、行政機関である町と地元企業の方々、地元小中学校の子供たち、母親など家族の方々、町外から応援する市町村、NPO、ボランティアの方々が一丸となって手をつなぎあい、創り上げているイベント」である（復興市公式サイト：http://fukkouichi-minamisanriku.jp/about/about.html）。
　福興市が開催されるに至る活動基盤となったのは、地域再生と商品開発の専門家である藤村望洋氏が内閣府の平成20年度・21年度「地方の元気再生事業」の「『大阪蔵屋敷ネットワーク』による北前船ルート地域活性化ビジネスモデル構築」事業の一環として企画・実施した「ぼうさい朝市」である。
　『旬刊　旅行新聞』第1419号（2011年5月21日付）の記事によれば、「『ぼうさい朝市』は08年10月内閣府の『地方の元気再生事業』を活用してスタートした。いざというとき、隣から支援できるように商店街を中心とした地域間ネットワークを構築。平時から、ヒトとモノの交流を促す」、「『全国から美味しい救援物資がやってくる』。ぼうさい朝市の告知ポスターに書かれてある通り、朝市の会場には、山形県酒田市の芋煮や、鹿児島県鹿児島市の豚汁、長野県飯山市のりんご豚まんなど、救援物資にみたてた全国各地の特産品が並ぶ。この美味しい食べ物にひかれて多くの人が集まってくる。地元商店街のメンバーが中心となり販売。町内会や、自治会なども協力する。さらにイベントの趣旨に賛同する、全国の商店街ネットワークのメンバーも参加。イベントはネットワークの商店街の持ち回りで開催し、お互いのまちを行き来しあう。イベントを通して商店街のメンバー同士が交流。顔の見える人間関係

を築くことができる。平時のイベントは、各地の特産品を美味しい救援物資として提供。商品を販売するテントは災害時にも使えるもので、この設置、片付けも災害時を意識して行う」、「地域をつなぐ隣ネットワークを考えたときに、大阪・船場出身の藤村（望洋）氏は、かつて大阪を中心に栄えた北前船ルートに着目した」、「『防災には、地域と地域のつながりが大切。かつて北前船ルートで結ばれた地域間の交流を復活させたい』と、北前船ルート上の商店街に参加を呼び掛けた」、「ぼうさい朝市は08年度山形県酒田市や大阪市、岡山県笠岡市など6カ所で開催。09年は、鹿児島市、宮城県南三陸町、兵庫県佐用町など8カ所で開催された。2年間で延べ18万人が参加。10年度も自立した活動として継続されている。（2011年5月）現在、20市町村のネットワークに拡大する」（旅行新聞 2011.5.21：1）（（　）は、著者による補足）。

　このようにして、内閣府の地方の元気再生事業を契機にして全国20カ所を結ぶ「ぼうさい朝市ネットワーク」が構築されていったが、それが、東日本大震災発生直後に、南三陸町に対する支援活動として、以下のように展開して行く。

　「3月11日、東日本を襲った大地震・津波災害。ぼうさい朝市ネットワークの1つのまち、宮城県南三陸町も壊滅的な被害を受けた。すぐに藤村氏は、ネットワークの中で南三陸町に最も近いまち、山形県酒田市に向かう。ここを拠点に全国の仲間にメールで支援を呼びかけた。ぼうさい朝市の参加者を中心にして、供給体制が立ち上がり、救援物資や義援金が続々と集まった。南三陸町に第1便の救援物資が届けられたのは、3月18日。トラックで片道6時間かかった。その後も酒田からのピストン輸送は続いている」、「被災側が求める物資は日々変わっていく。現地のニーズを迅速かつ的確に把握するのに、ぼうさい朝市で築いてきた普段からの顔の見える関係、信頼関係が活きた。最初の要望は、水や燃料、炊き出し用の大きなガスコンロ、プロパンボンベなど。日が経つにつれてストーブ、灯油、食料、消毒剤、下着などへと変わっていった」（旅行新聞 2011.5.21：1）。

　そして、「南三陸町で4月29・30日、『福興市』が開かれた。『小さな店の商店主たちがやる気にならないとまちは復興しない、応援する気持ちを具体的に見せたい』と、ぼうさい朝市ネットワークが企画した。とはいえ地元の商店は、津波に店も工場も流され、売る商品は何もない。全国から届けられた特産品などを、南三陸町の商店の看板をテントに掲げ、全国の商店街から駆けつけた仲間たちが協力して販売した。『店が立ち直ったときは、今度は自分の商品を全国のネットワークの商店街で売ってもらえばいい』」（旅行新聞 2011.5.21：1）。

　以上のように、藤村氏を中心に「ぼうさい朝市ネットワーク」を基盤にして南三陸町の「福興市」が展開していった。

　さらに、震災発生から1年で南三陸町「福興市」から「一般社団法人　南三陸福興まちづくり機構」へと南三陸町の産業復興を中心とした被災地復興活動が展開していく。

　「一般社団法人　南三陸福興まちづくり機構」（以下、「まちづくり機構」）は、2012年3月末に設立された。

「まちづくり機構」のWebページの「組織について」によれば、まちづくり機構は、「南三陸町の復興期から本格復興に至る持続的な公と民のサポート役、コーディネート役を地元に組織することを目的とした一般社団法人」であり、「今まで活動してきた地域の商業、水産加工、漁業、林業、農業等の地元企業や団体に、専門家を加えて、公民をサポートする中間支援組織として設立され」た。事業内容は、「公民をサポートする中間支援組織として、スマートグリッド、環境都市や健康都市、地産地建の住宅、コミュニティーハウス等のまちづくりサポート企画支援およびコーディネート事業」を行い、コーディネート事業の具体的な内容は、「(1)国等の各種支援施策の情報の活用支援、(2)外部専門家のコーディネート、(3)南三陸支援を指向する企業や団体・ファンド等の技術や資金を復興に活用するためのコーディネート」である。いわば、まちづくり機構は、南三陸における、外部専門家や外部企業等に対する「産業ボランティアセンター」である（南三陸まちづくり機構：http://m3m-kikou.com/?page_id=43）（図5）。

　ところで、著者は、「まちづくり機構」のプロジェクトの一環として、2012年9月14日に南三陸町の水産加工業者等を対象とした灰干しづくりの講習会を開催した。これを契機にして、南三陸町内の水産加工業者が、事業の立て直しができ採算がとれるようになった段階で、灰干しの試作を行う予定である。
　その一方で、著者は、2013年度から「大妻女子大学地域連携推進センター」の平成25年度「地域連携プロジェクト」として著者がプロジェクト代表者として実施している気仙沼市八日町商店街と連携して、特産品開発による被災地復興のために、気仙沼産のサメの灰干しの商品化に着手している。
　また、東日本大震災発生後、「ぼうさい朝市ネットワーク」の南三陸町に対する支援活動拠点になっていた山形県酒田市中通り商店街と連携して、酒田市近海で獲れるハタハタなどの魚介類を活用した特産品としての灰干しの開発・普及を目的として、これまでの著者の実

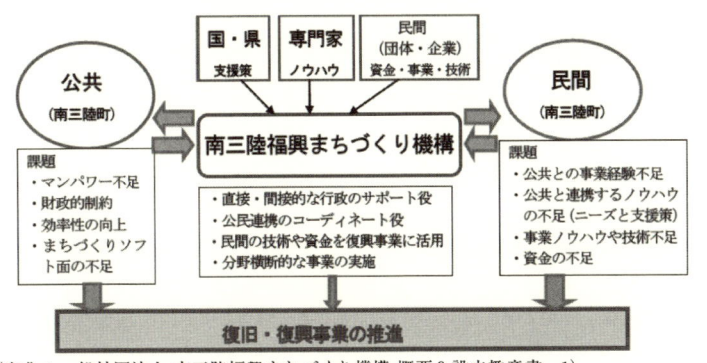

（出典：一般社団法人 南三陸福興まちづくり機構 概要＆設立趣意書、1）
【図5　地域社会における南三陸福興まちづくり機構の位置づけ】

績と知見に基づいて、酒田市及び飛島の現地調査と酒田市中通り商店街での講演や試食会を実施した。

今後は、このような南三陸町、気仙沼市、高原町、酒田市での灰干しをめぐる取り組みが「灰干しがつなぐ被災地復興ネットワーク」構築につながるように、その成果と今後の可能性を検証するために、今後も参与観察による現地調査を行う予定である。

以上のように、東日本大震災の津波被災地である南三陸町をめぐって「ぼうさい朝市ネットワーク」から「南三陸町福興市」を経て「南三陸福興まちづくり機構」への展開をたどった。

被災地内外の志を持った人々が結集して取り組んでいる「まちづくり機構」のプロジェクトは、開始してから3年に満たないが、成果を上げつつあるものもあれば、実施の見通しが全く立っていないものもある。これらのプロジェクトを進めて行く際に大きな壁となるものが、南三陸町内の働き盛りや若い人材の決定的な不足である。

今後、女性を含めて地域内外でプロジェクト実施に必要な人材をどのように発掘し育て確保することができるかが、また、不足する人材を情報通信技術の活用でどのように補うことができるかが、プロジェクトの成否を分かつことになる。

[参考文献]
・朝日新聞（2011.2.4）「新燃岳測り難い噴出量」
・一般社団法人 南三陸福興まちづくり機構「概要＆設立趣意書」2012年
・株式会社 旅行新聞社（2011.5.21）「ぼうさい朝市ネットワーク 災害時は隣から支援」旬刊 旅行新聞 第1419号
・株式会社 ラフ・三宅島人材受け入れ連携協議会・灰干しネットワークLLP『平成21年度 地方の元気再生事業 「灰干しプロジェクト」の地域再生全国ネットワーク構築 東京都三宅島―岡山県笠岡諸島―山形県飛島 ＆ 全国灰干しネットワーク 報告書』2010年
・農文協（社団法人 農村文化協会）『季刊 地域 特集 東北（ふるさと）はあきらめない！』2011 Summer No.6、2011年
・干川剛史『情報化とデジタル・ネットワーキングの展開』晃洋書房、2009年

<Webページ>
・特定非営利活動法人 かさおか島づくり海社
　http://www.shimazukuri.gr.jp/simanokosi/20100220.html
・灰干しプロジェクト
　http://www.haiboshi.jp/
・福興市公式サイト
　http://fukkouichi-minamisanriku.jp/（2015年6月末に廃止、FaceBookに移行）
・南三陸まちづくり機構
　http://m3m-kikou.com/?page_id=43

第5章 現代社会と家族

（1）家族とは何か

　家族とは、夫婦・親子・きょうだい（兄弟及び姉妹）などの近親者を主要な構成員とし、構成員相互の深い感情的関わりあいで結ばれた、福祉志向的な第一次集団である。

　ここで、「福祉」とは、個々人が経済的安定および生活の豊かさ、健康や精神的安らぎを得ながら幸福を追求できるように支援することである（森岡・望月 1993：3-5）。

　そして、「第一次集団」とは、人格形成上で第一次的な重要性をもつ社会集団のことであり、具体的には、家族、近隣集団、遊戯集団などの社会集団である。

　その特徴としては、①直接的接触による親密な結合、②成員の間に存在する連帯感と一体感、③成長後も持続される、幼年期の道徳意識を形成する社会的原型としての機能、④集団外における社会関係を強化し、安定化させる機能をあげることができる（濱島・竹内・石川 1997：401）。

　ところで、家族と類似した用語として「世帯」があるが、世帯は、居住と生計を共にする人々から成る集団のことであり、国勢調査などの各種調査や生活保護などの施策のための単位としての行政用語である。

　世帯と家族の関係を示すならば、図5-1のように、両者は、大部分が重なっているが、重なり合う部分を「同居親族」（同居している家族員）、家族側の重なり合わない部分を「他出家族員」（進学や就職、単身赴任などで別居している家族員）、世帯側の重なり合わない部分を「同居非親族」（使用人や下宿人などの同居非家族員）という（森岡・望月 1993：6-7）。

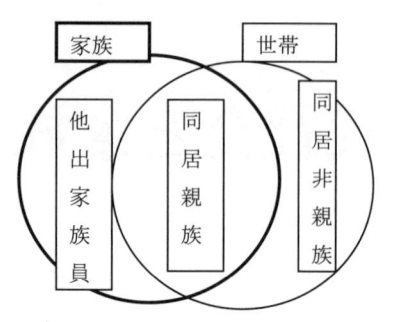

(出典)森岡清美・望月嵩『新しい家族社会学 三訂版』(森岡 他 1993：7)を元に著者作成

【図5-1　家族と世帯との関連】

(2) 核家族と家族の3形態

「核家族」(nuclear family)とは、夫婦とその未婚の子どもからなる家族である。夫婦関係、母子・父子関係から構成され、子どもが複数いる時は、きょうだい関係が付け加わる。

そして、核家族は、他の家族と比べて経済的・情緒的な安定性が比較的高いことから、家族を分析する際の基本単位とされる(森岡・望月 1997：9-10)。

核家族の概念は、1949年にアメリカの人類学者マードック(George Peter Murdock. 1897-1985)が提唱したものである。

マードックは、世界の250の社会の資料を統計的に考察した結果、「核家族普遍説」を唱えた。それによれば、核家族は人類に普遍の社会集団であり、より大きな複雑な形態の家族が存在しても、つねにその中には核家族が存在しており、核家族は、性的・経済的・生殖的・教育的機能をもっているとされている(波平 1993：49-50)。

マードックの核家族普遍説は、後に批判にさらされたが、核家族の概念は、世界的に採用され、これを家族の分析単位とする見方も広く指示されている(森岡・望月 1997：10)。

核家族は、親と子の二つの世代を含んでいる。

そこで、親夫婦を中心として核家族を見ると、核家族は夫・妻・子から構成され、男女が結婚してつくり、子を産み育てることによって充実させてきた「生殖家族」(family of procreation) となる。生殖家族を支える関係は夫婦関係であり、一組の男女が相手を選択し、また子を何人産むか、いつ産むかを多かれ少なかれ選択して、自分たちの家族をつくっていく。したがって、生殖家族の形成には、選択の契機が含まれている。

　他方で、子どもの世代から核家族を見ると、核家族は、父・母・きょうだいから構成され、そこで子どもが養育され、社会的に位置づけられる「定位家族」(family of orientation) となる。定位家族を支える関係は親子関係である。その中でも生物学的基礎にある母子関係は、子の養育と社会化にとって重要である。その一方で、父子関係は、子の養育のための生活物資の調達、ならびに社会化（母への依存から子を解放して独立に向かわせ、とくに男児には成長モデルを提供する）と子の社会的位置づけにとって重要とされる。したがって、子にとっては、定位家族は選択の余地のない運命的なものであって、幼少の子はそこから生活全般において愛護を受けるのである。

　そして、大多数の人は、定位家族の中に生まれ、育てられ、結婚して自分の生殖家族をつくる。つまり、大多数の人は、一生の間に一つの定位家族と一つの生殖家族を経験するのである（森岡・望月 1997：10-11）。

　夫婦から子が生まれることによって、生殖家族のなかに新しい世代が出現し、さらに、子が結婚すれば若い世代に生殖家族が生じ、生殖家族内部の世代間関係は生殖家族間の世代間関係に拡大される。このようにして、核家族間の世代的結合ができあがっていく。

　このような過程において、居住関係（同居・別居）に関する規則（居住規則）に焦点をおいて、核家族（生殖家族）間の世代関係を類別するならば、親の生殖家族から見た場合、次の3つの世代関係が区分される。

1．どの子の生殖家族とも原則として同居しない（新居制）。
2．子が何人いても、原則として一人の子の生殖家族とだけ同居する。

3．同居する子の生殖家族を、原則として一人の子に限らない。

そして、この区分に基づいて、現実の様々な家族の中から以下の3類型（家族制度）を導き出すことができる。

1）夫婦家族制

　この家族制度に基づいて形成される家族（夫婦制家族）の中核的構成員（一生涯その家族に留まるべき構成員）は、夫と妻に限られる。家族は、夫婦の結婚によって形成され、その死亡によって消滅する一代限りのものである。子が結婚によって新たに生殖家族を形成すると親元を去り、親の生殖家族と子の生殖家族は、それぞれ別の生活単位を構成する。ただし、配偶者を亡くした老親が、子の生殖家族に身を寄せることはある。

　夫婦制家族は、小人数の家族員から構成されるため、大多数の勤労者が企業や官庁などの組織・団体に雇われて働き、転勤や転職などで定期的に地域間を家族単位で移動する頻度が高く、広い住宅の確保が困難である今日の日本のような産業化が進展した社会（イギリス、北欧諸国、アメリカ合衆国等）に適している。

　また、夫婦家族は、個人の独立を重んじる思想（個人主義）が浸透し（近代化の進展）、医療・保健の発達によって平均寿命が伸張し、夫婦単位の生活の維持を老後にわたって可能にする所得水準や社会保障制度（年金・医療・福祉制度）によって支えられることで、維持・存続が可能となる（森岡・望月 1997：12-15）。

2）直系家族制

　直系家族制度に基づく家族（直系制家族）の中核的構成員は、夫・妻・あとつぎである子（後継子）・その配偶者・次の代のあとつぎ予定の孫、あるいは夫（妻）の親に限られる。家族は、後継子の生殖家族との同居を世代間で繰り返すことによって、直系的に継続され、再生産される。親の社会的地位・遺産・祭祀等は、後継子によって独占的あるいは優先的に継承される。

直系制家族は、世代間の家産の相続に基づいて、大多数の勤労者が家族ぐるみで農林水産業や自営業に従事し、生計を営む農業・自営業型の社会・地域（フランス・ドイツ・アイルランド・北イタリア・北スペインなどのヨーロッパ諸国の農村、日本・フィリピンなどのアジア諸国の農村）に適しており、また、末子が一人前になるまで親世代の平均寿命が続くことを可能する程度の所得・生活水準が保たれているため、親子の世代間扶養が容易となる（森岡・望月 1997：13－15）。

3）複合家族制

　複合家族制度に基づいて形成される家族（複合制家族）の中核的構成員は、夫・妻・複数の既婚子・その妻子である。同居の既婚子を男子に限ることが多い。父死亡の後に、子の生殖家族ごとに分裂する傾向がある。親の遺産は共同相続され、家族が分裂する際に、子どもたちの間で均分して相続される。
　複合制家族は、所得・生活水準が低いため平均寿命が短く、子が一人前になる前に親が死亡する場合が多く、きょうだい間の世代内扶養が必要な地域の家族（バルカン僻地のザドルガという家族）に適しているが、インドの高級カストの合同家族や旧中国の貴族・地主階級の家長的家族としても見られる（森岡・望月 1997：14－15）。

　ところで、上記の3類型（家族制度）は、それぞれの社会状況に適した居住規則に基づいて構成された「理念型」（現実の中から、研究課題にとって重要だと思われる側面だけを抽出し、その他の側面は切り捨て、論理的に矛盾にないように構成された概念）であり、実際には、その社会で望ましいとされる家族制度に基づかない形態の家族も多数存在する。
　例えば、現在の日本のような夫婦家族制の下では夫婦制家族が主流であるが、高齢の親を引き取って見かけ上、夫婦制家族から直系制家族に転ずることもある。また、第2次世界大戦前の日本のような「家」制度と呼ばれる直系家族制の下では直系制家族が主流であるが、同居していた家長の両親が死亡した

後に、後継子が結婚するまでの間は、見かけ上、夫婦制家族の形態をとることになる。

このように、特定の社会・時代で望ましいとされる家族制度に基づかない形態の家族も含めて、家族の実態をとらえるためには、家族構成に着目して家族を以下のように3つの形態に分類することが必要となる。

1）夫婦家族

夫婦家族とは、夫婦と未婚の子どもから構成される、核家族が単独で存在する家族形態である。

2）直系家族

直系家族とは、夫婦、1人の既婚子とその配偶者と子どもから構成される、二つの核家族が既婚子を要として世代的に結合した家族形態である。

3）複合家族

複合家族とは、夫婦、複数の既婚子とその配偶者と子どもから構成される、複数の既婚子が共属する定位家族を要として世代的および世代内的に結合した家族形態である。

上記の家族の3形態の中には、いろいろな家族構成のものが含まれる。例えば、夫婦家族には、夫婦だけ、父子だけ、母子だけの家族がある。また、直系家族には、祖父母の一方がいないとか、親夫婦と子夫婦だけでまだ孫がいないとか、様々な形態がある（森岡・望月 1997：16-17）。

家族の背後には、親族ネットワークがある。親族ネットワークは、親子関係を上世代と下世代にたどる「血族」と、夫婦関係を通じて配偶者の親族と呼ばれる「姻族」の2種類によって構成される。親から上世代の過去に向けては、先祖のネットワークが存在し、子から下世代の未来に向けては、子孫のネットワークが想定され、その両者の中心に自分自身が存在することになる。この親

族ネットワークのうちで、一定の生活実態と考え方に従って切り取られた範囲の集団が家族であると考えられる。

すなわち、過去と未来に開かれた親族ネットワークそのものは、どのような時代や社会でも誰についても存在しているのであるが、このうちのどの範囲を家族として切り出すかが、時代と社会によって規定された生活実態と意識によって異なってくるのである。他方で、その切り出し方は、当該の時代や社会にとって「当然のもの」として感じられるために、一定の切り出し方で切り出された範囲にしか過ぎない人間関係から構成される家族が「基礎的なもの」としてとらえられていくのである。

例えば、第二次世界大戦前の日本の社会で自明とされていた「家」制度に基づく直系家族制は、跡取りが親の財産・地位を優先的に相続し、「家」を継いで行くという考え方に従えば、基本的な家族は、父母と1人の既婚子とその妻子から構成される直系家族である。

これは、後取りである既婚子を中心に親子関係を上下に1世代ずつと同世代の夫婦関係をたどった範囲で親族ネットワークを切り出して出来上がる家族である。

他方で、夫婦の結婚とともに誕生し、夫婦の死亡によって一代限りで消えていくという考え方に基づく夫婦家族制では、一対の夫婦関係と親子関係を下に1世代をたどった範囲で、親族ネットワークを切り出して出来上がる家族である（藤村 2007：350－353）。

（3）家族の変容
（3－1）核家族化の進展

表5－1は、普通世帯（居住と生計を共にしている人々の集まりと、一戸を構えて住んでいる単身者を含む親族世帯）における家族類型別世帯の割合について、1920年から2010年にかけてその推移を示したものである。

表5－1の中で、「核家族世帯」（夫婦のみ・夫婦と子ども・男親と子ども・女親と子ども）と3世代の直系家族の大部分を含む「その他の親族世帯」のそ

【表 5 − 1　家族類型別世帯の割合：1920 ～ 2010年】

年次	総数[1]	親族世帯 総数	核家族世帯 総数	核家族世帯 総数(修正方式)	夫婦のみ	夫婦と子ども	男親と子ども	女親と子ども	その他の親族世帯	その他の親族世帯(修正方式)	非親族世帯	単独世帯
普通世帯												
1920	100.0	93.6	55.3	59.1	…	…	…	…	38.2	40.8	0.5	6.0
1955[2]	100.0	96.1	59.6	62.0	6.8	43.1	1.6	8.1	36.5	38.0	0.5	3.4
1960[2]	100.0	94.9	60.2	63.4	8.3	43.4	1.3	7.3	34.7	36.6	0.4	4.7
1970	100.0	88.9	63.5	71.4	11.0	46.1	0.9	5.5	25.4	28.6	0.4	10.8
1975	100.0	86.2	63.9	74.1	12.4	45.7	0.8	5.0	22.3	25.9	0.2	13.5
1980	100.0	84.0	63.3	75.4	13.1	44.2	0.9	5.1	20.7	24.6	0.2	15.8
1985	100.0	82.3	62.5	75.9	14.3	43.6	1.0	5.6	19.8	24.1	0.2	17.5
1990	100.0	79.6	61.8	77.7	16.1	38.7	1.1	5.9	17.8	22.4	0.2	20.2
1995	100.0	76.6	60.6	79.1	17.9	35.4	1.1	6.2	15.9	20.8	0.3	23.1
2000	100.0	74.0	60.1	81.2	19.4	32.8	1.2	6.7	13.9	18.8	0.4	25.6
2005	100.0	71.6	59.2	82.7	20.1	30.5	1.3	7.3	12.4	17.3	0.6	27.9
2010	100.0	67.9	57.4	84.6	20.1	28.4	1.3	7.6	10.4	15.3	0.9	31.0
一般世帯												
1960[2]	100.0	83.6	53.0	63.3	7.3	38.2	1.1	6.4	30.5	36.4	0.3	16.1
1970	100.0	79.4	56.7	71.4	9.8	41.2	0.8	4.9	22.7	28.5	0.3	20.3
1975	100.0	80.3	59.5	74.0	11.6	42.5	0.8	4.6	20.8	25.9	0.2	19.5
1980	100.0	80.0	60.3	75.3	12.5	42.1	0.9	4.9	19.7	24.6	0.2	19.8
1985	100.0	79.0	60.0	75.9	13.7	40.0	0.9	5.4	19.0	24.0	0.2	20.8
1990	100.0	76.7	59.5	77.5	15.5	37.3	1.0	5.7	17.2	22.4	0.2	23.1
1995	100.0	74.1	58.7	79.2	17.4	34.2	1.1	6.0	15.4	20.7	0.3	25.6
2000	100.0	72.0	58.4	81.1	18.9	31.9	1.2	6.5	13.6	18.8	0.4	27.6
2005	100.0	70.0	57.9	82.7	19.6	29.9	1.3	7.1	12.1	17.2	0.5	29.5
2010	100.0	66.6	56.3	84.5	19.8	27.9	1.3	7.4	10.2	15.3	0.9	32.4

総務省統計局『国勢調査報告』による。各年10月1日現在。1920年は『世帯構成とその地域性』(昭和60年国勢調査モノグラフシリーズNo. 9)による。世帯の家族類型は、2005年調査までの「親族世帯」および「非親族世帯」を、2010年調査から「親族のみの世帯」「非親族を含む世帯」に変更した。
1) 世帯の家族類型「不詳」を含む。　2) 1 ％抽出結果による。
(出所：国立社会保障・人口問題研究所「人口統計資料集 (2015)」表 7 − 11)

れぞれの総数（修正方式：親族世帯のみを分母とした割合）を見ると、核家族世帯の割合が一貫して増大し、その他の親族世帯の割合が一貫して減少していることがわかる。

　なお、普通世帯と一般世帯の関係については、表 5 − 2 の通りである。

　このように核家族世帯の割合が増加して行く過程を「核家族化」という。日本社会では、核家族化は、高度経済成長期にあたる1950年代後半から70年代前半にかけて急速に進み、その後も、徐々に進行している。

　日本社会における核家族化を引き起こす要因は、 3 つあるとされている。ま

【表5-2　一般世帯と施設等の世帯および普通世帯と準世帯の関連】

総世帯[1]	49,566,305	(127,767,994)
一般世帯　49,062,530　(124,973,207)		施設等の世帯　100,299 (2,312,446)
単独世帯　14,457,083	準世帯　1,181,563	(3,393,710)

普通世帯　47,981,266　(123,891,943)

| 居住と生計を共にしている人の集まり 34,605,447 (110,516,124) | 単独世帯 一戸を構えて住んでいる単身者 13,375,819 | 一人の準世帯 1,081,264 間借り・下宿などの単身者 330,536 会社などの独身寮の単身者 750,728 | 寮・寄宿舎の学生 6,995 (263,678) 病院・療養所の入院者 15,608 (757,778) 社会施設の入所者 31,435 (1,070,393) 自衛隊の営舎内居住者 2,705 (95,011) 矯正施設の入所者 770 (79,950) その他 42,786 (45,636) |

総務省統計局『国勢調査報告』による。（ ）内は総世帯人員を示す。
1）総世帯数には世帯の種類不詳 403,476（482,341）を含む。
（出所：国立社会保障・人口問題研究「人口統計資料集（2008）」表7-2）

ず，産業化の進展による産業構造の変化に伴う，人口の地域間移動の促進および所得水準の上昇である。すなわち，産業化が進展した高度経済成長期において，第2・3次産業が立地し発展していた大都市部で大量の労働力が必要となり，若年労働力が，就職を契機に，農村地域から大都市部に大量に流入し，そこで職場等で出会い，結婚した人たちが核家族を形成し定住することで，核家族の割合が大都市部を中心に急速に増えたのである。また，大都市部で核家族を形成して暮らす人たちは，企業等に雇われて働くことで給与所得者として夫婦と未婚の子どもだけで暮らすのに十分な安定した収入を得ることができるため，その他の親族（親やきょうだい，おじ・おば，おい・めい　等）と同居して経済的援助を受ける必要が無く，その他の親族とは別居して暮らすようになる。そして，その結果，大都市部を中心に核家族が急速に進行することになる。

　2つ目の要因は，第2次世界大戦後の民法の改正によって「家」制度が廃止され，「どの子の生殖家族とも原則として同居しない」という「夫婦家族制」の理念が浸透していくことによって，いわば，家族意識の近代化（個人の独立・自由・平等の理念の浸透過程）が進展することによって，結婚を契機にして，子ども世代の核家族と親世代の核家族（または，直系家族，単独家族）が，そ

れぞれ別に暮らすことが正当化され、核家族化を促進する。

3つ目の要因は、人口の年齢構成の不均等である。すなわち、医療・保健が発達して乳児死亡率が急激に下がったことによって親世代の人口を2倍近く上回るようになった1926～50年生まれのコーホート（同時出生集団）の相当部分が、高度経済成長期に大都市部に移り住み大量の核家族を形成したからである。

（3－2）単独世帯の増加

表5－1の一番右の欄の単独世帯が、高度経済成長期以降、急速にその割合が増えていることがわかる。

また、**表5－3**の性別・年齢（5歳階級）別の単独世帯率を見ると、男性の単独世帯では、20代の比率が2割を上回っており、また、近年では、30代以上も1割を上回っている。他方で、女性の単独世帯では、近年で2割を上回っているのは、20代前半、70代後半から80代前半にかけてであり、1割を上回っているのが、20代後半～30代前半、60代～70代前半、85歳以上であることがわかる。

この表からわかるように、2005年までは、男性の単独世帯で多いのは、20代を中心とする若年層であり、女性の単独世帯で多いのが60代以降の高齢者層であった。しかし、2010年になると、男性の単独世帯では、30代以上の世代すべてが1割台になり、女性の単独世帯では、20代前半が2割台になり、また、30代前半も1割台になった。

単独世帯の増加の要因としては、①平均寿命の伸長（**表5－4**）と高齢化（**表5－5**）による女性高齢単身者の増加。そして、②大学（短大を含む）進学率上昇（**表5－6**）と晩婚化・未婚化（**表5－7**）による単身者の増加があげられる（井上・江原 2005：6）（森岡・望月 1997：183）。

（3－3）家族のライフ・サイクルの変化

「ライフ・サイクル」（lifecycle）とは、生命をもつものが生まれてから死

【表5－3　性別・年齢（5歳階級）別単独世帯率：1980～2010年】

年齢	率[1] (%)					
	1980年	1990年	1995年	2000年	2005年	2010年
男						
総数	6.9	8.6	10.1	11.2	12.3	14.1
15歳未満	0.0	0.0	0.0	0.0	0.0	0.0
15～19	8.8	7.4	7.6	7.4	7.6	7.0
20～24	30.2	28.8	27.4	27.5	27.3	28.0
25～29	19.3	23.3	24.2	23.3	24.1	26.4
30～34	8.8	12.7	15.3	17.4	17.9	18.9
35～39	5.0	9.2	10.6	13.1	15.3	16.2
40～44	3.9	7.9	10.1	11.2	13.6	15.9
45～49	3.8	7.4	9.9	11.7	13.0	15.6
50～54	3.9	6.6	9.1	11.4	13.4	15.2
55～59	3.6	5.6	7.7	10.0	12.8	15.5
60～64	3.4	4.7	6.4	8.1	10.6	13.9
65～69	3.8	4.7	5.9	7.6	9.5	11.9
70～74	4.3	4.9	5.7	7.5	9.1	10.7
75～79	4.8	5.6	6.1	8.4	9.4	10.3
80～84	5.0	6.3	6.9	9.0	10.6	10.9
85歳以上	4.9	6.3	7.6	10.0	11.4	11.7
女						
総数	5.3	6.6	7.8	9.2	10.4	12.1
15歳未満	0.0	0.0	0.0	0.0	0.0	0.0
15～19	6.6	5.0	5.6	5.6	5.6	5.4
20～24	15.4	15.0	16.0	18.6	19.8	21.0
25～29	5.3	8.3	10.3	12.0	14.7	17.1
30～34	3.1	4.3	5.9	7.9	9.6	11.2
35～39	2.7	3.2	3.9	5.5	7.3	8.6
40～44	2.9	3.2	3.6	4.2	5.9	7.8
45～49	4.1	4.1	4.4	4.7	5.6	7.6
50～54	6.2	5.6	6.0	6.3	6.7	7.9
55～59	8.6	8.1	8.2	8.4	8.8	9.5
60～64	11.2	11.1	11.2	11.2	11.3	11.9
65～69	12.3	14.5	14.6	15.1	15.0	15.2
70～74	12.4	16.9	18.1	19.0	19.4	19.6
75～79	10.7	16.2	19.3	21.9	22.9	24.3
80～84	8.4	13.3	16.5	20.6	23.4	26.0
85歳以上	5.4	7.7	10.1	12.9	15.3	18.7

総務省統計局『国勢調査報告』による。各年10月1日現在。
1）人口に対する率。
（出所：国立社会保障・人口問題研究所　「人口統計資料集（2015）」表7－30より著者作成）

【表5-4 平均寿命の伸長】 (年)

年次	平均寿命 男	平均寿命 女	男女差	平均寿命の伸び 男	平均寿命の伸び 女
1921〜25	42.06	43.20	1.14		
1926〜30	44.82	46.54	1.72	2.76	3.34
1935〜36	46.92	49.63	2.71	2.10	3.09
1947	50.06	53.96	3.90	3.14	4.33
1950〜52	59.57	62.97	3.40	9.51	9.01
1955	63.60	67.75	4.15	4.03	4.78
1960	65.32	70.19	4.87	1.72	2.44
1965	67.74	72.92	5.18	2.42	2.73
1970	69.31	74.66	5.35	1.57	1.74
1975	71.73	76.89	5.16	2.42	2.23
1980	73.35	78.76	5.41	1.62	1.87
1985	74.78	80.48	5.70	1.43	1.72
1990	75.92	81.90	5.98	1.14	1.42
1995	76.38	82.85	6.47	0.46	0.95
2000	77.72	84.60	6.88	1.34	1.75
2005	78.56	85.52	6.96	0.84	0.92
2006[1]	79.00	85.81	6.81	0.44	0.29
2007[1]	79.19	85.99	6.80	0.19	0.18
2008[1]	79.29	86.05	6.76	0.10	0.06
2009[1]	79.59	86.44	6.85	0.30	0.39
2010	79.55	86.30	6.75	-0.04	-0.14
2011[1]	79.44	85.90	6.46	-0.11	-0.40
2012[1]	79.94	86.41	6.47	0.50	0.51
2013[1]	80.21	86.61	6.40	0.77	0.71

注記のないものは，内閣統計局および厚生労働省統計情報部『完全生命表』による。
1) 厚生労働省統計情報部『簡易生命表』。

(出所：国立社会保障・人口問題研究所「人口統計資料集 (2015)」表5-12より著者作成)

【表5-5 日本の高齢(65歳以上)人口率の推移】

年次	(%)
1890	5.49
1900	5.49
1910	5.25
1920	5.26
1930	4.75
1940	4.80
1950	4.94
1960	5.73
1970	7.07
1980	9.10
1990	12.08
2000	17.36
2010	23.02

1970〜1990 ← 高齢化社会
2000 ← 高齢社会
2010 ← 超高齢社会

(出所：国立社会保障・人口問題研究所「人口統計資料集 (2015)」表2-17より著者作成)

【表5－6　大学及び短大への進学率の推移】

年度	短期大学への進学率[1] 総数	男	女	大学への進学率[1] 総数	男	女
1950	…	…	…	…	…	…
1955	2.2	1.9	2.6	7.9	13.1	2.4
1960	2.1	1.2	3.0	8.2	13.7	2.5
1965	4.1	1.7	6.7	12.8	20.7	4.6
1970	6.5	2.0	11.2	17.1	27.3	6.5
1975	11.2	2.6	20.2	27.2	41.0	12.7
1980	11.3	2.0	21.0	26.1	39.3	12.3
1985	11.1	2.0	20.8	26.5	38.6	13.7
1986	11.1	1.8	21.0	.6	34.2	12.5
1987	11.4	1.8	21.5	24.7	35.3	13.6
1988	11.6	1.8	21.8	25.1	35.3	14.4
1989	11.7	1.7	22.1	24.7	34.1	14.7
1990	11.7	1.7	22.2	24.6	33.4	15.2
1991	12.2	1.8	23.1	25.5	34.5	16.1
1992	12.4	1.8	23.5	26.4	35.2	17.3
1993	12.9	1.9	24.4	28.0	36.6	19.0
1994	13.2	2.0	24.9	30.1	38.9	21.0
1995	13.1	2.1	24.6	32.1	40.7	22.9
1996	12.7	2.3	23.7	33.4	41.9	24.6
1997	12.4	2.3	22.9	34.9	43.4	26.0
1998	11.8	2.2	21.9	36.4	44.9	27.5
1999	10.9	2.1	20.2	38.2	46.5	29.4
2000	9.4	1.9	17.2	39.7	47.5	31.5
2001	8.6	1.8	15.8	39.9	46.9	32.7
2002	8.1	1.8	14.7	40.5	47.0	33.8
2003	7.7	1.8	13.9	41.3	47.8	34.4
2004	7.5	1.8	13.5	42.4	49.3	35.2
2005	7.3	1.8	13.0	44.2	51.3	36.8
2006	6.8	1.5	12.4	45.5	52.1	38.5
2007	6.5	1.4	11.9	47.2	53.5	40.6
2008	6.3	1.3	11.5	49.1	55.2	42.6
2009	6.0	1.2	11.1	50.2	55.9	44.2
2010	5.9	1.3	10.8	50.9	56.4	45.2
2011	5.7	1.2	10.4	51.0	56.0	45.8
2012	5.4	1.2	9.8	50.8	55.6	45.8
2013	5.3	1.1	9.5	49.9	54.0	45.6
2014	5.2	1.1	9.5	51.5	55.9	47.0

文部科学省生涯学習政策局『学校基本調査』による。
1) 大学（学部）・短期大学（本科）への進学率（過年度高卒者等含む）：大学学部・短期大学本科への入学者数（過年度高卒者等含む）を3年前の中学卒業者および中等教育学校前期課程修了者数で除した率。

（出所：国立社会保障・人口問題研究所「人口統計資料集（2015）」表11－3より著者作成）

【表5－7　性別生涯未婚率および初婚年齢（SMAM）：1920～2010年】

年次	男 生涯未婚率（%）	男 初婚年齢（歳）	女 生涯未婚率（%）	女 初婚年齢（歳）
1920	2.17	25.02	1.80	21.16
1925	1.72	25.09	1.61	21.18
1930	1.68	25.77	1.48	21.83
1935	1.65	26.38	1.44	22.51
1940	1.74	27.20	1.46	23.33
1950	1.45	26.23	1.35	23.61
1955	1.18	27.05	1.47	24.69
1960	1.26	27.44	1.88	24.96
1965	1.50	27.41	2.53	24.82
1970	1.70	27.46	3.34	24.65
1975	2.12	27.65	4.32	24.48
1980	2.60	28.67	4.45	25.11
1985	3.89	29.57	4.32	25.84
1990	5.57	30.35	4.33	26.87
1995	8.99	30.68	5.10	27.69
2000	12.57	30.81	5.82	28.58
2005	15.96	31.14	7.25	29.42
2010	20.14	31.18	10.61	29.69

（出所：国立社会保障・人口問題研究所「人口統計資料集（2015）」表6－23より著者作成）

ぬまでの間に見られる規則的な推移のことである。

　そして、生物のように生命をもっていない家族にも、その発生（夫婦の結婚）から消滅（夫婦の死亡）までの間に、子どもの出生・成長・独立によって、生き物と同様な規則的な推移が見られるので、「家族のライフ・サイクル」という観点から、家族の周期的な発達段階と家族の時代的な変容をとらえることができる（森岡・望月 1997：66-69）。

　家族のライフ・サイクルは、家族を構成する人びとの一生の組み合わせからなっている。そこで、晩婚化・少子化・長寿化によって変化する。つまり、結婚年齢・出生児数・寿命などの人口学的要因に変化が生じると、家族のライフ・サイクルに変化が生じることになる。

　家族のライフ・サイクルの歴史的変化をとらえるために、比較しやすいコーホート（同年出生の人口集団）をいくつか選んで、結婚、子の出生と結婚、夫

婦の死亡などの重要な出来事が起きた年齢（中位数や平均値）を比較する「イベント年齢比較法」が用いられる。

例えば、日本における1930年、1950年、1970年それぞれの年に結婚した人口集団である「結婚コーホート」を選んで、結婚、末子出生、末子結婚、夫死亡の4イベント時点を比較した図5－2を見ると、次のような変化がわかる。

まず、結婚から夫の死亡までの全期間は、45年から48年、そして51年へと6年ほど伸びた。これは、寿命の延びによるものである。

次に、結婚から末子出生までの出産期は、15年から8年、さらに5年へと著しく短縮した。これは、平均出生児数が5人から3人、2人へと激減したためである。

第3に、末子結婚から夫死亡までの脱親役割期が、5年から14年、さらに20年へと大幅に拡大した。これは、出産期の短縮と夫婦の寿命の延びによって生じたものである。

要するに、寿命の延びと出生児数の激減によって、日本の家族のライフ・サイクルに大きな変化が生じたのである。5、6人の子どもを産んで、末子が一

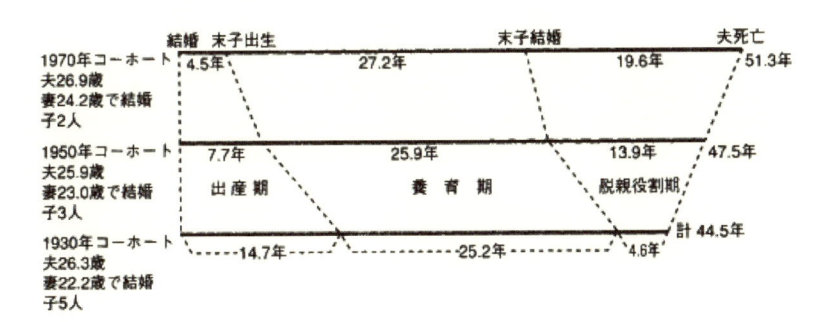

```
                結婚 末子出生              末子結婚        夫死亡
1970年コーホート  4.5年    27.2年           19.6年     51.3年
夫26.9歳
妻24.2歳で結婚
子2人
1950年コーホート  7.7年    25.9年           13.9年     47.5年
夫25.9歳
妻23.0歳で結婚   出産期    養育期          脱親役割期
子3人                                                  計44.5年
1930年コーホート       14.7年      25.2年       4.6年
夫26.3歳
妻22.2歳で結婚
子5人
```

資　料：厚生省人口問題研究所，第3次(1957年)，第5次(1967年)，第10次(1992年)出産力調査。3結婚コーホートとも余命は結婚後20年の時点の生命表によって算出した。

着眼点：出産期が著しく縮小し、脱親役割期が著しく拡大した。とくに1930年コーホートと1950年コーホートとの間の変化が大きい。

(出所：森岡清美・望月嵩 (1997)『新しい家族社会学　四訂版』培風館　図7－4（森岡・望月 1997：71)

【図5－2　日本の家族のライフサイクル・パターンの変化】

人前になるころ父（夫）が死亡するという戦前のパターンから、2人くらいの子を比較的短い期間に産んで、長い間学校に通わせ、末子が独立しても20年におよぶ夫婦健在の老年期を迎えるという現在のパターンへと移行したのである（森岡・望月 1997：71-72）。

ところで、日本の家族のライフ・サイクルの変化のうちの出産期の短縮化の要因としてあげられるのは、まず、子どもの出生数の減少である。これは、一人の女性が再生産年齢（15〜49才）を経過する間に生むと考えられている子どもの数である「合計特殊出生率」の推移を見れば明らかである（図5－3）。

また、ライフ・サイクルの脱親役割期の長期化の要因としてあげられるのは、**表5－4**のような平均寿命の伸長である（森岡・望月 1997：72）。

このような家族のライフ・サイクルの変化は、家族の生活に次のような変化をもたらした。

まず、中年女性の社会参加の活発化があげられる。すなわち、出産期の短縮化は、初婚年齢の上昇にもかかわらず、子育てが終わる妻の年齢の著しい低下をもたらした。日本の女性の平均象として示せば、戦前は、40歳代中頃になら

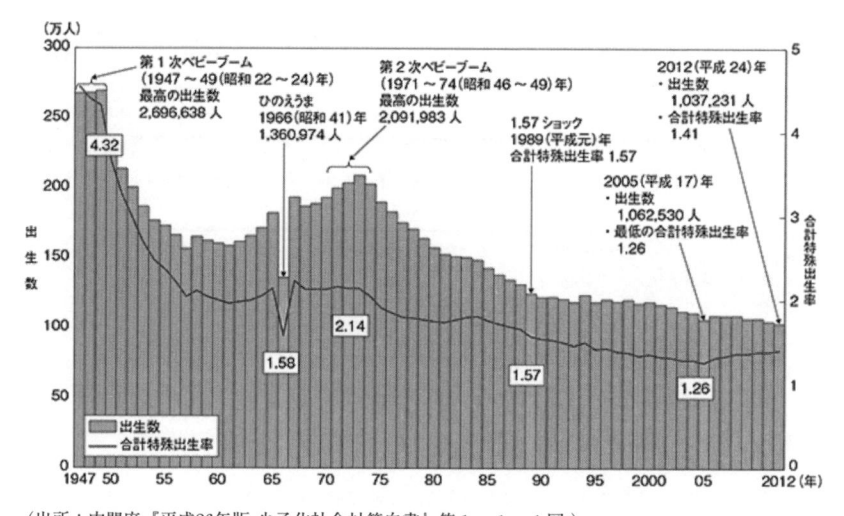

（出所：内閣府『平成26年版 少子化社会対策白書』第1－1－1図）

【図5－3　出生数及び合計特殊出生率の推移】

ないと子育てから手が離せなかったのが、今日では、30歳代末には、大幅に子どもの世話から解放されるようになった。

これによって、子育ての終わった中年女性が、再就職、パートタイム就業、学習やスポーツ、市民活動、ボランティア活動など様々な形で社会参加することが可能となった。

次に、老年期夫婦世帯の増加が見られる（**表5－8**）。

表5－8のように、1980年以来、高齢夫婦世帯の比率が増加していることがわかる。このような高齢夫婦世帯の比率が増加は、脱親役割期の伸長と夫婦家族制の理念の浸透が結合することで親世代の家族と子世代の家族の別居が進展した結果であるといえるであろう。

他方で、**表5－8**のように、日本には直系家族（高齢者の「子ども夫婦と同居」世帯）が、近年でもまだ、2割前後存続しており、直系家族で脱親役割期が伸長するということは、親子2夫婦同居の期間が延びるということを意味している。

親子2夫婦同居の期間は、老若両世代の順応、老世代から若世代への援助・指導、若世代による老世代の扶養といった課題を担う時期であるだけに、世代

【表5－8　家族形態別65歳以上人口および割合：1980～2012年】

年次	総数	単独	夫婦のみ	子どもと同居	子ども夫婦と同居	配偶者のいない子どもと同居	その他親族と同居	非親族と同居
	割合（％）							
1980	100.0	8.5	19.6	69.0	52.5	16.5	2.8	0.2
1985	100.0	9.3	23.0	64.6	47.9	16.7	2.8	0.2
1990	100.0	11.2	25.7	59.7	41.9	17.8	3.3	0.2
1995[1]	100.0	12.6	29.4	54.3	35.5	18.9	3.5	0.2
2000	100.0	14.1	33.1	49.1	29.4	19.7	3.5	0.2
2005	100.0	15.5	36.1	45.0	23.3	21.6	3.4	0.1
2010	100.0	16.9	37.2	42.3	17.5	24.8	3.6	0.1
2011[2]	100.0	16.8	37.2	42.2	16.6	25.6	3.7	0.1
2012[3]	100.0	17.0	37.5	42.3	16.0	26.4	3.9	0.2

厚生労働省統計情報部『厚生行政基礎調査報告』および『国民生活基礎調査』による。各年6月現在。
1）兵庫県を除く。2）岩手県、宮城県および福島県を除く。3）福島県を除く。
（出所：国立社会保障・人口問題研究所「人口統計資料集（2015）」表7－16より著者作成）

間に緊張が生じやすい。

　そのような時期が伸びることは、潜在的緊張の蓄積をもたらす。また、今日では、個人の自主自立やプライバシーの観念が浸透することも付け加わって、老若世代間の緊張の顕在化は切実な問題となる（森岡・望月 1997：74）。

　ところで、ライフ・サイクルの分析は、人の一生に規則的な推移があることを前提とするが、人生の後半になると個人差が大きくなり、今日の寿命の伸長は、個人差の大きい人生後期を長くしてしまうため、その個人差が無視できないものとなる。

　したがって、今日の大衆長寿の時代では、発達段階のような形で一定の規則的な推移を前提にする見方は、特に人生後半の分析において無理のあることが認識されるようになった。例えば、中年夫婦の離婚が増えれば、夫婦いずれかが死亡するまで離婚しないことを前提として設定されていた脱親役割期という段階を設定することが意味を持たなくなる。

　他方で、子どもづれの離婚・再婚が多くなり、家族の範囲が構成員ごとに食い違うことが珍しくなくなって、家族の集団性が曖昧になったアメリカ合衆国では、1970年代に「ライフ・コース」という概念が登場した。これは、家族自体に発達段階を設定することを斥けるばかりでなく、まず個人の人生行路に注目し、諸個人の相互依存の中に家族の展開をとらえ直そうとする観点である。これによって、多様な個人の人生行路が掘り出され、そうした個人が夫婦となり、親子となって担う家族関係の動的過程が観察できるようになった（森岡・望月 1997：75）。

　このように、離婚・再婚の一般化や高齢期の長さの個人差の拡大などによって、一生の中で個人で過ごす時間や、個人を中心に置いた生き方というものが、確実に浸透するようになってきた。そして、それは多くの家族の共通性に着目することよりも、個々の家族と個人の個別性・固有性に着目する必要性が高まってきたことでもある（藤村 2007：361-362）。

　ライフ・コースを客観的な視点から考察しようとする研究では、ライフ・コースは、歴史的出来事と社会構造によって規定されつつ、個々人が、年齢・性別

といった属性的地位や家族や職場などの所属集団で獲得した業績的地位に基づいて役割遂行を行なった結果として生じてくる履歴（キャリア）としてとらえることができる。

　それは、「APC効果」の帰結としても把握される。ここで、Aとは「加齢効果」（aging）であり、年齢の上昇に伴う身体・生活・意識への諸効果である。加齢による身体の衰えや意識の保守化などがその一例である。Pとは「時代効果」（period）であり、特定の時代の影響が人びとに一斉に及ぼされることがあるが、個々人が、若年・中年・老年といった年齢段階やそれに伴う生活状況のどこに位置するかによって、その影響は異なってくる。Cとは「コーホート効果」（cohort）であり、同一時期に同一経験をした人たちにその後もたらされる類似の効果である。

　ライフ・コースを客観的な視点から考察しようとする研究では、以上のようなAPCの諸効果が相互に影響を及ぼしあった結果として人びとの一生が描き出される。

　そして、図5−4のように、人びとは、自らの人生を、各自のコーホートの一員として、図の右上の方向に向かって、後戻りすることなく、生きていくの

（出所：藤村 2007：363）

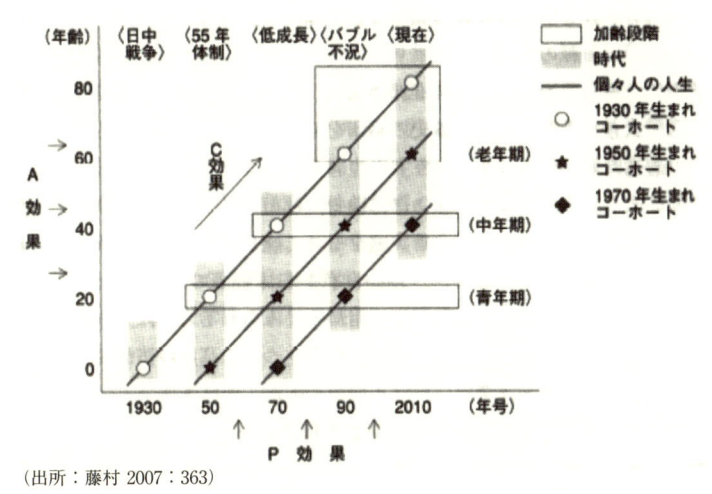

【図5−4　加齢・時代・コーホート・人生の関連図】

である。その際に、年齢段階ごとの心身の状態や家族・人生の課題の変化を抱えながら、同一時代の影響をコーホートごとに異なる形で受容して、右上に歩んでいくことになる（藤村 2007：362-363）。

このようなライフ・コース研究の観点からは、人生の諸局面における個々人の選択は、各自の単独の意思決定だけによるものではなく、その時代の社会全体の生活や意識の動向や歴史性が反映されているということになる。

したがって、人びとが自分自身でライフ・スタイルを選択したと思っている出来事も、実は、各自が歴史と社会の変化の流れのなかで鋳型にはめられて、形成したライフ・コースの一側面にしか過ぎないということがいえるであろう。

このようにして形成されるライフ・コースの中でのライフ・スタイルの選択の一例として結婚を考えることができる（藤村 2007：364）。

そこで、次に、こうした観点から、今日の晩婚化・非婚化と少子化について考察してみたい。

（4）少子化と晩婚化・未婚化
（4-1）少子化の現状とその要因

これまで見てきたように、家族のライフ・サイクルに影響を及ぼす要因のひとつが少子化であった。そして、少子化は、家族のライフ・サイクルに影響を及ぼすだけでなく、中長期的に労働力人口（15～64歳の労働可能人口）を減少させることで、生産・消費活動の停滞による経済への悪影響や、年金・医療・福祉などの社会保障の担い手不足による国民負担の増大等のように社会全体に影響を及ぼすとされている。

そこで、内閣府は、『少子化対策白書』に日本における少子化の現状・要因・今後・対策等について各種情報を掲載している（内閣府：http://www8.cao.go.jp/shoushi/shoushika/whitepaper/index.html）。

それによれば、図5-3のように、日本の年間出生数は1973年以降減少傾向が続いていて、現在は当時の約半数（2012年で約50％）にまで減っている。合

計特殊出生率でみても、当時最も高かった1971年の2.16から、2005年には4割減の1.26になっている。この数値は、長期的に人口を維持できる水準の2.07よりかなり低く、こうした少子化の結果日本の総人口は2005年から減少を始め、また人口高齢化が進行し、**表5－5**のように、2010年には高齢化率が23％となり「超高齢社会」（高齢化率21％以上の社会）となった。また、少子化の要因としては、晩婚化・未婚化と夫婦の出生力の低下があげられている。その社会的背景としては、経済変化による働き方や消費生活の変化、男女、家族など社会関係や価値観の変化・多様化、さらにそうした変化と従来の慣行、制度との齟齬が指摘されている。

そこで、まず、平均初婚年齢の推移を見ると、**表5－7**のように、男性は1980年の28.7歳から2010年には31.2歳に、同じく女性は25.1歳から29.7歳へとそれぞれ上昇している（小数点2桁を四捨五入して平均初婚年齢を算出）。

次に、第一子を出生したときの母の平均年齢の推移を見ると、80年の26.4歳から2011年には30.1歳へと、**表5－7**の女性の初婚年齢の上昇に伴い、着実にその年齢も高まっている（**図5－5**）（内閣府 2013：http://www8.cao.

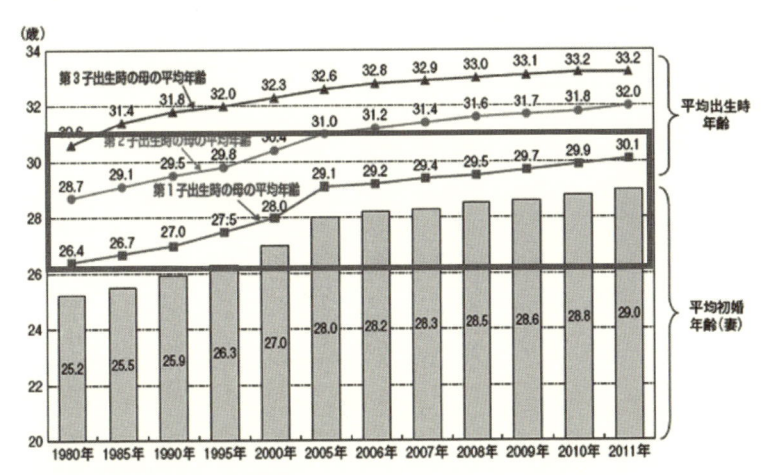

資料：厚生労働省「人口動態統計」
（出所：内閣府『平成25年版 少子化社会対策白書』第1－1－10図）

【図5－5 第1～第3子の出生年齢の推移】

go.jp/shoushi/shoushika/whitepaper/measures/w-2013/25webhonpen/html/b1_s1-1.html）。

　子育て世代の意識面から考察すると、図5－6のように、国立社会保障・人口問題研究所が実施した「第14回出生動向基本調査結婚と出産に関する全国調査（夫婦調査）」（2011年）によると、夫婦にたずねた理想的な子どもの数（平均理想子ども数）は、前回の第13回調査に引き続き低下し、調査開始以降最も低い2.42人となった。また、夫婦が実際に持つつもりの子どもの数（予定子ども数）も、2.1を下回り、2.07人となっている（内閣府 2014：http://www8.cao.go.jp/shoushi/shoushika/whitepaper/measures/w-2014/26webhonpen/html/b1_s1-1-4.html）。

　理想の子ども数を持たない理由として、図5－7のように、最も多いのが、「子育てや教育にお金がかかりすぎるから」（60.4％）であり、年代別にみると、若い世代ほど割合が高くなる傾向がみられる。次に多いのが、「高年齢で生むのはいやだから」（35.1％）であり、年代別にみると、年代が高くなるほど、割合が高くなる傾向がみられる（内閣府 2014：http://www8.cao.go.jp/shoushi/shoushika/whitepaper/measures/w-2014/26webho

　このように、少子化の要因のうちの一つである夫婦の出生力の低下には、教

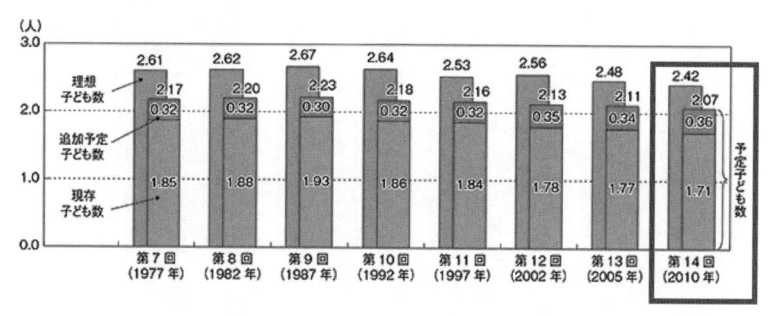

資料：国立社会保障・人口問題研究所「第14回出生動向基本調査（夫婦調査）」（2011年）
注：対象は妻の年齢50歳未満の初婚どうしの夫婦。予定子ども数は現存子ども数と追加予定子ども数の和として算出。総数には結婚持続期間不詳を含む。各調査の年は調査を実施した年である。

（出所：内閣府『平成26年版 少子化社会対策白書』第1－1－14図）

【図5－6　平均理想子ども数と平均予定子ども数の推移】

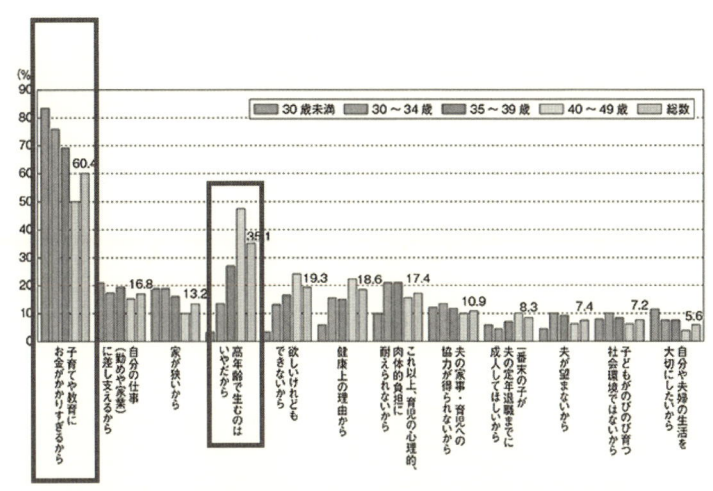

資料：国立社会保障・人口問題研究所「第14回出生動向基本調査（夫婦調査）」(2011年)
注：対象は予定子ども数が理想子ども数を下回る初婚どうしの夫婦。予定子ども数
　　が理想子ども数を下回る夫婦の割合は32.7％。
(出所：内閣府『平成26年版 少子化社会対策白書』第1−1−15図)

【図5−7　妻の年齢別にみた、理想の子ども数を持たない理由】

育・子育て費用の負担感だけでなく、晩婚化も影響を及ぼしていることがわかる。

そこで、今日の結婚の現状について、内閣府『平成26年版 少子化社会対策白書』や国立社会保障・人口問題研究所「第14回出生動向基本調査結婚と出産に関する全国調査の（独身者調）」(2011年) 等を手がかりにして、論じることにする。

(4−2) 結婚の現状

まず、未婚化については、**図5−8・9**のように、1975年以降、男女ともに20代後半の未婚率が増加している。

また、**図5−10**のように、生涯未婚率（50歳時点で一度も結婚をしたことのない人の割合）は、2010年には男性で2割を超え、また、女性で1割を超え、近年、急速に増加している。

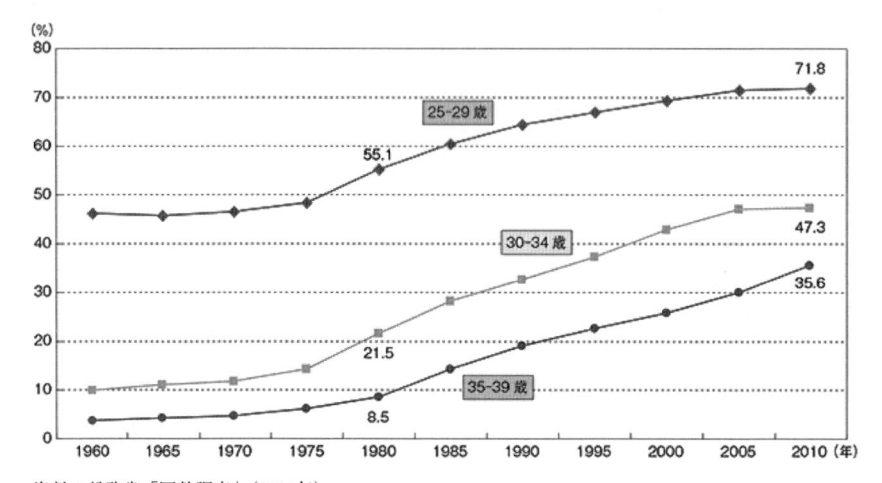

資料：総務省「国勢調査」(2010年)
注：1960～1970年は沖縄を含まない。
(出所：内閣府『平成26年版 少子化社会対策白書』第1−1−6図)

【図5−8　年齢別未婚率の推移（男性）】

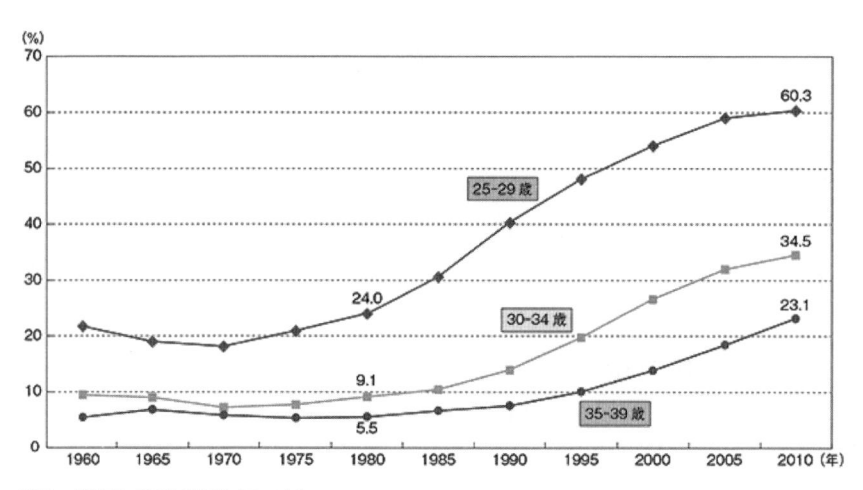

資料：総務省「国勢調査」(2010年)
注：1960～1970年は沖縄を含まない。
(出所：内閣府『平成26年版 少子化社会対策白書』第1−1−7図)

【図5−9　年齢別未婚率の推移（女性）】

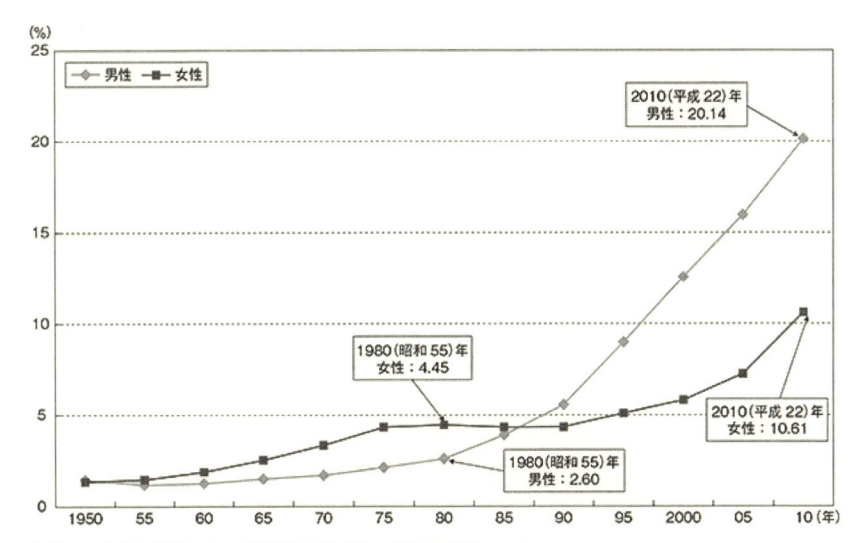

資料：国立社会保障・人口問題研究所「人口統計資料集2004」
注：生涯未婚率は、45〜49歳と50〜54歳未婚率の平均値であり、50歳時の未婚率
（出所：内閣府『平成26年版 少子化社会対策白書』第1−1−8図）

【図5−10　生涯未婚率の推移】

　このような晩婚化・未婚化の背景的要因として、未婚者の結婚志向が弱まっていることが考えられる。そこで、国立社会保障・人口問題研究所『第14回出生動向基本調査「結婚と出産に関する全国調査」独身者調査』を手がかりにして、近年の未婚者の結婚に関する意識について考察してみよう。
　表5−9によれば、1982年と2010年の28年間で変化はみられるが、未婚者の「いずれ結婚するつもり」と回答している割合は、8割台後半で依然として高い水準にある。しかし、「一生結婚するつもりはない」と回答した未婚者はわずかに増え、「不詳」が減り、独身志向を示す未婚者が増えたといえるであろう（国立社会保障・人口問題研究所 2011：16）。
　また、結婚する意思のある未婚男女のうち、「ある程度の年齢までには結婚するつもり」と回答する人の割合は、第12回調査（2002年）まで減少し「理想の相手が見つかるまでは結婚しなくてもかまわない」を下回っていたが、第13回調査（2005年）から男女ともに増加し、第14回調査（2010年）では、5割台

【表 5－9　未婚者の結婚に対する意思】

生涯の結婚意思		第9回調査 (1987年)	第10回 (1992年)	第11回 (1997年)	第12回 (2002年)	第13回 (2005年)	第14回 (2010年)
男性	いずれ結婚するつもり	91.8%	90.0	85.9	87.0	87.0	86.3
	一生結婚するつもりはない	4.5	4.9	6.3	5.4	7.1	9.4
	不詳	3.7	5.1	7.8	7.7	5.9	4.3
	総数（18～34歳） （集計客体数）	100.0% (3,299)	100.0 (4,215)	100.0 (3,982)	100.0 (3,897)	100.0 (3,139)	100.0 (3,667)
女性	いずれ結婚するつもり	92.9%	90.2	89.1	88.3	90.0	89.4
	一生結婚するつもりはない	4.6	5.2	4.9	5.0	5.6	6.8
	不詳	2.5	4.6	6.0	6.7	4.3	3.8
	総数（18～34歳） （集計客体数）	100.0% (2,605)	100.0 (3,647)	100.0 (3,612)	100.0 (3,494)	100.0 (3,064)	100.0 (3,406)

注：対象は18～34歳未婚者。年齢別の詳細な数値は表1-2、1-3参照。
設問　「自分の一生を通じて考えた場合、あなたの結婚に対するお考えは、次のうちのどちらですか。」
　　　(1.いずれ結婚するつもり、2.一生結婚するつもりはない。)
(出所：国立社会保障・人口問題研究所 2011：17)

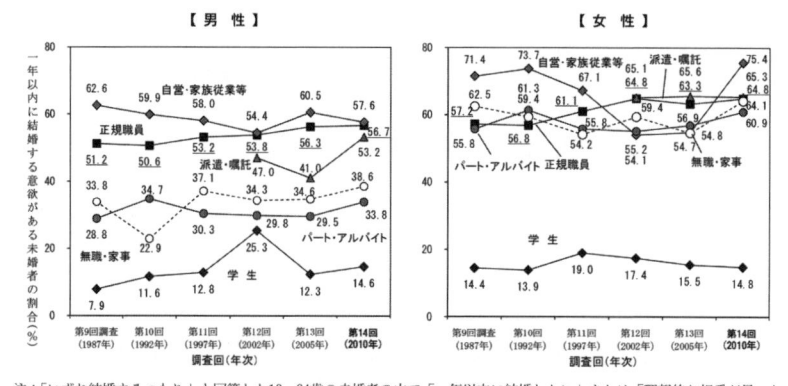

注：「いずれ結婚するつもり」と回答した18～34歳の未婚者の中で「一年以内に結婚したい」または「理想的な相手が見つかれば結婚してもよい」と回答した未婚者の割合。派遣・嘱託の区分は第12回調査以降で追加（第13回調査以降、契約社員が追加）。就業の状況（従業上の地位）の構成は表9-1参照。

(出所：国立社会保障・人口問題研究所 2011：18)

【図5－11　就業状況別にみた「一年以内に結婚したい」または
「理想的な相手が見つかれば結婚してもよい」と回答した未婚者の割合】

後半まで達し、特に女性は、第9回調査以来、最大の割合となっている（国立社会保障・人口問題研究所 2011：18)。

　ところで、第14回出生動向基本調査によると、「いずれ結婚するつもり」と回答した未婚者の中で「一年以内に結婚したい」または「理想的な相手が見つかれば結婚してもよい」と回答した未婚者の割合は、図5－11のように、男

性では就業状況によって著しく異なる。すなわち、自営業・家族従事者等、正規雇用者の未婚者で結婚してもよいと回答する割合（結婚意欲）が高く、他方で、非正規就業者（パート・アルバイト）と無職・家事手伝いは、結婚してもよいと回答する割合（結婚意欲）が低い。

　また、女性の未婚者では、学生を除くと男性のように就業状況による顕著な差はみられない。第12・13回調査では結婚意欲が低かった自営業・家族従事者で結婚意欲の上昇が見られるが、これは、これまでの調査の中で、調査対象者に占める自営業・家族従事者の女性の割合が2％前後で人数も少なく、変動が大きいためである（国立社会保障・人口問題研究所 2011：22）。

　また、第14回出生動向基本調査によれば、**図5－12**のように、若い年齢層（18～24歳）では「（結婚するには）まだ若すぎる」「まだ必要性を感じない」「仕事（学業）にうちこみたい」など、結婚するための積極的な動機がないこと（「結婚しない理由」）が多くあげられている。男性では「まだ若すぎる」「まだ必要性を感じない」「異性とうまくつきあえない」といった項目が第14回調査では増加しており、女性では「まだ若すぎる」「結婚資金が足りない」といった項目が増加している（国立社会保障・人口問題研究所 2011：52）。

　その一方で、25～34歳の年齢層になると、「適当な相手にめぐり会わない」を中心に、結婚の条件が整わないこと（「結婚できない理由」）へ重心が移る。この年齢層でも「まだ必要性を感じない」「自由や気楽さを失いたくない」と回答する未婚者の割合が多いが、第14回調査では、男女ともに減少している。「結婚できない理由」では、男女ともに「適当な相手にめぐり会わない」「結婚資金が足りない」「異性とうまくつきあえない」といった項目の増加がみられる（国立社会保障・人口問題研究所 2011：52）。

　ところで、第14回調査によれば、**表5－10**のように、結婚することに利点があると感じている未婚男性は、わずかずつ減少する傾向にあり、第13回調査ではやや増えたが、第14回調査では再び減少した。未婚女性では、7割前後を推移してきたが、前回調査からやや増えている。その一方で、独身生活に利点があると考えている未婚者は男女ともに8割台と高い割合を示している（国立

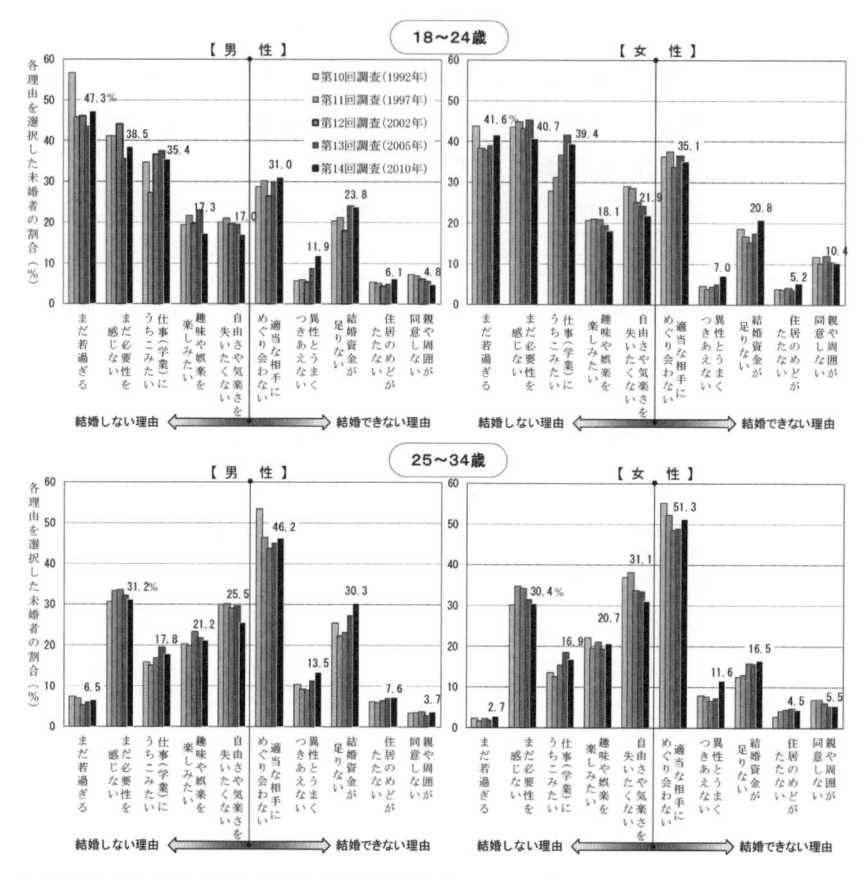

【図5−12　年齢層別にみた独身にとどまっている理由】

（出所：国立社会保障・人口問題研究所 2011：53）

社会保障・人口問題研究所 2011：26）。

　ところで、結婚の利点についての感じ方は就業状況によって異なっている。図5−13のように、特に未婚男性ではその違いが大きく、正規職員や自営・家族従事者として働いている人では結婚に利点を感じる割合が高い。しかし、パート・アルバイトや無職・家事手伝いの未婚男性では、結婚に利点を感じる

【表5−10　第12回出生動向基本調査における未婚者にとっての結婚・独身の利点】

	【男　性】						【女　性】				
	第9回調査 (1987年)	第10回 (1992年)	第11回 (1997年)	第12回 (2002年)	第13回 (2005年)	第14回 (2010年)	第9回調査 (1987年)	第10回 (1992年)	第11回 (1997年)	第12回 (2002年)	第13回 (2005年)	第14回 (2010年)
今のあなたにとって結婚することは												
利点があると思う	69.1 %	66.7	64.6	62.3	65.7	62.4	70.8 %	71.4	69.9	69.4	74.0	75.1
利点はないと思う	25.4	29.1	30.3	33.1	28.6	34.3	24.7	25.2	25.5	26.3	21.5	22.0
不　　詳	5.5	4.2	5.1	4.6	5.7	3.3	4.5	3.4	4.6	4.3	4.5	2.8
総　　数	100.0 %	100.0	100.0	100.0	100.0	100.0	100.0 %	100.0	100.0	100.0	100.0	100.0
今のあなたにとって独身生活は												
利点があると思う	83.0 %	83.6	82.7	79.8	83.8	81.0	89.7 %	89.0	88.5	86.6	87.2	87.6
利点はないと思う	10.7	11.2	11.6	14.6	10.3	15.6	5.4	7.4	7.2	8.6	7.6	9.2
不　　詳	6.3	5.2	5.7	5.6	5.9	3.4	4.9	3.6	4.3	4.8	5.1	3.2
総　　数	100.0 %	100.0	100.0	100.0	100.0	100.0	100.0 %	100.0	100.0	100.0	100.0	100.0
（集計客体数）	(3,299)	(4,215)	(3,982)	(3,897)	(3,139)	(3,667)	(2,605)	(3,647)	(3,612)	(3,494)	(3,064)	(3,406)

注：対象は18〜34歳未婚者。
設問「今のあなたにとって、結婚することは何か利点があると思いますか。」(1.利点があると思う、2.利点はないと思う)、「それでは逆に今のあなたにとって、独身生活には結婚生活にはない利点があると思いますか。」(1.利点があると思う、2.利点はないと思う)。

（出所：国立社会保障・人口問題研究所 2011：27）

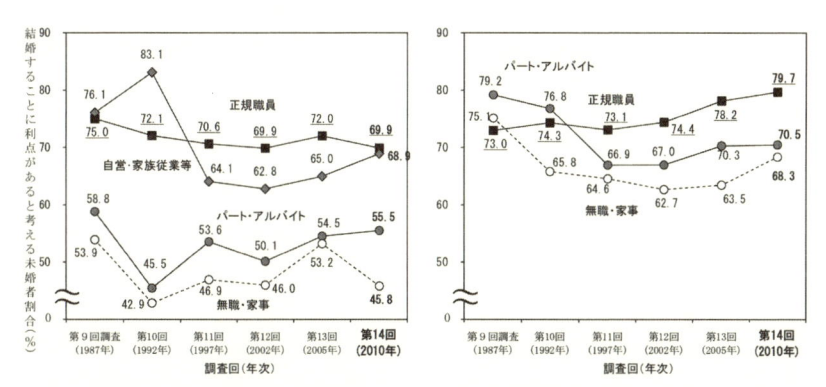

【図5−13　就業場別の「結婚することには利点がある」と回答した未婚者割合の推移】

注：対象は18〜34歳未婚者。就業の状況「学生」「派遣・嘱託」および女性では「自営・家族従業等」を省略した。就業の状況（従業上の地位）の構成は表9-1参照。

（出所：国立社会保障・人口問題研究所 2011：29）

割合は大きく下回っている。女性でも近年同様の傾向がみられるが、男性の場合に比べると差は小さい（国立社会保障・人口問題研究所 2011：29）。

　また、結婚の利点の内容については、第14回調査においては、男女とも「自分の子どもや家族をもてる」が、第13回調査から顕著に増加しており、未婚男性では、「精神的な安らぎの場が得られる」を抜いて初めて首位となった。「親や周囲の期待に応えられる」が第13回調査から増加傾向にあり、今回調査では男女ともに第3位の項目となっている。逆に、「現在愛情を感じている人と暮

らせる」は減少した。「経済的余裕が持てる」は、女性のみが増加傾向にある。また、男性では、「社会的信用や対等な関係が得られる」と「生活上便利になる」という回答の割合は、第9回調査から一貫して低下している（国立社会保障・人口問題研究所 2011：29）。

上記のように、第12回出生動向基本調査（2002年実施）と第14回出生動向基本調査（2010年実施）とを比較すると、表5－10や図5－14から、8年の間に未婚者の結婚に対する意識が変化したことを見ることができる。

すなわち、未婚者の結婚・家族に対する意識は、全般的に独身でいることを肯定する意識がゆらぎ、結婚による家族形成を支持する意識が強まっているのである。

このことは、結婚・家族に関する意識と評価を問う以下の設問の回答結果によっても裏づけられる。

つまり、表5－11、図5－15のように、第10回調査（1992年）からの変化を見ると、当初はどの項目についても一般的に伝統的と見なされている考え方（以下、伝統的な考え方）から離れていく傾向がみられたが、2000年代以降は、項目によって変化の方向に違いが生じている。例えば、「⑨子どもが小さいう

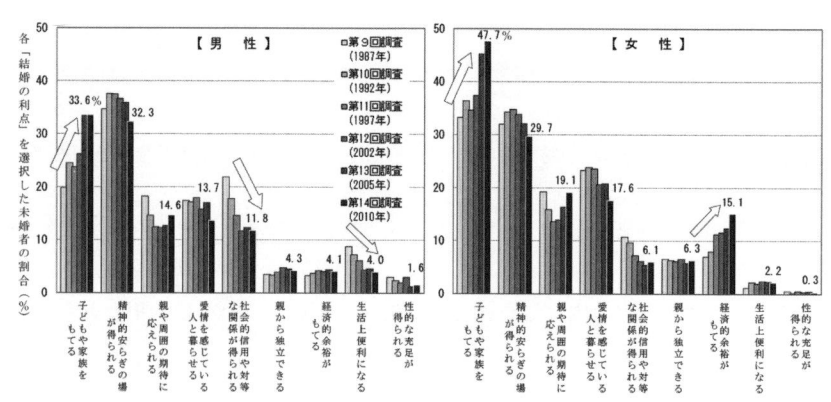

注：18～34歳未婚者のうち何％の人が各項目を主要な結婚の利点（二つまで選択）として考えているかを示す。グラフ上の数値は第14回調査の結果。その他の数値は表2-2参照。

（出所：国立社会保障・人口問題研究所 2011：30）

【図5－14　結婚の利点の内容】

第5章　現代社会と家族　139

【表5-11　結婚・家族に対する意識：第14回調査（2010年）】

結婚・家庭に関する考え方	【男性】(賛成)	まったく賛成	どちらかといえば賛成	どちらかといえば反対	まったく反対	【女性】(賛成)	まったく賛成	どちらかといえば賛成	どちらかといえば反対	まったく反対
① 生涯を独身で過ごすというのは、望ましい生き方ではない	64.0 %	21.7	42.4	24.2	7.8	57.1 %	17.1	40.0	28.6	10.9
② 男女が一緒に暮らすなら結婚すべきである	73.5	24.9	48.7	16.8	6.0	67.4	20.5	46.9	22.1	7.3
③ 結婚前の男女でも愛情があるなら性交渉をもってかまわない	84.0	41.8	42.2	8.6	3.4	83.2	39.8	43.4	9.2	3.8
④ どんな社会においても、女らしさや男らしさはある程度必要だ	86.1	37.0	49.1	7.7	2.7	85.0	30.4	54.6	9.3	2.5
⑤ 結婚しても、人生には結婚相手や家族とは別の自分だけの目標を持つべきである	81.2	29.0	52.2	13.0	1.9	84.2	29.7	54.6	10.3	1.6
⑥ 結婚したら、家庭のためには自分の個性や生き方を半分犠牲にするのは当然だ	58.2	12.8	45.4	30.7	7.4	45.4	7.3	38.1	39.0	12.2
⑦ 結婚後は、夫は外で働き、妻は家庭を守るべきだ	36.0	5.3	30.7	40.9	19.1	31.9	4.3	27.6	40.8	23.9
⑧ 結婚したら、子どもは持つべきだ	77.3	27.1	50.2	13.1	5.6	70.1	22.3	47.9	17.4	8.9
⑨ 少なくとも子どもが小さいうちは、母親は仕事を持たず家にいるのが望ましい	73.3	22.4	51.0	17.9	5.1	75.4	26.2	49.1	16.4	5.1
⑩ いったん結婚したら、性格の不一致くらいで別れるべきではない	72.3	26.8	45.5	18.9	4.9	62.2	18.5	43.7	25.7	8.5
⑪ 結婚していなくても、子どもを持つことはかまわない	31.6	8.3	23.3	38.8	25.9	33.7	9.0	24.7	40.3	22.6

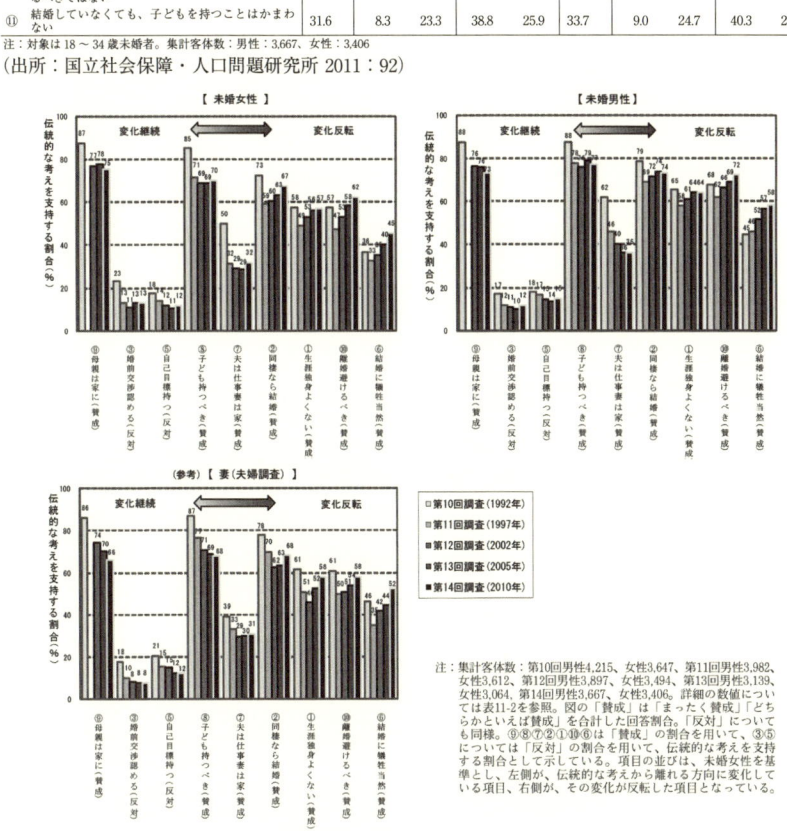

注：対象は18〜34歳未婚者。集計客体数：男性：3,667、女性：3,406

（出所：国立社会保障・人口問題研究所 2011：92）

注：集計客体数：第10回男性4,215、女性3,647、第11回男性3,982、女性3,612、第12回男性3,897、女性3,494、第13回男性3,139、女性3,064、第14回男性3,667、女性3,406。詳細の数値については表11-2を参照。図の「賛成」は「まったく賛成」「どちらかといえば賛成」を合計した回答割合。「反対」についても同様。⑨⑧⑦②①⑩⑥は「賛成」の割合を用いて、③⑤については「反対」の割合を用いて、伝統的な考えを支持する割合として示している。項目の並びは、未婚女性を基準とし、左側が、伝統的な考えから離れる方向に変化している項目、右側が、その変化が反転した項目となっている。

（出所：国立社会保障・人口問題研究所 2011：93）

【図5-15　結婚・家族に関する意識】

ちは、母親は仕事をもたずに家にいるのが望ましい」では、回答の割合の減少傾向は一貫しているが、「③婚前の性交渉はかまわない」「⑤結婚しても自分の目標を持つべき」「⑧子どもは持つべき」では変化に歯止めがかかっている。「⑦夫は仕事、妻は家庭」については、男性では下げ止まりが、女性では第14回調査で増加に転じた。1990年代の傾向は明らかに反転したのは、「⑩性格の不一致くらいで別れるべきでない」「①生涯独身でいるのは望ましくない」「②同棲より結婚すべきである」である（いずれも2002年に反転）。その他「⑥結婚に犠牲は当然」についても、伝統的な考え方への支持が増えている。なお、図5－15のように、このような傾向は、夫婦調査における妻についての調査結果についても、やや反転時期が遅れる形で同様にみられる（国立社会保障・人口問題研究所 2011：93）。

以上、未婚者の結婚についての意識を通して今日の結婚の現状を見てきた。
　このように、この20から30年の間に、結婚と家族形成の担い手である若年者の意識が大きく変化し、それが、晩婚化・未婚化とつながり、少子化を促進し、家族のあり方に大きな影響を与えていることが明らかになった。

［参考文献］
・井上輝子・江原由美子編（2005）『女性のデータブック　第4版』有斐閣
・国立社会保障・人口問 題研究所（2008）「人口統計資料集（2008）」（http://www.ipss.go.jp/syoushika/tohkei/Popular/P_Detail2008.asp?fname=T07-02.html）
・国立社会保障・人口問題研究所（2011）「第14回　出生動向基本調査『結婚と出産に関する全国調査』独身者調査」（http://www.ipss.go.jp/syoushika/bunken/data/pdf/207750.pdf）
・国立社会保障・人口問題研究所（2015）「人口統計資料集（2015）」（http://www.ipss.go.jp/syoushika/tohkei/Popular/Popular2015.asp?chap=0）
・内閣府（2013）『平成25年版　少子化社会対策白書』

（http://www8.cao.go.jp/shoushi/shoushika/whitepaper/measures/w-2013/
　25webhonpen/index.html）
・内閣府（2014）『平成26年版 少子化社会対策白書』
（http://www8.cao.go.jp/shoushi/shoushika/whitepaper/measures/w-2014/
　26webhonpen/index.html）
・波平恵美子編（1993）『系統看護学講座　基礎9　文化人類学』医学書院
・濱島朗・竹内郁郎・石川晃弘編（1997）『社会学小事典［新版］』有斐閣
・藤村正之（2007）「第11章　家族とライフコース」長谷川公一・浜日出夫・藤村正之・
　町村敬志『社会学』有斐閣
・Murdock, G. P. (1949) Social Structure, The MacMilan Company（内藤莞爾訳（1978）
　『社会構造―核家族の社会学―』新泉社）
・森岡清美・望月嵩（1993）『新しい家族社会学　三訂版』培風館
・森岡清美・望月嵩（1997）『新しい家族社会学　四訂版』培風館

第6章 格差社会と不平等

　第6章では、今日の不況と少子高齢化に伴う社会の中での格差拡大について論じることにする。

　そこで、まず、（1）日本は格差社会なのか否かについて論じてきた「格差社会論」の流れをたどり、現在の日本社会は「格差社会」であることを前提とした上で、次に、（2）世代間の格差、（3）男女間の格差、（4）格差・少子化社会の課題について考察する。

（1）日本は格差社会か？

　盛山和夫編著『リーディングス　戦後日本の格差と不平等　第1巻』の「刊行の言葉」によれば、社会学をはじめとする「社会についての近代的な学問が始まって以来、貧困、社会的不平等、あるいは階級格差と対立の問題は、ずっと一貫して最も重大な研究テーマであり続けてきた」（盛山 2008：ⅰ）。

　第2次世界大戦後の日本社会における格差と不平等をめぐる研究には次の2つの観点があった。第1の視点は、「『戦争に負けた理由』の探求の一環として、日本社会における『非民主的』で『封建的』な政治社会構造を解明するという視点である。『封建遺制』や『ファシズム心理』などの概念を用いて、日本の『前近代的』な側面を明らかにしていこうとするものであり、そこでは、身分制や不平等が非民主的な社会関係の現れとして問題になった」（盛山 2008：ⅰ）。

　そして、第2の視点は、「米ソの東西対立のもとで、戦後の日本でもしばらくのあいだ激しかった、社会主義か資本主義かをめぐるイデオロギー対立に関わる問題である。すなわち、階級間の格差や不平等はどの程度深刻なものであるかの問題である。そこではさらに、どの階級・階層がいかなる政治意識をもっ

ており、どのような体制を志向しているのか、あるいは、いわゆる『保守―革新』『伝統―近代』などの軸上にどのように分布しているのか、ラディカルな体制変革意識があるのかどうか、というような問も探求されていった。これらは、1945年から1960年前後にかけて、日本の社会科学におけるもっとも重大な問いを構成していた」（盛山 2008：ⅰ）。

　以上が、日本が第2次世界大戦後の復興期における格差と不平等に巡る研究の観点であるが、「1960年前後からは、さらに新たな問いが意識されてくる。その一つは、『機会の平等』の理念と現実をめぐる問いである」（盛山 2008：ⅰ）。

　第4章で論じたように、戦後の復興を経て大都市を中心に産業が発展するに伴って、農村地域から大量の若年者が労働力として、東京などの大都市に移動していった。その中には、大学に進学する者も含まれていた。そうした高度経済成長期の流れの中で、就職や進学を契機とする若年人口の「『大量の移動』という量的な変化が（就職や進学における）『機会の平等』という質の向上も結びついているだろうか、という問題関心が高まっていった」（盛山 2008：ⅰ－ⅱ（　）内は、著者による補足）。

　もう1つの問題関心は、「階層構造の時代的変化への問いである。経済の立ち直りから新たな成長への兆しの中で、農地改革、財閥解体、民法改正など、社会経済的なさまざまな戦後改革によって、いかなる階層構造上の変化がもたらされたのか、あるいは、もたらされなかったのか、という問題関心である」（盛山 2008：ⅱ）。

　「このように、格差と不平等をめぐる問題関心は時代の変化とともにさまざまに変容し、かつての関心が衰退していく一方で新しい視点が生まれたりするのだが、いずれにしても学術的研究において格差と不平等への問題関心そのものは決して弱まることはなかった」（盛山 2008：ⅱ）。

　ちなみに、社会学を中心とする日本における格差と不平等に関する社会科学の主要研究を収録した『リーディングス　戦後日本の格差と不平等』（以下、『リーディングス』）は、3巻に分けられていて、第1巻は、1945年〜1970年の戦後復興と経済成長の時代における産業の近代化とそれに伴う生活水準の向

上、教育機会の均等などの大きな社会構造の変化がもたらした格差と不平等について扱っている（盛山 2008：ⅱ）。

　第2巻は、1970年〜1985年の高度経済成長後からバブル景気にいたる時代、すなわち、大学紛争と73年のオイルショックの余波を受けて学歴の意味が問われたり、環境や女性の差別などが新たな問題として提起されてきたりした時代、また、一億「総中流意識」や「日本的経営」が話題となって、日本の経済成長達成への一種の自己満足が見え隠れした時代における格差と不平等を扱っている（盛山 2008：ⅱ）。

　そして、第3巻は、1986年〜2000年のバブル景気崩壊後の長期不況期における格差と不平等を扱っている（盛山 2008：ⅲ）。

（1−1）戦前の階級研究

　『リーディングス』第1巻の「変動する階層構造1945−1970　序論」によれば、第二次世界大戦前の日本社会においては、「資本主義の発達」（産業化）は、さまざまな不平等を新しく生み出していき、明治の後半になると自由主義や社会進化論だけでなく、以下のように、欧米の社会主義思想や貧困調査・救貧政策についても次第に広く知られるようになる（盛山 2008：3）。

　この時代では、貧困や階層格差が次第に社会問題となり、実態調査や対策の必要性が意識されるようになり、明治32（1899）年に、東京の下層の人々の暮らしを詳細に描いて、社会調査の古典と見なされている横山源之助の『日本之下層社会』が出版され、農商務省の『職工事情』（1903）のような労働者調査も行われるようになった（盛山 2008：3）。

　また、理論的な学術研究として、後に『階級考』（1923）に所収された高田保馬の論考（1911）や川上肇の『貧乏物語』（1917）が出版されてベストセラーになる（盛山 2008：3）。

　1917年のロシア革命以降、階級・階層についての学問的関心が高まり、吉野作造に代表される大正デモクラシーが高まり、また、マルクス主義が（当時に超エリート階級であった）帝大や旧制高校を中心とする学生の間に浸透してい

く（盛山 2008：3）。

　この時代は、日本の経済そのものが幾度となく深刻な不況ないし恐慌にみまわれる。第1次世界大戦後、大正9（1920）年に株式市場と商品市場の崩壊を中心とした恐慌が起こる。また、昭和2（1927）年に金融恐慌が発生し、昭和5（1930）年に浜口内閣による金解禁が不況に拍車をかけ、昭和の大恐慌に突入する（盛山 2008：4）。

　このような時代の流れの中で、1920年代（大正後期）から1930年代（昭和10年代初め）にかけて、農商務省や内務省などの中央官庁や東京市や大阪市などによっても、労働者、農村や小作制度、貧困層など、社会問題に焦点を当てた実態調査が盛んに実施されている。他方で、マルクス主義の影響を受けた学者や評論家たちによって、『日本資本主義発達史講座』のような日本の資本主義社会の構造を分析する試みが大量に生産され、『中央公論』や『改造』などの雑誌にも論文が発表されていく（盛山 2008：4）。

　当時の階級・階層研究は、統計的な社会調査を活用して階級・階層の実態を解明するという手法をとっておらず、「階級」の語を用いた研究の圧倒的多数が、マルクス主義を理論的前提としており、「無産階級」の歴史的使命や政治的動向を述べた実践的政治パンフレットに近いものである（盛山 2008：4）。

　例外的に社会学者の高田保馬（1925）や松本潤一郎（1934）が、マルクス主義とは異なった「階級」の概念を理論的に研究した著作を発表しているが、それらも、統計的な社会調査を活用した研究ではなかった（盛山 2008：4）。

（1－2）戦後改革と階級・階層問題と3つの研究グループ

　第2次世界大戦の敗戦後の日本社会においては、戦災や失業や食糧難によってもたらされた貧困が目の前に広がり、また、自由と平等、民主化を目指して、新憲法の制定、財閥解体、農地改革、華族制の廃止、民法改正、6・3・3・4制の教育制度の導入など、戦後改革が進められていった。こうした時代状況において、階級・階層と社会的不平等は戦後の社会科学にとって避けて通れない大きな問題であった（盛山 2008：4）。

昭和20年代から30年代半ばまでにおける階級・階層あるいは格差と不平等に関する研究は、大きく3つの潮流に分けられる（盛山 2008：5）。

まず、1）「農村を中心とする封建的身分格差とその解体過程に関する研究」は、主として、事例研究の手法を用いて、農地改革以前の地主制のもとにあった農村の階層的秩序構造が、戦後社会においてどのように変化しつつあるかを明らかにすることを目指していた。つまり、農村や家・家族のような日本の基底的な社会構造のレベルに焦点を当てて、そこにおける近代化ないし民主化の可能性を探求することが、福武直の『日本農村の社会的性格』（1949）などの研究に共通する問題関心である（盛山 2008：6-7）。

次に、2）「ファシズム心理と階級意識を中心とする社会意識に関する研究」の問題関心は、近代産業と社会生活の担い手である労働者やサラリーマンといった階級の社会意識のあり方である。そして、日高六郎を中心とする研究グループによって、フランクフルト学派などの「西欧マルクス主義」における「存在」と「意識」の弁証法的関係に関する諸議論を基盤にして、意識調査を中心とする社会調査データの分析に様々な工夫を凝らしながら、階級意識のあり方と保守と革新、伝統や近代といった価値意識との関連が考察されている（盛山 2008：7）。

そして、3）「全国レベルでの大量の社会調査データを用いた社会階層と移動に関する研究」は、尾高邦雄を中心に戦後日本の階級・階層研究を主導することとなる重要な研究プロジェクトである「SSM（Social Stratification and Mobility）調査」として進められ、1955年から10年ごとに実施される調査から得られたデータは、富永健一らによって電子化され、戦後の日本社会の階層変動を長期的に考察する上で非常に貴重なデータとして、現在でも広く活用されている（盛山 2008：7-8）。

（1－3）高度経済成長期の階級・階層問題

1950年代の後半（昭和30年代）に入ると、階級・階層または格差と不平等について新たな問題関心が登場してくる（盛山 2008：8）。

まず、1つが「中間階級問題」である。1950年前後の激しい労働争議が落ち着いて民間企業の経営が軌道に乗り、「サラリーマン」と呼ばれるホワイトカラー層が増えてくると、その階級・階層理論上での位置づけが大きな問題となってきたのである（盛山 2008：8）。

　つまり、マルクス主義的な階級理論では、自営業者から構成される旧中間層とホワイトカラーから構成される新中間層は、資本家と労働者の二大階級への両極化によって消滅するとされたが、産業化の進展に伴って、ホワイトカラー層は、消滅するどころか量的に拡大していっただけでなく、高学歴で経済活動の中核を担いつつ、しかも政治的には保守的であるよりもむしろ革新的な「市民意識」をもっていることが、従来の階級論とは矛盾するために研究対象として注目せざるを得なくなったのである（盛山 2008：8-9）。

　そして、2つ目の「学歴社会問題」である。この背景にあるのは、戦後の教育改革と大学・高校への進学率の上昇である。学制改革によって、義務教育期間の延長、新制中学・高校の設置、師範学校や旧制高校の大学化がなされ、その後、まず高校への進学が順調の拡大していく。そして1960年以降の経済成長の下で、経済界からの要請もあり、積極的な新大学の設置や定員拡大が政策としてとられていく。それに応じて、大学進学率あるいは短大進学率が顕著に上昇していく（盛山 2008：9）。

　こうしたなかで意識されるようになったのが、「受験競争」の弊害と「学歴間格差」と「進学への機会格差」の3つの問題である。このような問題関心に基づいて、学歴社会をめぐる実証的な研究が教育社会学者を中心に1965年頃から盛んになる（盛山 2008：9）。

　この3つの教育に関する問題の中で、出身家庭の経済条件や地域や性別の違いによって進学可能性の格差が生じる「進学への機会格差」は、今日につながる格差問題であるといえるであろう。

（1－4）一億「総中流時代」の階級・階層問題

　『リーディングス』第2巻「序論」によれば、「総中流時代」（1971年～1985

年）の幕開けとなったのは、1971年のドル・ショックと1973年のオイル・ショックという「2つのショック」によって十数年間にわたる高度経済成長は劇的に終焉し、1974には経済成長率は戦後初めてマイナスとなった。そして、この時代最後の1985年に先進5か国（アメリカ・イギリス・フランス・西ドイツ・日本）蔵相・中央銀行総裁による「プラザ合意」が発表され、円高を背景とする拡張財政と低金利によって引き起こされたカネ余り現象は、地価と株価の狂乱的高騰を招き、1980年代後半の「バブル景気」とその崩壊を引き起こした（原 2008：3-4）。

　内閣府の「国民生活に関する世論調査」によれば、「お宅の生活程度は、世間一般からみてこの中のどれに入ると思いますか」という質問に対して、「中」（中の上・中・下の合計）と回答した人の比率が、89.4%（1971年）→90.0%（1975年）→89.4%（1980年）→88.6%（1985年）であり、この時代は、自分自身の社会的階層を「中」と考える人々が大半を占めていたことがわかる（内閣府：http://survey.gov-online.go.jp/index-ko.html）。

　こうした現象をめぐっては、1977年5月から8月にかけて村上泰亮・岸本重陳・富永健一・高畠通敏・見田宗介らの政治学者・経済学者・社会学者のそれぞれの見解や座談会での発言が掲載された朝日新聞の特集記事をきっかけにして「中流論争」または「中間層論争」という論争が行われた。そして、この論争では、高度経済成長を経て人びとが全体として豊かになったことが、「中」意識層増大の主な要因であり、また、「中」意識層は、社会的・経済的条件が異なる多様な人びとから構成されているということが共通の認識となっている（原 2008：10）。

　しかしながら、「国民生活に関する世論調査」において、「下」と回答した人の比率が、6.4%（1971年）→5.4%（1975年）→6.7%（1980年）→8.1%（1985年）であり、「下」意識層が存在するが、「総中流時代」では、「中」意識層に人々は、「あの人たちはかわいそうだけでも、それはその人たちの問題であって、私は恵まれているからかかわりがない」と考える人が大半だったので、この層に属する人びとへの関心は薄く、格差・差別問題が社会問題として顕在化しなかっ

たのである（原 2008：10）。

（1－5）一億「総中流時代」社会から「格差社会」へ（1986～2000）

　『リーディングス』第3巻「序論」によれば、「一億総中流社会論」は、「国民生活に関する世論調査」やSSM調査において、人びとの大半が自分の社会階層的位置を「中」に位置すると回答した結果を根拠に展開されてきた（白波瀬 2008：7）。

　それに対して、1990年代初めのバブル景気崩壊に端を発する長期不況期の中の人びとの閉塞感・不公平感に呼応した近年の「格差社会論」は、「ジニ係数」などの経済格差の指標を用いて日本社会の不平等さを示すことで展開され、その結果、人びとの不平等感が高揚して行った（白波瀬 2008：7）。

　「格差社会論」の嚆矢となったのが、経済学者の橘木俊詔の『日本の経済格差』（1998）である。橘木は、厚生労働省の所得再分配調査結果を用いて日本の格差の大きさをアピールし、人びとの間にくすぶっていた不平等感に火を付けた。他方で、社会学者の佐藤俊樹は、『不平等社会日本』（2000）において、1995年のSSM調査のデータ分析を元にして、上層ホワイトカラー（専門職・管理職）階層の父子間の社会的地位の継承率が上昇している点を指摘し、日本社会において階層の固定化が進んでいると論じ、格差社会論を勢いづけた（白波瀬 2008：3-4）。

　ここで、「格差社会論」が問題とする社会的不平等とは、少数の人たちだけが金持で、大多数の人たちは貧乏というような、所得が社会全体の中で公平に分配されないことだけでなく、自分の能力や実績によって社会的地位上昇の機会が公平に配分されていないことである。つまり、医者の子どもは、ほとんどが医者になることができて親と同様に裕福な生活ができるが、他方で、経済的に恵まれない家庭に生まれ育つと、どんなに努力しても、良い教育を受けられないため、安定した仕事に就けず、経済的困窮から抜け出すことができないというような、個人の能力と実績自体が出身階層の社会経済的地位と密接に関連している場合は、社会的不平等が存在していることになる（白波瀬 2008：4）。

そこで、以下の節では、(2) 世代間の格差、(3) 男女間の格差、(4) 地域間の格差という観点から格差社会日本の実態をとらえ、(5) 格差社会から平等な社会へ向けての方策を展望してみよう。

(2) 世代間の格差

橘木俊昭『「機会不均等」論』(2013) によれば、若者と中高年、高齢者の間の世代間格差の代表的なものは、就職と年金である（橘木 2013：162）。

まず、就職については、生まれた年代によって学校の卒業年次も変わるので、景気がよい年に学校を卒業すれば、志望する企業や職種に就き易く、不景気の年に卒業すれば、求人が少なく希望する会社や職種に就くのが困難であると考えられる。実際に、バブル景気崩壊後、「就職氷河期」と呼ばれる時期が続き、若者が就職に大変苦労するという時代が続いている（橘木 2013：162）。

1980年代後半から1990年代初頭のバブル景気の時期は、図6-1の大学卒就職率（卒業者に占める就職者の割合）から推測されるように、大卒の就職希望者は、引く手あまたであった。ところが、バブルが崩壊し、それまでの大量雇用が過剰な人件費として経営を圧迫し、企業は軒並み新規採用を抑制し始め、

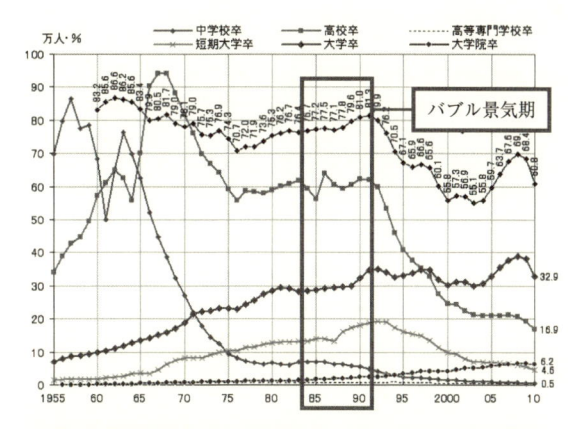

(出所：橘木 2013：163)

【図6-1　学歴別就職者数および大学卒就職率の推移】

1993年頃から状況は一変し、大卒者の就職率は、急速に低下し、1995年に初めて70％を切り、2003年には、過去最低の55.1％まで落ち込んでしまった（橘木 2013：162-164）。

ちなみに、近年（平成16年～26年）の大学卒就職率は、図6-2の通りである。

かつての日本企業は終身雇用制だと言われてきたが、それがバブル景気崩壊後の平成不況で維持できなくなった。さらに、終身雇用制と一体であった年功序列型昇進・賃金制度が崩れてきており、仕事の成果や実績に応じて賃金を配分し権限も決まるという能力主義・実績主義に移行しつつある（橘木 2013：167-169）。

今日の若者にとって深刻な問題は、正規雇用者として就職することができず、収入が少なく、身分が不安定で、職業的技能が身につけられない非正規雇用者として働かざるを得ない若者の割合が増えていることである（橘木 2013：169）。

非正規雇用者が増加するようになった要因として、まず、市場経済のグローバルな競争の激化である。つまり、1990年前後に社会主義国と資本主義国の間

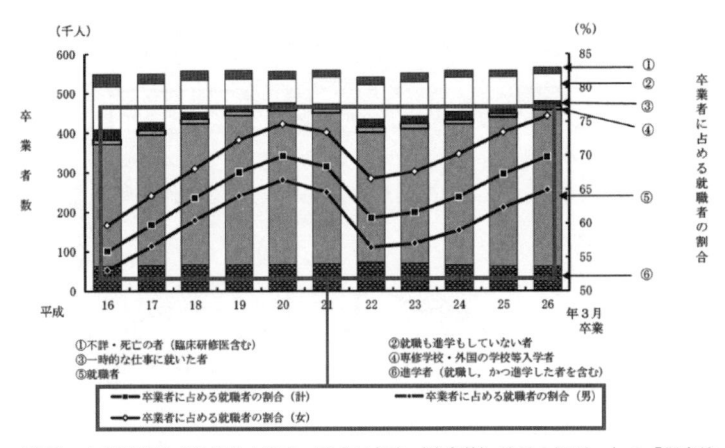

（出所：文部科学省「学校基本調査―平成26年度（確定値）結果の概要―」の「調査結果の概要（高等教育機関）」）

【図6-2　大学卒就職率の推移（平成16年～26年）】

の冷戦が終結し、それまではグローバルな競争に参加していなかったロシアや中国を含めた社会主義国が、低賃金で一斉に世界規模の市場経済に参入してきた。先進国の企業は、日本企業も含めて急激に厳しくなった国際競争の中で、それまでとはけた違いのコスト削減を迫られ、人件費の抑制が急務となった。しかし、正規雇用者の解雇や賃金を引き下げることは労働者を保護する目的で定められた法制度上難しいので、企業は、新規採用の際に、賃金が安く雇用調整も比較的容易な非正規雇用者を雇うようになった。これを容易にしたのは、1990年代から進展したIT化による技術革新であり、工場の生産現場で従業員を一から訓練しなくても、自動化された機械の操作をきちんと行うことができる者であれば、最初にその操作の仕方を覚えるだけで、これまで人手で行っていた作業を効率よく機械ですることができるようになり、工場内のかなりの作業がそうした操作のできる非正規雇用者で行えるようになってきたことがある。また、オフィスで資料を作成したり、データを整理したりする仕事は、パソコンの文書作成ソフトや表計算ソフトを使いこなす人を企業外から派遣労働者として雇用することで遂行可能になった。このように、工場やオフィスの業務は、定型化できる仕事の範囲がIT化の進展によって増え、それによって定型外労働の外部化や非正規雇用化の可能性が拡大したのであった（清家 2013：196-198）。

非正規雇用の問題としては、正規雇用者と非正規雇用者との間で様々な格差が存在することである。その格差は大きく分けると2種類あり、1つは、賃金水準や雇用の安定性、福利厚生などの労働条件における格差である。2つめは、職場での教育訓練を受けるなどの能力開発の機会における格差である（清家 2013：198-199）。

賃金格差については、**図6－3**のように、正規雇用者と非正規雇用者の間の月給の格差は、若い時にはあまり差がなくても、男性の非正規雇用者は、中高年になると、正規雇用者の半分程度になってしまうことがわかる（清家 2013：200）。

他方で、非正規雇用者は、仕事に必要な知識・技能を身につけて熟練させる

(千円)

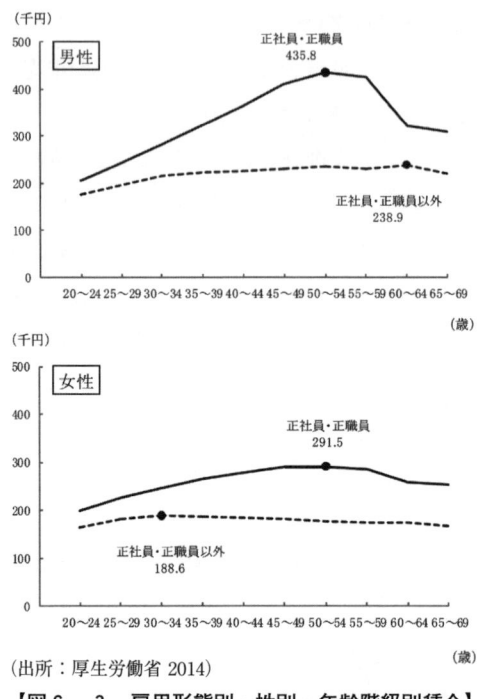

男性

正社員・正職員
435.8

正社員・正職員以外
238.9

20〜24 25〜29 30〜34 35〜39 40〜44 45〜49 50〜54 55〜59 60〜64 65〜69 (歳)

(千円)

女性

正社員・正職員
291.5

正社員・正職員以外
188.6

20〜24 25〜29 30〜34 35〜39 40〜44 45〜49 50〜54 55〜59 60〜64 65〜69 (歳)

(出所:厚生労働省 2014)

【図6－3　雇用形態別・性別・年齢階級別賃金】

ために必要な職場での教育訓練などの能力開発の機会が少なく、それは、特に若者において大きな問題となる。若者は、仕事に必要な能力を身につけなければならない最も大切な働き始めの時期に、非正規雇用者の職にしか就けないと、職業人生初期の教育訓練機会が十分に得られなくなる。その結果、就職氷河期に正規雇用者となる機会を逃し、10〜20年間ずっと非正規雇用者として過ごしてきた人の中には、その間、職場内教育訓練で職業能力を十分に身につける機会に恵まれないまま、中年期を迎えようとしている人たちも出てきている。このように、職業人生の発展性において非正規雇用者と正規雇用者の間には、その時々の労働条件の格差よりもさらに大きな埋めがたい格差が生じてしまっているのである（清家 2013：200-204）。

その結果、非正規雇用者は、一旦、職を失うと、技能がないと就職できな

い、就職できないからいつまでも技能が身につかないという悪循環から抜け出せず、失業による若者の貧困率の増加につながっていく（橘木 2013：176）。

（3）男女間の格差

　橘木の『「機会不均等」論』によれば、男女の機会不均等の背景には、男女の役割に関する社会的な規範意識が影響している。明治、大正、昭和の時代から現在に至るまで基本的に「男は外で働き、女は家で家事と育児に勤しむ」という伝統的な価値観の中で日本の社会は動いてきた。しかし現実には、第2次世界大戦前の日本の人びとの大半は貧しかったので、農業や商業において多くの女性が働いており、専業主婦は一部の恵まれた家庭だけのことであり、働く女性の地位と収入は低かった（橘木 2013：60）。

（3－1）高等教育における男女の機会不均等

　こうした時代の人々の性別役割に関する規範意識は、教育にも影響しており、明治から昭和の初期までは、「女に教育は必要ない」という考え方が主流を占めていた。しかし、第2次世界大戦後、日本国憲法で基本的人権が謳われ、人間は誰でも個人として尊重されなければならないとともに、性別による差別も禁じられ、「個人の尊重」と「男女の平等」を基本とする価値観が成立し、教育基本法には、性別による差別を受けない「教育の機会均等」が盛り込まれたのである（橘木 2013：61）。

　しかし、法制度が変わったとしても、それが人々の意識を変えるには時間かかり、男女の機会不均等は、図6－4及び表6－1の男女別の高等教育への進学率の推移を見ればわかるように、高等教育における男女の機会不均等という形で表れている。すなわち、4年制大学への進学率は、昭和30（1955）年度では、男性13.1％、女性2.4％と大学への進学は一部の男性のみに限られていた。女性の大学進学率が10％を超えるのは、昭和50（1975）年度からである、男性の進学率も昭和40（1965）年から急上昇し、昭和50（1975）年度で40％台に達した。この背景には、高度経済成長による家計所得の上昇がある。その後、男

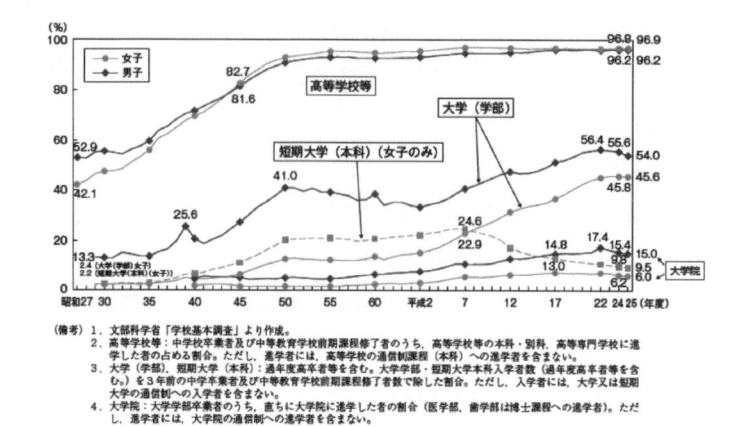

（出所：内閣府（2014a）『男女共同参画白書 平成26年版』1－5－1図）
【図6－4　学校種類別進学率の推移】

性の大学進学率はやや低下し、平成2（1990）年度には、約33％に低下したが、その後50％半ばまで上昇している。他方で、女性の大学進学率は、昭和50（1975）年度以降、一貫して上昇し、短大への進学率を含めると、50％半ばまで上昇している。このことは、意欲と能力をもった女性が大学進学を強く希望するようになり、親の経済力がそれを後押しした結果と考えられるであろう。第2次世界大戦後40年が経過した頃から、日本社会が経済的に豊かになったことと相まって、女性が高等教育を受けることに対する人々の意識が徐々に変化してきたことを窺わせる（橘木 2013：61－63）。

　内閣府の『男女共同参画白書 平成26年版』によれば、平成25（2013）年度の学校種類別の男女の進学率において、大学（学部）への進学率を見ると、男性54.0％、女性45.6％と男子の方が8ポイント程度高い。女性は全体の9.5％が短期大学（本科）へ進学しており、この短期大学への進学率を合わせると、女性の大学等進学率は55.2％となる。近年、大学（学部）への女性の進学率が上昇傾向にある一方で、短期大学への進学率は平成6（1994）年度の24.9％をピークに減少を続けている（内閣府 2014a：http://www.gender.go.jp/about_danjo/whitepaper/h26/zentai/html/honpen/b1_s05_01.html）。

【表6－1　各年度毎の校種類別進学率の推移】

年度	高等学校等 男	高等学校等 女	大学（学部）男	大学（学部）女	短大（本科）女	大学院 男	大学院 女
昭和27（1952）	52.9	42.1					
	52.7	43.7					
	55.1	46.5	13.3	2.4	2.2		
30（1955）	55.5	47.4	13.1	2.4	2.6		
	55	47.6	13.1	2.3	2.6		
	54.3	48.4	15.2	2.5	2.9		
	56.2	51.1	14.5	2.4	2.8		
	57.5	53.2	13.7	2.3	2.8		
35（1960）	59.6	55.9	13.7	2.5	3		
	63.8	60.7	15.4	3	3.5		
	65.5	62.5	16.5	3.3	4.1		
	68.4	65.1	19.8	3.9	5.1		
	70.6	67.9	25.6	5.1	6.5		
40（1965）	71.7	69.6	20.7	4.6	6.7	4.7	1.9
	73.5	71.2	18.7	4.5	7.3	5.7	2.3
	75.3	73.7	20.5	4.9	8.5	5.5	2.4
	77	76.5	22	5.2	9.2	5.3	2.4
	79.2	79.5	24.7	5.8	10.3	5.5	2.3
45（1970）	81.6	82.7	27.3	6.5	11.2	5.1	1.5
	84.1	85.9	30.3	8	12.8	4.4	1.5
	86.2	88.2	33.5	9.3	14.4	4.6	1.7
	88.3	90.6	35.6	10.6	16.4	4.7	1.7
	89.7	91.9	38.1	11.6	18.2	4.6	1.6
50（1975）	91	93	41	12.7	20.2	5.1	1.7
	91.7	93.5	40.9	13	20.6	5.2	1.6
	92.2	94	39.6	12.6	20.7	5	1.6
	92.7	94.4	40.8	12.5	21	4.7	1.6
	93	95	39.3	12.2	20.9	4.5	1.6
55（1980）	93.1	95.4	39.3	12.3	21	4.7	1.6
	93.2	95.4	38.6	12.2	20.8	4.9	1.7
	93.2	95.5	37.9	12.2	20.5	5.3	2.1
	92.8	95.2	36.1	12.2	19.9	5.8	2.1
	92.8	95	36.4	12.7	20.1	6.2	2.3
60（1985）	92.8	94.9	38.6	13.7	20.8	6.5	2.5
	92.8	94.9	34.2	12.5	21	6.7	2.8
	92.8	95	35.3	13.6	21.5	7.1	2.9
	92.9	95.3	35.3	14.4	21.8	7.3	2.7
	93	95.3	34.1	14.7	22.1	7.6	3
平成2（1990）	93.2	95.6	33.4	15.2	22.2	7.7	3.1
	93.5	95.8	34.5	16.1	23.1	8.1	3.3
	93.9	96.2	35.2	17.3	23.5	8.8	3.7
	94.2	96.5	36.6	19	24.4	9.8	4.4
	94.6	96.8	38.9	21	24.9	10.9	5.1
7（1995）	94.7	97	40.7	22.9	24.6	10.7	5.5
	94.8	97.1	41.9	24.6	23.7	10.7	5.4
	94.8	97	43.4	26	22.9	10.6	5.3
	94.8	97	44.9	27.5	21.9	11	5.6
	94.8	96.9	46.5	29.4	20.2	12	6
12（2000）	95	96.8	47.5	31.5	17.2	12.8	6.3
	95	96.7	46.9	32.7	15.8	12.8	6.3
	95.2	96.5	47	33.8	14.7	13.2	6.4
	95.7	96.6	47.8	34.4	13.9	13.8	6.8
	96	96.7	49.3	35.2	13.5	14.4	7.1
17（2005）	96.1	96.8	51.3	36.8	13	14.8	7.2
	96.2	96.8	52.1	38.5	12.4	15.1	7.1
	96.1	96.6	53.5	40.6	11.9	15	7
	96.2	96.6	55.2	42.6	11.5	15.2	7.1
	96.2	96.5	55.9	44.2	11.1	15.5	6.8
22（2010）	96.1	96.5	56.4	45.2	10.8	17.4	7.1
	96.2	96.7	56	45.8	10.4	16.4	7
24（2012）	96.2	96.8	55.6	45.8	9.8	15.4	6.2
25（2013）	96.2	96.9	54	45.6	9.5	15	6

(出所：内閣府（2014a）『男女共同参画白書 平成26年版』1－5－1図）
※（　）の西暦は著者による補足

ちなみに、橘木によれば、1990年台前半まで女性が4年制大学ではなく短大を選択したのは、親の経済力の制約、卒業後のキャリア志向の希薄さ、家政や保育、文学といった女性特有の科目・専攻の希望などの理由があった。しかし、1985年に制定され翌年施行された「男女雇用機会均等法」（正式名称「雇用の分野における男女の均等な機会及び待遇の確保等に関する法律」）により、女性の社会進出の流れが加速することになり、キャリアを志向する女性が増えた。そのため、従来短大に進学していた女性の一部が、4年制大学への進学を希望するようになったと考えられる（橘木 2013：64）。

　そして、『男女共同参画白書 平成26年版』によれば、平成25（2013）年度における高等教育段階の女性の割合は、大学の学部43.5％、大学院（修士課程）29.9％、大学院（博士課程）33.0％となっており、大学院の全学生に占める女子学生数の割合は、長期的に見ると上昇傾向にある（図6－4・表6－1）（内閣　府 2014a：http://www.gender.go.jp/about_danjo/whitepaper/h26/zentai/html/honpen/b1_s05_01.html）。

　ところで、高等教育の専攻分野において男女間の差が顕著に見られる。平成25（2013）年では、大学（学部）における女子学生で最も多い専攻分野は25.6％の社会科学分野であり、社会科学分野専攻の学生を男女別に見ると、3割以上が女性となっている。また、資格取得に繋がる医学・歯学、薬学・看護学等、教育分野については女子学生が多いが、理学、工学分野を専攻する女子学生は少なく、専攻分野別に男女の偏りが見られる（図6－5・表6－2）（内閣　府 2014：http://www.gender.go.jp/about_danjo/whitepaper/h26/zentai/html/honpen/b1_s05_01.html）。

　また、大学院（修士課程）においても、平成25年では、女子学生で最も多い専攻分野は、15.1％の工学分野であるが、工学分野専攻の学生を男女別に見ると、女性は10.9％と少ない。一方、資格取得に繋がる医学・歯学、薬学・看護学等、教育分野は、理学、工学分野に比べ、女子学生が多い傾向にあるなど、大学院についても専攻分野別に男女の偏りが見られる（図6－6・表6－3）（内閣　府 2014a：http://www.gender.go.jp/about_danjo/whitepaper/h26/zentai/

第 6 章　格差社会と不平等　159

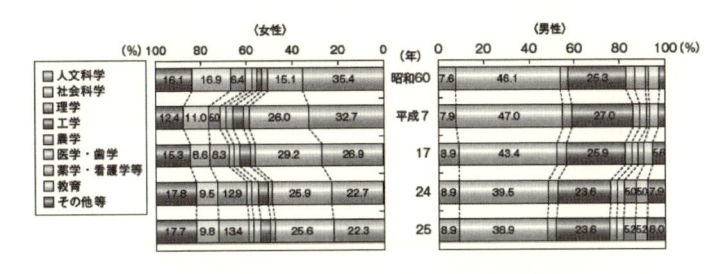

(出所：内閣府 (2014a)『男女共同参画白書 平成26年版』1-5-4図)

【図 6-5　専攻分野別にみた学生分布 (大学 (学部)) の推移 (男女別)】

【表 6-2　専攻分野別にみた学生分布 (大学 (学部)) の推移 (男女別)】

専攻分野別にみた学生分布 (大学 (学部)) の推移 (男女別)

女子構成	昭和60	平成7	平成17	平成24	平成25
人文科学	35.4	32.7	26.9	22.7	22.3
社会科学	15.1	26	29.2	25.9	25.6
理学	2.6	2.5	2.2	1.9	1.9
工学	2.3	4.6	4.5	4.2	4.3
農学	2.1	3.3	2.8	2.9	3
医学・歯学	3.1	2.5	2.1	2	2.1
薬学・看護学等	6.4	5	8.3	12.9	13.4
教育	16.9	11	8.6	9.5	9.8
その他等	16.1	12.4	15.3	17.8	17.7

男子構成	昭和60	平成7	平成17	平成24	平成25
人文科学	7.6	7.9	8.9	8.9	8.9
社会科学	46.1	47	43.4	39.5	38.9
理学	3.7	4	4.3	4.1	4.1
工学	25.3	27	25.9	23.6	23.6
農学	3.9	3	2.8	3	3.1
医学・歯学	4.7	3	2.8	3	3.1
薬学・看護学等	1.3	1.1	2.6	5	5.2
教育	4.9	4	3.7	5	5.2
その他等	2.5	3	5.6	7.9	8

(参考) 専攻分野別にみた学生 (大学 (学部)) の割合 (男女別、平成25年)

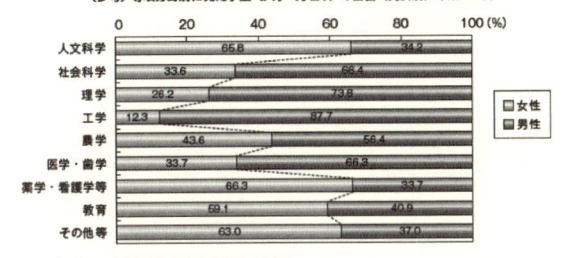

女子割合	平成25
人文科学	65.8
社会科学	33.6
理学	26.2
工学	12.3
農学	43.6
医学・歯学	33.7
薬学・看護学等	66.3
教育	59.1
その他等	63

男子割合	平成25
人文科学	34.2
社会科学	66.4
理学	73.8
工学	87.7
農学	56.4
医学・歯学	66.3
薬学・看護学等	33.7
教育	40.9
その他等	37

(出所：内閣府 (2014a)『男女共同参画白書 平成26年版』1-5-4図)

(出所：内閣府（2014a）『男女共同参画白書 平成26年版』1-5-5図）

【図6-6　専攻分野別に見た学生分布（大学院（修士課程）の推移（男女別)】

【表6-3　専攻分野別に見た学生分布（大学院（修士課程）の推移（男女別)】

専攻分野別に見た学生分布（大学院（修士課程））の推移（男女別）

女子構成	昭和60	平成7	平成17	平成24	平成25
人文科学	28.5	21.3	15.7	14.8	14.1
社会科学	12.2	16.1	15.1	14.4	14.1
理学	6.2	7.9	6.3	6	6.1
工学	5.5	11.3	13.7	14.9	15.1
農学	10.9	6.3	6	6.5	6.5
医学・歯学	0.2	0.3	1.5	1.5	1.5
薬学・看護学等	4.8	6.2	11.3	10.5	11
教育	17	17.2	12	10.8	10.8
その他等	14.6	13.3	18.5	20.6	20.7

男子構成	昭和60	平成7	平成17	平成24	平成25
人文科学	9.1	5.3	5	4.2	4.1
社会科学	8.6	10.8	11.4	9.3	9.2
理学	10.1	10.8	9.5	9.5	9.5
工学	48.9	53.4	51.1	53.3	52.8
農学	10	6.1	4.7	5.1	5.1
医学・歯学	0.2	0.1	0.7	0.8	0.8
薬学・看護学等	4	3	3.7	3.4	3.6
教育	6.6	6	4.9	4.3	4.5
その他等	2.6	4.5	9.1	10.1	10.3

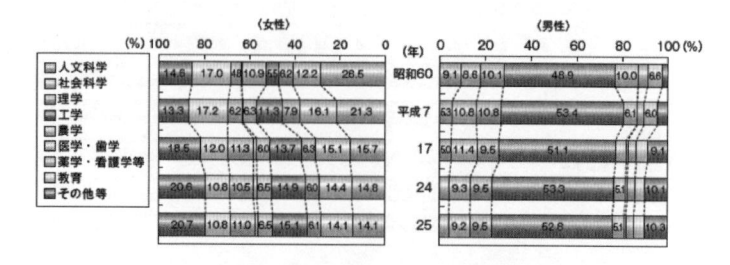

（参考）専攻分野別に見た学生（大学院（修士課程））の割合（男女別、平成25年）

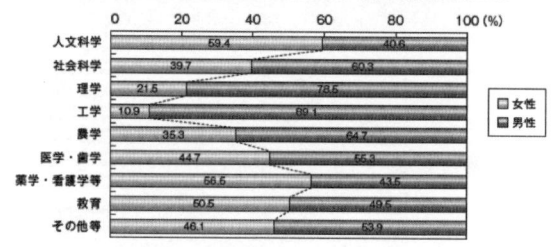

女子割合	平成25
人文科学	59.4
社会科学	39.7
理学	21.5
工学	10.9
農学	35.3
医学・歯学	44.7
薬学・看護学等	56.5
教育	50.5
その他等	46.1

男子割合	平成25
人文科学	40.6
社会科学	60.3
理学	78.5
工学	89.1
農学	64.7
医学・歯学	55.3
薬学・看護学等	43.5
教育	49.5
その他等	53.9

（出所：内閣府（2014a）『男女共同参画白書 平成26年版』1-5-5図）

html/honpen/b1_s05_01.html)。

　なお、博士課程における女子学生の状況を見ると、人文科学、教育といった分野を専攻する学生の女性割合が高い。法科大学院では、27.6％（平成25年5月1日現在）が女子学生となっている（内閣府 2014a：http://www.gender.go.jp/about_danjo/whitepaper/h26/zentai/html/honpen/b1_s05_01.html)。

　以上のように、高等教育における進学率については、男女間の差がなくなってきているが、男性に比べるとまだ女性の短大への進学率が高いこと、大学院への進学率が女性の方が低いこと、学部・大学院での専攻分野に顕著な男女差が見られることから、高等教育においては、まだ、男女間の格差があることが見て取れるであろう（橘木 2013：64)。

（3－2）職場における男女間の不均等

　1986年4月に施行された「男女雇用機会均等法」は、「雇用の分野における男女の均等な機会及び待遇の確保を図るとともに、女性労働者の就業に関して妊娠中及び出産後の健康の確保を図る等の措置を推進することを目的」としている（同法　第1章　総則（目的）第1条)。

　そして、「募集・採用、配置・昇進について、女性と男性を均等に取り扱うこと」と「教育訓練、福利厚生、定年・退職及び解雇について、女性であることを理由に差別してはならないこと」を骨子として、この法律の諸条項が定められている。この法律が成立以前は、企業における女性の働き方は限定的なものであり、女性は男性の補助的な仕事や周辺の事務・雑務を担い、男性が仕事をするのをサポートする役割を担っていた。また、男性社員が終身雇用で定年まで勤め上げたのに対して、女性は結婚を契機に退職し、家庭生活に専念するという「寿退社」がまかり通っていた（橘木 2013：66)。

　「男女雇用機会均等法」施行以前では、企業は新入社員を採用する際に、基幹業務に携わり将来の幹部候補生ともなる「総合職」に男性を、総合職の補助的な業務に携わる「一般職」にはは女性を採用することが多かった。特に金融・商社・製造業における大企業の事務員には多かった。「均等法」の施行に

よって、女性であるということを理由に総合職と一般職の採用区分ができなくなり、女性も総合職として働くことのできる道筋が開かれたが、実際は、企業に採用された総合職にうち女性が数パーセントにしか過ぎない場合が一般的であり、女性にとって総合職での採用は「狭き門」であった。つまり、総合職として採用されるのは、一部の名門・難関大学の女子学生のみで、4年制大学を卒業しても、多くの女子学生は一般職か地域限定総合職（転勤はないため、幹部社員になる可能性が低いが、業務は総合職に近い職種）としてしか採用されないというのが実態であった（橘木 2013：67-68）。

　他方で、総合職として採用された女子社員は、「均等法」施行当初は、大企業でも育児制度は充実しておらず、また、女性が男性と働くことに対する男性側の理解度が低かったため、結婚や出産を契機に退社せざるを得ないという場合も多かった（橘木 2013：68-69）。

　こうした状況において、企業は、女性に働き続けてもらいたいが、キャリアを全うせずに途中で退社する場合が多いと採用枠を広げにくい。総合職の女性社員は、キャリアを全うしたくても、そのための職場や家庭の環境の整備がされていないと、仕事を続けようにも続けられない。総合職になれなかった女性は、そもそも仕事を続ける動機づけが得られない。「均等法」施行当初は、そのような困難な状況に企業も、女性社員も置かれていたが、均等法施行後4分の1世紀近くが過ぎ、大企業を中心に育児休業制度の充実など女性の労働環境の整備・改善が進められ、女性が総合職として企業で働き続ける条件が整ってきた。しかし、長引く景気低迷の中で、企業内で総合職の社員に求められることが増え、質・量ともにハードになってきており、女子大学生の中には、「そこまで苦労して総合職を全うする価値があるだろうか」という疑問を持つ者も出てきているし、また、専業主婦を志向する女子大生も一定割合存在し続けているのが現実である（橘木 2013：70）。

　ここで、また、内閣府『男女共同参画白書 平成26年版』の各種調査結果に基づいて、職場における男女間の就業や意識の現状と変化を見てみよう。

　まず、就業をめぐる状況について、内閣府『男女共同参画白書 平成26年版』

によれば、**図6－7**のように、就業者を従業上の地位別に見ると、男女共に、就業者に占める雇用者の割合が上昇し続け、自営業主及び家族従業者の割合は低下し続けている。平成25（2013）年では、就業者に占める雇用者割合は女性で89.1％、男性で87.2％となっている（内閣府 2014a：http://www.gender.go.jp/about_danjo/whitepaper/h26/zentai/html/honpen/b1_s02_01.html）。

また、**図6－8**のように、正規の職員・従業員が役員を除く雇用者全体に占める割合を男女別に見ると、女性は昭和60（1985）年に67.9％であったが、平成25（2013）年には44.2％にまで減少している。男性についても、昭和60年

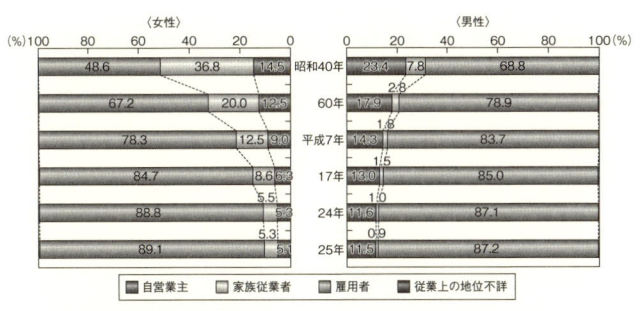

【図6－7　就業者の従業上の地位別構成比の推移（男女別）】

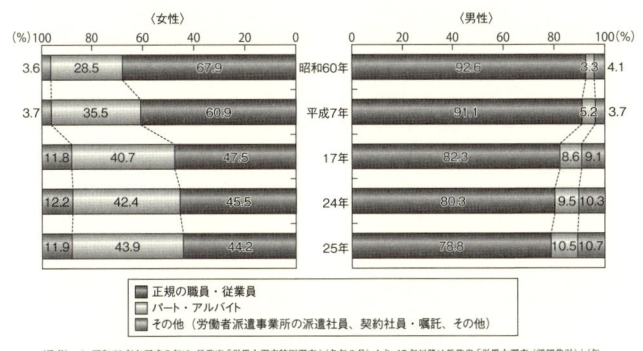

【図6－8　雇用形態別にみた役員を除く雇用者の構成割合の推移（男女別）】

は92.6％であったが、平成25年には78.8％に減少している。男女ともパート・アルバイト等の非正規雇用者の割合は上昇傾向にあり、特に女性はその割合が昭和60年の32.1％から平成25年には55.8％にまで上昇しており、過半数を占めるに至っている（内閣府 2014a：http://www.gender.go.jp/about_danjo/whitepaper/h26/zentai/html/honpen/b1_s02_01.html）。

ここで、「非正規雇用」とは、正規の職員・社員として採用されるのではなく、パートや契約、派遣、嘱託といった形態で採用され、正規の職員・社員と比べると、賃金は安く、雇用も不安定で、昇進や昇格、職業訓練の機会などもほとんどないという立場である（橘木 2013：78）。

男女別・年齢階級別に非正規雇用者の割合の推移を見てみると、**図6－9**のように、女性では25～34歳を除く全ての年齢階級で平成24年以降は50％を超えていること、男女の若年層（15～24歳、25～34歳）や男女の高年層（55～64歳）で特に上昇傾向が顕著であることなどが特徴となっている（内閣府 2014a：http://www.gender.go.jp/about_danjo/whitepaper/h26/zentai/html/honpen/b1_s02_01.html）。

男性の場合、**図6－9**からわかるように、非正規雇用の多くは24歳以下の若者や定年退職後の高齢者が大半を占めていて、30歳代後半から50歳代前半の

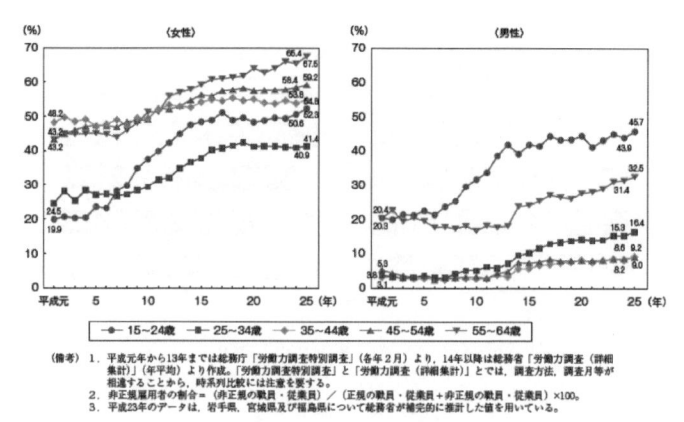

（出所：内閣府（2014a）『男女共同参画白書 平成26年版』1－2－6図）

【図6－9　男女別・年齢階級別非正規雇用の割合の推移（男女別）】

「働き盛り」の男性は、圧倒的に正規雇用が多い。他方で、女性の場合は、25歳～34歳で正規雇用の比率が高いが、35歳以上になると非正規雇用の割合が急増する。これは、結婚や出産で一度退職した女性が再就職しようとした時に、非正規雇用になる場合が多いと考えられる。また、女性の場合、15歳～24歳で非正規雇用が過半数占めていることからわかるように、最初の就職の時から非正規雇用である場合も多く、結婚・出産を契機にして一時期職場を離れた後は、非正規雇用にならざる場合も多く、男女の機会不均等が顕著に表れているといえるであろう（橘木 2013：80）。

ところで、働いていない女性のうちで、どのくらいの割合の人たちが就業を望み、どのような雇用形態での就業を希望しているのか。内閣府『男女共同参画白書 平成26年版』によれば、**図6-10**のように、総務省「労働力調査（詳細集計）」（平成25年）に記載されている平成25（2013）年における女性の非労

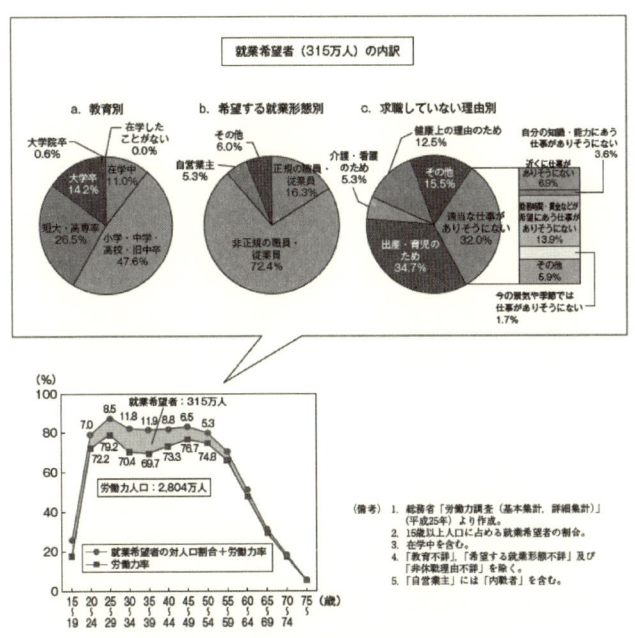

（出所：内閣府（2013a）『男女共同参画白書 平成26年版』1-2-7図）

【図6-10　女性就業希望者の内訳（平成25年）】

働力人口2,931万人のうち315万人が就業を希望している。到達した教育水準別に内訳を見ると、約半数を小学・中学・高校・旧中卒の女性が占めている。また、就業形態として、7割以上が非正規の職員・従業員を希望している。現在求職していない理由として、「出産・育児のため」及び「適当な仕事がありそうにない」がそれぞれおよそ3分の1ずつを占めている（内閣府 2014a：http://www.gender.go.jp/about_danjo/whitepaper/h26/zentai/html/honpen/b1_s02_01.html）。

　これに関連して、内閣府『男女共同参画白書 平成25年版』によれば、図6－11のように、女性の雇用形態別内訳を学歴別に見ると、小学・中学・高校卒の女性に比べて、短大・高専卒及び大学・大学院卒の女性の方が、左側の山と谷の差が大きい。どの場合でも左側の山の方が高いが、短大・高専卒及び大学・大学院卒の女性は、小学・中学・高校卒の女性に比べて左側の山と右側の山の差が大きい。また、到達した教育段階が高いほど、全年齢階級において非

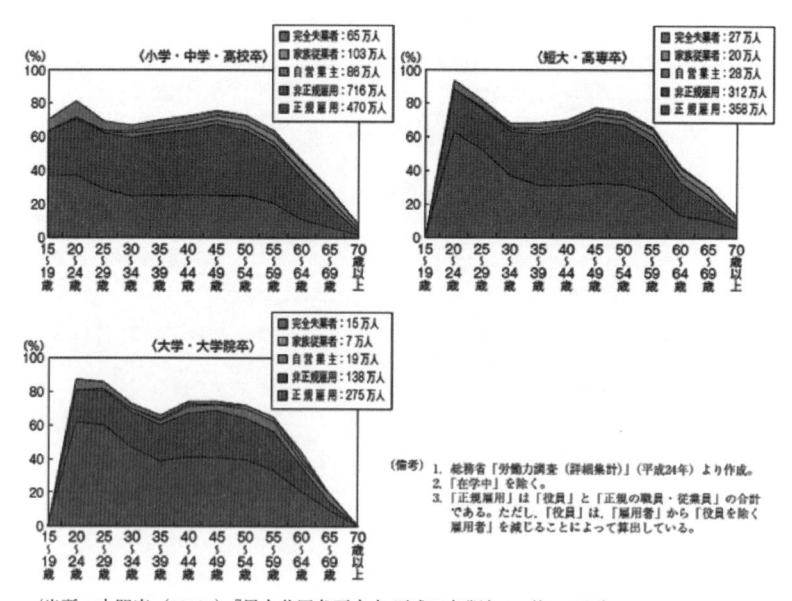

（出所：内閣府（2013a）『男女共同参画白書 平成25年版』1－特－15図）

【図6－11　女性の教育別年齢階級別労働力率の就業形態別内訳（平成24年）】

正規雇用の割合が低く、M字の右側の山における非正規雇用割合の上昇幅も小さい。これらのことから、小学・中学・高校卒の女性が、結婚・出産期に一旦離職した場合も、非正規雇用で再就職する傾向があるのに対して、短大・高専卒及び大学・大学院卒の女性は、新卒時に正規雇用で就職する割合が高いが、結婚・出産期に一旦離職した後に再就職する人の割合は相対的に少ないと考えられるであろう（内閣府 2013a：http://www.gender.go.jp/about_danjo/whitepaper/h25/zentai/html/honpen/b1_s00_02.html）。

さらに、女性の雇用形態と学歴と収入及び配偶者の学歴との関連について、内閣府『男女共同参画白書 平成25年版』によれば、図6－12の左側の図のように、夫の就業率は、妻の年収の水準と関係なく90％以上となっている。その一方で、平成14（2002）年に比べて、平成24（2012）年は全体的に妻の就業率が高くなっているが、夫の年収が多くなるほど妻の就業率が低下するという関係は、10年間では変化しておらず、妻が就業するか否かは夫の所得水準の影響を受けていることがうかがわれる。また、図6－12の右側の図のように、夫婦が受けた教育の組み合わせを見ると、中学・高校卒の女性の夫の66.7％が同じく中学・高校卒である一方で、大学・大学院卒の女性の夫の79.7％が

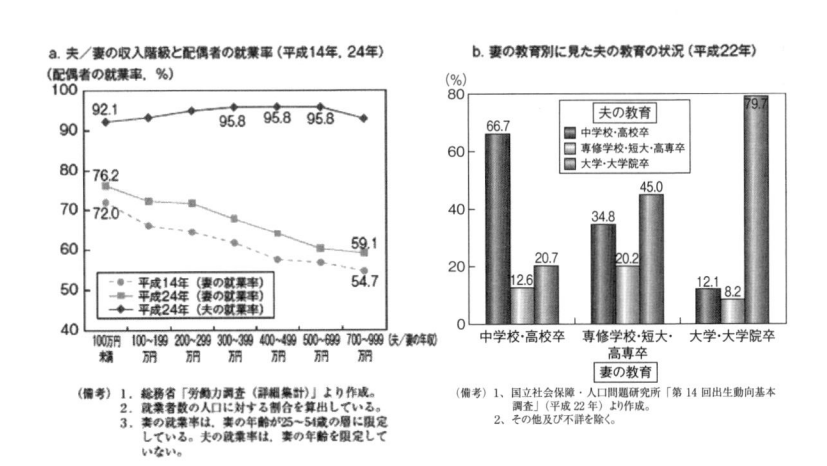

（出所：内閣府（2013a）『男女共同参画白書 平成25年版』1－特－23図）

【図6－12　男女の年齢階級別平均年収（平成24年）】

同じく大学・大学院卒となっており、到達した教育段階の近い男女が結婚する傾向が見て取れる（内閣府 2013a：http://www.gender.go.jp/about_danjo/whitepaper/h25/zentai/html/honpen/b1_s00_03.html）。

　このような日本における夫婦の学歴の組み合わせの特徴については、日本家族社会学会が1998年・2001年・2003年に実施した全国家族調査（NFRJ：National Family Research if Japan）のデータを多面的に考察した『現代日本の家族―NFRJからみたその姿』（2009年）によれば、学歴を「中学」（旧制では高等小学校まで）、「高校」（旧制中学・女学校）、「短大」（旧制高等学校など）、「大学以上」に4分類し、夫婦間での組み合わせを見ると、全体で「同じ」が過半数を占め、「夫＞妻」（夫の方が高学歴）が、3分の1、「妻＞夫」（妻の方が高学歴）は1割強にとどまっている（藤見・西野 2009：58-59）。

　そして、白波瀬は、1985年と1995年のSSM調査のデータを用いて、女性が自分と同等以上の学歴の男性と結婚する傾向（学歴上昇婚）があることを実証している。すなわち、「高学歴（短大・大学・大学院卒）層」同士、「低学歴（中学校卒）層」同士の男女が結婚する確率が高いという「学歴同類婚」が確認されるが、その一方で、「中学歴（高校卒）層」では、女性は高学歴と結婚する確率が高いが、男性は低学歴と結婚する確率が高い傾向が見られた。このように女性は、自分の学歴と同等以上の男性と結婚する確率が高いことが明示されている（白波瀬 2005：75）。

　しかし、国立社会保障・人口問題研究所の「第14回出生動向基本調査　結婚と出産に関する全国調査（夫婦調査）」（2012年）によれば、**表6-4**のように、高学歴（大卒以上）の女性では、同類婚の程度を示す「同類婚指数」が低下し、さらに、**図6-13**のように、女性の学歴上昇（上方）婚と同類婚の傾向は、近年、弱まり、むしろ男性の学歴上昇（上方）婚傾向が徐々に強まって来たことが示されている（国立社会保障・人口問題研究所 2012：17-18）。

　男性の学歴上昇（上方）婚傾向は、同調査（未婚者調査）の「結婚相手に求める条件」について、**図6-14**のように、「第14回調査」において未婚男性で「経済力」と「職業」を「考慮する」割合が最大となっていること、また、図

第6章　格差社会と不平等　169

【表6-4　調査別にみた、夫婦の学歴別同類婚指数】

第10回調査(1992年)

学歴　妻／夫	中学校	高校	専修学校	短大・高専	大学以上
中　学　校	5.46	0.74	0.43	0.21*	0.08
高　　　校	1.04	1.39	0.64	0.67	0.57
専 修 学 校	0.71	0.91	2.79	1.31	0.90
短大・高専	0.20	0.59	0.68	1.68	1.78
大 学 以 上	0.05*	0.19	0.27*	0.58*	2.59

第11回調査(1997年)

学歴　妻／夫	中学校	高校	専修学校	短大・高専	大学以上
中　学　校	5.50	0.71	0.49*	0.45*	0.06*
高　　　校	0.90	1.38	0.82	0.85	0.57
専 修 学 校	0.70	0.89	2.99	1.27	0.91
短大・高専	0.23	0.63	1.01	1.78	1.68
大 学 以 上	0.02*	0.20	0.45*	0.43*	2.58

第12回調査(2002年)

学歴　妻／夫	中学校	高校	専修学校	短大・高専	大学以上
中　学　校	5.64	0.99	0.44*	0.57*	0.07*
高　　　校	1.19	1.39	0.82	0.88	0.53
専 修 学 校	0.65	0.90	2.59	1.08	0.87
短大・高専	0.36	0.73	0.93	1.66	1.44
大 学 以 上	0.08*	0.20	0.50	0.39*	2.43

第13回調査(2005年)

学歴　妻／夫	中学校	高校	専修学校	短大・高専	大学以上
中　学　校	6.15	1.17	0.64*	0.23*	0.13*
高　　　校	1.32	1.47	0.91	0.99	0.50
専 修 学 校	0.87	0.94	2.40	0.69	0.85
短大・高専	0.40	0.65	0.89	1.61	1.41
大 学 以 上	0.05*	0.28	0.44	0.45*	2.07

第14回調査(2010年)

学歴　妻／夫	中学校	高校	専修学校	短大・高専	大学以上
中　学　校	6.91	1.22	0.51*	0.68*	0.19*
高　　　校	1.35	1.49	0.92	0.76	0.53
専 修 学 校	0.99	0.98	2.05	0.88	0.77
短大・高専	0.38	0.71	0.92	1.71	1.30
大 学 以 上	0.11*	0.30	0.49	0.71	1.97

注：対象は第14回調査時点より過去5年間に結婚した初婚どうしの夫婦。
同じ学歴どうしの数値に下線を施した。＊印は該当標本数20未満のもの。

(出所：国立社会保障・人口問題研究所 (2012)「第14回出生動向基本調査「結婚と出産に関する全国調査（夫婦調査）」表1-6)

	第10回調査 (1992年)	第11回調査 (1997年)	第12回調査 (2002年)	第13回調査 (2005年)	**第14回調査** **(2010年)**
妻からみた上方婚 (夫学歴＞妻学歴)	31.7	32.2	32.3	35.1	34.0
同類婚 (夫学歴＝妻学歴)	51.9	49.0	45.8	44.1	43.5
夫からみた上方婚 (夫学歴＜妻学歴)	16.5	18.7	21.9	20.9	22.5

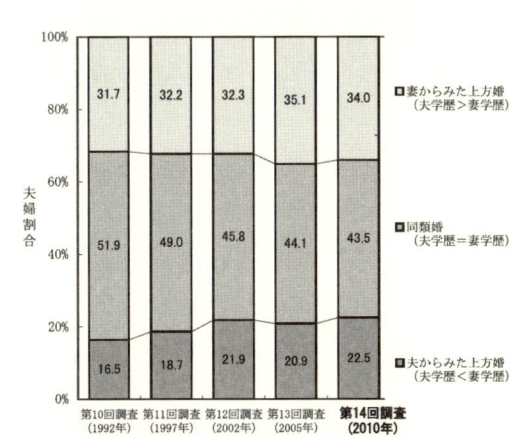

(出所：国立社会保障・人口問題研究所 (2012)「第14回出生動向基本調査結婚と出産に関する全国調査（夫婦調査）」図1-3)

【図6-13　調査別にみた、夫婦の学歴組み合わせの構成】

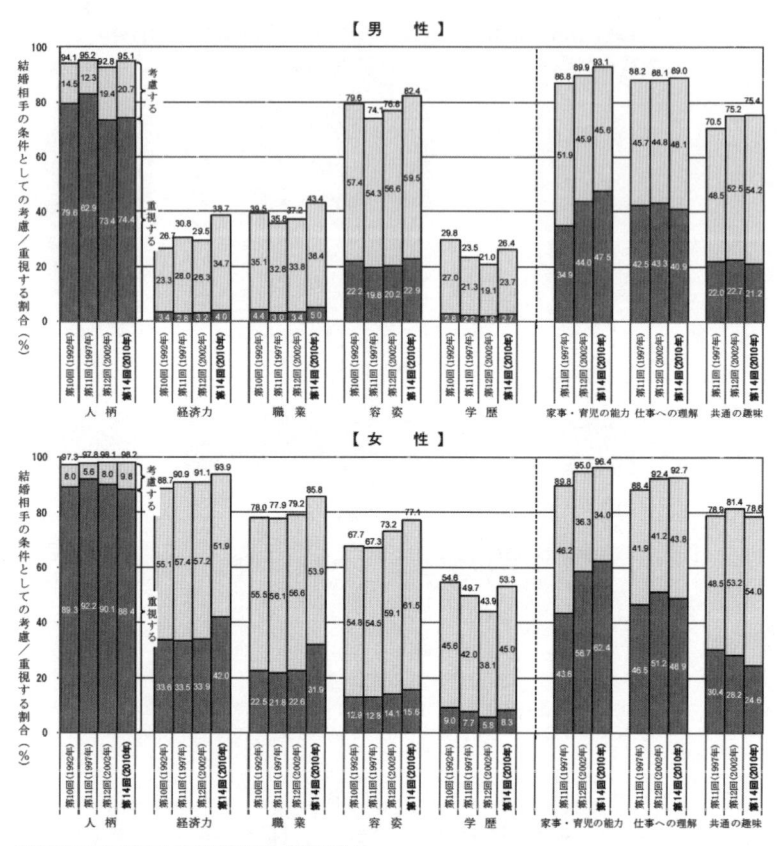

【図6－14 調査別にみた、結婚相手の条件として考慮・重視する割合の推移】

(出所：国立社会保障・人口問題研究所（2012）「第14回出生動向基本調査 結婚と出産に関する全国調査（独身者調査）」図7－1）

6－15のように、未婚男性が結婚相手に求めるライフ・コースで「両立コース」の割合が最大となっていることと関連していると考えられる。すなわち、既婚、未婚を問わず、男性側の長期的に続く経済不況の影響やそれに伴う雇用の不安定化等に対する不安が反映しているのではないであろうか（国立社会保障・人口問題研究所 2012：68）。

他方で、**図6−14**からわかるように、未婚女性の側も、過去のどの調査結果においても「経済力」と「職業」を考慮・重視する割合が圧倒的に高いが、「第14回調査」においてさらに、「経済力」と「職業」を「重視する」割合が顕著に増大しており、この傾向も、長期間にわたる経済不況の影響であると考えられるであろう（国立社会保障・人口問題研究所 2012：68）。

さらに、**図6−16**のように、大卒以上の学歴の未婚女性、正規職員または学生の就業状態の未婚女性が、「結婚相手に求める条件」のすべての項目につ

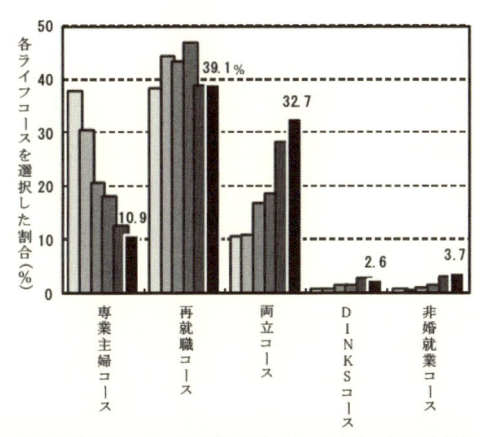

(出所：国立社会保障・人口問題研究所（2012）「第14回出生動向基本調査 結婚と出産に関する全国調査（独身者調査）」図6−2)

【図6−15　未婚男性が結婚相手に求めるライフ・コースの推移】

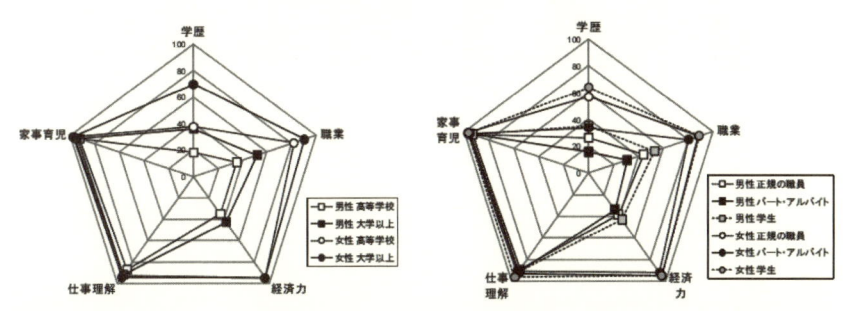

(出所：国立社会保障・人口問題研究所（2012）「第14回出生動向基本調査 結婚と出産に関する全国調査（独身者調査）」図7−3)

【図6−16　男女別、学歴・就業状態別にみた、結婚相手に求める各条件に対する要求水準】

いて要求水準（考慮・重視する割合）が最も高いのがわかる（国立社会保障・人口問題研究所 2012：71）。

これに関連して、内閣府『男女共同参画白書 平成26年版』によれば、男女とも、図6－17のように、学歴が高いほど「正規の職員・従業員」の割合が高く、「非正規の職員・従業員」の割合が低くなっている（内閣府 2014a：http://www.gender.go.jp/about_danjo/whitepaper/h26/zentai/html/honpen/b1_s00_02.html）。

また、学歴が低いほど生涯未婚率が高いこと（図6－18）及び「非正規の職員・従業員」の割合が高いこと（図6－17）から、学歴と雇用形態及び未婚率の間に関連があることが推測される（内閣府 2014a：http://www.gender.go.jp/about_danjo/whitepaper/h26/zentai/html/honpen/b1_s00_02.html）。

ところで、昭和55（1980）年以降、夫婦共に雇用者の共働き世帯は年々増加し、平成9（1997）年以降は共働き世帯数が男性雇用者と無業の妻から成る世帯数を上回っている。25（2013）年には、雇用者の共働き世帯が1,065万世帯、男性雇用者と無業の妻から成る世帯が745万世帯となっている（図6－19）（内閣府 2014a：http://www.gender.go.jp/about_danjo/whitepaper/h26/zentai/html/honpen/b1_s02_01.html）。

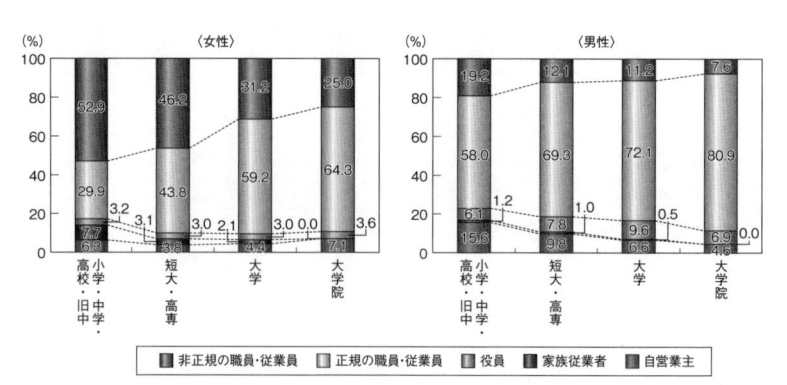

（出所：内閣府（2014a）『男女共同参画白書 平成26年版』1－特－19図）

【図6－17　学歴別に見た就業者の就業形態別内訳（男女別、平成25年）】

a. 就業状態（従業上の地位及び雇用形態）別に見た年齢階級別未婚者の割合（男女別，平成25年）

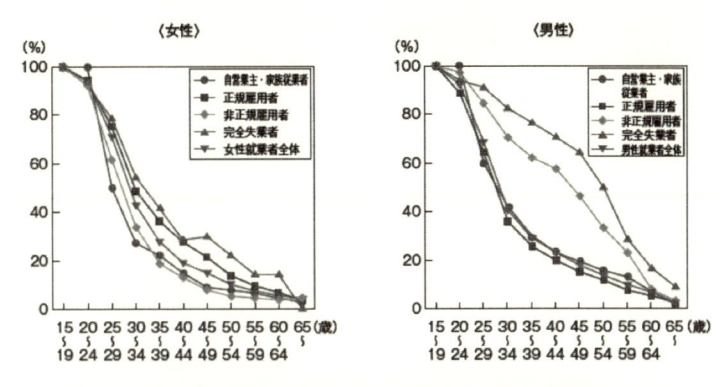

b. 教育（卒業）別生涯未婚率の推移（男女別，平成2年→22年）

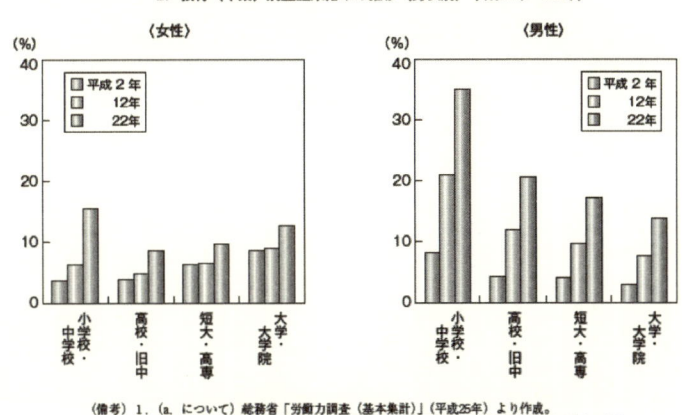

（備考）1．（a. について）総務省「労働力調査（基本集計）」（平成25年）より作成。
2．（a. について）正規雇用者は，「正規の職員・従業員」と「役員」の合計であり，「役員」は「雇用者」から「役員を除く雇用者」を減じることによって算出している。非正規雇用者は，「非正規の職員・従業員」。
3．（b. について）総務省「国勢調査」より作成。
4．（b. について）生涯未婚率は，50歳時の未婚率であり，45～49歳と50～54歳の未婚率の単純平均より算出している。
5．（b. について）学歴不詳を除く。

（出所：内閣府（2014a）『男女共同参画白書 平成26年版』1－特－3図）

【図6－18　就業状態別・学歴別の未婚者の割合】

　そして、夫が有業者の夫婦における妻の就業状態について、平成14（2002）年から24（2014）年にかけての変化を妻の年齢階級別に見ると、40歳未満において妻が「無業者」の割合が低下している（**図6－20**）。また、全ての年齢階級において、妻が「正規の職員・従業員」の割合が上昇している（内閣府

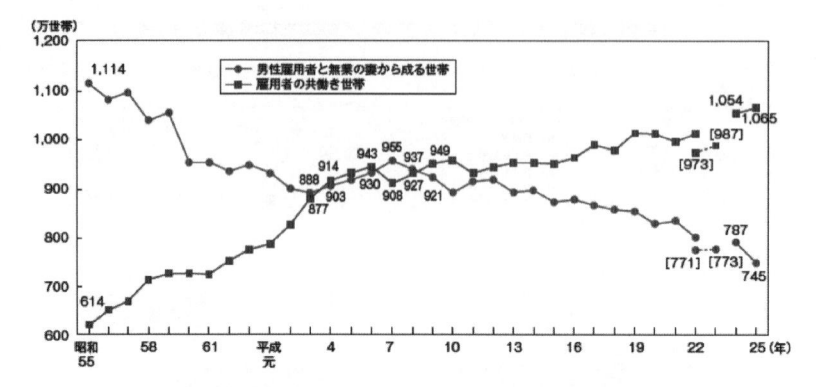

174

(出所：内閣府『男女共同参画白書 平成26年版』1-2-8図)

【図6-19　共働き等世帯数の推移】

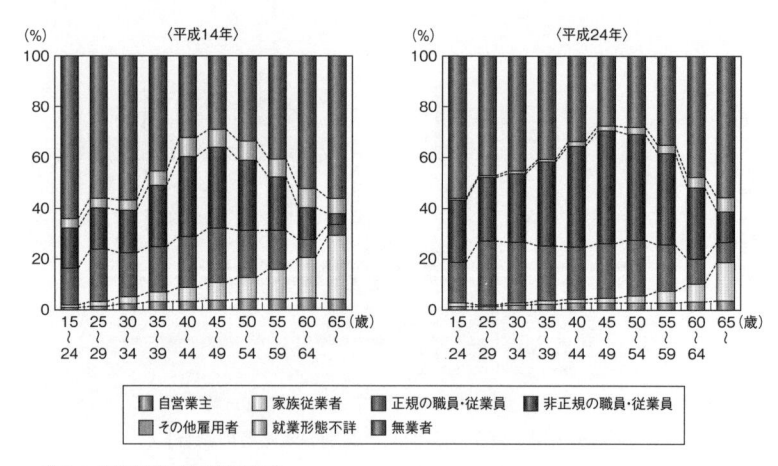

(出所：内閣府（2014a）『男女共同参画白書 平成26年版』1-特-23図)

【図6-20　夫が有業の夫婦における年齢階級別に見た妻の就業形態の変化（平成14年→24年）】

2014a：http://www.gender.go.jp/about_danjo/whitepaper/h26/zentai/html/honpen/b1_s00_02.html)。

　さらに、平成24（2012）年における共働き夫婦の所得の状況を夫婦の学歴別及び妻の雇用形態別に見ると、**図6－21**のように、共に高校・旧制中卒業者の夫婦の場合、妻の雇用形態にかかわらず、夫の所得は200～299万円及び300～399万円が最も多くなっている。妻の所得は雇用形態によって特徴が見られ、「正規の職員・従業員」では分散している中で200～299万円が最も多いのに対して、「非正規の職員・従業員」では100万円未満が半数を超えている。夫婦の所得の組合せで最も割合が高いのは、妻が「正規の職員・従業員」の場合

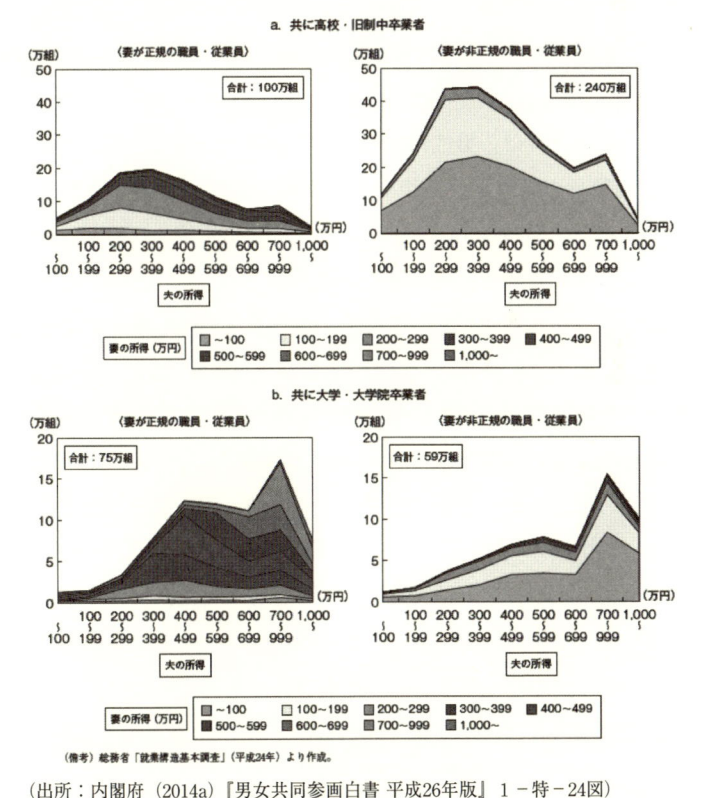

【図6－21　夫婦の学歴別・妻の雇用形態別共働き夫婦の所得の組合せ】

は夫が300〜399万円、妻が200〜299万円であり、妻が「非正規の職員・従業員」の場合は夫が300〜399万円、妻が100万円未満である。共に大学・大学院卒業者の夫婦の夫の所得は、妻の雇用形態にかかわらず、共に高校・旧制中卒業者の夫婦の夫よりも高い所得階級に多く分布している。妻の所得は、「正規の職員・従業員」の場合、共に高校・旧制中卒業者の夫婦の妻に比べて高い階級の間で分散しており、300〜399万円と400〜499万円が最も多くなっている。「非正規の職員・従業員」の場合は、共に高校・旧制中卒業者の夫婦の妻と同様、100万円未満が最も多くなっている。夫婦の所得の組合せで最も割合が高いのは、妻が「正規の職員・従業員」の場合は夫婦共に700〜999万円であり、妻が「非正規の職員・従業員」の場合は夫が700〜999万円、妻が100万円未満である（内閣府 2014a：http://www.gender.go.jp/about_danjo/whitepaper/h26/zentai/html/honpen/b1_s00_02.html）。

　以上のように、女性は、男性に比べて、高学歴であることが、同等以上の学歴で安定した職業の高収入が期待できる男性と結婚する確率が高まり、さらに、正規・非正規に関わらず、就業することで、結婚後に経済的に豊かな生活を手に入れることが可能となることがわかる。

　そうしたことから、長期にわたる経済不況とそれに伴う雇用の不安定化への不安が後押しをして、女性の大学進学率が上昇し続け（図6－4・表6－1）、女子学生と正規雇用の女性が、自分の学歴にふさわしい配偶者を見つけようとして、結婚相手に求める要求水準（「学歴」、「職業」、「経済力」、「仕事理解」、「家事・育児の能力」を「考慮・重視」する傾向）が高まる（図6－16）。

　その結果、高学歴の女性と中学歴（高卒）以下の女性との間で経済的及びライフコース上の格差が生じ、拡大することになる。また、女性からの結婚相手に求める高い要求水準に応えられない低学歴（中卒）で非正規雇用の男性は、配偶者が見つからず生涯未婚とならざるを得なくなり、男性の間でも学歴と就業状態による経済的及びライフコース上の格差が生じ、拡大することになる（図6－18）。

　このような男女それぞれの学歴と就業状態による経済的及びライフ・コース

上の格差について、山田昌弘は、『迷走する家族』(2005年)において、**表6－5**に基づいて、今日の日本社会において若者家族(35歳以下の成人の家族)の格差化について「若者家族の空中分解」として論じている。

山田によれば、現在の大多数の若者は、実現可能かどうかわからない新旧の家族モデルが提示され、どれを選んだらよいかわからない中で迷走し、「不本意なモデル」を選ばされているといえるのである。

そして、山田は、**表6－5**のように、現在の若者家族の状況を「勝ち組家族」「勝ち負けの先送り家族」「負け組家族」の3つに分けている。

「勝ち組家族」とは、様々なタイプの理想の家族モデルを形成する見通しがある若者家族であり、「負け組家族」とは、理想的な家族モデルの実現に失敗した若者家族である。また、「勝ち負けの先送り家族」とは、現時点で、理想的な家族モデルの形成を先送りしている若者家族である。これは、将来、理想的な家族の実現をめざしながら、結果的に夢に終わる確率が高く、将来の負け組家族である。

ここでの勝ち負けは、自分の選択したモデルが実現する者が「勝ち」で、自分の選択したモデルが実現しないのが「負け」という意味である。

そして、山田は、勝ち組、負け組、先送り組に分かれていく格差化の過程を「若者家族の空中分解」と呼んでいる(山田 2005：235-236)。

【表6－5　現在の若者家族】

[勝ち組家族] 豊かな生活＋自己実現＋子ども
(A) 夫婦フルタイム共働き
(B) 夫－高収入、妻－活動専業主婦
(C) 資産のある親にパラサイトできる夫婦
[勝ち負けの先送り家族] 子育て負担回避によって生活、自己実現維持
(D) DINKS：子どもを諦めれば、豊かな生活＋自己実現
(E) パラサイト・シングル：結婚しなければ、当面へ豊かな生活可能(多くは女性)
(F) 低収入独身者：収入が少なくて結婚できない人(多くは男性)
(E) (F) は、将来不良債権化する。依存する親が弱くなれば、生活水準下降
[負け組家族] 不安定な中で子育て、豊かな生活・自己実現不可能に
(G) 不安定就労同士のできちゃった結婚
(H) 夫失業などでの経済破綻
(I) 経済破綻による離婚

(出所：山田 2005：235)

山田のこの3つの家族のタイプ分けの根拠となっているのが、内閣府が2003年に公表した「若年層の意識実態調査」の結果（表6－6・7）である。

表6－6によれば、1年前と比較した暮らし向きについて、どのように感じているかを聞いてみると、未婚者については、「苦しくなってきた」と答える

【表6－6　暮らし向きの変化】

区分		苦しくなってきた	理由		
			収入の減少	扶養家族の増加	不動産の購入費用の負担
未婚		25.1	73.8	1.3	1.3
	親同居	26.3	74.9	0.9	1.4
	親非同居	19.2	65.2	4.3	－
既婚		42.5	53.4	25.1	6.8
	共働き世帯	32.5	55.3	23.7	5.3
	妻パート世帯	32.4	66.7	12.1	6.1
	専業主婦世帯	51.1	47.2	33.1	9.2

（備考）1．内閣府「若年層の意識実態調査」（2003年）により作成。
　　　2．「共働き世帯」は、夫婦とも正社員の世帯。
　　　3．「妻パート世帯」は、夫が正社員で、妻がパート・アルバイトをしている世帯。
　　　4．「専業主婦世帯」は、夫が正社員で、妻が専業主婦をしている世帯。
　　　5．「苦しくなってきた」は、「あなたは、ご自分の暮らし向きについて、1年前と比較してどのようにお感じになっていますか。（○は1つ）」という問に対して、「苦しくなってきたと思う」と回答した人の割合。
　　　6．「理由」は、「どちらかといえば苦しくなってきたと思う」と回答した人に対して「その理由は、次のうちどれですか。（○は1つ）」という問に対する6選択肢のうち3選択肢の回答割合。
　　　7．「収入の減少」は、「給与等の定期的な収入が減ったから」と回答した人の割合。「扶養家族の増加」は、「扶養家族が増えたから」と回答した人の割合。「不動産購入費用の負担」は、「土地・住宅等の不動産購入費用がかさんだから」と回答した人の割合。
　　　8．回答者は全国の20～34歳の学生・既婚者（離死別）を除く男女1,612人。

（出所：内閣府（2003）『平成15年版　国民生活白書』第3－1－9表）

【表6－7　夫が正社員の世帯の家計の状況】

夫婦の働き方	収入（万円／年）		自由に使えるお金（万円／月）		生活満足度（％）	
	世帯収入	夫の収入	夫	妻	夫	妻
共働き世帯	746	451	3.2	2.3	72.4	67.8
妻パート世帯	495	396	2.3	1.6	61.9	70.0
専業主婦世帯	488	427	2.1	1.0	67.0	75.7

（備考）1．内閣府「若年層の意識実態調査」（2003年）により作成。
　　　2．「共働き世帯」は、夫婦とも正社員の世帯。
　　　3．「妻パート世帯」は、夫が正社員で、妻がパート・アルバイトをしている世帯。
　　　4．「専業主婦世帯」は、夫が正社員で、妻が専業主婦をしている世帯。
　　　5．「世帯収入」は、親非同居の世帯の年間収入（税込み）の平均額。平均収入は、各階層に属する人すべての収入が、その階層の中間値（ただし、50万円未満は25万円、2,000万円以上は2,000万円）であると仮定して計算した。回答者は全国の学生を除く20～34歳の男女309人。
　　　6．「夫の収入」は、正社員の夫の年間収入（税込み）の平均値。平均値は、各階層に属する人すべての収入が、その階層の中間値（ただし、50万円未満は25万円、2,000万円以上は2,000万円）であると仮定して計算した。回答者は全国の学生を除く20～34歳の男性206人。
　　　7．「自由に使えるお金」は、1か月当たり、趣味やレジャーなど、自分のために（使おうと思えば）使えるお金の平均額。平均額は、各階層に属する人すべての金額が、その階層の中間値（ただし、2万円未満は1万円、30万円以上は30万円）であると仮定して計算した。回答者は全国の学生を除く20～34歳の男女498人。
　　　8．生活満足度は、「あなたは、全体として、現在の生活にどの程度満足していますか。あなたの考えに近いものをお答えください。（○は1つ）」という問に対して、「満足している」（「満足している」、「どちらかといえば満足している」と回答した人の合計）の割合。回答者は全国の学生を除く20～34歳の男女498人。

（出所：内閣府（2003）『平成15年版　国民生活白書』第3－1－7表）

第 6 章　格差社会と不平等　179

人（25.1％）が、「ゆとりが出てきた」と答える人（19.8％）を上回っている。

　そこで、「苦しくなってきた」と答える人を親同居・非同居別にみてみると、親同居者で26.3％、親非同居者で19.2％となっており、親同居者で「苦しくなってきた」と答える人の割合が高い。

　そして、苦しくなってきた理由についてみると、「給与等の定期的な収入が減ったから」と答える人の割合が最も高くなっている（親同居者74.9％、親非同居者65.2％）。親同居者はパート・アルバイトや無職の比率が高く、親非同居者に比べて収入が低く、不安定な職に就いている人が多いので、経済の低迷による影響を受けやすいと考えられる（内閣府 2003（http://www5.cao.go.jp/seikatsu/whitepaper/h15/honbun/html/15313010.html）。

　表6－7によれば、既婚者の年間収入（税込み）についてみると、世帯収入が多い順に、共働き世帯746万円、妻パート世帯495万円、専業主婦世帯488万円となっている。

　また、それぞれの世帯の夫の収入をみると、専業主婦世帯の夫の収入は427万円となっており、妻パート世帯の夫の収入396万円に比べて高い。夫の収入が高い専業主婦世帯では、妻が働かなくても家計が成り立つが、夫の収入が低い妻パート世帯では、妻が働いて家計を助けている場合も多いものとみられる（内閣府 2008：http://www5.cao.go.jp/seikatsu/whitepaper/h15/honbun/html/15312310.html）。

　そこで、山田は、**表6－5**にしたがって、「勝ち組家族」「勝ち負けの先送り家族」「負け組家族」それぞれについて、以下のように説明している。

　まず、（A）のタイプは、夫婦が高収入のフルタイムで共働きをし、かつ、子育てを行なう家族モデルのタイプである。このモデルにおいては、教員夫婦、公務員夫婦など、特に女性がフルタイムで共働きしやすい就労環境にあるもの、夫がフルタイムでも比較的家事・育児に時間が割けるもの、女性が医師や薬剤師、研究者等の専門職で職場復帰がしやすいものなどがあげられる。つまり、ニュー・エコノミーの影響を受けにくい公務員、教員、ニュー・エコノミーのもとで活躍できる中核的社員、専門社員などで将来の収入増が見込めて、か

つ、やりがいのある仕事に就いている男女のカップルである。子どもが小さいうちは、時間のやりくりや子どもの世話で大変であるが、子どもに手がかからなくなれば、十分に豊かな生活、そして、豊かさを背景にして、自分らしい生活を享受することができる。

　これは、1980年代に一般化した欧米の「平等主義的共働き家族」をモデルとしたものである（山田 2005：237-238）。

　（B）のタイプは、従来の戦後家族モデルに則った夫が生計を支える家族である。ニュー・エコノミーにより企業の中核的社員になれば若者でも高収入を得ることが可能である。その一人の収入で、専業主婦（ないしは専業主夫）を養って子どもを育てる家族モデルのタイプである。収入が相当あれば、専業主婦（主夫）は、趣味や趣味的仕事に就いて好きなことに打ち込むことができ、高収入の夫（妻）は、好きな仕事に打ち込むことができる。このように、豊かな家族生活と自己実現の両方を得ることが可能な家族モデルである。

　しかしながら、現在、多くの男性は、収入増が期待できる状況にない。また、専業主夫の生活を支えるほどの収入を稼ぐことのできる女性は男性よりも数が少ない。このような状況を踏まえると、戦後家族モデルを実現できる家族は、これからますます減少していくと考えられる（山田 2005：238-240）。

　（C）のタイプは、親の資産が十分な場合である。近年は、親が子ども家族の住宅ローンの頭金を出したり、二世帯住宅を建てたりするという事例がみられる。これは、経済的に余裕のある親世代が、若者家族の援助を行なう事例である。この場合は、夫や妻の収入が低くても、豊かな生活と子育ての両立が可能となる。パラサイト・シングルの延長線上で、パラサイト・カップルと呼ぶことのできるタイプである。

　この場合の親世代は、現在の70代～80代（1930年代～40年代生まれ）の親たちであり、若い頃苦労して資産を築き、豊かな生活を実現し、年金も十分にもらえる人が多い世代である。

　しかし、現在60代～50代の親たちの世代では、老後の生活では経済的な余裕が無くなり、子どもをパラサイトさせておく余裕のない家族が多数派になっ

てくると予想され、このタイプの若者家族は、今後減少して行くであろう（山田 2005：240-241）。

　次に、勝ち負けの先送り家族とは、当面の子育ての負担を回避することによって豊かな生活を維持し、将来自分らしい家族をつくることをめざすタイプである。

　ここには、(D) DINKS、(E) パラサイト・シングル（多くが女性）、(F) 自立している低収入独身者（多くは男性）が含まれる。

　(D) DINKS (Double Income No KidS) と呼ばれる子どもがいない共働き夫婦の家族は、子どもを持とうとすると、夫婦の一方（多くの場合は女性）が仕事を辞めざるを得ない状況にあり、一方だけの収入では子どもを育てながら豊かな生活ができないことが予想されるため、（夫婦のどちらかの収入が増えたり、共働きしても子どもを預けることができたりする見通しが高まるなどの）何らかの契機が見えないうちは、子どもを産み控えるのである。

　(E) と (F) は、従来の戦後家族モデルを実現できないために、結婚を先送りする若者である。(E) のパラサイト・シングルの女性は、いつか高収入の男性と出会うこと、(F) のフリーターなどの低収入の男性は、いつか収入が増える職に就くことができれば、結婚して、子どもを持って戦後家族モデルを実現することに復帰することを夢見ている。

　この中の何割かは、収入が高くなったり、共働きの見通しが立ったり、理想的な相手を見つけて結婚できるなど、勝ち組家族へと移行することが可能であるが、何割かは、理想的家族の形成に失敗し、負け組家族へと転落する。

　ここで、負け組家族への転落は、子どもを産むことや結婚を先送りしているうちに歳を重ねてしまい、その結果、子どもを持てなかったり、結婚できなかったりする場合である（山田 2005：241-243）。

　さらに、負け組家族は、不安定な経済状態の中で子育てをせざるを得ない状況に追い込まれ、豊かな生活も自分らしい生活もできなくなる若者家族である。これには、(G) 不安定就労者同士のできちゃった結婚、(H) 夫失業などで経済破綻した家族、(I) 経済破綻による離婚家族が含まれる。

(G) できちゃった結婚（「妊娠先行型結婚」）は、妊娠をきっかけに結婚に踏み切ることで形成される若者家族である。その結果、経済的に不安定で、まだ若いうちに子どもを育てる負担がかかるため、児童虐待が起きたり、夫婦関係が不安定な中で結婚生活が続けられなくなったりして、若年離婚の増加につながる可能性もある（山田 2005：244-245）。

　(H) 結婚した時点で、夫の収入が安定していても、現在の経済状況では、常に、収入低下、解雇、会社倒産のリスクに直面している。1998年以降、失業率が上昇し、経済的に立ち行かなくなる家族が増加している。

　(J) 家計が経済的に豊かであれば、結婚と愛情の分離で対処できるが、経済的に豊かでない、もしくは、経済的に破綻している上に、夫婦仲が良くなければ、経済的にも、心理的にも一緒にいる必要もなくなる。そのようにして、図6-22のように、1998年以降、夫の失業や収入低下をきっかけに離婚が急増しているのである（山田 2005：245-246）。

　そこで、次節では、山田昌弘の『「婚活」現象の社会学』（2010）での議論や内閣府の『少子化社会対策白書』等を手がかりにして現代日本の格差・少子化

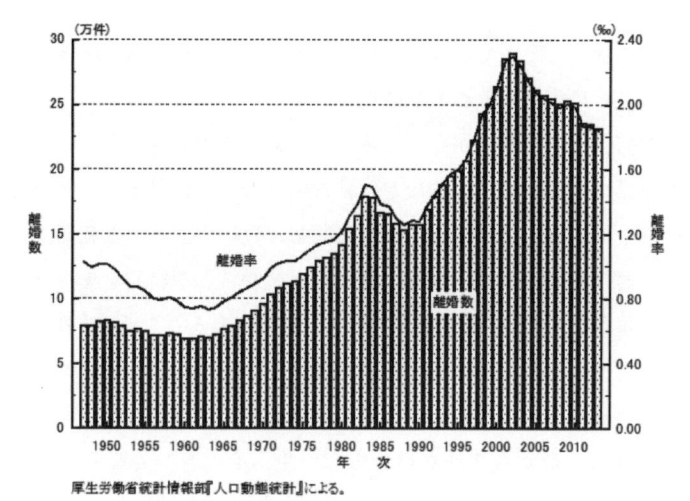

（出所：国立社会保障・人口問題研究所（2015）「―人口統計資料集（2015）―」図6-2）

【図6-22　離婚率の推移】

の課題について考察してみたい。

（4）格差・少子化社会の課題

　山田は、少子化に関する世間一般の認識と現実のギャップについて、1．少子化の主たる原因が結婚の減少にあることが語られない、2．結婚したくてもできないことが未婚化の原因であることが語られない、3．未婚女性の多くが男性に経済力を求めていることが語られないという3点を指摘している（山田 2010：18-22）。

　まず、1．結婚の減少、すなわち少子化の主因としての「未婚者の増大」について。人口学者や家族社会学者などの専門家の間では常識であるが、1980年代から90年代の少子化の要因は、ほぼ100％近くが未婚率の上昇によって説明され、2000年以降の既婚者の子ども数は減少傾向にあるが、それでも少子化の7割は未婚者の増大に起因している。しかし、世間一般では、保育所の不足など、既婚夫婦にとっての子どもの育てにくさばかりが報道され、政策の現場でも子育て支援のみが議論され、少子化の主因としての未婚者の増大にはまったく手がつけられてこなかった（山田 2010：19）。

　次に、2．「結婚したいけれども結婚できない」ことが未婚化の要因であることについて。未婚者についての各種調査結果や山田のインタビュー調査によれば、未婚者の9割程度は「いずれは結婚するつもり」と答えており、それは20～30年前からほとんど変化はなく、未婚者における結婚に対する魅力が衰えているわけではない。しかし、「未婚者が増える＝結婚したくない人が増える」と世間一般では短絡的に考えられてしまっていて、それが常識となっている。そこで、行政において「結婚のよさを宣伝しよう」などと見当外れな結婚対策が出てきてしまう。しかし、未婚者は、理想的な相手と理想的な結婚ができる見込みがあれば、すぐにでも結婚したいと考えているが、しかし、理想的な相手が見つからないから結婚できないのである（山田 2010：19-22）。

　そして、3．理想的な結婚相手に関して。女性は、結婚相手に「経済力」を求める。しかし、女性の期待に見合うだけの経済力を持つ男性の数が減少して

いることが、少子化の主因としての結婚難の原因であるが、世間一般にはこのことは知られていないどころか、これまで「隠されてきた」といえるであろう（山田 2010：22）。

　そこで、「仕事を続けたい女性が増え、結婚出産後仕事を続けたいから結婚しない」という俗説が世間一般に信じられている。確かに、結婚後仕事を続けたいという女性が増えていることは事実である。しかし、仕事を続けたいから「あえて」結婚しないという女性はめったにいない。むしろ、結婚後に仕事を続けたいと思っても、女性が結婚したいと思うような男性がいないのが基本的な原因である。実際には、女性は仕事を続けようが続けまいが、未だに、日本社会では、結婚後の経済生活は男性が担うという意識は強く、専業主婦志向の女性だけでなく、結婚後仕事を続けたいと思う女性も、自分以上に収入を得ている男性と結婚したいと望む傾向は強い（山田 2010：22）

　しかしながら、近年の長期にわたる経済不況の影響で、未婚若年者の非正規雇用化が進み、女性だけでなく、若年男性の経済力も低下している。その結果、女性から結婚相手と見なされない低収入の男性が増えたことが結婚の減少につながっている。さらに、未婚女性の非正規雇用化は、結婚相手として高い収入の男性を求めざるをえない傾向を強めるために、ますます経済力の安定した未婚男性が不足するのである（山田 2010：22－23）。

　このように少子化と未婚者の増大に関する現実と世間一般の認識のズレを指摘した上で、山田は、自らが実施した未婚者を対象にした各種の調査結果に基づいて、未婚者の現状認識と現実のギャップについても次の4点を指摘している。まず、①結婚希望はある（特に30歳過ぎのフリーター女性は相手がいればすぐにでもという人が多かった）、②多くの未婚者は経済的に安定した親と同居しているから当面の経済的不安はない（特に非正規の女性未婚者はほとんど親と同居している）、③結婚後の家計維持を男性に期待する意識は男女ともに弱まっていない（特に非正規の女性は、それを当然とする意識が強い）、④男女とも理想的な相手が出現することを信じて待っている（恋人がいる女性でも高収入の男性と出会えばそちらに乗り換えるという人もいた）（山田 2010：23－24）。

この4点の最後について、山田は、以下のようにインタビュー調査に基づいて、詳細に論じている。まず、収入が低く職業が不安定な男性は、自分を結婚対象として見てくれる女性がいないという現実を実感しつつ、「自分が高収入になる夢」か「低収入の自分を好きになってくれる人と出会えるという夢」を見ている。他方で、非正規女性の大多数は、安定収入で優しい男性と出会えて結婚できるはずであると信じていた。自分で稼ぐ見通しがないので、結婚後の経済生活は結婚相手の男性にかかってくる。すると、必然的に、年収200万円の契約社員女性が「結婚相手の年収は800万円くらいなければ生活できない」というように、非正規女性が期待する男性の所得水準は高くなる。しかし、正規雇用の女性の場合も、「自分より年収が高い人や尊敬できる人」（暗黙に、高学歴、専門職を想定している）というように、高収入男性を結婚相手として求める傾向は同様である（山田 2010：24-25）。

山田は、インタビュー調査から導き出した、未婚者女性の結婚相手の収入に関する現状に認識と現実のギャップについて**表6-8**を提示し、女性が結婚したいと思う男性の年収と現実の未婚男性年収には、地方、東京ともに相当のギャップがあり、未婚男性は自分が低収入でも結婚してくれる女性が現れることを信じ、未婚女性は年収が高い男性と出会えることを信じていると指摘している（山田 2010：25-26）。

以上のように未婚者の現状認識と現実のギャップを明示した上で、山田は、行政の少子化担当者の現状認識と対策の問題点を指摘している。地方では、未婚女性が大都会に出て行った結果、見かけ上は合計特殊出生率は都会よりも高

【表6-8　男性未婚者の年収と未婚女性の結婚相手としての男性に対して期待する年収】

青森	未婚男性の年収	200万円以下 (47.9%)	200-400万円 (49.6%)	400-600万円 (1.7%)	600万円以上 (0.9%)
	未婚女性の期待	こだわらない (30.5%)	200万円以上 (16.1%)	400万円以上 (39.8%)	600万円以上 (13.6%)
東京	未婚男性の年収	200万円以下 (33.8%)	200-400万円 (43.2%)	400-600万円 (19.5%)	600万円以上 (3.5%)
	未婚女性の期待	こだわらない (29.7%)	200万円以上 (4.3%)	400万円以上 (26.8%)	600万円以上 (39.2%)

(出所：山田 2010：2)

いが（分母となる出産可能年齢の女性の数が減ったため）、生まれてくる子どもの絶対数は激減しており、少子化対策は地域の存続に関わる切実な問題となっている。しかし、地方には、高収入の正規雇用の未婚女性はほとんど存在しておらず、また、収入が安定した未婚男性の数も少ないのが現状である。少子化対策としての結婚推進事業は、主に農業後継者男性の結婚対策（外国人花嫁事業もその一環）として始められ、2000年代に入ると、地域の少子化対策の一環とし、市町村、道府県で結婚推進事業が進められてきた（山田 2010：26-27）。

　しかし、地方自治体の少子化担当者の現状認識と現実のギャップ、すなわち、「未婚者同士は、会って好きになればどんな条件でも結婚するはず」という希望的観測があり、収入が不安定であること、きつい農作業を我慢すること、親と同居することなどの不利な条件があっても、「お互いに好きになれば、どんな結婚生活でも我慢するはず」という「恋愛至上主義」が特に男性と年配者の間に多く見られる。したがって、数多くの男女を出会わせれば、好きになる男女も出てくるだろう、好きになれば結婚するだろうという希望的観測に基づいて「出会い事業」が行われることになる（山田 2010：27-28）。

　しかし、このような行政の少子化担当者や地方の男性や年配者の現状認識は、未婚者の現実とギャップがある。つまり。未婚女性にとって、稼ぎの悪い男性は魅力のない男性として見なされ、そもそも好きになる可能性は低い。また、長期的な経済不況の中で生活に不安を抱える多くの未婚の若者にとって、理想的な結婚生活を送るために、結婚相手を選ぶ基準として、一時的な恋愛感情よりも、現実の生活条件を重視するようになっており、未婚者の結婚観の中から「恋愛至上主義」が急速に失われつつある。したがって、現実には、多くの未婚の男女を出会わせても、それがすぐに結婚に結び付く可能性は低いのである（山田 2010：27-28）。

　そこで、山田は「婚活」を提唱することによって、2つのことを示そうとした。まず、1つ目は、結婚相手はただ黙っていたのでは現れないという現実である。1980年頃までは、職場結婚や見合いの斡旋が多かったことによって、待っ

ていても、結婚するのに適当な相手と巡り会うことができた。しかし、現在では、何もせずに、結婚にふさわしい相手と巡りあう確率は低下しているので、待っていたのでは一生結婚できないというのが現実である。そこで、「失敗を恐れずに」結婚を希望する未婚者が積極的に結婚相手の探索を行うことを推奨したのである（山田 2010：32-34）。

2つ目が、「妻子を養って豊かな生活を送ることができる未婚男性の激減」という現実がある。つまり、1990年以降、若年男性の収入は相対的に低下している。特に、1997年の金融危機以降、**表6-9**のように、若年男性の非正規雇用が増大している。さらに、正社員であっても、雇用は安定しているとは言えず、収入が年功序列で増大するとは限らない状況となっている。このように、

【表6-9　調査別に見た未婚者の就業状況の構成比】

【男性】

就業の状況 （従業上の地位）	第8回調査 (1982年)	第9回調査 (1987年)	第10回調査 (1992年)	第11回調査 (1997年)	第12回調査 (2002年)	第13回調査 (2005年)	**第14回調査** **(2010年)**
正規の職員	63.7 %	62.7	61.7	57.7	45.2	47.9	45.7
パート・アルバイト	2.4	2.1	2.1	7.7	10.9	10.5	8.9
派遣・嘱託（・契約）	-	-	-	-	1.9	6.3	5.5
自営・家族従業等	8.5	7.4	3.7	5.8	5.5	5.6	4.5
無職・家事	3.2	2.7	2.3	3.3	7.0	6.4	8.5
学生	21.2	23.6	28.7	21.0	23.3	20.5	22.3
その他	0.0	0.3	0.5	1.2	0.0	0.0	0.0
不詳	1.1	1.2	0.9	3.2	6.2	2.8	4.7
総数（18～34歳） （集計客体数）	100.0 % (2,732)	100.0 (3,299)	100.0 (4,215)	100.0 (3,982)	100.0 (3,897)	100.0 (3,139)	100.0 (3,667)

【女性】

就業の状況 （従業上の地位）	第8回調査 (1982年)	第9回調査 (1987年)	第10回調査 (1992年)	第11回調査 (1997年)	第12回調査 (2002年)	第13回調査 (2005年)	**第14回調査** **(2010年)**
正規の職員	66.4 %	65.6	66.1	54.4	44.5	40.8	41.4
パート・アルバイト	3.7	3.9	4.5	14.1	16.3	13.5	14.7
派遣・嘱託（・契約）	-	-	-	-	4.8	10.6	8.1
自営・家族従業等	2.7	2.5	1.1	2.3	2.5	1.6	1.8
無職・家事	9.7	7.1	5.3	5.7	8.1	6.8	7.6
学生	16.0	19.7	21.8	20.4	18.7	24.3	22.4
その他	0.0	0.5	0.4	1.1	0.0	0.0	0.0
不詳	1.5	0.7	0.8	1.9	5.1	2.3	4.0
総数（18～34歳） （集計客体数）	100.0 % (2,110)	100.0 (2,605)	100.0 (3,647)	100.0 (3,612)	100.0 (3,494)	100.0 (3,064)	100.0 (3,406)

（出所：国立社会保障・人口問題研究所（2012）「第14回出生動向基本調査　結婚と出産に関する全国調査（独身者調査）」表1-7）

若年男性の経済力が低下している中では、いくら未婚者の出会いが増えても、「結婚後は男性が主に経済的負担を引き受ける」という結婚形態を望むならば、それが実現する確率はきわめて低くなる。したがって、男性は結婚後に家事や育児を引き受けることを覚悟し、女性は結婚後も仕事をし続けることを覚悟した上で結婚相手への要求水準を引き下げることが、結婚後に経済的に困らない生活ができることになり、結婚可能性を高める方策となることを山田は示したのである（山田 2010：34-36）。

もちろん、山田は、このような方策を若年未婚者が取らなければならない社会状況、すなわち、若年労働者の収入格差と雇用格差が広がり、低収入の未婚男女が増大しているにもかかわらず、現在の社会保障制度では、正規雇用の共働き夫婦には有利であるが、非正規雇用者の共働き夫婦には不利な状況なので、結婚・出産後に女性が働き続けられるような社会状況につながる政策を政府などが行う必要性について言及はしているが、しかし、具体的な対策は示していない（山田 2010：36）。

そこで、内閣府が実施した『平成25年度「少子化社会対策大綱の見直しに向けた意識調査」報告書』における政府の「未婚者に対する結婚支援」に関する調査結果に基づいて、未婚者への結婚支援の対策のあり方について論じることにする。

まず、政府の「少子化社会対策大綱」は、「少子化社会対策基本法」（平成15（2003）年7月30日制定）に基づき、国の基本施策として策定（平成16（2004）年6月4日に閣議決定）された。この大綱における未婚者に対する結婚支援としては、「2 少子化の流れを変えるための3つの視点」のうちの一つとして、「（1）自立への希望と力『若者の自立が難しくなっている状況を変えていく。』」が示され、「3 少子化の流れを変えるための4つの重点課題」の一つとして「（1）若者の自立とたくましい子どもの育ち」として若者の就業・就学支援があげられ、「重点課題に取り組むための28の行動」の中に「（1）若者の就労支援」があり、「『若者自立・挑戦プラン』（平成15（2003）年6月10日文部科学大臣・厚生労働大臣・経済産業大臣・経済財政政策担当大臣合

意）に基づき、若者の職業的自立を促進する」ことが提示されている（内閣府 2004：http://www8.cao.go.jp/shoushi/shoushika/law/t_mokuji.html）。

そして、「大綱」に基づいて、子育て支援の方向性についての総合的なビジョンである「子ども・子育てビジョン」が策定（平成22（2010）年1月29日閣議決定）され、「施策の具体的内容」の中に「若者の自立した生活と就労に向けた支援」への取り組みとして、「非正規雇用対策の推進」と「若者の就労支援」が提示されている（内閣府 2010：http://www8.cao.go.jp/shoushi/shoushika/family/vision/index.html）。

これらの支援策が、効果を上げているか否かを点検・評価するために、「大綱」に基づいて、平成25年度「少子化社会対策大綱の見直しに向けた意識調査」が実施され、今後に向けた施策の効果的推進を図るために、インターネット調査を通じて、取組状況等に関する国民の評価や意識の把握が試みられた（内閣府 2013：http://www8.cao.go.jp/shoushi/shoushika/research/h25/taiko/1_1.html#sec1）。

以下では、「未婚者に対する結婚支援」に関する調査結果から、その支援策の課題を明らかにしてみたい。

未婚者に対する結婚支援として重要だと思うものについて質問したところ、図6-23のように、20歳～59歳の男女では「給料を上げて、安定した家計を営めるよう支援する」（47.3%）が最も高く、次いで「夫婦がともに働き続けられるような職場環境の充実」（45.8%）、「雇用対策をして、安定した雇用機会を提供する」（45.7%）となっている。

39歳以下の未婚の男女では「給料を上げて、安定した家計を営めるよう支援する」（49.2%）が最も高く、他の分類に比べて「未婚者の結婚支援サービスを提供する（低価格の結婚あっせん所や出会いの場の提供など）」（20.4%）が高くなっている（内閣府 2013：http://www8.cao.go.jp/shoushi/shoushika/research/h25/taiko/2_1_1.html#sec1）。

このように、給料が低く家計が不安定であることが、未婚者が結婚する際の最大の要因であり、それを是正するための政府の支援が不十分であることが読

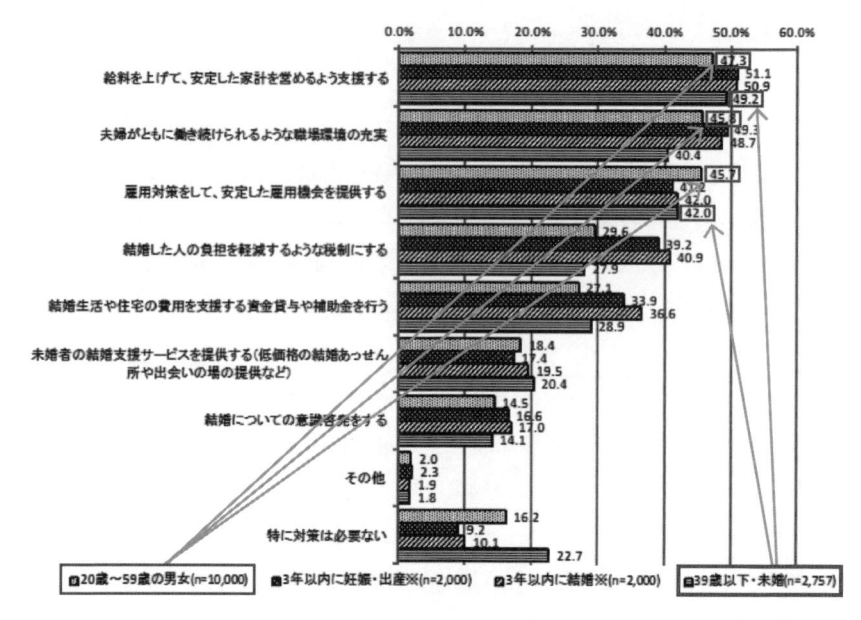

(出所：内閣府（2013b）「平成25年度『少子化社会対策大綱の見直しに向けた意識調査』報告書」)

【図6－23 「未婚者に対する結婚支援」（全体）】

み取れるが、また、39歳以下の未婚の男女では、「雇用対策をして、安定した雇用機会を提供する」(42.0%)が2番目に回答した割合が高く、雇用が不安定なことも、未婚者が結婚する際の大きな要因となっており、未婚者にとって、それに対する政府の支援が不十分であるということが窺える。

他方で、39歳以下の未婚の男女を性別／就業形態別でみると、**表6－10**のように「夫婦がともに働き続けられるような職場環境の充実」を選ぶ割合が、女性（50.6%）は男性（33.8%）より高く、特に女性の学生では62.6%と他の属性に比べて高くなっている。また、全体で回答された割合が最も高い「給料を上げて、安定した家計を営めるよう支援する」(49.2%)については、女性（52.2%）の方が男性（47.2%）よりも回答した割合が高く、女性の中では、「無職」(60.2%)が最も高く、「パートタイム・アルバイト・非常勤」(58.5%)と「契約・派遣・嘱託社員」(57.1%)がそれに次いでいる。男性の中では、「契

【表6－10 「未婚者に対する結婚支援」（39歳以下の未婚の男女 性別／就業形態別）】

	給料を上げて、安定した家計を営めるよう支援する	夫婦がともに働き続けられるような職場環境の充実	雇用対策をして、安定した雇用機会を提供する	結婚した人の負担を軽減するような税制にする	結婚生活や住宅の費用を支援する資金貸与や補助金を行う	未婚者の結婚支援サービスを提供する（低価格の結婚あっせん所や出会いの場の提供など）	結婚についての意識啓発をする	その他	特に対策は必要ない
全体 (n=2,757)	49.2	40.4	42.0	27.9	28.9	20.4	14.1	1.8	22.7
男性 (n=1,667)	47.2	33.8	39.1	29.6	27.2	19.6	13.3	1.7	26.4
正社員、正規職員 (n=773)	48.1	35.1	33.4	30.1	30.7	21.3	13.8	1.8	24.5
契約・派遣・嘱託社員 (n=93)	49.5	20.4	49.5	18.3	20.4	18.3	9.7	0.0	31.2
パートタイム・アルバイト・非常勤 (n=186)	47.3	30.6	45.2	23.7	22.6	17.7	11.8	0.5	32.3
自営業・自由業・家族従業・内職・その他の仕事 (n=101)	38.6	34.7	40.6	31.7	24.8	19.8	14.9	0.0	24.8
学生 (n=340)	47.4	35.3	41.8	36.5	25.6	19.4	14.7	1.8	24.7
無職 (n=173)	46.8	35.8	46.8	25.4	24.3	14.5	10.4	4.0	30.6
女性 (n=1,090)	52.2	50.6	46.3	25.3	31.7	21.7	15.5	1.9	17.0
正社員、正規職員 (n=405)	48.6	50.1	36.0	23.5	32.1	22.5	12.6	1.7	19.5
契約・派遣・嘱託社員 (n=126)	57.1	43.7	57.1	27.8	36.5	21.4	23.8	1.6	7.9
パートタイム・アルバイト・非常勤 (n=176)	58.5	47.7	51.1	30.7	31.8	26.1	14.2	2.3	16.5
自営業・自由業・家族従業・内職・その他の仕事 (n=40)	52.5	47.5	50.0	37.5	25.0	22.5	27.5	5.0	15.0
学生 (n=227)	47.1	62.6	46.7	25.1	30.4	15.0	17.6	0.9	15.4
無職 (n=113)	60.2	40.7	61.9	16.8	29.2	24.8	10.6	3.5	23.0

(出所：内閣府 (2013b)「平成25年度『少子化社会対策大綱の見直しに向けた意識調査』報告書」)

約・派遣・嘱託社員」(49.5%) が最も高く、次が「正社員・正規職員」(48.1%) である。そして、全体で回答された割合が2番目に高い「雇用対策をして、安定した雇用機会を提供する」(42.0%) についても、女性 (46.3%) の方が男性 (39.1%) よりも回答した割合が高く、女性の中では、「無職」(61.9%) が最も高く、「契約・派遣・嘱託社員」(57.1%) と「パートタイム・アルバイト・非常勤」(51.1%) がそれに次いでいる。男性の中では、「契約・派遣・嘱託社員」(49.5%) が最も高く、「無職」(46.8%) と「パートタイム・アルバイト・非常勤」(45.2%) の順に高い (内閣府 2013b：http://www8.cao.go.jp/shoushi/shoushika/research/h25/taiko/2_1_1.html#sec1)。

　上記の3つの項目について、男性より女性の方が、「未婚者に対する結婚支援」への要求水準が高いことがわかる。また、「給料を上げて、安定した家計を営めるよう支援する」と「雇用対策をして、安定した雇用機会を提供する」については、男女とも非正規雇用と無職の人が回答する割合が高い。

　ここで、特徴的なのは、「給料を上げて、安定した家計を営めるよう支援する」については、男性では「正社員・正規職員」が2番目に回答率が高く、正規雇用の男性でも結婚するために必要な給料が十分得られていないことが窺える。

　表6−10で上位3位までの項目は、「未婚者に対する結婚支援」の中で政府の取り組みが不十分なものであるとも考えられるであろう。

　ところで、表6−11・12のように、未婚者が「結婚生活を送っていく上で不安に思うこと」に関する男女別・雇用形態別のおよび男女別・収入別の調査結果からも、未婚化の最大の要因が、経済的な問題であることがわかる。

　すなわち、39歳以下の未婚の男女を性別／就業形態別でみると、「経済的に十分な生活ができるかどうか」について、男性の契約・派遣・嘱託社員では61.3%、女性の無職で63.7%と契約・派遣・嘱託社員で61.1%、女性のパートタイム・アルバイト・非常勤では60.8%と高くなっている。また、「雇用が安定していない」についても、男性の契約・派遣・嘱託社員では55.9%と全体に比べて32.0ポイント高くなっており、非正規雇用の者で経済面や雇用面での不安が高いことがうかがわれる。また、39歳以下の未婚の男女を性別／個人年収別で

【表6－11 「結婚生活を送っていく上で不安に思うこと」(39歳以下の未婚の男女　性別／就業形態別)】

	経済的に十分な生活ができるかどうか	配偶者や自分の親の介護	配偶者の親族とのつきあい	子どもの教育やしつけ	出産・子育て	自分の時間が失われる	仕事と家庭の両立ができるか	配偶者と心が通わなくなる	雇用が安定していない	配偶者との家事分担	子どもを授かるかどうか	その他	わからない・特にない
全体 (n=2,757)	50.1	26.1	35.7	27.3	29.4	35.3	28.1	25.4	23.9	19.5	16.7	0.7	14.8
男性 (n=1,667)	49.1	19.3	26.5	23.7	20.9	32.5	22.7	21.4	24.8	14.7	11.4	0.6	18.7
正社員、正規職員 (n=773)	44.5	19.8	25.0	22.4	21.7	34.7	23.5	20.7	15.4	15.3	11.9	0.6	16.4
契約・派遣・嘱託社員 (n=93)	61.3	22.6	22.6	24.7	20.4	32.3	19.4	14.0	55.9	12.9	7.5	0.0	14.0
パートタイム・アルバイト・非常勤 (n=186)	54.8	17.2	28.5	21.0	19.4	33.9	19.9	15.6	43.0	11.3	12.4	0.5	24.2
自営業・自由業・家族従業・内職・その他の仕事 (n=101)	48.5	13.9	21.8	19.8	14.9	24.8	16.8	17.8	15.8	14.9	13.9	2.0	25.7
学生 (n=340)	50.9	18.8	28.2	27.9	21.5	31.8	28.8	25.9	22.1	16.2	10.6	0.3	17.1
無職 (n=173)	54.3	21.4	32.4	26.0	22.0	27.2	15.6	28.3	41.6	13.9	10.4	1.2	23.7
女性 (n=1,090)	51.6	36.5	49.7	32.8	42.3	39.5	36.2	31.6	22.6	26.8	24.9	0.9	9.0
正社員、正規職員 (n=405)	44.2	33.6	43.5	29.1	41.7	35.3	41.7	25.4	13.3	25.9	27.2	0.7	9.9
契約・派遣・嘱託社員 (n=126)	61.1	39.7	45.2	26.2	40.5	43.7	35.7	30.2	32.5	23.8	31.7	0.0	5.6
パートタイム・アルバイト・非常勤 (n=176)	60.8	43.2	63.6	37.5	47.2	48.9	31.3	39.2	30.1	27.3	23.9	1.1	9.7
*自営業・自由業・家族従業・内職・その他の仕事 (n=40)	50.0	32.5	45.0	27.5	32.5	50.0	30.0	30.0	42.5	17.5	15.0	5.0	7.5
学生 (n=227)	46.3	30.8	44.5	39.6	44.1	37.4	38.8	32.6	18.1	29.1	24.7	0.0	8.8
無職 (n=113)	63.7	46.9	68.1	34.5	38.9	37.2	22.1	41.6	35.4	31.9	15.0	2.7	8.8

(出所：内閣府 (2013b)「平成25年度『少子化社会対策大綱の見直しに向けた意識調査』報告書」)

【表6-12 「結婚生活を送っていく上で不安に思うこと」(39歳以下の未婚の男女　性別／年収別)】

	経済的に十分な生活ができるかどうか	配偶者や自分の親の介護	配偶者の親族とのつきあい	子どもの教育やしつけ	出産・子育て	自分の時間が失われる	仕事と家庭の両立ができるかどうか	配偶者と心が通わなくなる	雇用が安定していない	配偶者との家事分担	子どもを授かるかどうか	その他	わからない・特にない
全体 (n=2,757)	50.1	26.1	35.7	27.3	29.4	35.3	28.1	25.4	23.9	19.5	16.7	0.7	14.8
男性 (n=1,667)	49.1	19.3	26.5	23.7	20.9	32.5	22.7	21.4	24.8	14.7	11.4	0.6	18.7
300万円未満 (n=937)	54.5	19.7	27.2	24.8	21.1	29.8	23.4	22.3	30.4	15.2	11.8	0.7	17.6
300万円～500万円未満 (n=442)	46.4	20.6	25.1	22.4	21.7	37.1	22.6	20.4	14.5	14.3	10.9	0.7	14.7
500万円～700万円未満 (n=102)	33.3	17.6	25.5	29.4	22.5	46.1	22.5	23.5	11.8	15.7	11.8	0.0	14.7
*700万円～1,000万円未満 (n=25)	20.0	16.0	20.0	20.0	16.0	40.0	36.0	16.0	12.0	16.0	12.0	0.0	28.0
女性 (n=1,090)	51.6	36.5	49.7	32.8	42.3	39.5	36.2	31.6	22.6	26.8	24.9	0.9	9.0
300万円未満 (n=790)	54.6	35.9	51.4	33.0	43.2	39.4	34.8	32.4	25.6	27.0	23.7	1.0	8.7
300万円～500万円未満 (n=159)	43.4	36.5	42.8	31.4	42.1	37.7	42.8	25.2	12.6	28.3	30.2	1.3	6.9
*500万円～700万円未満 (n=19)	10.5	42.1	52.6	26.3	26.3	57.9	68.4	36.8	0.0	42.1	26.3	0.0	15.8

(出所：内閣府 (2013b)「平成25年度『少子化社会対策大綱の見直しに向けた意識調査』報告書」)

みると、男女ともに「年収が300万円未満」では、「年収が300万円以上」に比べ、「経済的に十分な生活ができるかどうか」と「雇用が安定していない」を挙げる者の割合が高くなっている

　（内閣府 2013b：http://www8.cao.go.jp/shoushi/shoushika/research/h25/taiko/2_1_1.html#sec1）。

　上記のような調査結果に基づいて、まず、『平成26年版　少子化社会対策白書』の「第1部　少子化対策の現状と課題　第2章　少子化対策の取組　第3節　最近の少子化対策【特集】」の「コラム　結婚・妊娠・出産支援に関する

意識」において「未婚者に対する結婚支援」に関する調査結果（**図6-23・表6-11**）が掲載され、少子化対策の一環として新たに「未婚者に対する結婚支援」を加える方向性が示されている（内閣府 2014b：http://www8.cao.go.jp/shoushi/shoushika/whitepaper/measures/w-2014/26webhonpen/html/b1_s2-3.html）。

そして、同白書の「第2部　少子化社会対策の具体的実施状況　第1章　子どもの育ちを支え、若者が安心して成長できる社会へ　第2節　意欲を持って就業と自立に向かえるように」の中の「1．若者の自立した生活と就労に向けた支援に取り組む」において、これまで政府が労働政策として取り組んできた、1）非正規雇用対策の推進、2）若者の就労支援について概要が示されている（内閣府 2014：http://www8.cao.go.jp/shoushi/shoushika/whitepaper/measures/w-2014/26webhonpen/html/b2_s1-2.html）。

同白書で方向性が示され、「少子化社会対策大綱」の見直しが行われた（平成27（2015）年3月20日閣議決定）。そして、「大綱」本文の「重点課題」において、「(2) 若い年齢での結婚・出産の希望が実現できる環境を整備する」の項目「（経済的基盤の安定）」の中で「若者の雇用の安定」があげられており（内閣府 2015：http://www8.cao.go.jp/shoushi/shoushika/law/pdf/shoushika_taikou2.pdf）、「大綱」の「別添1　施策の具体的内容」において、「若者の雇用の安定」に関して以下のように記載されている。

---

(2) 若い年齢での結婚・出産の希望が実現できる環境を整備する。
　①経済的基盤の安定
　　（若者の雇用の安定）
　○若者の就労支援
　・仕事と生活の調和（ワーク・ライフ・バランス）の視点も含めた勤労観・職業観や社会的・職業的自立に必要な能力等をはぐくむキャリア教育・職業教育、新卒応援ハローワークにおける新卒者等の安定就労への支援、わかものハローワーク、ジョブカフェ、地域若者サポートステーション、ジョブ・カード制度などによるフリーター・ニート等の正規雇用に向けた支援を実施するとともに、就職準備段階から、就職活動段階、就職後の定着やキャリア形成に至るまでの若者雇用対策が社会全体で推進されるよう、法的整備

を行い、総合的かつ体系的な対策を推進する。
○非正規雇用対策の推進
・意欲と能力に応じ、非正規雇用から正規雇用へ移行できるようにするとともに、就業形態にかかわらず、公正な処遇や能力開発の機会が確保されるようにするなど、非正規雇用対策を推進する

(内閣府 2015：http://www8.cao.go.jp/shoushi/shoushika/law/pdf/shoushika_taikou2_b1.pdf)

上記の「若者の雇用の安定」対策として、若者の就労支援も必要であろうが、『平成26年版　少子化社会対策白書』に掲載されている若者の就業状況や経済状況に関する各種統計資料（図6－24・25・26・27）を踏まえれば、非正規雇用対策の推進こそが、若者の未婚化と直結する喫緊の課題であることは明ら

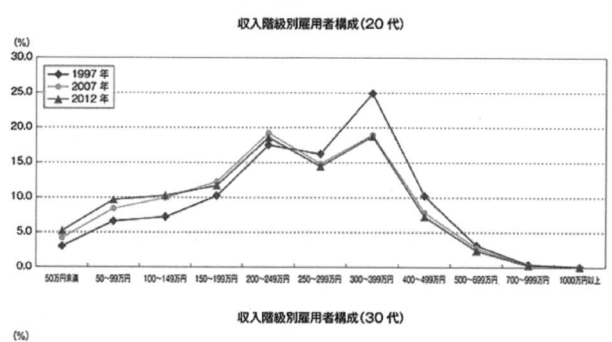

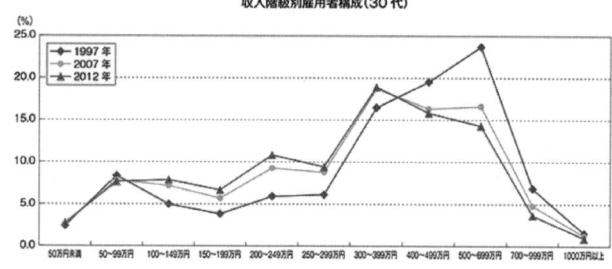

資料：総務省統計局「就業構造基本調査」

(出所：内閣府（2014b)『平成26年版　少子化社会対策白書』第1－1－16図)

【図6－24　子育て世代の所得分布】

第6章 格差社会と不平等　197

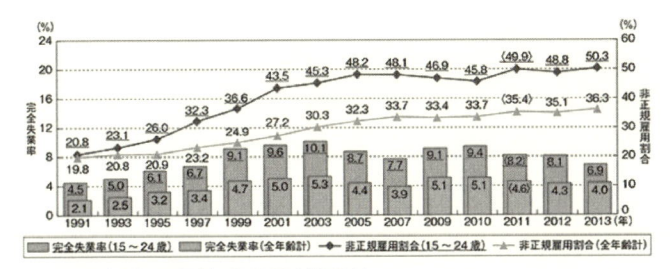

（資料：総務省統計局「労働力調査」、「労働力調査特別調査」
注：1．非正規雇用割合については、2001年までは「労働力調査特別調査」（2月調査）、2002年以降は「労働力調査（詳細集計）」（1～3月平均）による。
調査月（2001年までは各年2月、2002年以降は1～3月平均の値）が異なることなどから、時系列比較には注意を要する。
2．労働力調査では、2011年3月11日に発生した東日本大震災の影響により、岩手県、宮城県及び福島県において調査実施が一時困難となった。
ここに掲載した、2011年の〈　〉内の数値は補完的に推計した値（2005年国勢調査基準）である。

（出所：内閣府（2014b）『平成26年版　少子化社会対策白書』第1-1-17図）

【図6-25　若年者の完全失業率と非正規雇用割合】

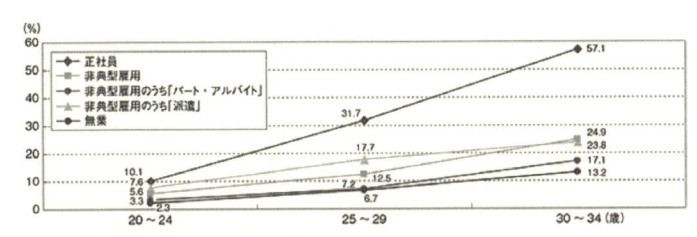

資料：労働政策研究・研修機構「若年者の就業状況・キャリア・職業能力開発の現状」（2009年）
注：就労形態分類については、「若年者の就業状況・キャリア・職業能力開発の現状」における定義（下記）による。
・非典型雇用
パート、アルバイト、労働者派遣事業所の派遣社員、契約社員・嘱託など、正社員以外の呼称で働いている被雇用者

（出所：内閣府（2014b）『平成26年版　少子化社会対策白書』第1-1-18図）

【図6-26　就労形態別配偶者のいる割合（男性）】

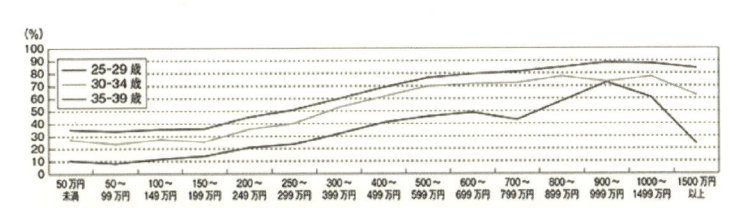

出典：労働政策研究・研修機構「若年者の就業状況・キャリア・職業能力開発の現状」（2009年）

（出所：内閣府（2014b）『平成26年版　少子化社会対策白書』第1-1-19図）

【図6-27　年収別配偶者のいる割合（男性）】

かであろう。

[参考文献]

・厚生労働省（2014）「平成26年賃金構造基本統計調査　結果の概況」
　　（http://www.mhlw.go.jp/toukei/itiran/roudou/chingin/kouzou/z2014/）
・国立社会保障・人口問題研究所（2012）「第14回出生動向基本調査　結婚と出産に関する全国調査（夫婦調査）」
　　（http://www.ipss.go.jp/ps-doukou/j/c_db_14/c_db_14.html）
・国立社会保障・人口問題研究所（2015）「―人口統計資料集（2015）―」図6－2
　　（http://www.ipss.go.jp/syoushika/tohkei/Popular/Popular2015.asp?chap=0）
・白波瀬佐和子（2005）『少子高齢社会の見えない格差―ジェンダー・世代・階層のゆくえ―』東京大学出版会
・白波瀬佐和子編著（2008）『リーディングス　戦後日本の格差と不平等　第3巻』日本図書センター
・清家　篤（2013）『雇用再生』NHK出版
・盛山和夫編著（2008）『リーディングス　戦後日本の格差と不平等　第1巻』日本図書センター
・橘木俊詔（2013）『「機会不平等」論』PHP研究所
・内閣府「国民生活に関する世論調査」
　　（http://survey.gov-online.go.jp/index-ko.html）
・内閣府（2003）『平成15年版　国民生活白書』
　　（http://www5.cao.go.jp/seikatsu/whitepaper/h15/honbun/index.html）
・内閣府（2013a）『男女共同参画白書 平成25年版』
　　（http://www.gender.go.jp/about_danjo/whitepaper/h25/zentai/index.html）
・内閣府（2013b）「平成25年度『少子化社会対策大綱の見直しに向けた意識調査』報告書」
　　（http://www8.cao.go.jp/shoushi/shoushika/research/h25/taiko/index.html）
・内閣府（2014a）『男女共同参画白書 平成26年版』

(http://www.gender.go.jp/about_danjo/whitepaper/h26/zentai/index.html)
・内閣府（2014b）『平成26年版　少子化社会対策白書』
　（http://www8.cao.go.jp/shoushi/shoushika/whitepaper/measures/w-2014/
　26webhonpen/index.html）
・内閣府（2015）「少子化社会対策大綱（平成27年3月20日閣議決定）」
　（http://www8.cao.go.jp/shoushi/shoushika/law/taikou2.html）
・原　純輔編著『リーディングス　戦後日本の格差と不平等　第2巻』日本図書センター
　2008年
・藤見純子・西野理子編（2009）『現代日本の家族──NFRJからみたその姿』有斐閣
・本川　裕「社会実情データ図録」
　（http://www2.ttcn.ne.jp/honkawa/）
・文部科学省「学校基本調査──平成26年度（確定値）結果の概要──」
　（http://www.mext.go.jp/b_menu/toukei/chousa01/kihon/kekka/
　k_detail/1354124.htm）
・山田昌弘（2005）『迷走する家族』有斐閣
・山田昌弘編著（2010）『「婚活」現象の社会学』東洋経済

第7章　情報化の進展と社会生活の変容

（1）情報化とは何か

　林雄二郎の情報化の定義によれば、情報化とは、社会に存在するすべての物財、サービス、システムが持っている機能の中で、「実用的機能」（例えば、道具としての時計がもつ「時を正確に刻み表示する」という機能）に比べて「情報的機能」（時計の「形や色、ブランド」といった購入時の選択の際の手がかり）の比重が次第に高まる傾向のことである（林 1969：56）。

　つまり、時計といった商品の生産・流通において、より高く売れる付加価値の高い商品を生産・流通・販売しようとする際に、「時を正確に刻み表示する」という実用的機能について他社製品とほとんど差がない場合、消費者のニーズを的確に把握して「形や色、ブランド」という「情報的機能」の向上に取り組み独創的な商品を生産すれば、他社製品に対して優位に立つことができ、より多くの消費者に購入してもらうことができ、利益をより多く上げることができる。

　すなわち、林の情報化の定義は、「作れば何でも売れる」という戦後復興期の物不足の時代から高度経済成長を遂げ大多数の人々が所得水準も生活水準も上がり消費者の目が肥えた1960年代の日本社会において、企業がより付加価値の高い商品を生産・流通・販売し、より大きな利益を上げるためには、情報的機能への着目とその向上への取り組みが不可欠であることを示唆しているといえるであろう。いわば、商品の生産・流通・販売という経済的観点にもとづいた情報化の定義であるといえるであろう。

　他方で、情報化が進展しつつある1990年代の日本社会を視野に入れた大石裕の情報化の定義によれば、情報化とは、情報通信技術の発達（①コンピューター

の開発／普及、②光ファイバー網や衛星通信などによる通信伝送路高度化、③メディアの融合）を基盤として、情報の「生産過程」（収集、処理／加工、蓄積）と「伝達過程」、「消費過程」（受容、処理／加工、蓄積）で大量化・多様化・高度化が進み、社会の諸領域において情報の比重が高まることである（大石 1992：61）。

この大石の情報化の定義は、今日の高度に情報化が進展した社会の変容過程を適切にとらえているといえるであろう。

そこで、次節では、各種の統計資料に基づいて情報化の進展の現状をとらえることにしたい。

（2）情報化進展の現状

（2−1）情報通信機器およびインターネットの普及状況

1990年代の後半以降、インターネットと携帯電話の普及に象徴されるように情報通信技術の普及と高度化が急速にすすんでいる。

(出所：総務省 2015a：9)

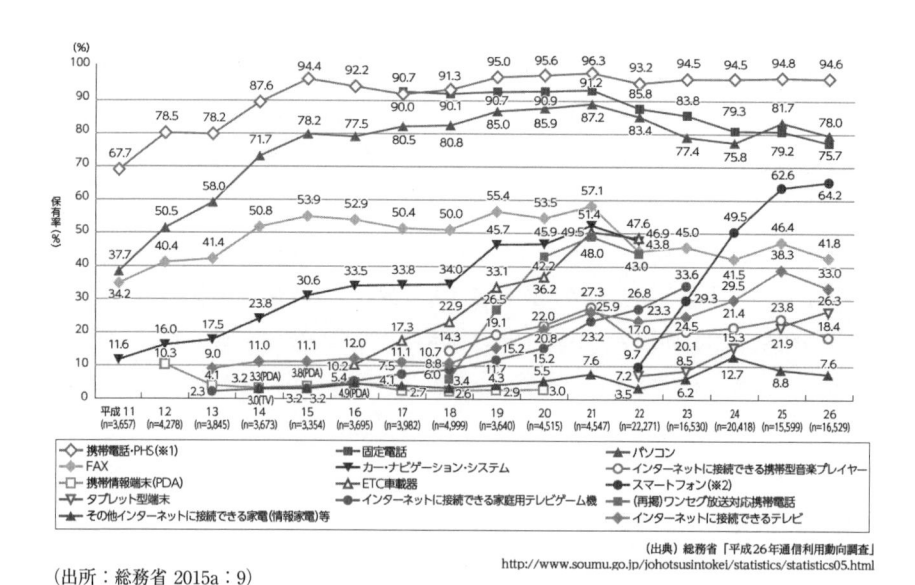

【図7−1　情報通信機器の保有率の推移（世帯）】

第7章　情報化の進展と社会生活の変容　203

　総務省の『平成26年版　情報通信白書』によれば、図7－1のように、平成11年（1999年）から平成26年（2014年）の15年間で各種の情報通信機器の普及が進んでいる。

　その内訳を見ると、平成26年（2014年）末の情報通信機器の普及状況をみると、「携帯電話・PHS」及び「パソコン」の世帯普及率は、それぞれ94.6%、78.0%となっている。また、「携帯電話・PHS」の内数である「スマートフォン」は、64.2%（前年比1.6ポイント増）と急速に普及が進んでいる（総務省2015a：369；2015a：370）。

　また、図7－2・3のように、平成26年末のインターネット利用者数は、平成25年（2013年）末より26万人減少して10,018万人（前年比0.3%減）、人口普及率は前年末と同様82.8%となった（総務省 2008：2）。

　また、図7－4のように、端末別インターネット利用状況をみると、「自宅のパソコン」が53.5%と最も多く、次いで「スマートフォン」（47.1%）、「自宅

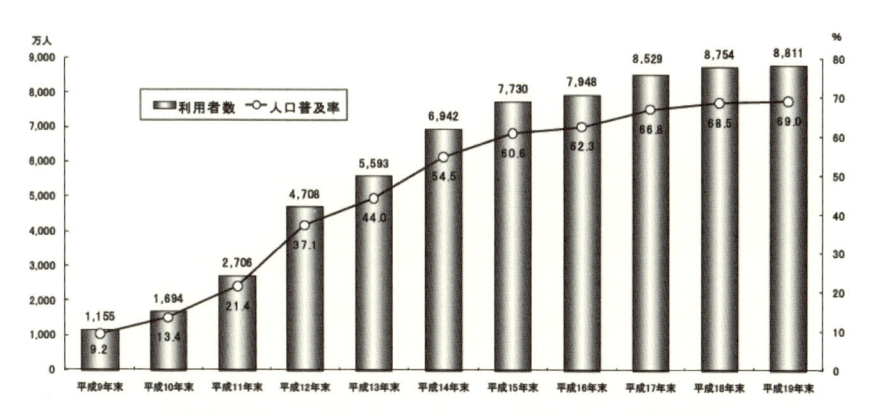

（注）①インターネット利用者数（推計）は、6歳以上で、過去1年間に、インターネットを利用したことがある者を対象として行った本調査の結果からの推計値。インターネット接続機器については、パソコン、携帯電話・PHS、携帯情報端末、ゲーム機等あらゆるものを含み（当該機器を所有しているか否かは問わない。）、利用目的等についても、個人的な利用、仕事上の利用、学校での利用等あらゆるものを含む。
②人口普及率（推計）は、本調査で推計したインターネット利用人口8,811万人を、平成19年10月の全人口推計1億2,769万人（国立社会保障・人口問題研究所『我が国の将来人口推計（中位推計）』で除したもの。
③平成9～12年末までの数値は『通信白書』から抜粋。平成13～19年末の数値は、通信利用動向調査における推計値
④調査対象年齢については、平成11年調査まで15～69歳であったが、その後の高齢者及び小中学生の利用増加を踏まえ、平成12年度調査は15～79歳、平成13年調査以降は6歳以上に拡大したため、これらの調査結果相互間では厳密な比較はできない。

（出所：総務省 2008：2）

【図7－2　インターネット利用者数及び人口普及率の推移（個人）
（平成9（1997）～平成19（2007）年）】

(出所：総務省 2015a：370)

【図7－3　インターネットの利用者数及び人口普及率の推移】

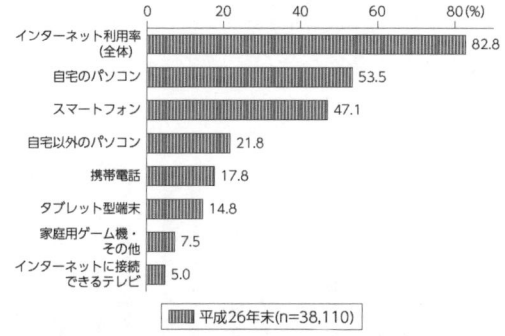

(出所：総務省 2015a：370)

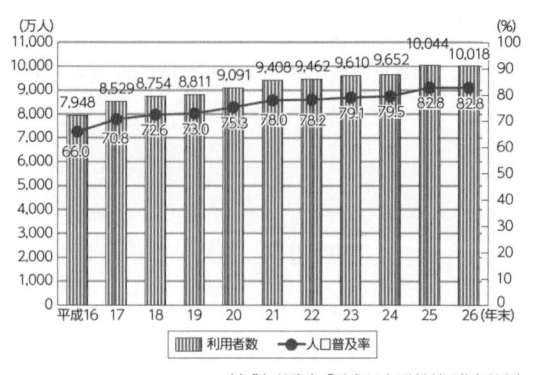

【図7－4　インターネット利用端末の種類（平成26年末）】

以外のパソコン」（21.8％）となっている（総務省 2015a：370）。

　ここで、総務省 2001年7月10日発表の『平成13年版情報通信白書概要』を見ると、**図7－5**のように、平成11年（1999年）年末から平成12年（2000年）年末までのインターネットの爆発的普及の大きな要因が、携帯電話インターネット（携帯電話の電子メール・インターネットサービス）利用者の急増であ

ることがわかる（総務省 2001：11）。

（2－2）ブロードバンドの普及状況

平成26年度末の固定系ブロードバンドの契約数は、3,680万件（前年度比2.7％増）、移動系超高速ブロードバンドの契約数のうち、3.9G（LTE）は6,778万件（前年度比46.0％増）、BWAは1,947万件（前年度比160.9％増）となっている（総務省 2015a：380）。また、図7－7のように、近年BWA（Broadband Wireless

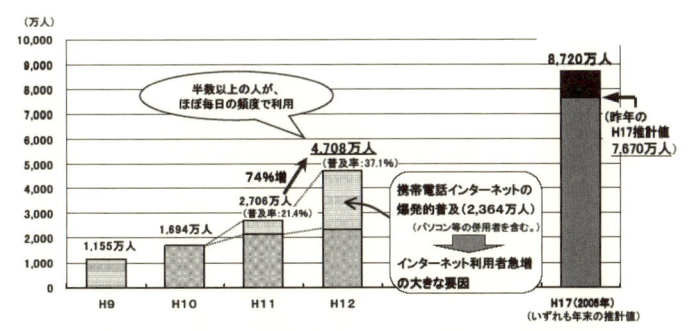

（出所：総務省 2011：11）

【図7－5　日本のインターネット利用者数（平成9（(1997)年～平成12（(2000)年）】

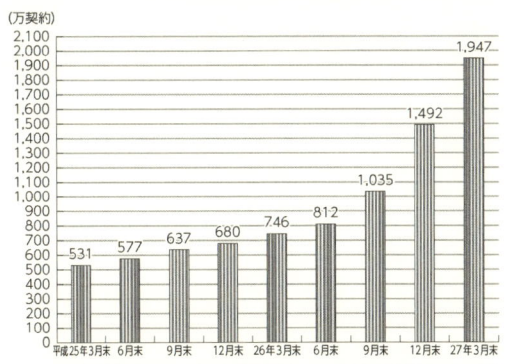

総務省「電気通信サービスの契約数及びシェアに関する四半期データの公表
（平成26年度第4四半期（3月末））」により作成
http://www.soumu.go.jp/menu_news/s-news/01kiban04_02000092.html

（出所：総務省 2015a：380）

【図7－7　BWAアクセスサービスの契約数の推移】

Access；高速大容量無線通信回線）サービスの契約数が増加している（総務省 2015a：380）。

　また、図7－8のように、自宅のパソコンやタブレット型端末等からのインターネット接続している世帯のうち、「ブロードバンド回線」を利用している世帯の割合は97.6%で、前年の97.4%からほぼ横ばいとなっている。「光回線（FTTH回線）」を利用している世帯の割合は57.1%、「携帯電話回線」は52.0%となっている（総務省 2015b：6）。

（2－3）携帯電話の普及状況等

　全体では、図7－9・10のように、平成25年度末における携帯電話の加入契約数は1億4,401万件（前年度比6.0%増）である。前年度からの純増数は、797万件となっており、引き続き増加傾向である（総務省 2014a：361；2007：http://www.soumu.go.jp/johotsusintokei/whitepaper/ja/h19/html/j2124000.html）。携帯電話加入契約数をシステム別にみると、平成25年度末における第3

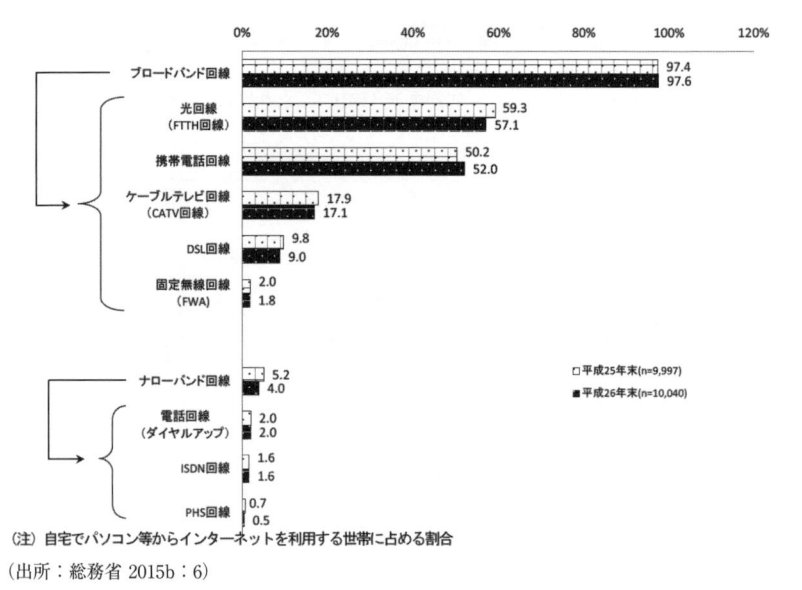

【図7－8　自宅のパソコン等からのインターネット接続回線の種類（世帯）（複数回答）】

（注）自宅でパソコン等からインターネットを利用する世帯に占める割合
（出所：総務省 2015b：6）

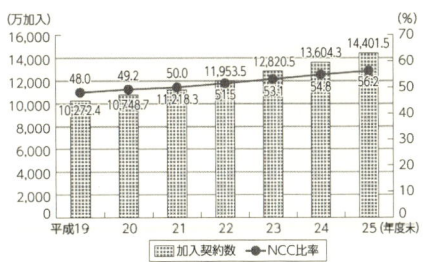

第 7 章　情報化の進展と社会生活の変容　207

※NCC 比率：New Common Carrier（新興電信電話会社）加入契約数の比率
（出所：総務省 2014a：361）

【図 7 − 9　携帯電話の加入契約数の推移（平成19（2007）年〜平成25（2013）年）】

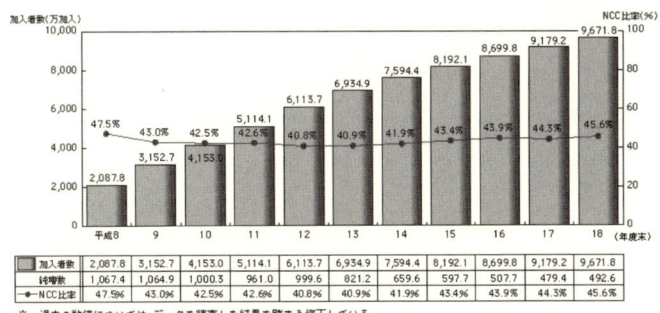

（出所：総務省 2007）

【図 7 −10　携帯電話の加入契約数の推移（平成 8 （1996）年〜平成18（2008）年】

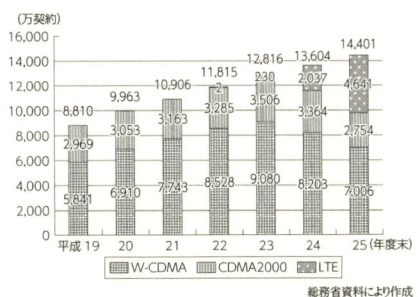

（出所：総務省 2014a：362）

【図 7 −11　第 3 世代携帯電話加入契約数の推移】

世代携帯電話の加入契約数は、**図7-11**のように、9,760万件（前年度比15.6％減）、3.9世代携帯電話（LTE）の加入者は4,641万件となっている。携帯電話加入契約数に占める3.9世代携帯電話（LTE）の割合は、32.2％となっている（総務省 2014a：361-362）。

その一方で、平成25年度末におけるNTT東西の公衆電話施設数は、**図7-12**のように、減少が続き、19.6万台（前年度比7.1％減）となっている。これは、携帯電話の急速な普及により、公衆電話の利用が減少していることが背景にある（総務省 2014a：361）。

なお、公衆電話には、第1種と第2種があり、第1種公衆電話は、戸外における最低限の通信手段確保のため、市街地では、約500m四方、その他の区域では約1km四方を設置対象エリアとして、法令に基づいた設置基準で設置され、設置台数は5.8万台である。第2種公衆電話は、公衆電話の利用が多く見込まれる場所に、利用の実態に応じて設置している（NTT東日本2014 http://www.ntt-east.co.jp/databook/pdf/2014_34.pdf）。

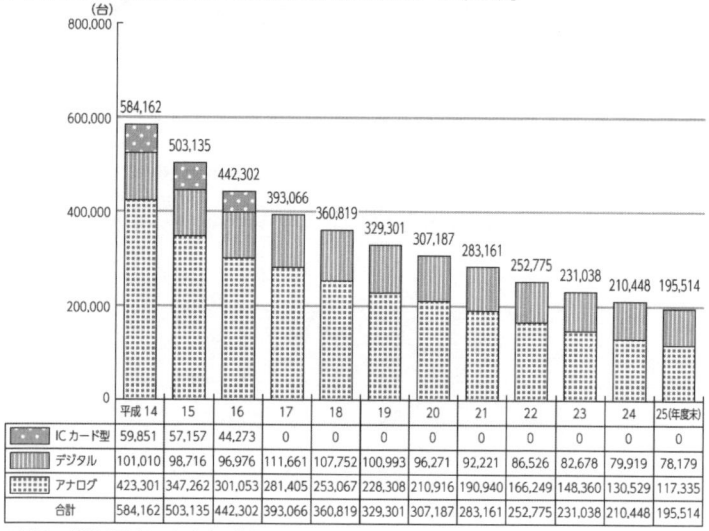

	平成14	15	16	17	18	19	20	21	22	23	24	25(年度末)
ICカード型	59,851	57,157	44,273	0	0	0	0	0	0	0	0	0
デジタル	101,010	98,716	96,976	111,661	107,752	100,993	96,271	92,221	86,526	82,678	79,919	78,179
アナログ	423,301	347,262	301,053	281,405	253,067	228,308	210,916	190,940	166,249	148,360	130,529	117,335
合計	584,162	503,135	442,302	393,066	360,819	329,301	307,187	283,161	252,775	231,038	210,448	195,514

※ICカード型は平成17年度末で終了。

NTT東西資料により作成

（出所：総務省 2014a：361）

【図7-12　NTT東西における公衆電話施設構成比の推移】

（３）情報化による日常生活の変化

（3－1）情報収集手段、通信手段の変化

　総務省の『平成27年版　情報通信白書』によれば、「1993年に我が国での商業利用が始まったインターネットは、主に2000年代以降、家庭へも急速に普及し、私たちの日常生活の在り方を様々な形で変えていった」（総務省 2015a：63）。

　総務省が2000年代前半に実施した「ネットワークと国民生活に関する調査」（2005年3月発表）によれば、インターネット利用者に対して、情報収集のためにどのようなメディアを利用しているかを聞いたところ、図7－13のように、テレビや新聞は主にニュースの収集のために、また、雑誌・書籍は主に勉強や趣味、旅行の情報を収集するために利用されている傾向にある。これに対し、インターネットは、幅広い分野での情報収集に高い割合で利用されており、情報収集手段として日常生活に欠かせないメディアとなっていることがうかがえる（総務省 2005b：44））。

　また、通信手段が2年前と比べてどのように変化したかを聞いたところ、図

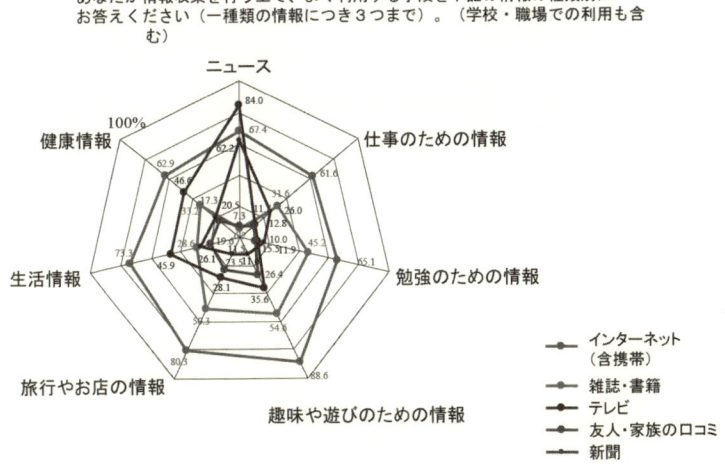

（出所：総務省 2005b）

【図7－13　情報収集に利用する手段】

7-14のように、「電子メール」、「携帯電話での通話」、「IP電話」、「インターネット上の掲示板」の利用が増加したとする人が多い一方で、「手紙・葉書」、「固定電話」、「ファクシミリ」は利用が減少したとする人が多くなっている。連絡手段が従来の「固定電話」から「携帯電話」、「IP電話」、「手紙・葉書」から「電子メール」へと変化していることがうかがえる（総務省 2005b：45））。

2010年代前半におけるインターネット等の情報通信技術の普及による情報収集手段の変化について、総務省の『平成27年版　情報通信白書』によれば、紙媒体からネット媒体への情報源への移行、例えば、紙の地図を使わずにインターネットで地図を見ることが一般的になっている。2015年時点で、「PC用地図」の利用率は約7割、「スマートフォン用地図」の利用率は約4割となっており、「紙地図」の利用率（約3割）を上回っている。経年変化をみると、スマートフォン用地図の伸びが目立つ（図7-15）（総務省 2015a：64）。

また、同白書によると、飲食店情報を調べる際の情報源として「PCのインターネットサイト」を利用すると回答した人は2010年時点で9割強に達し、「フリー

（出所：総務省 2005b：40）

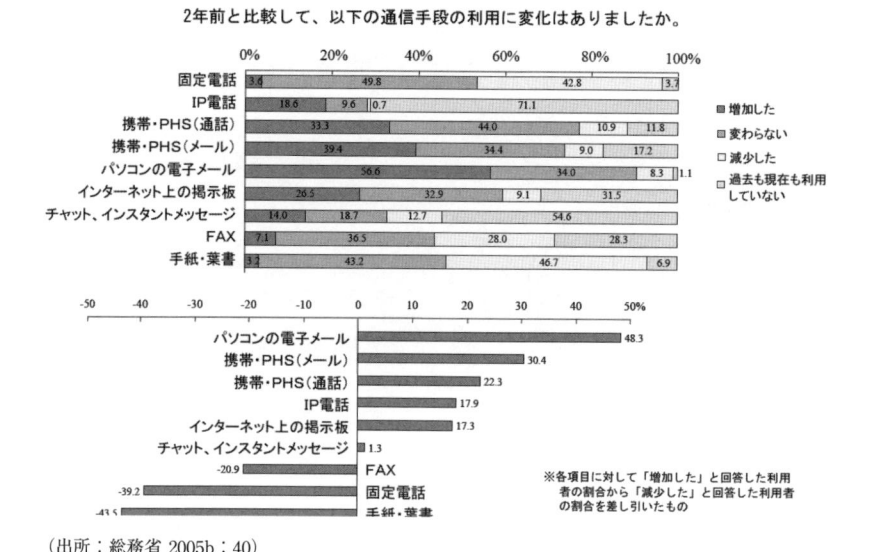

【図7-14　通信手段の利用変化】

ペーパーやグルメ雑誌等の紙媒体」を利用すると回答した人（約6割）を大きく上回っている。経年変化をみると、「スマートフォンのインターネットサイト」の利用率が増加傾向にある（**図7－16**）（総務省 2015a：64）。

（3－2）生活時間の変化

　総務省の『平成17年版　情報通信白書』によれば、インターネット利用者に対して、インターネットの利用による日常の行動の時間的な変化について聞いたところ、**図7－17**のように、「睡眠時間」、「テレビを見る時間」、「雑誌を読む時間」等が減少したとする人が多い。また、家族や友だちと連絡を取る頻度

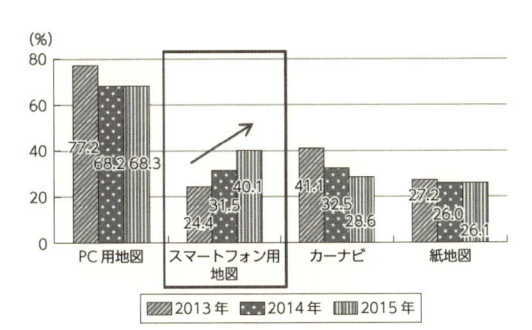

（出所：総務省 2015a：64）

【図7－15　インターネット地図の利用拡大】

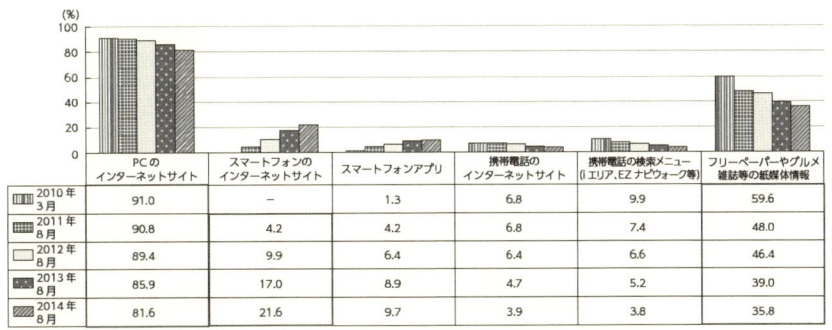

	PCの インターネットサイト	スマートフォンの インターネットサイト	スマートフォンアプリ	携帯電話の インターネットサイト	携帯電話の検索メニュー (iエリア,EZナビウォーク等)	フリーペーパーやグルメ 雑誌等の紙媒体情報
2010年3月	91.0	－	1.3	6.8	9.9	59.6
2011年8月	90.8	4.2	4.2	6.8	7.4	48.0
2012年8月	89.4	9.9	6.4	6.4	6.6	46.4
2013年8月	85.9	17.0	8.9	4.7	5.2	39.0
2014年8月	81.6	21.6	9.7	3.9	3.8	35.8

（出典）マイボイスコム調べ

（出所：総務省 2015a：64）

【図7－16　飲食店の情報を調べる際の情報源の変化】

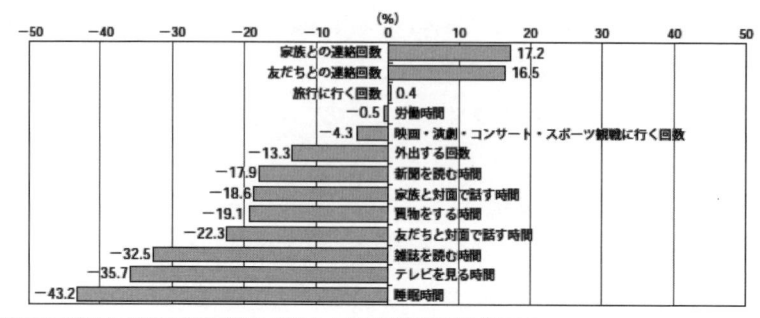

```
             -50  -40  -30  -20  -10  (%) 0   10   20   30   40   50
家族との連絡回数                              17.2
友だちとの連絡回数                             16.5
旅行に行く回数                          0.4
労働時間                              -0.5
映画・演劇・コンサート・スポーツ観戦に行く回数   -4.3
外出する回数                    -13.3
新聞を読む時間               -17.9
家族と対面で話す時間            -18.6
買物をする時間                 -19.1
友だちと対面で話す時間      -22.3
雑誌を読む時間         -32.5
テレビを見る時間       -35.7
睡眠時間         -43.2
```

※ 各項目に対して「増加した」と回答した利用者の割合から「減少した」と回答した利用者の割合を差し引いたもの

（出所：総務省 2005a：34）

【図7-17　インターネット利用による生活時間・行動頻度の変化（2年前との比較）】

が増加したとする人が多い一方で、家族や友だちと対面で話す時間は減少したとする人が多くなっており、メール等での連絡は頻繁に行うが対面での接触時間は減っている傾向にある（総務省 2005a：34）。

　2010年代前半でのインターネットの利用による情報行動の時間的な変化については、総務省の「平成25年情報通信メディアの利用時間と情報行動に関する調査報告書」によれば、図7-18のように、「テレビ（リアルタイム）視聴」（機器を問わず全てのリアルタイムのテレビ放送の視聴）、「ネット利用」（機器を問わず、メール、ウェブサイトの利用等全てのインターネット利用）、「新聞閲読」、「ラジオ聴取」（ネットラジオを除く）それぞれの平均利用時間に関して、平成24年度と平成25年度とを比較している（総務省 2014b：8）。

　まず、平日の全体（全年代）の平均利用時間は「テレビ（リアルタイム）視聴」が168.3分（平成24年：184.7分。以下、「H24」と表記）であり、「ネット利用」の77.9分（H24：71.6分）の2倍以上の時間である。「テレビ（録画視聴）」は18.0分（H24：17.0分）「ラジオ聴取」は15.9分（H24：16.1分）、「新聞閲読」は11.8分（H24：15.5分）であった。このように、「テレビ（リアルタイム）視聴」と「ラジオ聴取」、「新聞閲覧」という従来型の情報行動の利用時間は減ったが、「ネット利用」と「テレビ（録画視聴）」という新しい形の情報行動の利用時間が伸びていることがわかる（総務省 2014b：8）。

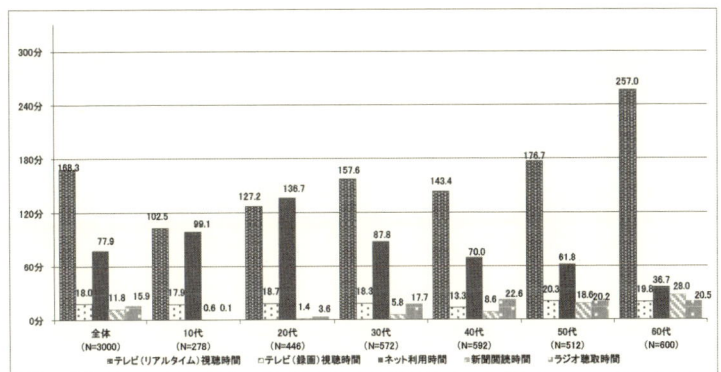

第7章 情報化の進展と社会生活の変容 213

(1) 平日

(2) 休日

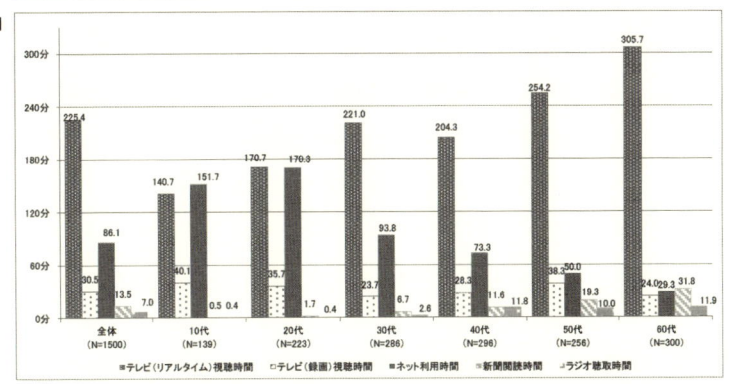

平日

	全体 (N=3,000)	10代 (N=278)	20代 (N=446)	30代 (N=572)	40代 (N=592)	50代 (N=512)	60代 (N=600)
テレビ(リアルタイム)視聴時間	168.3	102.5	127.2	157.6	143.4	176.7	257.0
テレビ(録画)視聴時間	18.0	17.9	18.7	18.3	13.3	20.3	19.8
ネット利用時間	77.9	99.1	136.7	87.8	70.0	61.8	36.7
新聞閲読時間	11.8	0.6	1.4	5.8	8.6	18.6	28.0
ラジオ聴取時間	15.9	0.1	3.6	17.7	22.6	20.2	20.5

休日

	全体 (N=1,500)	10代 (N=139)	20代 (N=223)	30代 (N=286)	40代 (N=296)	50代 (N=256)	60代 (N=300)
テレビ(リアルタイム)視聴時間	225.4	140.7	170.7	221.0	204.3	254.2	305.7
テレビ(録画)視聴時間	30.5	40.1	35.7	23.7	28.3	38.3	24.0
ネット利用時間	86.1	151.7	170.3	93.8	73.3	50.0	29.3
新聞閲読時間	13.5	0.5	1.7	6.7	11.6	19.3	31.8
ラジオ聴取時間	7.0	0.4	0.4	2.6	11.8	10.0	11.9

(出所：総務省 2014b：9)

【図7－18 主なメディアの平均利用時間（全体・年代別・平日・休日）】

この調査結果を年代別に見ると、「テレビ（リアルタイム視聴）」については、年代が上がるにつれて長くなり、最も時間が長い60代が257.0分（H24：263.0分）に対して、若年層は20代が127.2分（H24：121.2分）、10代が102.5分（H24：102.9分）と2時間以上短い。その一方で、40代が143.4分（H24：187.4分）、50代が176.7分（H24：219.2分）と、それぞれ40分以上減少している。ただし、40代、50代のこの減少については、調査時期の違いの影響又は単年の一時的な傾向である可能性も否定できず、若年層のテレビ視聴時間が下げ止まりになるかという点と併せ、今後の推移を見守る必要がある。なお、「テレビ（録画視聴）」については、大きな年代差は見られない（総務省 2014b：8）。

　他方で、「ネット利用」については、逆に年代が上がるほど平均利用時間は短くなる。最も平均利用時間が長い20代では136.7分（H24：112.5分）で、インターネットの利用時間がテレビの視聴時間を逆転した。その一方で、最も利用時間が短い60代では20代よりも100分短かった（総務省 2014b：8）。

　「新聞閲読」については、最も時間が長い60代では28.0分（H24：35.1分）で、年代が下がるほど短くなる傾向はあるが、全体に微減となった。ラジオについても聴取時間が最も長いのは60代の20.5分（H24：27.4分）で、年代が下がるにつれ、時間が短くなる傾向が見られる（総務省 2014b：8）。

　休日は、平日と比べ、全体平均で「テレビ（リアルタイム視聴）」が225.4分と約1時間長くなるほか、「テレビ（録画視聴）」も30.5分であり、テレビ視聴の時間が平日に比べて顕著に長くなることがわかる。「ネット利用」も86.1分であり、平日よりも休日の利用の方が長い（総務省 2014b：8）。

　これらについて年代別に見てみると、「テレビ（リアルタイム視聴）」は、全ての年代で平日に比べて40分から80分弱と顕著に長くなるのに対して、「ネット利用」は10代、20代は平日に比べ40分から50分強長くなったが、それ以上の年代ではこのような傾向は見られなかった（総務省 2014b：8）。

　「新聞閲読」については、全体平均では13.5分と平日よりやや長くなるが、年代別に見ると閲読時間が長くなるのは30代以上である。「ラジオ聴取」については、7.0分と平日の半分以下の時間であり、年代別に見ても全ての年代で

短くなる傾向が見られた。仕事をしながらのラジオ聴取が休日には減少することが原因だと推測される（総務省 2014b：8）。

（3－3）消費行動の変化

インターネットの利用による消費行動の変化では、総務省の『平成17年版情報通信白書』によれば、図7－19のように、「商品情報をインターネットで収集することが多くなった」とする人が圧倒的に多い。商品情報の収集手段としてのインターネット利用が社会に広まっていることがうかがえる。また、ネットショッピングを行うことにより「ショッピング全体に使う金額が増えた」とする人が減ったとする人を上回っている（総務省 2005 http://www.johotsusintokei.soumu.go.jp/linkdata/nwlife/050627_all.pdf：43）。

そして、インターネット・ショッピングについては、総務省『平成27年度情報通信白書』によれば、図7－20のように、ネットショッピングを利用する世帯の割合は2002年には5.3％だったが、2014年には25.1％に達している。1世帯当たりのネットショッピングでの月間支出額（ネットショッピング利用世帯に限る）を見ると、2002年の21,102円から2014年の25,846円へと22％増加している（総務省 2015a：69）。

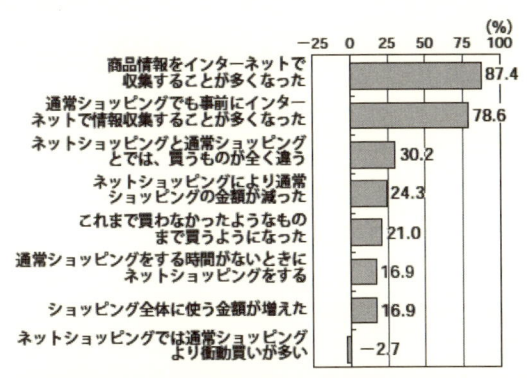

(出所：総務省 2005a：34)

【図7－19　インターネット利用による消費行動の変化（2年前との比較）】

このようなネットショッピングを利用する世帯の増加に関連しているのは、広告手段としてのインターネットの普及であろう。

総務省『平成27年度　情報通信白書』によれば、図7－21のように、1996年には16億円にすぎなかったインターネット広告費は、2003年には1,000億円を突破し、2009年には新聞を抜いて地上波テレビに次ぐメディアとなった。2014年には1兆円を超えるまで成長している（総務省 2015a：72）。

（3－4）ソーシャルメディアの普及による情報行動の変化

パソコン通信やインターネットが登場する以前は、大多数の人にとって、自

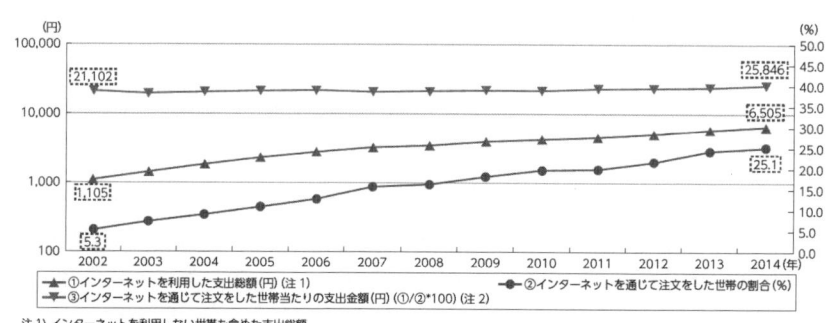

(出所：総務省 2015a：69)

【図7－20　ネットショッピングにおける利用世帯割合と1世帯当たりの支出金額の推移（二人以上の世帯、2002年～2014年）】

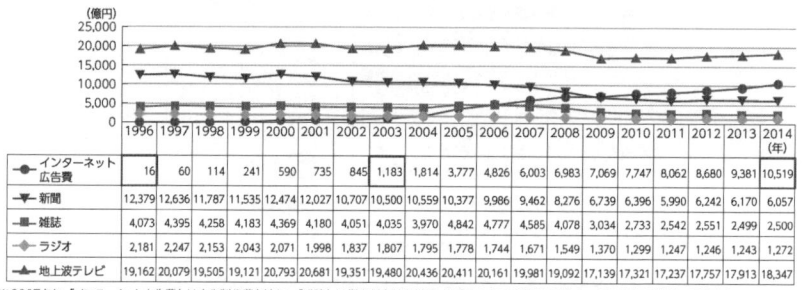

	1996	1997	1998	1999	2000	2001	2002	2003	2004	2005	2006	2007	2008	2009	2010	2011	2012	2013	2014
インターネット広告費	16	60	114	241	590	735	845	1,183	1,814	3,777	4,826	6,003	6,983	7,069	7,747	8,062	8,680	9,381	10,519
新聞	12,379	12,636	11,787	11,535	12,474	12,027	10,707	10,500	10,559	10,377	9,986	9,462	8,276	6,739	6,396	5,990	6,242	6,170	6,057
雑誌	4,073	4,395	4,258	4,183	4,369	4,180	4,051	4,035	3,970	4,842	4,777	4,585	4,078	3,034	2,733	2,542	2,551	2,499	2,500
ラジオ	2,181	2,247	2,153	2,043	2,071	1,998	1,837	1,807	1,795	1,778	1,744	1,671	1,549	1,370	1,299	1,247	1,246	1,243	1,272
地上波テレビ	19,162	20,079	19,505	19,121	20,793	20,681	19,351	19,480	20,436	20,411	20,161	19,981	19,092	17,139	17,321	17,237	17,757	17,913	18,347

※2007年に「インターネット広告費」は広告制作費を追加、「雑誌」は指定対象誌を増加（専門誌・地方誌等を拡張）し、2005年に遡及して改訂した。

(出所：総務省 2015a：72)

【図7－21　日本における媒体別広告費の推移】

分の考えを広く世の中に発信することは難しかった。本を出版したり、新聞や雑誌に投稿したり、という方法はあったが、いずれもハードルが高かった。また、直接面識のない人同士が何かのテーマについて話し合うことも簡単ではなかった。公共施設の掲示板や雑誌などで参加者を募集した上で、それを見た人同士が決められた日時に決められた場所へと集まる必要があり、大変な時間と手間がかかった。コミュニケーション活動をその態様に応じて、「1対1」、「1対多」、「多対多」に分類した場合、「1対1」のコミュニケーションについてはかつても手紙や電話が存在したが、「1対多」や「多対多」のコミュニケーションを普通の人が日常的に行う方法は、極めて限られていた（総務省 2015a：68）。

1980年代後半にパソコン通信が登場すると、テーマに応じたフォーラム（電子会議室）が開設され、見知らぬ人同士が簡単に情報や意見を交換できるようになった。1990年代後半にインターネットが登場すると、ホームページを開設すれば、誰もが全世界へと自分の考えを発信することが可能になった。そして、2000年代前半にブログサービスが登場すると、HTML等の特別な知識がなくても簡単にインターネット上で情報発信を行えるようになり、日常の何げない出来事をインターネット上で記録し発信する人が増えた。図7－22のように、アクティブブログ（1か月のうちに更新のあったブログ）の数は、2004年9月の103万から2005年10月には307万へと急増している（総務省 2015a：68）。

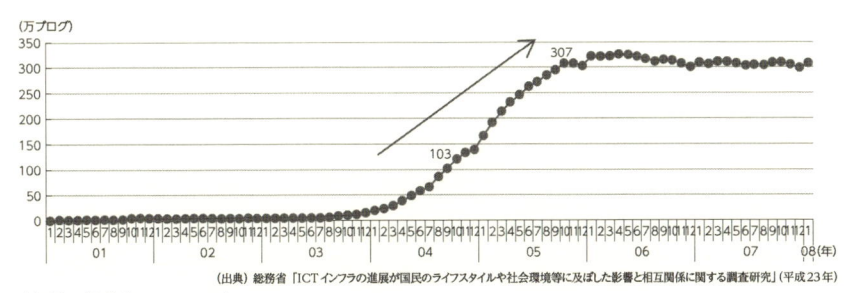

（出所：総務省 2015a：69）

【図7－22　国内のアクティブブログの増加】

さらに、2000年代後半から若年者を中心に急速に普及した「ソーシャルメディア」が、人々の情報行動や社会関係の様相を大きく変えつつある。
　ここで、「ソーシャルメディア」とは、インターネットを利用して誰でも手軽に情報を発信し、相互のやりとりができる双方向のメディアのことである。代表的なものとして、ブログ、FacebookやTwitter等のSNS（ソーシャルネットワーキングサービス）、YouTubeやニコニコ動画等の動画共有サイト、LINE等のメッセージングアプリがある（総務省 2015a：199）。
　まず、2000年代後半になるとSNSが登場した。SNSは、自分の投稿をネット全体、会員全体、特定のグループ、コミュニティ等を選択の上公開できる上に、他のユーザーの投稿を閲覧したり、コメントしたり、メッセージを送ったりすることができる機能を備えており、コミュニケーション活動の手段として幅広いユーザーを集めた。例えば、2004年にサービスを開始したGREEとmixiは、図7－23のように、急速に利用者数を拡大させ、2000年代後半における日本の代表的なSNSとなった。2010年にはいずれも利用者数が2,000万人を超えている（総務省 2015a：68）。
　ところで、ソーシャルメディアには利用者同士のつながりを促進する様々なしかけが用意されており、互いの関係を視覚的に把握できることが特徴である。2000年代以降、世界的に普及し、インターネットの活用において重要な存在となった。例えば、図7－22のように、2015年3月時点で全世界において、Facebookのユーザー数は約14億人に、また、Twitterのユーザー数は約3億人

（出所：総務省 2015a：69）

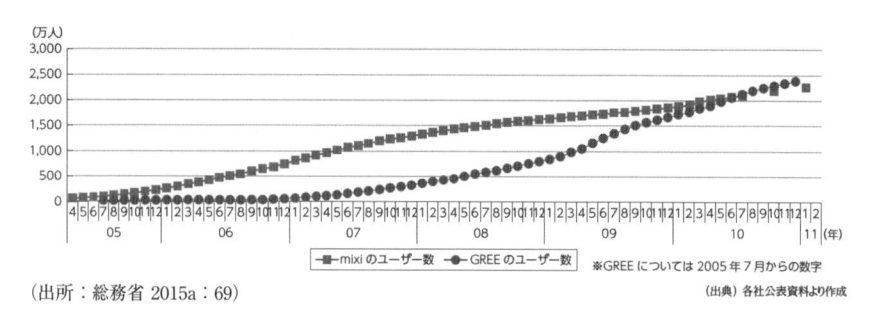

【図7－23　国内のSNSユーザー数の推移】

に達している。更に2000年代末以降のスマートフォンの普及は、生活の中でソーシャルメディアをいつでもどこでも利用可能にし、位置情報等のスマートフォンの様々な機能と連携して、その活用の幅を広げている（総務省 2015a：199）。

　他方で、YouTube等の動画投稿サイトの利用も広がりつつある。例えば、図7－23のように、2005年にサービスが開始されたYouTubeは、2013年時点で国内約2,800万人が利用している。また、2006年にサービスが開始されたニコニコ動画の有料会員数は、図7－24のように、年々増加を続け、2014年12月には、ニコニコ動画を含めた「niconico」サービス全体で241万人に達している（総務省 2015a：65－66）。

　ところで、総務省の「平成25年情報通信メディアの利用時間と情報行動

（出所：総務省 2015a：199）

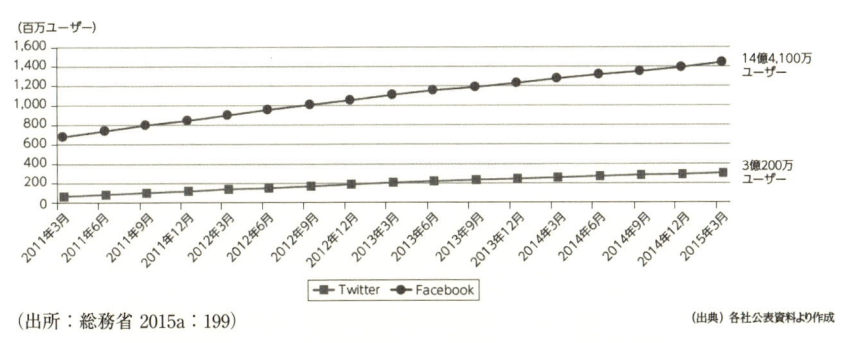

【図7－22　Facebook、Twitterのユーザー数の推移】

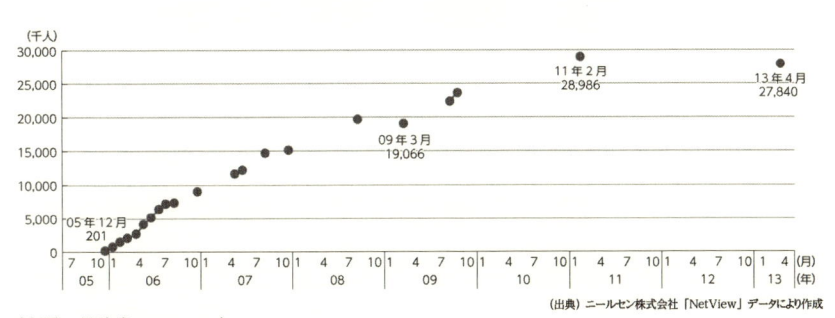

（出所：総務省 2015a：66）

【図7－23　YouTubeの日本のPCからの利用者数推移】

に関する調査報告書」によれば、主なソーシャルメディア（mixi, Facebook, GREE, Mobage, Twitter, LINE, Google+の7つ）の利用率は、図7－25のように、全体で57.1％と過半数を超えた。年代別に見ると、40代以下は過半数を上回る利用率となっている。若年層以外の年代でも利用が一般化しつつあり、今後、かなり幅広い年代で利用が進むことが予想される（総務省 2014b：69）。

サービス毎に利用率を見てみると、図7－26のように、LINEが44.0％と最多である（総務省 2014b：70）。

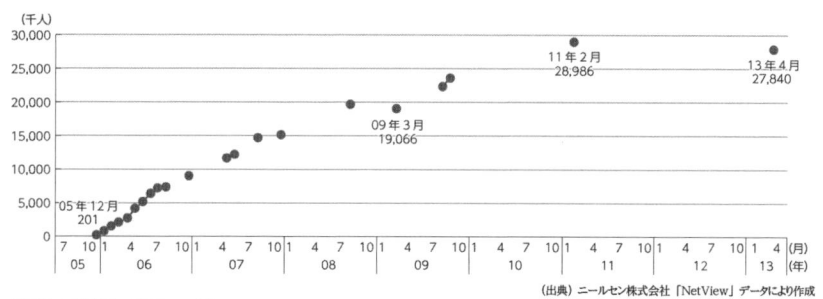

（出所：総務省 2015a：66）

【図7－24　niconicoのプレミアム会員数推移】

（出所：総務省 2014b：69）

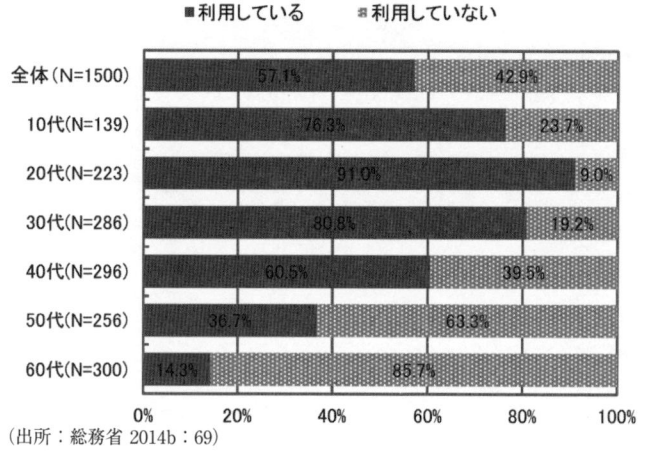

【図7－25　ソーシャルメディアの利用（全体・年代別）】

サービス毎に利用率を年代別に見ると、**表7-1**のように、LINEは30代以下の年代で利用率が65%以上であるが、40代以上の世代と大きな隔たりがみられる。また、Facebookは20代と30代を中心に利用されており、他の世代との差が大きい。Twitterは、20代と10代を中心に利用されていることがわかる。このように、主なソーシャルメディアの利用者は、30代以下の若年層が中心であることがわかる（総務省 2014b：70）。

（4）デジタル・メディア社会の課題

水越伸は、デジタル情報技術の社会的実用化が本格化した1980年前後から現在を経て、21世紀半ばあたりまでを時間的な区切りとする社会状況を「デジタ

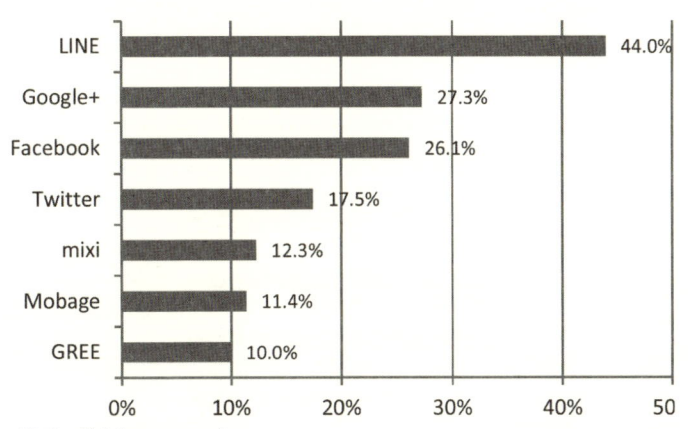

	LINE	Facebook	Twitter	mixi	Mobage	GREE	Google+
全体	44.0%	26.1%	17.5%	12.3%	11.4%	10.0%	27.3%

【図7-26　ソーシャルメディアの利用（サービス毎 全体）】

（出所：総務省 2014b：70）

【表7-1　ソーシャルメディアの利用割合（全体・年代別）】

	LINE	Facebook	Twitter	mixi	Mobage	GREE	Google+
全体	44.0%	26.1%	17.5%	12.3%	11.4%	10.0%	27.3%
10代	70.5%	22.3%	39.6%	8.6%	14.4%	14.4%	30.9%
20代	80.3%	57.0%	47.1%	34.1%	22.9%	16.6%	45.3%
30代	65.4%	42.0%	13.3%	19.2%	16.4%	16.4%	37.8%
40代	42.6%	20.3%	12.5%	9.8%	13.9%	11.8%	27.4%
50代	22.3%	15.2%	7.0%	3.9%	2.7%	3.5%	20.7%
60代	4.3%	5.0%	3.0%	1.0%	1.7%	0.7%	7.7%

（出所：総務省 2014b：71）

ル・メディア社会」と呼んでいる（水越 2002：222-228）。

　それでは、デジタル・メディア社会の課題としてはどのようなものがあるかを概観してみたい。

（4-1）『情報通信白書（通信白書）』から見るデジタル・メディア社会の課題
　総務省の『平成23年版 情報通信白書』は、情報通信技術を巡る社会課題の変遷を、過去の情報通信白書（平成12年以前は通信白書）の特集及び政策動向において取り上げられた内容に基づいて、以下のように示している（図7-27）（総務省 2011：70）。

①ICTインフラ整備からICT（情報通信技術）利活用へ
　情報通信白書において、平成7年（1995年）から平成10年（1998年）までは、インターネットの普及が始まった時期であり、マルチメディア化等が多く取り

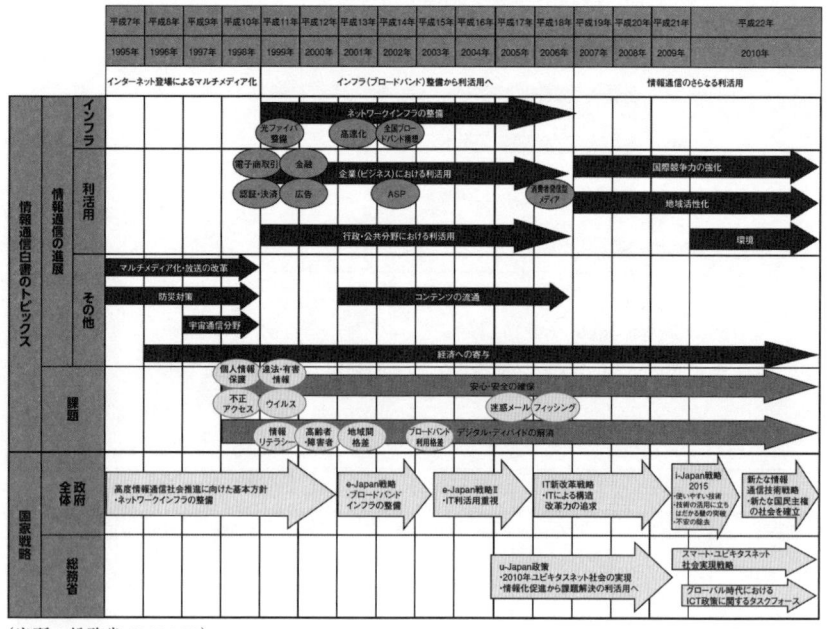

（出所：総務省 2011：70）
【図7-27　情報通信白書テーマの変遷】

上げられた（総務省 2011：70）。

　そして、平成10年から平成18年（2006年）までは、インターネットが急速に普及した段階であり、ブロードバンドを中心とした情報通信基盤の整備とともに、企業や行政・公共分野におけるICT利活用が取り上げられた（総務省 2011：70）。

　平成19年（2007年）以降は、インターネットが日常生活の必要不可欠な情報通信基盤となり、情報通信白書の内容は人々の日常生活との関係に焦点をあてたものが多くなった。その結果、情報通信基盤の整備に関する記載が減少するとともに、ICT利活用のテーマも、地域活性化や環境など、比較的国民生活に近いテーマへと変遷していった（総務省 2011：70）。

②ICTをめぐる課題

　インターネットが急速に普及し始めた平成10年以降、情報通信白書は、ICTを取り巻く課題を取り上げてきた。1つ目が、個人情報保護、違法・有害情報や、不正アクセス、ウィルス、迷惑メール等の「安全・安心の確保」の課題である。また、情報リテラシー、世代間格差、地域間格差などの「デジタル・ディバイドの解消」が2つ目の課題である（総務省 2011：70）。

　また、若者を中心としたソーシャルメディアの普及に伴う問題について、『平成27年版　情報通信白書』では、「ソーシャルメディアの普及がもたらす変化」という項目でその実態と対応を詳細に論じている（総務省 2015a：199-214）。

　そこで、本節では、デジタル・メディア社会の課題として、②情報セキュリティの問題③デジタル・ディバイド（情報通信利用格差）の問題、④ソーシャルメディアをめぐる問題を取り上げることにする。

（4-2）情報セキュリティの問題

　総務省『平成26年版　情報通信白書』によれば、情報通信技術の普及・発達により、国民生活、社会経済、安全保障・治安確保等における活動を対象としたインターネットを媒介とするサイバー攻撃は、近年、高度化・複雑化するとともに、愉快犯から経済犯・組織犯的なものに移行しており、社会的な脅威が

高まっている。また、スマートフォン、タブレット端末等の急速な普及、ソーシャルメディア、クラウドサービス等の利用の拡大に伴い、これらを狙ったマルウェア（コンピュータウイルスのような有害なソフトウェアの総称）の増加など、新たな脅威も表面化している（総務省 2014a：303）。

今後、情報通信技術のより一層の高度化及び利活用の進展により、サイバー攻撃の被害の深刻化が懸念され、このような情報セキュリティ上の脅威は、我が国の経済活動の阻害要因及び国家の安全保障の脅威となることから、安心・安全な情報通信ネットワークの確保に向け、官民一体となった対策の強化が必要となっている（総務省 2014a：303）。

図7－28のように、2000年以降の情報セキュリティ上の脅威の変遷を見ていくと、マルウェアや攻撃手法・事例については、ほぼ毎年のように新種の形態が出現しているほか、標的・目的については、個人を標的とした愉快犯的なものから組織・重要インフラ・国家を標的とした経済犯・組織犯的なものに移行するなど、次第に高度化・複雑化していることがわかる（総務省 2014a：304）。

また、表7－2のように、また、独立行政法人情報処理推進機構（IPA）は、最近の情報セキュリティ問題に関して、2014年（平成26年）3月に「2014年のセキュリティ10大脅威」（以下「10大脅威」）を発表している（総務省 2014a：

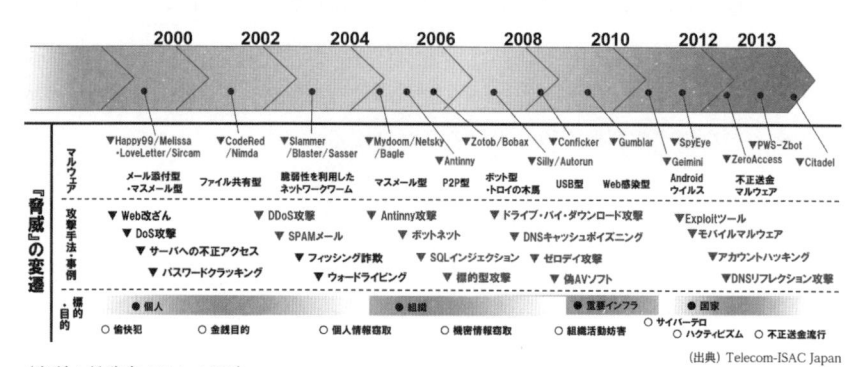

(出所：総務省 2014a：304)

【図7－28 情報セキュリティ上の脅威の変遷】

【表7−2　2014年のセキュリティ10大脅威】

順位	脅威の名称	攻撃の種別
1位	標的型メールを用いた組織へのスパイ・諜報活動	情報窃取
2位	不正ログイン・不正利用	情報窃取
3位	ウェブサイトの改ざん	迷惑・妨害行為、情報窃取
4位	ウェブサービスからのユーザー情報の漏えい	情報窃取
5位	オンラインバンキングからの不正送金	情報窃取
6位	悪意あるスマートフォンアプリ	情報窃取
7位	SNSへの軽率な情報公開	―
8位	紛失や設定不備による情報漏えい	―
9位	ウイルスを使った詐欺・恐喝	情報窃取
10位	サービス妨害	迷惑・妨害行為

(出典) 独立行政法人情報処理推進機構 (IPA)「2014年 情報セキュリティ10大脅威」を基に総務省作成

(出所：総務省 2014a：305)

304)。

　10大脅威を攻撃の種別で大別すると、①情報窃取と②迷惑・妨害行為に大別される（「SNSへの軽率な情報公開」及び「紛失や設定不備による情報漏えい」は攻撃に該当しない）（総務省 2014a：305）。

　このうち、①情報窃取はネットワーク機器や端末等に格納されている情報を覗き見る、または盗み取る行為であり、その目的は個人のスマートフォン等に格納されている電話帳情報レベルの窃取から、クレジットカード情報など金銭目的での窃取、企業秘密・重要インフラ情報・国家機密などの重要情報の窃取まで様々なレベルで行われている（総務省 2014a：305）。

　②迷惑・妨害行為にはウェブサイトの改ざんやDoS攻撃等が該当し、当初は愉快犯的に個人・企業の活動を阻害する目的のものが多かったが、最近では、特定の主張のためにこれら迷惑・妨害行為を行う事例も出現している。さらに、ウェブサイトを改ざんして不正プログラムを仕込んだ上で、当該ウェブサイトに利用者を誘導して不正プログラムをインストールさせ、当該利用者の管理するIDやパスワードを窃取するといった、情報窃取と迷惑・妨害行為を組み合わせたような事例も出てきている（総務省 2014a：305）。

　『平成27年版　情報通信白書』によれば、図7−29のように、少なくとも1人はインターネットを利用したことがある世帯について、インターネットを

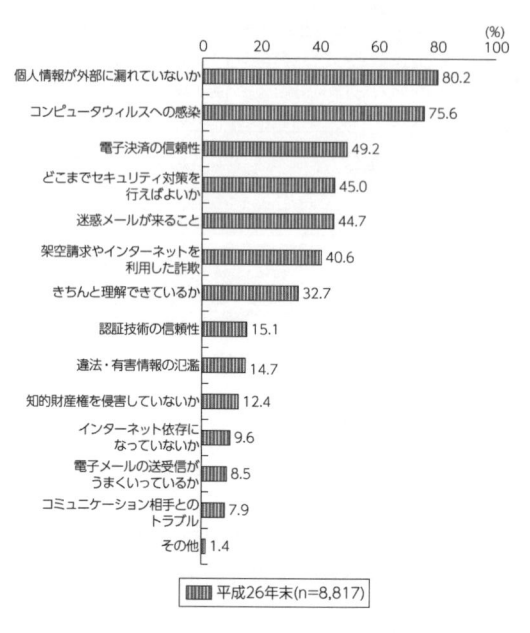

```
                                              (％)
              0    20    40    60    80   100
個人情報が外部に漏れていないか ████████████ 80.2
     コンピュータウィルスへの感染 ███████████ 75.6
          電子決済の信頼性 ███████ 49.2
    どこまでセキュリティ対策を
        行えばよいか ██████ 45.0
        迷惑メールが来ること ██████ 44.7
   架空請求やインターネットを
          利用した詐欺 ██████ 40.6
   きちんと理解できているか █████ 32.7
       認証技術の信頼性 ██ 15.1
     違法・有害情報の氾濫 ██ 14.7
   知的財産権を侵害していないか ██ 12.4
    インターネット依存に
      なっていないか █ 9.6
    電子メールの送受信が
       うまくいっているか █ 8.5
   コミュニケーション相手との
          トラブル █ 7.9
            その他 ▏1.4

           ▨▨▨ 平成26年末(n=8,817)
```

(出典) 総務省「平成26年通信利用動向調査」
http://www.soumu.go.jp/johotsusintokei/statistics/statistics05.html

(出所：総務省 2015a：373)

【図7－29　世帯におけるインターネット利用で感じる不安（複数回答）】

　利用して感じる不安をみると、80.2％が「個人情報が外部に漏れていないか」を挙げており、次いで、「コンピュータウィルスへの感染」が75.6％、「電子決済の信頼性」が49.2％等となっている（総務省 2015a：372）。

　また、図7－30のように、インターネット利用に伴う過去1年間の被害経験について世帯に尋ねたところ、自宅パソコンでの被害経験は、「迷惑メールを受信（架空請求を除く）」が40.7％で最も高く、次いで、「ウィルス発見したが感染なし」が24.2％となっている。携帯電話等での被害経験は、「迷惑メールを受信（架空請求を除く）」が58.7％で最も高く、次いで、「迷惑メールを受信（架空請求）」が23.5％となっている。また、スマートフォンでの被害経験も、「迷惑メールを受信（架空請求を除く）」が55.7％で最も高く、次いで、「迷惑メールを受信（架空請求）」が23.5％となっており、メールによる被害が多い

さらに、**図7-31**のように、インターネットを利用している世帯におけるセキュリティ対策の実施状況についてみると、75.4％の世帯は何らかの対策を行っている。主な対策としては、「セキュリティ対策ソフトの導入もしくは更新」（55.5％）、「セキュリティ対策サービスの新規契約もしくは更新」（26.2％）が挙げられる（総務省 2015a：374）。

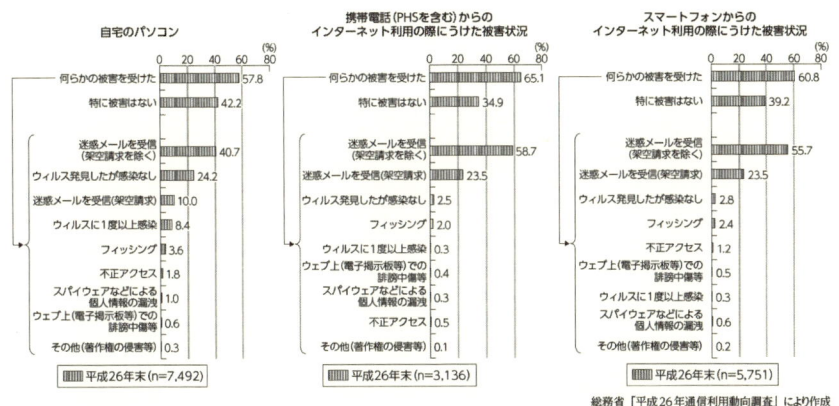

（出所：総務省 2015a：373）

【図7-30　世帯におけるインターネット利用に伴う被害経験（複数回答）】

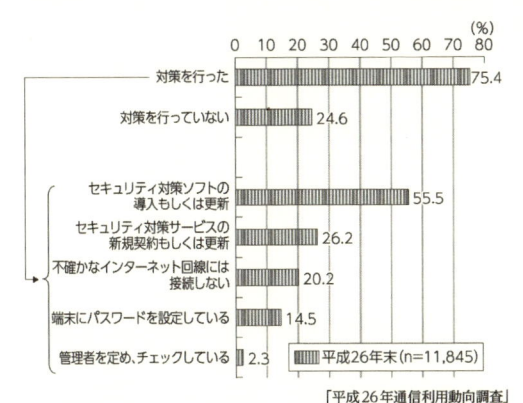

（出所：総務省 2015a：375）

【図7-31　世帯におけるインターネット利用に伴う被害経験（複数回答）】

(4-3) デジタル・ディバイド（情報通信利用格差）の問題

日本におけるデジタル・ディバイドについて最初に旧郵政省が言及したのは、『平成12年版 通信白書』においてである（郵政省 2000：89）。

それによれば、図7-32・33・34のように、「平成11年度通信利用動向調査（世帯調査）」の調査結果を世帯の属性（居住地・世帯主年齢・年収）に基づいて分析すると、居住する都市の規模が大きいほど、世帯主の年齢が若いほど、

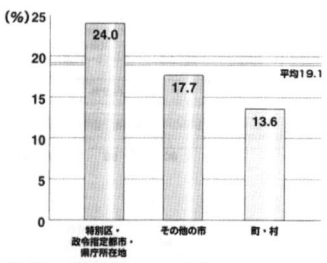

(出所：郵政省 2000：89)
【図7-32 市町村等別のインターネット利用状況】

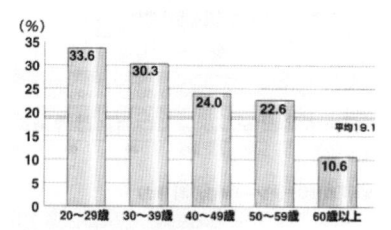

(出所：郵政省 2000：89)
【図7-33 世帯主年齢別のインターネット利用状況】

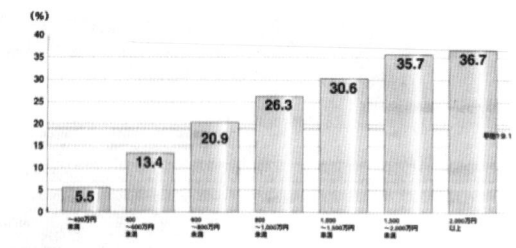

(出所：郵政省 2000：89)
【図7-34 世帯年収別のインターネット利用状況】

世帯年収が高いほどインターネットの普及率が高くなっており、地域、年齢、所得によって格差が生じていると考えられる（郵政省 2000：89）。

このような国内におけるデジタル・ディバイドは、インターネット利用者の年齢と世帯年収については、15年後の総務省『平成27年版　情報通信白書』においても、図7－35・36のように、インターネット利用者の普及率の大幅な増加（1999年：19.1％→2014年：82.8％）に伴って、格差が縮小したが、依然として解消されていない（総務省 2015：370）。

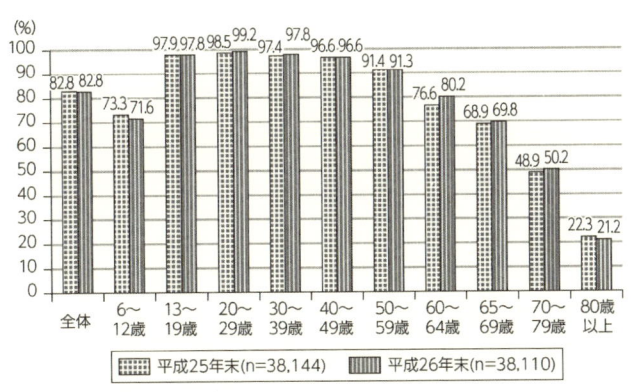

(出所：総務省 2015：370)

【図7－35　年齢別のインターネット利用状況】

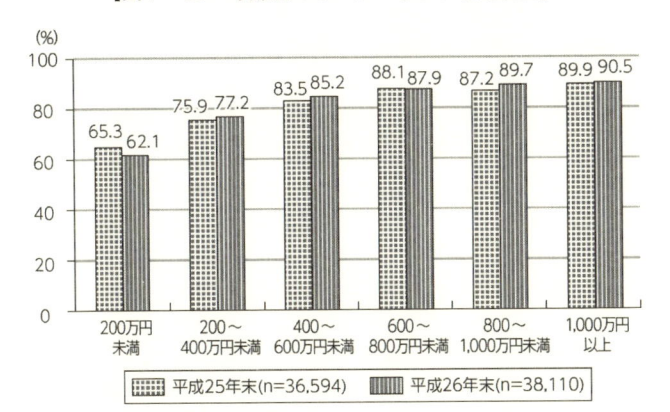

(出所：総務省 2015：370)

【図7－36　世帯年収別のインターネット利用状況】

ところで、『平成17年版 情報通信白書』によれば、情報の取得と経済的な効用の関係について見てみると、多くの情報、新しい情報又は欲しい情報のいずれの取得によっても、経済的な効用を得ると考える人が半数を超えている（図7－37）。

つまり、現状において、インターネット利用状況及び情報通信機器の保有と所属世帯年収には正の関連性があり、また今後、情報へのアクセス力の差が、経済的格差をより一層拡大させる可能性があることが分かる。

したがって、インターネットを利用して情報にアクセスできる人は、情報にアクセスする手段を持たない人に比べて、経済的に高い効用を得ることができる可能性が高い。その一方で、前述したとおり、情報にアクセスする手段を持たない人は、情報にアクセスできれば得られたはずの経済的な効用を得ることができず、そのために更に所得が低くなるという、いわば悪循環に陥る可能性が考えられる（総務省 2007：172-173）。

このようなデジタル・ディバイドを解消する手掛かりを得るために、総務省は、『平成23年版 情報通信白書』において、まず、デジタル・ディバイドとは、「インターネットやパソコン等の情報通信技術を利用できる者と利用できない者との間に生じる格差」であると定義し、国内外のデジタル・ディバイドの現状と課題について詳細に論じている（総務省 2011：89-126）。

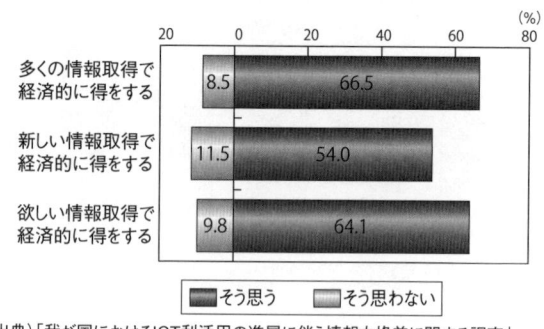

	そう思わない	そう思う
多くの情報取得で経済的に得をする	8.5	66.5
新しい情報取得で経済的に得をする	11.5	54.0
欲しい情報取得で経済的に得をする	9.8	64.1

（出典）「我が国におけるICT利活用の進展に伴う情報力格差に関する調査」
（出所：総務省 2007：172）

【図7－37　情報の取得による経済的な効用】

I. 国内のデジタル・ディバイドの現状と課題

　国内のデジタル・ディバイトについては、性別、年齢、年収、居住地（地方、都市区分）の各要因が、インターネット利用／未利用に与える影響の大きさを比較するために分析を行った結果、インターネットの利用／未利用に最も大きな影響を及ぼしている要因は、年齢である。つまり、「60歳以上」の高齢者になるほど、インターネットを利用していない傾向にある。また、次に大きな影響を及ぼしているのは年収である。特に、「世帯年収が200万円未満」と所得が低いほどインターネットを利用していない傾向にある。以上のことが明らかになった（総務省 2011：90）。

　他方で、『平成23年版　情報通信白書』では、「ICTを活用した社会的包摂の必要性」という観点から、デジタル・ディバイド解消の必要性を以下のように論じている。

　それによれば、日本の社会的課題をみると「孤立化」という新たな社会リスクの高まっており、このような「孤立化」のおそれがある典型的な世帯属性として「単身世帯」、「高齢者単身世帯」、「ひとり親世帯」が挙げられる。そして、このような「孤立化」する人々の増大に対して、支え合いのネットワークから誰一人として排除されることのない社会、すなわち、「一人ひとりを包摂する社会」の実現を目指すことが当時の民主党政権の政策課題として掲げられており、こうした社会の実現のため、ICTによるネットワーク形成が一定の役割を果たすことが期待された（総務省 2011：91-92）。

　このような認識を踏まえて、この白書では、デジタル・ディバイドによって不利な立場となる「低所得層」、「高齢層」とともに、「ひとり親層」、「単身層」について、生活上の課題・社会関係やICT利活用の状況を意識調査の結果から検証し、ICTの利活用を進めるにあたっての課題を分析している（総務省 2011：93）。

　まず、生活上の課題と社会関係の構築状況の特徴については、生活上で悩みや不安を感じていることをみると、**図7-38**のように、すべてのセグメント（世帯類型）で「健康」が最も多くなっている。特に、高齢層は「健康」が多い。

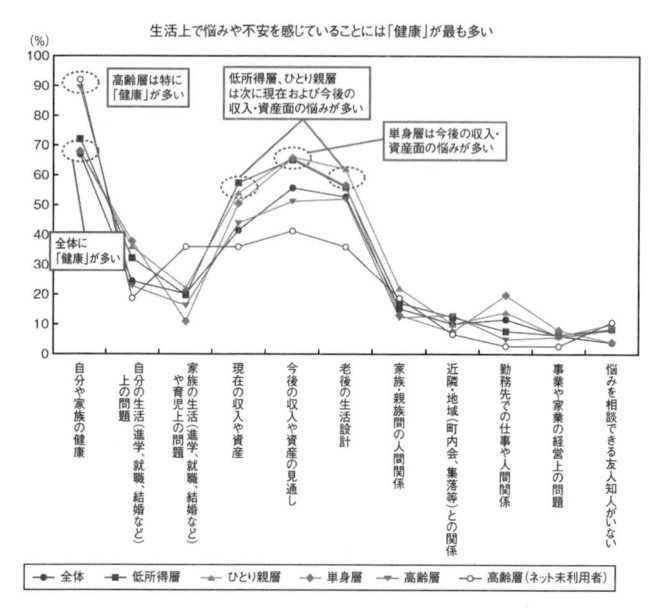

生活上で悩みや不安を感じていることには「健康」が最も多い

【図7-38 生活上で悩みや不安を感じていること】

（出所：総務省 2011：93）
（出典）総務省「ICT利活用社会における安心・安全等に関する調査」（平成23年）

　また、低所得層、ひとり親層は「現在の収入・資産」「今後の収入や資産の見通し」が、単身層は「今後の収入や資産の見通し」が多い（総務省 2011：93）。

　次に、社会関係の状況とオンラインコミュニティとの関係については、まず、個人的に親しい人の数（**図7-39**）及び地域内住民の知り合いの数（**図7-40**）をみると、低所得層はともに少ない。また、ひとり親層は「個人的に親しい人の数」が少なく、単身層は「地域内住民の知り合い」の数が少ない。コミュニティ（地域社会）への参加状況（**図7-41**）をみると、低所得層は「参加コミュニティなし」が多く、社会参加度が低い。ひとり親層も全体に比べて、やや参加度は低い傾向にある。単身層は「趣味や遊び仲間のグループ」がやや多いが、「参加コミュニティなし」も多い。高齢層は「趣味や遊び仲間のグループ」がやや多い。高齢層のインターネット未利用者は「参加コミュニティなし」も比較的多い。

第7章 情報化の進展と社会生活の変容　233

低所得層及びひとり親層が少ない傾向

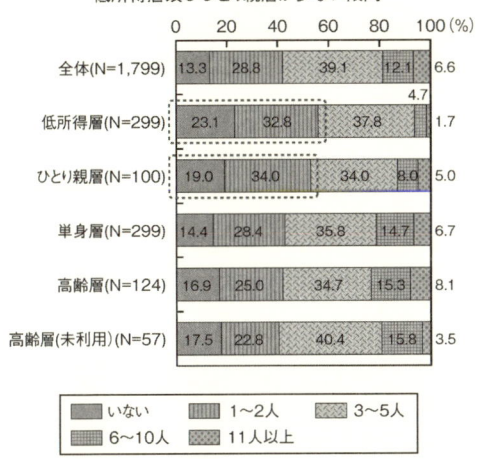

	いない	1〜2人	3〜5人	6〜10人	11人以上
全体(N=1,799)	13.3	28.8	39.1	12.1	6.6
低所得層(N=299)	23.1	32.8	37.8	4.7	1.7
ひとり親層(N=100)	19.0	34.0	34.0	8.0	5.0
単身層(N=299)	14.4	28.4	35.8	14.7	6.7
高齢層(N=124)	16.9	25.0	34.7	15.3	8.1
高齢層(未利用)(N=57)	17.5	22.8	40.4	15.8	3.5

（出典）総務省「ICT利活用社会における安心・安全等に関する調査」
（平成23年）

(出所：総務省2011：94)

【図7−39　個人的に親しい人の数】

低所得層、ひとり親層及び単身層が少ない傾向

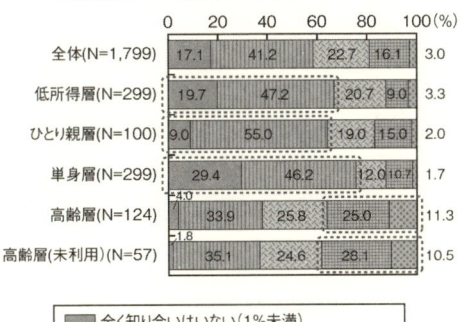

	全く知り合いはいない(1%未満)	あまり知り合いがいない(1〜25%程度)	どちらともいえない(26〜50%程度)	比較的知り合いがいる(51〜75%程度)	ほぼみんな知り合いである(76〜100%程度)
全体(N=1,799)	17.1	41.2	22.7	16.1	3.0
低所得層(N=299)	19.7	47.2	20.7	9.0	3.3
ひとり親層(N=100)	9.0	55.0	19.0	15.0	2.0
単身層(N=299)	29.4	46.2	12.0	10.7	1.7
高齢層(N=124)	4.0	33.9	25.8	25.0	11.3
高齢層(未利用)(N=57)	1.8	35.1	24.6	28.1	10.5

（出典）総務省「ICT利活用社会における安心・安全等に関する調査」
（平成23年）

(出所：総務省2011：94)

【図7−40　地域内住民の知り合い】

一方、オンラインコミュニティの参加状況（**図7－42**）をみると、単身層、低所得層は全体に比べて特に多く、ひとり親層も約半数が参加しているが、高齢層の参加率は29.8％と低い。インターネットによる絆の再生状況をオンライ

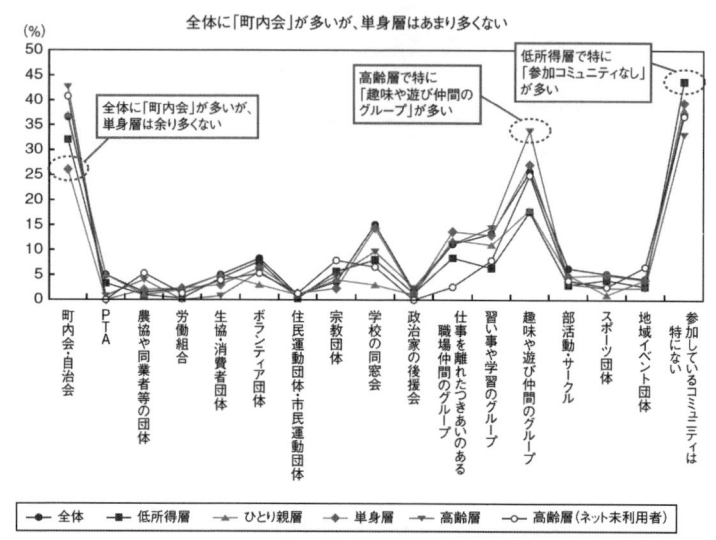

(出所：総務省 2011：94)

【図7－41　コミュニティ（地域社会）への参加状況】

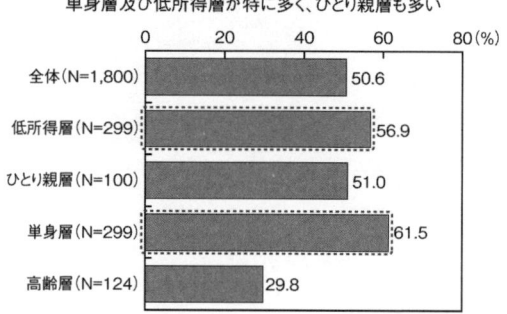

(出所：総務省 2011：95)

【図7－42　オンラインコミュニティへの参加状況】

ンコミュニティの参加者と不参加者とで比較すると（**図7-43**）、いずれの層でも参加者が不参加者より大幅に多く、参加者の約7割が絆の再生を実現している。このように、オンラインコミュニティの利用が社会関係の補完の役割を一定程度果たしていると考えられる（総務省 2011：93-94）。

　インターネットの必要性については、**図7-44**のように、属性別の認識の差を見てみると、ひとり親層、単身層は「ほぼ生活になくてはならないものになっている」が60％以上と最も多く、生活の必需品になっている傾向が見られる。また、低所得層でも「ほぼ生活になくてはならないものになっている」が半数を超えており、全体と同レベルで多い。一方、高齢層は「ほぼ生活になくてはならないものになっている」が全体に比べると少ないものの、1／3以上となっている（総務省 2011：95）。

　ところで、パソコンの月額ネット料金をみると、**図7-45**のように、低所得層、ひとり親層、単身層は4,000円以下の比較的低額のユーザーが全体に比べて多い。このうち、ひとり親層については6,000円以上の比較的高額のユー

いずれの属性でもオンラインコミュニティ参加者の方が多い

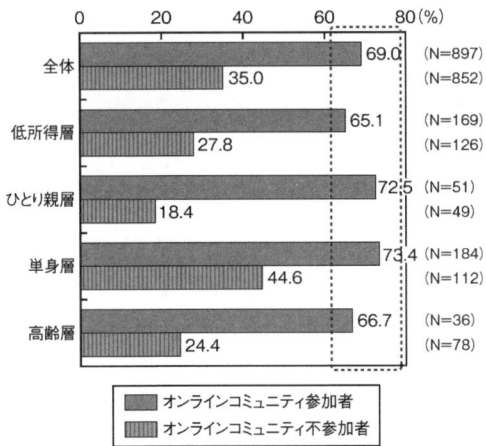

	参加者(%)	不参加者(%)	
全体	69.0	35.0	(N=897) / (N=852)
低所得層	65.1	27.8	(N=169) / (N=126)
ひとり親層	72.5	18.4	(N=51) / (N=49)
単身層	73.4	44.6	(N=184) / (N=112)
高齢層	66.7	24.4	(N=36) / (N=78)

（出典）総務省「ICT利活用社会における安心・安全等に関する調査」（平成23年）
（出所：総務省 2011：95）

【図7-43　インターネットで実現した絆の再生】

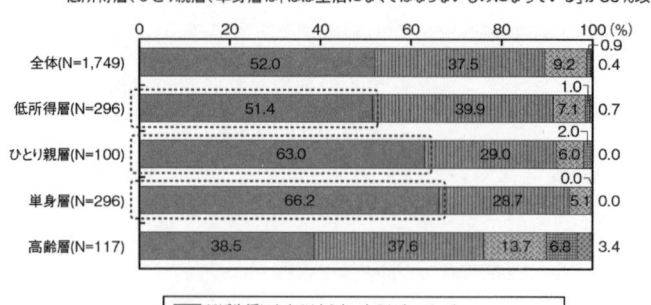

低所得層、ひとり親層、単身層は「ほぼ生活になくてはならないものになっている」が50%以上

	ほぼ生活になくてはならないものになっている	必須ではないが、生活になくてはならないものが増えてきている	どちらともいえない	生活上、あまり必要なものはない	生活上必要ではない
全体(N=1,749)	52.0	37.5	9.2	0.4	0.9
低所得層(N=296)	51.4	39.9	7.1	0.7	1.0
ひとり親層(N=100)	63.0	29.0	6.0	0.0	2.0
単身層(N=296)	66.2	28.7	5.1	0.0	0.0
高齢層(N=117)	38.5	37.6	13.7	6.8	3.4

(出典) 総務省「ICT利活用社会における安心・安全等に関する調査」(平成23年)

(出所：総務省 2011：95)

【図7－44　ネットの必要度】

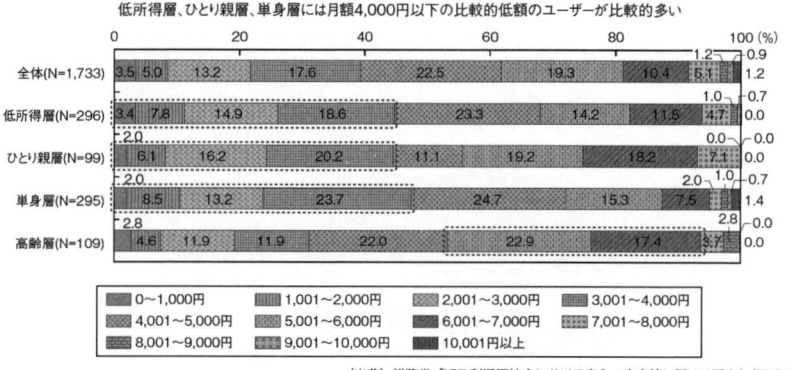

低所得層、ひとり親層、単身層には月額4,000円以下の比較的低額のユーザーが比較的多い

	0〜1,000円	1,001〜2,000円	2,001〜3,000円	3,001〜4,000円	4,001〜5,000円	5,001〜6,000円	6,001〜7,000円	7,001〜8,000円	8,001〜9,000円	9,001〜10,000円	10,001円以上
全体(N=1,733)	3.5	5.0	13.2	17.6	22.5	19.3	10.4	5.1	1.2	0.9	1.2
低所得層(N=296)	3.4	7.8	14.9	18.6	23.3	14.2	11.5	4.7	1.0	0.7	
ひとり親層(N=99)	6.1	16.2	20.2	11.1	19.2	18.2	7.1		2.0	0.0	0.0
単身層(N=295)	8.5	13.2	23.7	24.7	15.3	7.5		2.0	1.0	0.7	2.8
高齢層(N=109)	4.6	11.9	11.9	22.0	22.9	17.4	3.7	2.8			0.0

(出典) 総務省「ICT利活用社会における安心・安全等に関する調査」(平成23年)

(出所：総務省 2011：96)

【図7－45　パソコン接続の月額ネット料金】

ザーも全体に比べると多く、二極化している。また、高齢層は5,000円〜7,000円の比較的高額のユーザーが多い。その一方で、ネットの接続機器種類数でみると、低所得層、ひとり親層、高齢層は、ネット接続種類が1種類と答える割合が高くなっている（**図7－46**）。以上のことから、低所得層、ひとり親層は、経済的な理由から、使用機器や利用料金を絞り込んでいるユーザーが多い可能

性が考えられる（総務省 2011：96）。

他方で、インターネット活用技術の習得手段については、**図7−47**のように、低所得層、ひとり親層は「ウェブサイト等」が最も多く、単身層は「友人・知人」という人的チャネルが最も多い。一方、高齢層は「家族」や「友人・知

（出所：総務省 2011：96）

【図7−46 インターネット接続機器種類数】

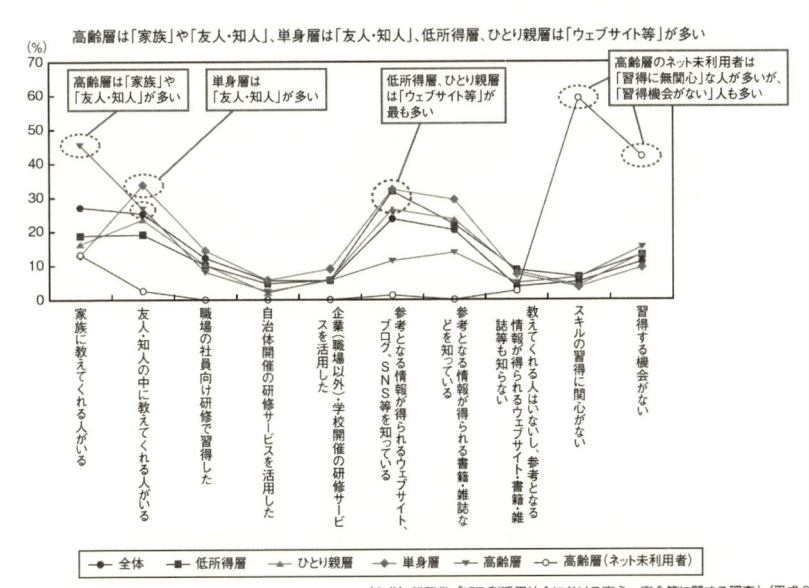

（出所：総務省 2011：97）

【図7−47 インターネット活用技術の習得手段】

人」から習得している人が多いが、「習得機会がない」人も比較的多い。特に、高齢層のネット未利用者は「習得に無関心」な人が多いが、「習得機会がない」人も多い（総務省 2011：96）。

また、インターネット利活用上の課題については、図7－48のように、すべてのセグメント（世帯類型）で「ネット接続料金が高い」が最も多く、また、低所得層、ひとり親層、単身層では「ネット接続端末が高い」が2番目に多く挙げられており、経済的な課題が上位に来ている。その一方で、高齢層では「新しい技術・製品・サービスについていくのが難しい」が多く、「端末の使い方がわからない」、「世の中のサービスがインターネット中心になってきているが、ついていけない」といった、技術等への対応面を課題として挙げる回答が比較的多い。特に、高齢層のネット未利用者は「端末の使い方がわからない」や「世の中のサービスがインターネット中心になってきているが、つい

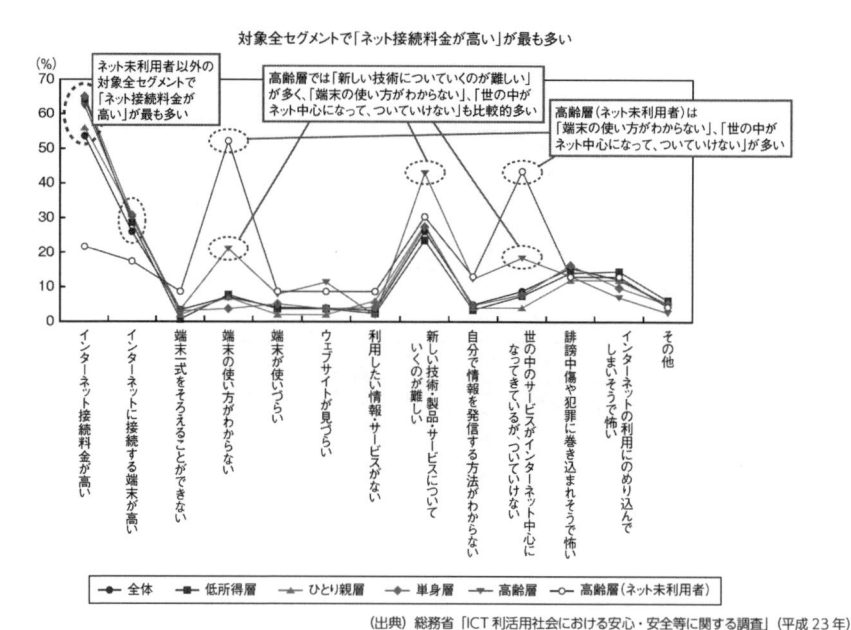

（出所：総務省 2011：98）

【図7－48　インターネット利活用の課題】

いけない」が多い（総務省 2011：98）。

以上のような分析の結果、インターネット利活用における課題を解決するために求められていることは、**図7-49**のように、インターネット利活用の課題を反映して、すべてのセグメント（世帯類型）で「ネット接続料金の一層の値下げ」が最も多く挙げられている。また、低所得層、ひとり親層、単身層では、「ネット接続料金の負担支援制度」が2番目に多く挙げられており、経済的な支援施策が上位に来ている。他方で、高齢層では「使い勝手がよい端末の開発」も比較的多い。なお、「使い勝手がよい端末の開発」はひとり親層でも比較的多い。高齢層のネット未利用者は「使い勝手がよい端末の開発」が多く、「地域内のヘルプデスク機能」も比較的多い（総務省 2011：99）。

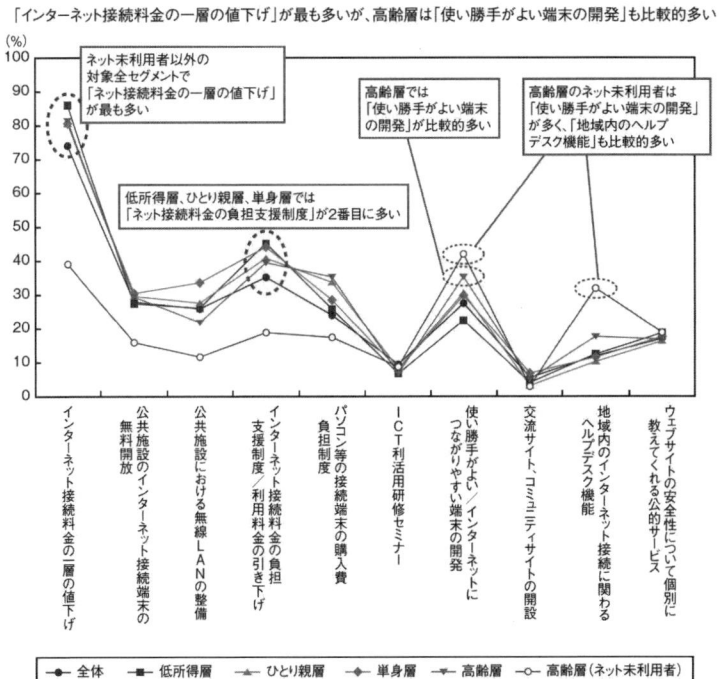

（出所：総務省 2011：99）

【図7-49　インターネット利活用の課題】

したがって、デジタル・ディバイドを解消するための効果的な方策は、まず、「インターネット接続料金の一層の値下げ」である。そして、低所得層、ひとり親層、単身層については、「ネット接続料金の負担支援制度」、高齢層については、「使い勝手がよい端末の開発」であることが明らかになった。

II. 国際的なデジタル・ディバイトの現状と課題

国際的なデジタル・ディバイドの解消に向け、様々な取り組みが進められているが、高所得国、低所得国の情報通信サービスの普及格差は依然として存在する。そのような状況において、開発途上国では、先進国とは異なる形でデジタル・ディバイドの解消が図られ、アプローチが多様化している（総務省2011：112)。

デジタル・ディバイドの主要な指標として、インターネット利用率（人口ベース）が挙げられる。2009年時点の国別のインターネット利用率は**図7－50**の通りである。各国を所得水準別に整理し、時系列推移をみると、**図7－51**のように、中所得国以下の国のインターネット利用者数の増加により、当

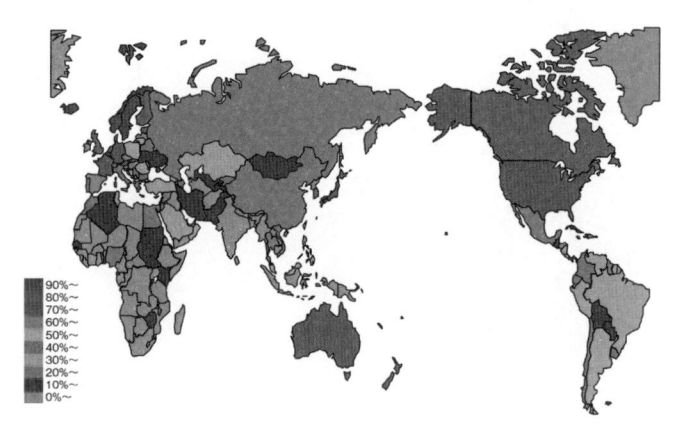

(出典) 総務省「国際的なデジタル・ディバイドの解消に関する調査」（平成23年
(ITU "World Telecommunication/ICT Indicators Database 2010 (15th Edition)" により作成

(出所：総務省 2011：113)

【図7－50　国別インターネット利用率（2009年）】

該構成比が拡大している傾向がみられる。しかし、依然として、人口構成比では15.5％の高所得国が、インターネット利用者数構成比では59.7％を占めている状況である（総務省 2011：113）。

　ちなみに、『平成27年版　情報通信白書』によれば、2000年と2013年の時点の国別のインターネット利用率の変化は、図７−52の通りであり、また、

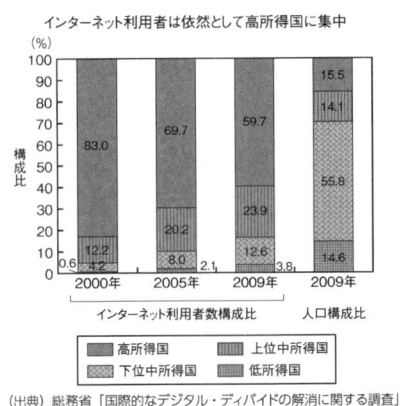

（出典）総務省「国際的なデジタル・ディバイドの解消に関する調査」
（平成23年）
(ITU "World Telecommunication/ICT Indicators Database 2010 (15th Edition)" により作成)

※所得水準に係る基準及び本調査における該当国数は以下のとおりである（計205か国）。
―高所得国：国民一人当たりGNI（国民総所得）11,906ドル以上：43か国
―上位中所得国：国民一人当たりGNI 3,856～11,905ドル：53か国
―下位中所得国：国民一人当たりGNI 976～3,855ドル：46か国
―低所得国：国民一人当たりGNI 975以下：63か国　※基準は世界銀行に基づく（2009年7月公表）

（出所：総務省 2011：113）

【図７−51　所得水準別のインターネット利用者数構成比（2000年/2005年/2009年）】

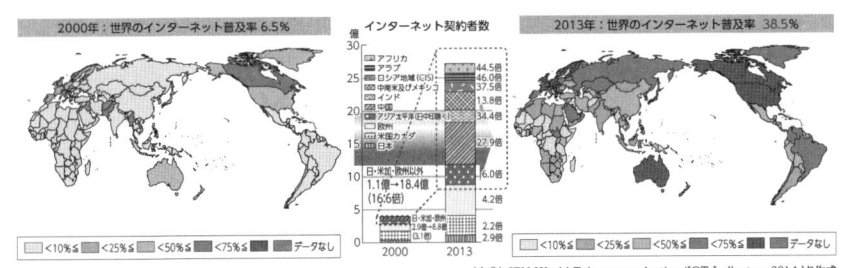

（出所：総務省 2015：94）　　　　　　　　　　　（出典）ITU World Telecommunication/ICT Indicators 2014より作成

【図７−52　世界におけるインターネット普及率の変化】

2013年の時点の所得水準別のインターネット利用者数については、**図7-53**の通りである（総務省 2015：94）。

また、高所得国と低所得国との間で比較すると、固定電話、移動電話及びインターネットの普及率いずれをみても、**図7-54**のように、依然として大きな格差が存在している（総務省 2011：113）。

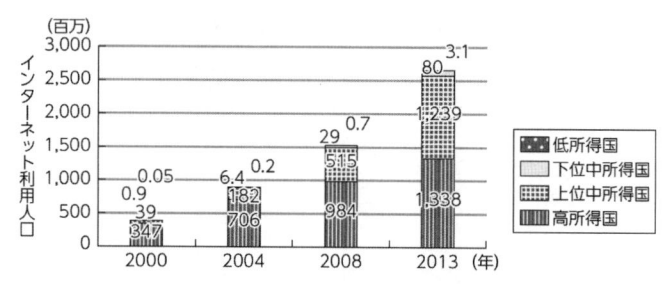

（出典）ITU World Telecommunication/ICT Indicators 2014より作成
（出所：総務省 2015：94）

【図7-53　世界のインターネット人口（所得水準別）】

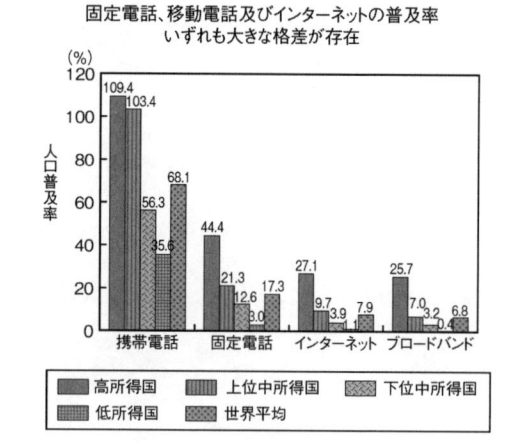

（出典）総務省「国際的なデジタル・ディバイドの解消に関する調査」
（平成23年）
(ITU "World Telecommunication/ICT Indicators Database 2010 (15th Edition)" により作成)

（出所：総務省 2011：113）

【図7-54　所得水準別の各ICTインフラの人口普及率（2009年時点）】

『平成23年版 情報通信白書』によれば、**図7－55**は、ICTインフラの普及速度を人口普及率10%に達するまでの年数を基準として集計したものである。これによると、固定電話は、所得グループ間で年数の開きがみられ所得が低い国ほど年数は長いが、携帯電話やインターネットでは開きが縮小しているのがわかる（総務省 2011：115）。

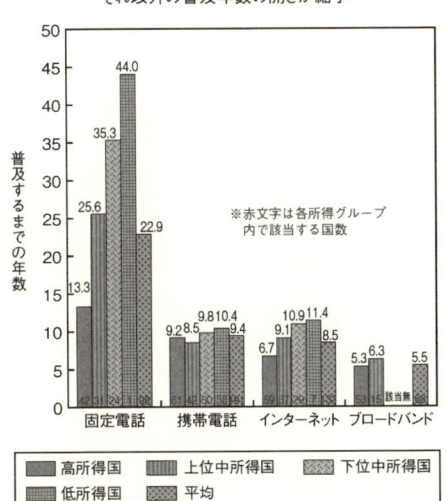

また、**図7－56**は、携帯電話についてのみ、普及率が30%から80%に達するまでの普及年数を同様に集計したものである。普及年数は低所得国ほど短い。従来の固定電話網と比べると整備コストが低くかつ構築期間が短いといったメリットを背景に、携帯電話が途上国において急速に普及していると推察される。このように、新しい技術への"Leap Frog（飛躍）"により、途上国のICT基盤の整備が急速に進展し、結果的に国際的デジタル・ディバイドの解消

（出典）総務省「国際的なデジタル・ディバイドの解消に関する調査」
（平成23年）
(ITU "World Telecommunication/ICT Indicators Database 2010 (15th Edition)" により作成)

（出所：総務省 2011：115）

**【図7－55　所得グループ別のICTインフラ普及年数
（人口普及率10%に達するまでの年数を集計）】**

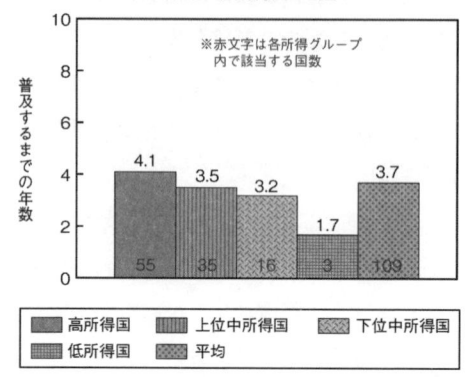

244

普及年数は低所得国ほど短い

※赤文字は各所得グループ
内で該当する国数

グループ	年数	国数
高所得国	4.1	55
上位中所得国	3.5	35
下位中所得国	3.2	16
低所得国	1.7	3
平均	3.7	109

(出典)総務省「国際的なデジタル・ディバイドの解消に関する調査」
(平成23年)
(ITU "World Telecommunication/ICT Indicators Database 2010 (15th Edition)" により作成)

(出所:総務省 2011:115)

【図7－56　所得グループ別の携帯電話の普及年数
（人口普及率が30%から80%に達するまでの年数を集計）】

につながっていると考えられる（総務省 2011：115）。

　このように開発途上国と先進国の間では各種ICT普及の様相は異なるが、同白書によれば、国際的なデジタル・ディバイドの解消をたどる方向性は、国・地域の文化・慣習、あるいはそれぞれが抱えている経済的・社会的課題、そして国家としての政策目標（ブロードバンド計画、国際競争力の強化等）などによって多様であると考えられる（総務省 2011：116）。

　そこで、国際的なデジタル・ディバイドの解消に向けての方策として示されるのは、ICT基盤の進展とデジタル・ディバイドの解消をたどる方向性は国や地域によって異なり、民間投資や公的関与も含め解決策は多様なので、開発途上国と先進国が互いの最良の方法を相互に学ぶとともに、自国や地域の状況に応じた対応策を推進し、実効性を高めていくことが望ましい。それによって、ICTによる便益をすべての人が等しく享受し、情報に関わる不公平性が解消され、経済的には生産性が高まり、文化的には相互理解の促進等につながり、より豊かな国際社会が構築されることが可能となるのである（総務省 2011：126）。

（4－4）ソーシャルメディアをめぐる問題

　総務省『平成27年版　情報通信白書』によれば、近年、ソーシャルメディアが普及することによって人々の言動や人間関係の変容が見られ、若者を中心に「炎上」などのソーシャルメディアをめぐるトラブルが問題となっている。

　すなわち、TwitterやFacebookなどのSNSでの不用意な投稿が原因となって投稿者本人が非難に晒されたり、これらのSNSでの消費者の投稿を契機として企業が予期せぬ非難に晒されたりする、いわゆる「炎上」が注目されており、大手メディアでも頻繁に取り上げられるようになっている。図7－57のように、新聞記事データベースで関連する記事を検索すると、2010年頃から顕著に増加している（総務省 2015：208）。

　また、図7－58のように、Googleにおける「Twitter炎上」「Facebook炎上」というキーワードでの検索頻度をみても、2010年頃から徐々に増加している（総

（出所：総務省 2015：208）　　　　（出典）日経テレコンより総務省作成

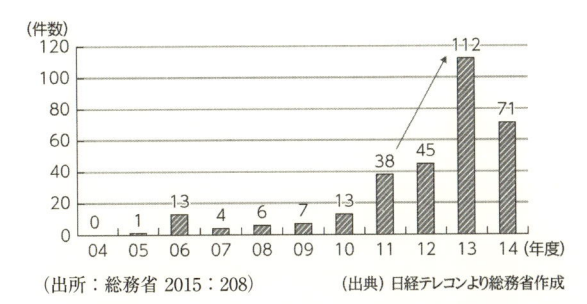

【図7－57　新聞記事データベースにおけるSNS炎上関連記事件数の推移】

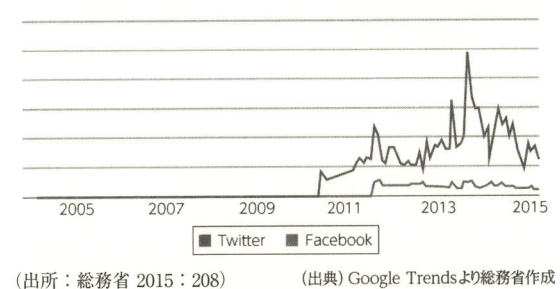

（出所：総務省 2015：208）　　　　（出典）Google Trendsより総務省作成

【図7－58　Google検索における検索キーワード
「Facebook炎上」「Twitter炎上」の検索動向】

務省 2015：208)。

　インターネット上の自分や他人の書き込みが原因で個人や企業がトラブルに巻き込まれる現象自体はインターネット黎明期から存在したが、このようにSNSでの「炎上」が近年特に注目されるようになった背景には、TwitterやFacebookなどのSNSが持つ機能上の特性がある。すなわち、これらのSNSは自分が気に入った他人の投稿を知人と簡単に共有する機能を備えており、連鎖的に投稿の共有が行なわれた結果、投稿が瞬く間に広範囲へと「拡散」していくという特徴がある。また、これらのSNSではスマートフォンで撮影した写真を簡単に投稿でき、インパクトのある写真が掲載されやすい点も、「炎上」を誘発する一因となっている。なお、ソーシャルメディアのリスク対応コンサルティングを手掛けるアディッシュ社（ガイアックス社）の調査結果によると、炎上のきっかけとなったSNSの約4割がTwitterである（**図7－59**）（総務省 2015：208)。

　そして、同白書は、各種アンケート調査の結果を基に、SNSでの「拡散」と「炎上」を巡る現状と課題を探っている（総務省 2015：208-214）。

　最近約1年以内に利用した経験のあるSNSを尋ねたところ、LINE（37.5%）、

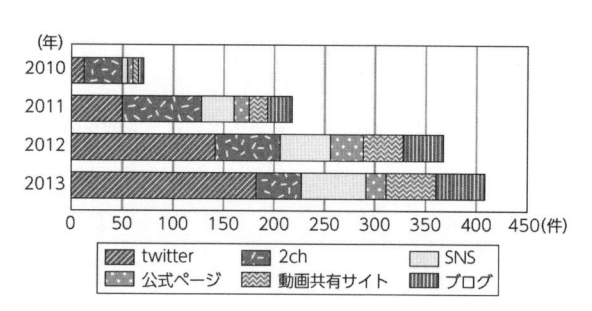

（出典）アディッシュ株式会社（株式会社ガイアックス）調べ

(「学生・生徒のツイートを見守る『セーフティプログラム for Twitter』を提供開始 〜大学・高校生のTwitterでの炎上トラブル増に対応〜」（2014年6月24日公表）http://www.gaiax.co.jp/news/press/2014/0624/)

（出所：総務省 2015：208）

【図7－59　炎上のきっかけとなったサイト】

第7章　情報化の進展と社会生活の変容　247

Facebook（35.3％）、Twitter（31.0％）の順となった。それぞれ実名（本名又はこれに準ずる氏名）、匿名（実名以外）のどちらで利用しているかを尋ねたところ、実名利用率（全利用者数に対する実名利用者数の比率）が高かったのはFacebook（84.8％）、LINE（62.8％）であり、低かったのはmixi（21.6％）、Twitter（23.5％）であった（図7－60）（総務省 2015：209）。

年代別に利用率をみると、図7－61のように、全般に年代が高くなるほど利用率が下がる傾向にあるが、Facebookについては20代以下で約5割、30代と40代で4割弱、60代以上でも2割以上の人が利用しており、年代を問わず浸透している。他方で、LINEの利用率は年代によって大きな差があり、20代以下では6割以上の人が利用しているのに対して、60代以上で1割未満の人しか

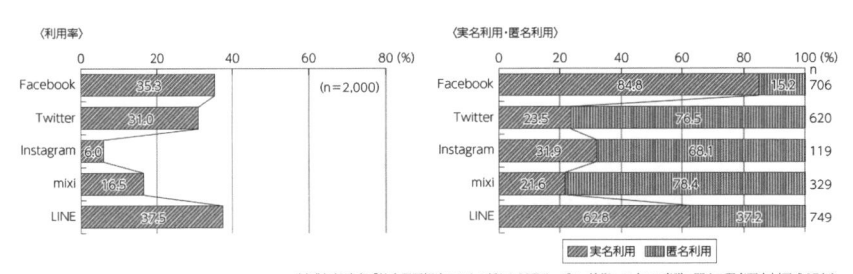

【図7－60　SNSの利用率及び実名利用率】

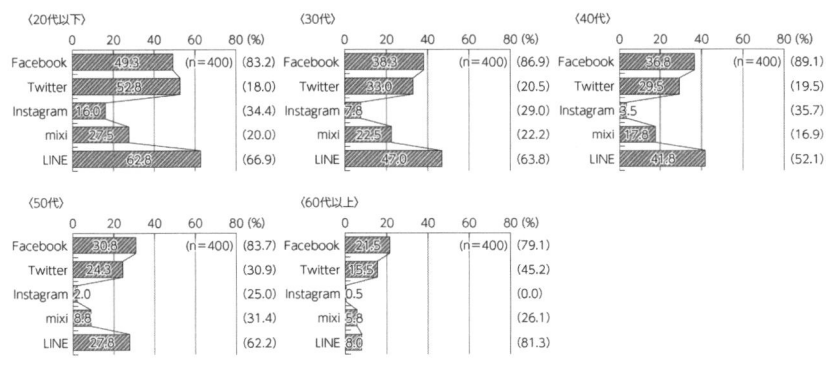

【図7－61　SNSの年代別利用率（カッコ内は実名利用率）】

利用していない。実名・匿名の別をみると、年代によってそれほど大きな違いはみられないものの、60代以上ではLINE、Twitterについては他の年代に比べて実名利用率が高くなっている（総務省 2015：209）。

次に、SNSを利用していて何らかのトラブルにあったことがあるかどうかを尋ねたところ、SNS利用者全体の8割以上が「トラブルにあったことはない」と回答している。年代別にみると、おおむね年代が下がるほどトラブルにあった人が増える傾向にあり、20代以下ではSNS利用者のうちの26.0%が何らかのトラブルにあった経験をもっている（図7－62）（総務省 2015：209）。

経験したトラブルの内容をみると、「自分は軽い冗談のつもりで書き込んだが、他人を傷つけてしまった」、「自分の発言が自分の意図とは異なる意味で他人に受け取られてしまった（誤解）」、「ネット上で他人と言い合いになったことがある（けんか）」、「自分の意思とは関係なく、自分について（個人情報、写真など）他人に公開されてしまった（暴露）」が比較的高くなった（図7－63）（総務省 2015：209）。

ところで、他人の投稿を知人と共有する情報の「拡散」（Facebookの「いいね！」機能やTwitterのリツイート機能等を利用して情報を広めること）は、

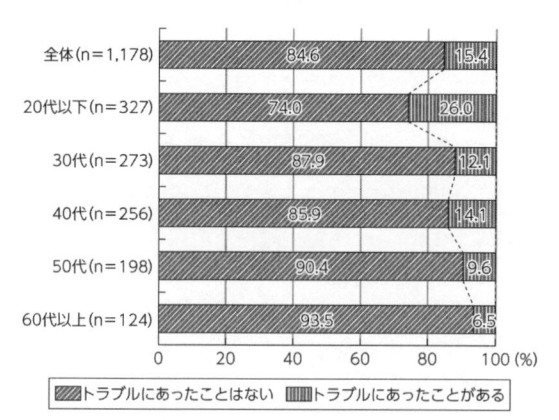

区分	トラブルにあったことはない	トラブルにあったことがある
全体(n=1,178)	84.6	15.4
20代以下(n=327)	74.0	26.0
30代(n=273)	87.9	12.1
40代(n=256)	85.9	14.1
50代(n=198)	90.4	9.6
60代以上(n=124)	93.5	6.5

（出典）総務省「社会課題解決のための新たなICTサービス・技術への人々の意識に関する調査研究」（平成27年）

（出所：総務省 2015：210）

【図7－62　SNS上でのトラブル経験の有無（年代別）】

第7章　情報化の進展と社会生活の変容　249

SNS利用者の5割以上が実施しており、約17%はほぼ毎日実施している。年代別にみると、20代以下でやや多いが、30代以上は大きな差はなく、年代を問わず活発な情報拡散が行われていることがわかる（**図7-64**）（総務省 2015：210）。

SNS利用者に拡散する情報の基準を尋ねたところ、「内容に共感したかどう

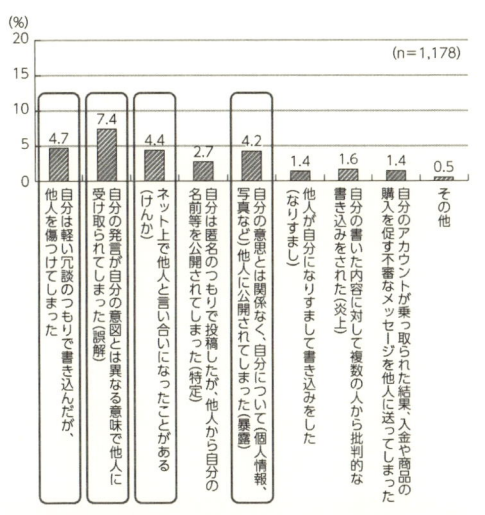

(出典) 総務省「社会課題解決のための新たなICTサービス・技術への人々の意識に関する調査研究」(平成27年)
(出所：総務省 2015：210)

【図7-63　SNS上でのトラブル経験の内容】

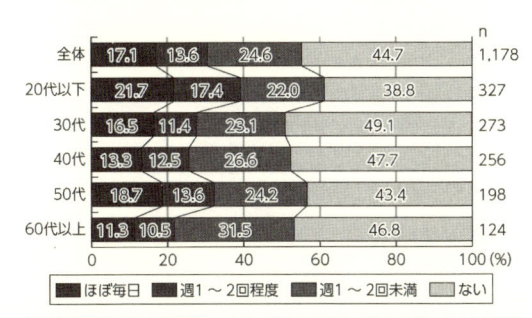

(出典) 総務省「社会課題解決のための新たなICTサービス・技術への人々の意識に関する調査研究」(平成27年)
(出所：総務省 2015：210)

【図7-64　SNSでの情報拡散経験（年代別）】

か」が46.2%で最も多く、「内容が面白いかどうか」が40.4%でこれに続く。これに対し、「情報の信憑性が高いかどうか」は23.5%と相対的に低い（図7－65）。SNSで拡散される情報は、事実かどうかよりも、共感できるかどうかや、面白いかどうかを基準にして選ばれる傾向があることがうかがえる（総務省2015：211）。

　情報拡散の基準を年代別にみると、「内容に共感したかどうか」を基準とする人の割合は全ての年代に共通して高いが、「内容が面白いかどうか」を基準とする人の割合は年代が下がるほど高くなり、反対に「情報の信憑性が高いかどうか」を基準とする人の割合は年代が上がるほど高くなる傾向がある（図7－66）。年代によって、情報拡散の基準に違いがあることがわかる（総務省2015：211）。

　SNSを利用する際に、「本人の許可なく他人の個人情報やプライバシーに関する情報を書かない」などの一般的な注意事項にどの程度気をつけているかを尋ねた。その結果をみると、「非常に気をつけている」と答えた人と「気をつけている」と答えた人を合わせると、例示した注意事項については、SNS利用者の約9割が気をつけていると回答している。年代別にみると、60代以上は「非常に気をつけている」と回答した人の比率が他の年代よりも多く、慎重に利用していることがうかがわれる。他方、20代以下は「あまり気をつけていない」や「気をつけていない」と回答した人の比率が他の年代に比べてやや高い（図7－67）（総務省 2015：212）。

（出所：総務省 2015：210）

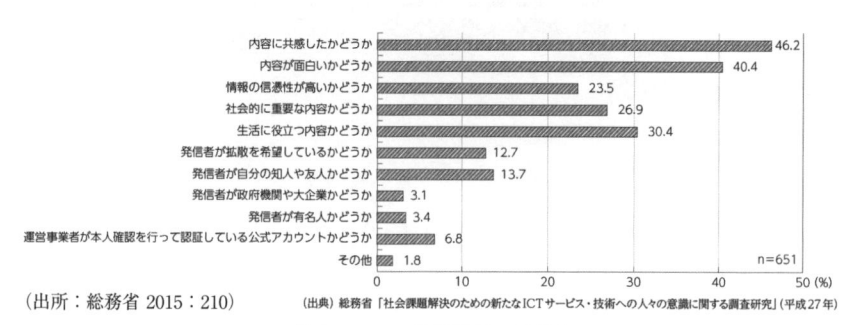

【図7－65　情報拡散の基準】

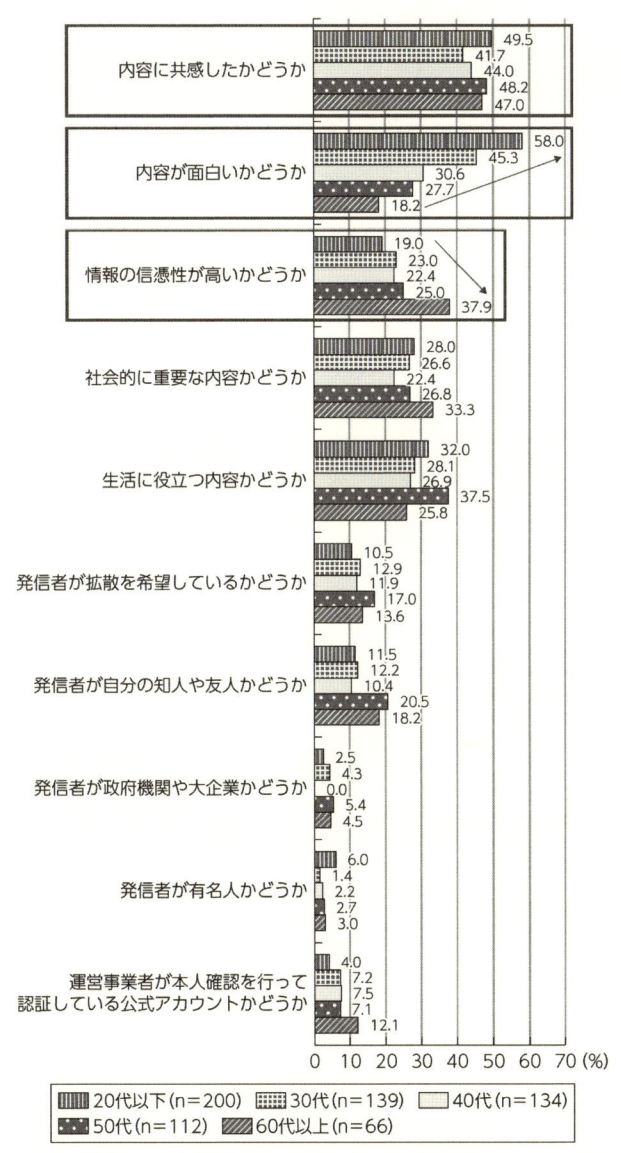

第 7 章 情報化の進展と社会生活の変容 251

基準	20代以下	30代	40代	50代	60代以上
内容に共感したかどうか	49.5	41.7	44.0	48.2	47.0
内容が面白いかどうか	58.0	45.3	30.6	27.7	18.2
情報の信憑性が高いかどうか	19.0	23.0	22.4	25.0	37.9
社会的に重要な内容かどうか	28.0	26.6	22.4	26.8	33.3
生活に役立つ内容かどうか	32.0	28.1	26.9	37.5	25.8
発信者が拡散を希望しているかどうか	10.5	12.9	11.9	17.0	13.6
発信者が自分の知人や友人かどうか	11.5	12.2	10.4	20.5	18.2
発信者が政府機関や大企業かどうか	2.5	4.3	0.0	5.4	4.5
発信者が有名人かどうか	6.0	1.4	2.2	2.7	3.0
運営事業者が本人確認を行って認証している公式アカウントかどうか	4.0	7.2	7.5	7.1	12.1

凡例：20代以下（n=200）、30代（n=139）、40代（n=134）、50代（n=112）、60代以上（n=66）

（出典）総務省「社会課題解決のための新たなICTサービス・技術への人々の意識に関する調査研究」（平成27年）

（出所：総務省 2015：211）

【図 7－66　情報拡散の基準（年代別）】

(出所：総務省 2015：212)

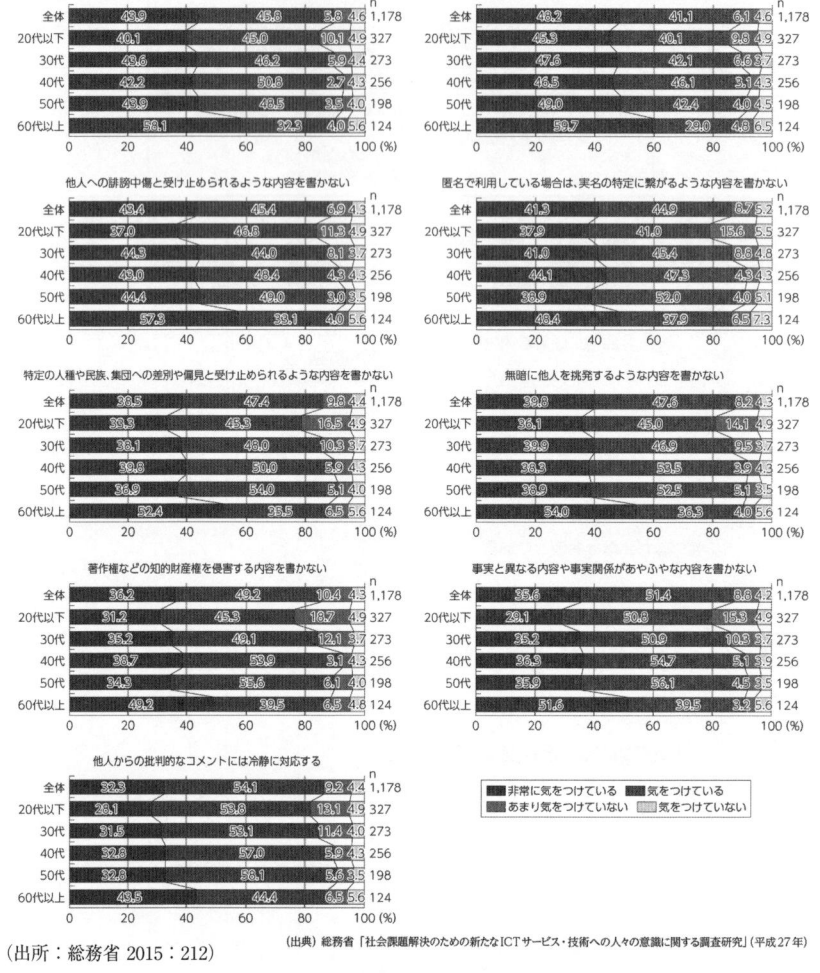

【図7－67　SNSを利用する際の注意事項の実施状況（年代別）】

　また、「若者等がアルバイト先の店舗の冷蔵庫に入っている様子や飲食店で悪ふざけをした様子などを撮影した写真をTwitterなどのソーシャルメディアに投稿し、マスメディアに取り上げられているケース」に対して、アンケート対象者がどのような意見を持っているかを尋ねた。全体に「このようなケース

が起きるのは、モラルが低下していることの表れだ」との意見や、「ネット社会の変化に対応して、よりしっかりした情報モラル教育が必要だ」との意見を持つ人が多かった（図7－68）。年代別にみると、年代が上がるほどこうした意見を持つ人の比率が高くなる傾向にある（図7－69）（総務省2015：213）。

他方で、「SNSによっては投稿に位置情報が付くことがある」ことや「SNS

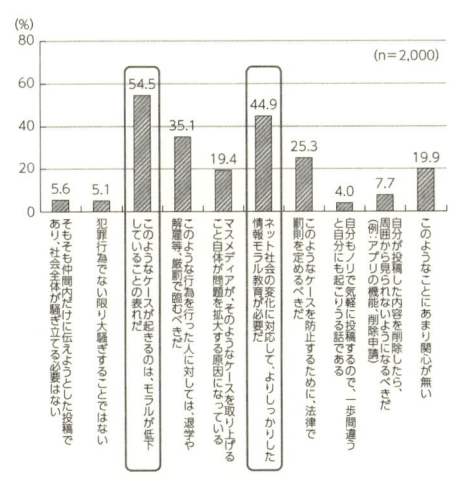

（％）
(n=2,000)

選択肢	割合
そもそも仲間内だけに伝えようとした投稿であり、社会全体が騒ぎ立てる必要はない	5.6
犯罪行為でない限り大騒ぎすることではない	5.1
このようなケースが起きるのは、モラルが低下していることの表れだ	54.5
このような行為を行った人に対しては、退学や解雇等、厳罰で臨むべきだ	35.1
マスメディアが、そのようなケースを取り上げること自体が問題を拡大する原因になっている	19.4
ネット社会の変化に対応して、よりしっかりした情報モラル教育が必要だ	44.9
このようなケースを防止するために、法律で罰則を定めるべきだ	25.3
自分もノリで気軽に投稿するので、一歩間違うと自分にも起こりうる話である	4.0
自分が投稿した内容を削除したら、周囲から見られないようになるべきだ（例：アプリの機能、削除申請）	7.7
このようなことにあまり関心が無い	19.9

（出典）総務省「社会課題解決のための新たなICTサービス・技術への人々の意識に関する調査研究」（平成27年）
（出所：総務省 2015：213）

【図7－68　SNSの利用方法に対する意見】

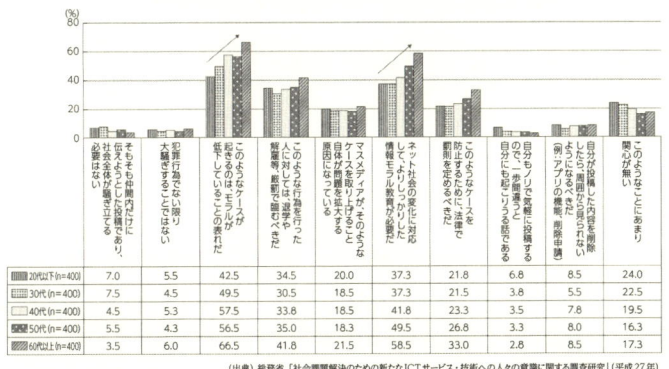

	20代以下(n=400)	30代(n=400)	40代(n=400)	50代(n=400)	60代以上(n=400)
そもそも仲間内だけに伝えようとした投稿であり、社会全体が騒ぎ立てる必要はない	7.0	7.5	4.5	5.5	3.5
犯罪行為でない限り大騒ぎすることではない	5.5	4.5	5.3	4.3	6.0
このようなケースが起きるのは、モラルが低下していることの表れだ	42.5	49.5	57.5	56.5	66.5
このような行為を行った人に対しては、退学や解雇等、厳罰で臨むべきだ	34.5	30.5	33.8	35.0	41.8
マスメディアが、そのようなケースを取り上げること自体が問題になっている	20.0	18.5	18.5	18.3	21.5
ネット社会の変化に対応してよりしっかりした情報モラル教育が必要だ	37.3	37.3	41.8	49.5	58.5
このようなケースを防止するために、法律で罰則を定めるべきだ	21.8	21.5	23.3	26.8	33.0
自分もノリで気軽に投稿するので、一歩間違うと自分にも起こりうる話である	6.8	3.8	3.5	3.3	2.8
自分が投稿した内容を削除したら、周囲から見られないようになるべきだ（例：アプリの機能、削除申請）	8.5	5.5	7.8	8.0	7.3
このようなことにあまり関心が無い	24.0	22.5	19.5	16.3	17.3

（出所：総務省 2015：213）　（出典）総務省「社会課題解決のための新たなICTサービス・技術への人々の意識に関する調査研究」（平成27年）

【図7－69　SNSの利用方法に対する意見（年代別）】

によっては投稿の公開範囲を設定できる機能がある」ことなどの、一般に必ずしも広く知られているとは言えないSNSの特性について、アンケート対象者の認知度を尋ねた。「知っている」と答えた人の比率は年代が上がるほど低くなる傾向があり、60代以上では3割程度の認知度にとどまっている（図7－70）（総務省 2015：213）。

以上のように、アンケート調査の結果を基に、SNSでの「拡散」と「炎上」を巡る現状と課題を探ってきた。プライバシーや知的財産権への配慮など、

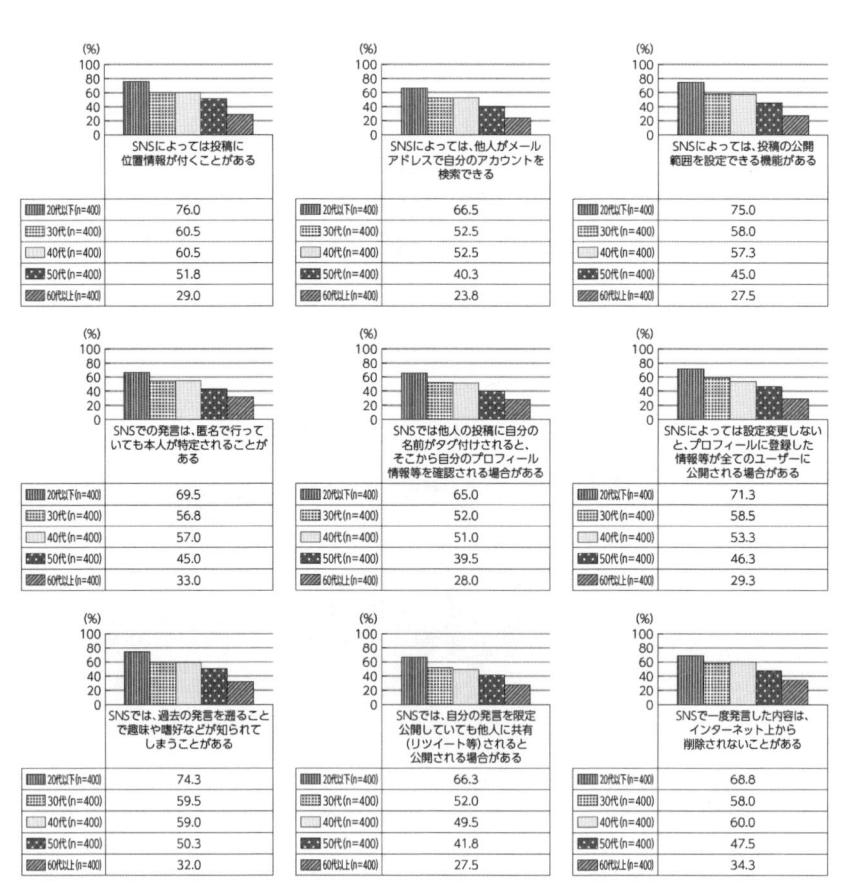

SNSによっては投稿に位置情報が付くことがある		SNSによっては、他人がメールアドレスで自分のアカウントを検索できる		SNSによっては、投稿の公開範囲を設定できる機能がある	
20代以下(n=400)	76.0	20代以下(n=400)	66.5	20代以下(n=400)	75.0
30代(n=400)	60.5	30代(n=400)	52.5	30代(n=400)	58.0
40代(n=400)	60.5	40代(n=400)	52.5	40代(n=400)	57.3
50代(n=400)	51.8	50代(n=400)	40.3	50代(n=400)	45.0
60代以上(n=400)	29.0	60代以上(n=400)	23.8	60代以上(n=400)	27.5

SNSでの発言は、匿名で行っていても本人が特定されることがある		SNSでは他人の投稿に自分の名前がタグ付けされると、そこから自分のプロフィール情報等を確認される場合がある		SNSによっては設定変更しないと、プロフィールに登録した情報等が全てのユーザーに公開される場合がある	
20代以下(n=400)	69.5	20代以下(n=400)	65.0	20代以下(n=400)	71.3
30代(n=400)	56.8	30代(n=400)	52.0	30代(n=400)	58.5
40代(n=400)	57.0	40代(n=400)	51.0	40代(n=400)	53.3
50代(n=400)	45.0	50代(n=400)	39.5	50代(n=400)	46.3
60代以上(n=400)	33.0	60代以上(n=400)	28.0	60代以上(n=400)	29.3

SNSでは、過去の発言を遡ることで趣味や嗜好などが知られてしまうことがある		SNSでは、自分の発言を限定公開していても他人に共有（リツイート等）されると公開される場合がある		SNSで一度発言した内容は、インターネット上から削除されないことがある	
20代以下(n=400)	74.3	20代以下(n=400)	66.3	20代以下(n=400)	68.8
30代(n=400)	59.5	30代(n=400)	52.0	30代(n=400)	58.0
40代(n=400)	59.0	40代(n=400)	49.5	40代(n=400)	60.0
50代(n=400)	50.3	50代(n=400)	41.8	50代(n=400)	47.5
60代以上(n=400)	32.0	60代以上(n=400)	27.5	60代以上(n=400)	34.3

（出所：総務省 2015：214）　　（出典）総務省「社会課題解決のための新たなICTサービス・技術への人々の意識に関する調査研究」（平成27年）

【図7－70　留意すべきSNSの特性への認知度（年代別）】

SNSで自ら情報発信をする際の一般的な注意事項はSNS利用者の間で広く意識されている。しかし、SNS利用者が他人の情報を拡散する際は、情報の信憑性よりも内容への共感や内容の面白さが基準とされる傾向にあり、これがSNSでの炎上が多発する一因となっている可能性がある（総務省 2015：214）。

また年代別にみると、若年層はSNS利用率が高く、SNSの各種特性への認知度も高いが、情報拡散時に情報の信憑性よりも面白さを重視する傾向が強く、トラブルに巻き込まれる利用者の割合も高い。その一方で、シニア層は総じてSNS利用者のモラルが高く、情報の信憑性にも注意しつつ慎重にSNSを利用している様子がうかがえるが、SNSの利用率自体やSNSの各種特性への認知度が低い（総務省 2015：214）。

したがって、全ての人がトラブルに巻き込まれず安心してSNSを利用できるようにするためには、以上のような各年代の利用特性を踏まえて教育や周知啓発を行っていくことが必要であろう（総務省 2015：214）。

他方で、未成年者の「学校裏サイト」における誹謗中傷・個人情報曝露から生じるいじめや非行・犯罪、「出会い系サイト」や「コミュニティサイト」を通じた女子児童・生徒の犯罪被害などが社会問題となっている。

例えば、図7－71のように、警察庁の「平成26年中の出会い系サイト及びコミュニティサイトに起因する事犯の現状と対策について」によれば、出会い系サイトに起因する事犯の被害児童は152人（前年比－7人、－4.4ポイント）。平成20年の出会い系サイト規制法の法改正以降、届出制の導入により事業者の

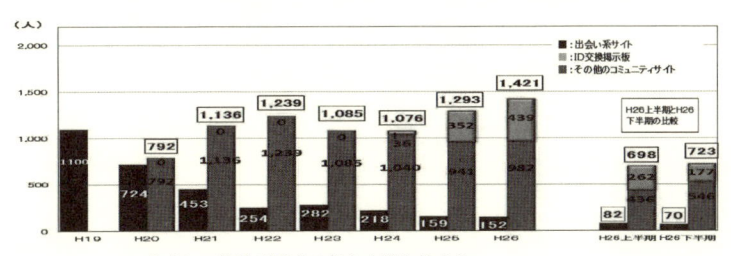

※コミュニティサイトの統計は平成20年から取り始めた。
（出所：警察庁 2015：2）

【図7－71　出会い系サイト及びコミュニティサイトに起因する被害児童・生徒数の推移】

実態把握が促進されたことや、事業者の被害防止措置が義務化されたことなどにより減少傾向にある。また、コミュニティサイトに起因する事犯の被害児童は1,421人（前年比+128人、+9.9ポイント）。平成25年以降、無料通話アプリのIDを交換する掲示板に起因する犯罪被害等により増加傾向にある（警察庁 2015：1）。

被害児童の状況の詳細については、以下の通りである。

〇コミュニティサイトに起因する事犯の被害児童の方が、出会い系サイトと比べて低年齢層の割合が多い（図7－72）（警察庁 2015：1）。

〇被害児童がコミュニティサイトへのアクセス手段として携帯電話を使った事犯のうち、スマートフォンを利用して被害に遭った割合は9割弱である（図7－73）（警察庁 2015：1）。

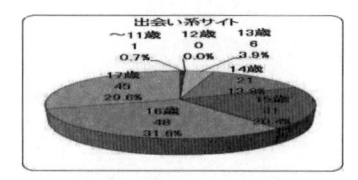

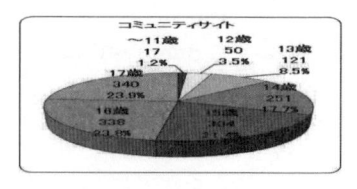

（出所：警察庁 2015：2）

【図7－72　年齢別の被害児童・生徒数及び割合】

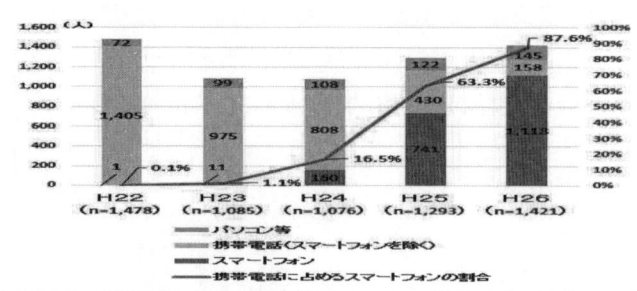

※平成26年中のアクセス手段全体に占める携帯電話（パソコンを併用したもの及びスマートフォンを含む。）の割合は89.8%。
※パソコン等にはパソコン、その他、不明を含む。
※平成22年は、被害児童が複数の被害に遭った場合、それぞれに計上しているため、被害児童数を上回っている。

（出所：警察庁 2015：2）

【図7－73　被害児童・生徒のコミュニティサイトへのアクセス手段】

第 7 章　情報化の進展と社会生活の変容　257

○コミュニティサイトの利用について、保護者による注意を受けていなかった被害児童は 5 割強、学校において指導を受けていなかった被害児童は 3 割強。被害児童の約 4 分の 1 は不登校である（図 7 −74）（警察庁 2015：1）。
○コミュニティサイトの利用時、プロフィールを詐称した被害児童は 3 割強である（図 7 −75）（警察庁 2015：1）。

　このような状況について、警察庁は今後の対策を以下のように示している（警察庁 2015：1）。
①出会い系サイト対策
○悪質出会い系サイト事業者に対する取締り等の徹底
○禁止誘引行為等の書き込み違反者に対する取締りの継続

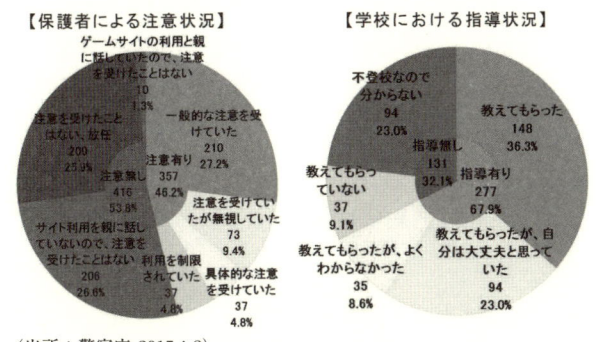

（出所：警察庁 2015：2）

【図 7 −74　被害児童への注意・指導状況】

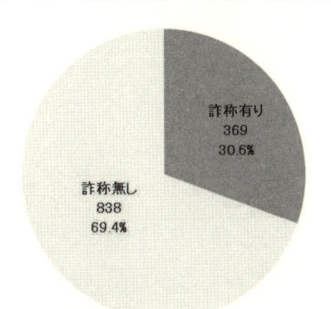

（出所：警察庁 2015：2）

【図 7 −75　被害児童のプロフィールの詐称状況】

②コミュニティサイト対策
○サイト事業者の規模、提供しているサービスの態様に応じた児童被害防止対策の強化に向けた働きかけの実施
　・ミニメールの内容確認を始めとするサイト内監視体制の強化
　・実効性あるゾーニングの導入
　※「実効性あるゾーニング」～サイト内において悪意ある大人を児童に近づけさせないように携帯電話事業者の保有する利用者年齢情報を活用し、大人と児童とのミニメールの送信や検索を制限すること。
○関係省庁、事業者及びEMA等の関係団体と連携した対策の推進
　・スマートフォンを中心としたフィルタリングの普及促進
　・児童、保護者、学校関係者等に対する広報啓発と情報共有
　※「EMA（エマ）」～一般社団法人モバイルコンテンツ審査・運用監視機構
　　【Content Evaluation and Monitoring Association】
③補導活動及び取締りの推進
○サイバー補導の積極的推進
○インターネットを利用した福祉犯事件に対する取締りの推進
　　（警察庁 2015：1）

　以上の対策は、警察として可能なものであり、女子児童・生徒の「出会い系サイト」や「コミュニティサイト」を通じた犯罪被害を防ぐには、児童・生徒の実態に応じた、家庭・学校・地域が連携した効果的な情報リテラシー教育が必要となるであろう。
　そこで、児童・生徒を含む未成年者のインターネット利用と家庭・学校における情報リテラシー教育の実態を見てみよう。
　内閣府の「平成26年度 青少年のインターネット利用環境実態調査」によれば、インターネットを使っている青少年（計2,615人）に、家庭では、インターネットの使い方について何かルールがあるかを聞いたところ、図7－76のように、「利用する時間を決めている」が27.2%で最も多く、次いで「困ったときにはすぐに保護者に相談するように決めている」が25.2%、「ゲームやアプリの利

第 7 章　情報化の進展と社会生活の変容　259

家庭のルール	(%)
利用する時間を決めている	27.2
困ったときにはすぐに保護者に相談するように決めている	25.2
ゲームやアプリの利用料金の上限や課金の利用方法を決めている	21.6
利用する場所を決めている	18.6
パスワードや電話帳情報、位置情報（GPS）などの利用者情報が漏れないようにしている	17.5
利用するサイトやアプリの内容を決めている	12.3
他人を誹謗中傷する書き込みをしないなど、送信・投稿する内容を決めている	11.7
メールやメッセージを送る相手を制限している	7.4
その他	1.8
特にルールを決めていない	35.8
わからない	1.0

■ (H26) 総数（N=2,615人, M.T.=180.2%)

（出所：内閣府 2015：100）

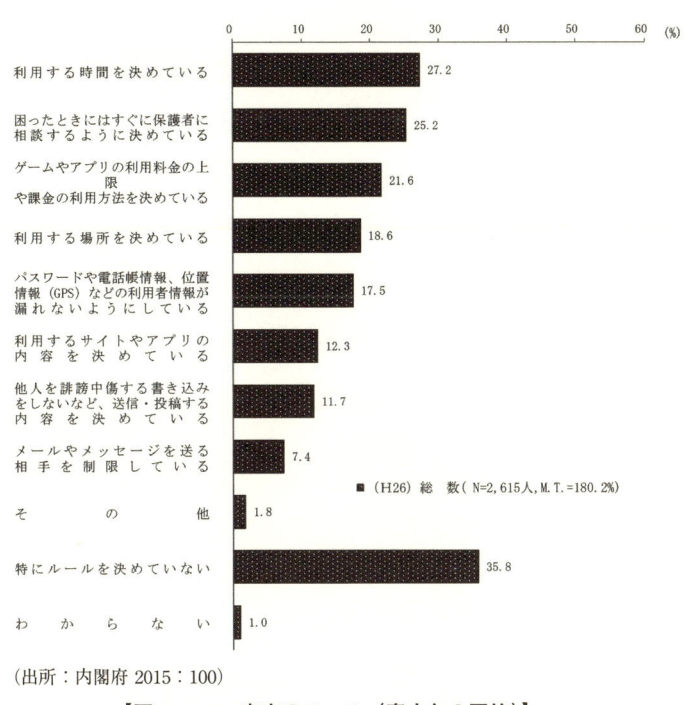

【図 7 −76　家庭のルール（青少年の回答）】

用料金の上限や課金の利用方法を決めている」が21.6％で多くなっている。次いで、「利用する場所を決めている」が18.6％、「パスワードや電話帳情報、位置情報（GPS）などの利用者情報が漏れないようにしている」が17.5％などとなっている。その一方で、「特にルールを決めていない」は35.8％である（内閣府 2015：100）。

　他方で、子供がいずれかのインターネット接続機器を利用している保護者(計2,844人）に、インターネットの使い方に何かルールがあるかを聞いたところ、図 7 −77のように、「困ったときにはすぐに保護者に相談するように決めている」が43.1％で最も多く、「ゲームやアプリの利用料金の上限や課金の利用方法を決めている」（33.8％）、「利用する場所を決めている」（33.3％）、「利用する時間を決めている」（31.0％）が 3 割台前半で続いている。「利用するサイト

```
                          0    10    20    30    40    50    60 (%)
困ったときにはすぐに保護者に
相談するように決めている                            43.1
ゲームやアプリの利用料金の上限
や課金の利用方法を決めている                 33.8
利用する場所を決めている                      33.3
利用する時間を決めている                      31.0
利用するサイトやアプリの
内容を決めている                   23.1
他人を誹謗中傷する書き込み
をしないなど、送信・投稿する
内容を決めている                   22.7
パスワードや電話帳情報、位置
情報（GPS）などの利用者情報が
漏れないようにしている             18.1
メールやメッセージを送る
相手を制限している            11.9
その他              3.2
特にルールを決めていない        17.1
わからない        0.9      ■（H26）総数（N=2,844人, M.T.=0.0%）
無回答          1.8
```

（出所：内閣府 2015：231）

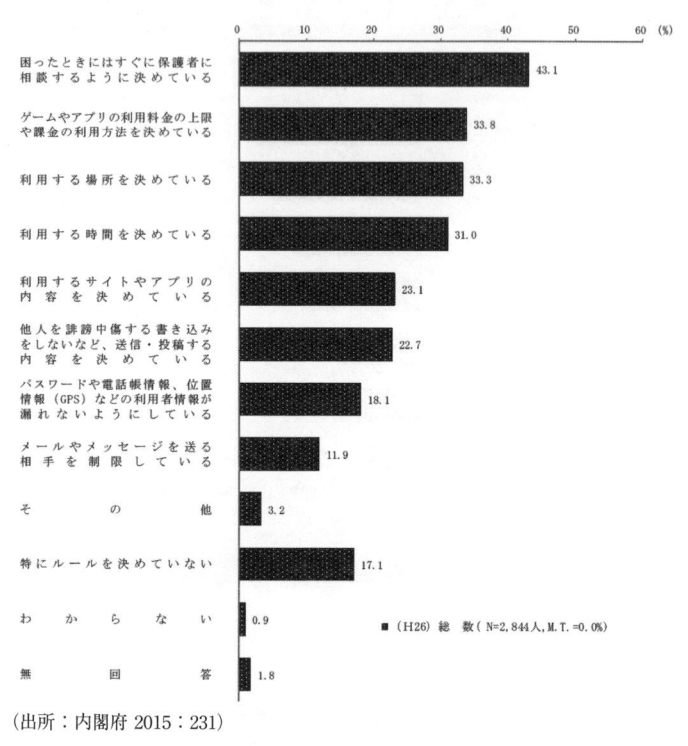

【図7－77　家庭のルール（保護者の回答）】

やアプリの内容を決めている」（23.1％）、「他人を誹謗中傷する書き込みをしないなど、送信・投稿する内容を決めている」（22.7％）が2割台前半となっており、「パスワードや電話帳情報、位置情報（GPS）などの利用者情報が漏れないようにしている」（18.1％）、「メールやメッセージを送る相手を制限している」（11.9％）が1割台となっている。そして、「特にルールを決めていない」は、17.1％と2割弱となっている（内閣府 2015：230）。

　ここで、注目すべきなのは、インターネット利用に関する家庭でのルールについて、青少年と保護者の間で認識のギャップがあることである。

　内閣府の「平成26年度 青少年のインターネット利用環境実態調査」によれば、**表7－3**のように、青少年の家庭のルールについての回答（内閣府

【表7-3 家庭のルール（青少年と保護者の回答の比較）】

	n（人）	困ったときにはすぐに保護者に相談するように決めている	ゲームやアプリの利用料金の上限や課金の利用方法を決めている	利用する場所を決めている	利用する時間を決めている	利用するサイトやアプリの内容を決めている	他人を誹謗中傷する書き込み・投稿をしない	パスワードや電話帳情報、位置情報などの利用者情報が漏れないようにする	メールやメッセージを送る相手を制限している	その他	ルールを決めている（計）	特にルールを決めていない	わからない
	人	%	%	%	%	%	%	%	%	%	%	%	%
青少年全体	2,615	25.2	21.6	18.6	27.2	12.3	11.7	17.5	7.4	1.8	63.1	35.8	1.0
保護者全体	2,844	43.1	33.8	33.3	31.0	23.1	22.7	18.1	11.9	3.2	80.2	17.1	0.9
〔学校種別〕													
小学生（計）	572	25.3	18.9	29.2	42.5	14.3	5.9	11.5	9.8	3.7	74.1	23.6	2.3
小学生の保護者	633	43.8	27.2	52.6	48.8	30.3	13.4	16.7	19.9	5.1	88.6	8.8	0.6
中学生（計）	1055	26.6	23.7	22.5	32.8	14.5	12.9	18.3	8.4	1.5	69.3	29.9	0.9
中学生の保護者	1116	44.7	34.8	40.2	37.3	27.4	29.3	19.4	14.3	3.0	85.2	13.0	0.7
高校生（計）	965	23.9	21.2	8.3	12.4	8.8	13.8	20.4	4.9	0.9	50.6	48.9	0.5
高校生の保護者	1074	41.0	36.5	15.3	14.6	14.8	21.5	17.7	4.8	2.2	70.4	26.1	1.2

(出所：内閣府 2015：233)

2015：101）と、保護者の家庭のルールについての回答（内閣府 2015：232）を比較してみると、『ルールを決めている（計）』という回答は、青少年で63.1％、保護者で80.2％と、保護者の方が多い。学校種別にみても、いずれの学校種でも、保護者の方が青少年よりも『ルールを決めている（計）』という回答が多い（内閣府 2015：233）。

とりわけ、「特にルールを決めていない」についてのみ、保護者の方が青少年本人よりも、18.7ポイント低く、かつ数値の差が最大となっている。そして、他の項目はすべて、保護者の方が青少年本人よりも、ポイントが高くなっている。

すなわち、青少年のインターネット利用に関する家庭のルールについて、保護者の大多数は、ルールを定めて自分の子どもを躾けているという認識を持っているが、青少年本人は、そのように躾けられているという認識が薄いことが窺える。

ところで、青少年や保護者に対するインターネット利用に関する啓発学習の効果は、あるのであろうか。

内閣府の同調査では、表7－4のように、インターネットの使い方について、『ルールを決めている（計）』という回答は、インターネットに関する啓発学習経験の回答別にみると、インターネットの危険性について説明を受けたり学んだりしたことがあると回答した青少年（64.4%）の方が、教えてもらったり学んだりしたことはないと回答した青少年（45.2%）よりも多い（内閣府 2015：104）。

啓発学習経験・学校種別にみても、『ルールを決めている（計）』という回答は、小学生では、説明を受けたり学んだりしたことがあると回答した青少年（76.3%）の方が、教えてもらったり学んだりしたことはないと回答した青少年（63.2%）よりも多い。なお、中学生、高校生は、分析軸の回答者数（N）が50人未満のものがあるため、参考として図示されている（内閣府 2015：104）。

他方で、保護者については、インターネットの使い方について、『ルールを決めている（計）』という回答は、表7－5のように、インターネットの危険性について説明を受けたり学んだりしたことがあると回答した保護者（81.7%）の方が、教えてもらったり学んだりしたことはないと回答した保護

【表7－4　家庭のルール（啓発学習経験・学校種別）】

	n（人）	利用する時間を決めている	相談するようにはすぐに保護者に	ゲームやアプリの利用方法を決めている	利用する場所を決めている	パスワードや電話帳情報（GPS）などを利用者以外に漏れないようにしている	利用するサイトやアプリの内容を決めている	他人を誹謗中傷する書き込みなどを送信・投稿する内容を決めている	メールやメッセージを送る相手を制限している	その他	ルールを決めている（計）	特にルールを決めていない	わからない
	人	%	%	%	%	%	%	%	%	%	%	%	%
総　数	2,615	27.2	25.2	21.6	18.6	17.5	12.3	11.7	7.4	1.8	63.1	35.8	1.0
【啓発学習経験・学校種別】													
説明を受けたり学んだりした	2430	27.4	26.1	22.6	18.8	18.2	12.8	12.4	7.7	1.9	64.4	34.9	0.7
教えてもらったり学んだりしたことはない	155	23.2	14.2	8.4	15.5	8.4	5.8	2.6	4.5	-	45.2	50.3	4.5
小学生（計）	572	42.5	25.3	18.9	29.2	11.5	14.3	5.9	9.8	3.7	74.1	23.6	2.3
説明を受けたり学んだりした	482	43.4	27.0	20.7	29.9	12.2	15.8	6.4	10.8	4.4	76.3	22.6	1.0
教えてもらったり学んだりしたことはない	76	38.2	15.8	10.5	25.0	7.9	7.9	2.6	5.3	-	63.2	30.3	6.6
中学生（計）	1055	32.8	26.6	23.7	22.5	18.3	14.5	12.9	8.4	1.5	69.3	29.9	0.9
説明を受けたり学んだりした	1012	33.3	27.1	24.2	22.8	18.9	15.0	13.4	8.7	1.5	70.3	29.0	0.8
教えてもらったり学んだりしたことはない	33	18.2	18.2	9.1	12.1	6.1	3.0	-	3.0	-	42.4	54.5	3.0
高校生（計）	965	12.4	23.9	21.2	8.3	20.4	8.8	13.8	4.9	0.9	50.6	48.9	0.5
説明を受けたり学んだりした	916	12.9	24.8	22.1	8.6	20.9	9.0	14.3	4.9	1.0	52.2	47.5	0.3
教えてもらったり学んだりしたことはない	43	2.3	9.3	4.7	2.3	11.6	4.7	4.7	4.7	-	18.6	79.1	2.3

（出所：内閣府 2015：104）

第7章　情報化の進展と社会生活の変容　263

【表7-5　家庭のルール（啓発学習経験・学校種別）】

	n（人）	困ったときにはすぐに保護者に相談するように決めている	ゲームやアプリの利用や課金の利用方法を決めている	利用する場所を決めている	利用する時間を決めている	利用するサイトやアプリの内容を決めている	他人を誹謗中傷する書き込みや投稿をしないなど、情報発信する内容を決めている	パスワードや電話帳情報、位置情報などの利用者情報を制限している	メールやメッセージを送る相手	その他	ルールを決めている（計）	特にルールを決めていない	わからない	無回答
	人	%	%	%	%	%	%	%	%	%	%	%	%	%
総　数	2,844	43.1	33.8	33.3	31.0	23.1	22.7	18.1	11.9	3.2	80.2	17.1	0.9	1.8
〔啓発学習経験・学校種別〕														
学んだことがある	2655	44.6	35.0	34.0	31.9	24.0	23.6	18.8	12.2	3.2	81.7	16.1	0.5	1.7
特に学んだことはない	156	21.8	16.7	23.7	19.9	8.3	10.3	9.0	7.1	4.5	60.3	34.0	3.2	2.6
小学生（計）	633	43.8	27.2	52.6	48.8	30.3	13.4	16.7	19.9	5.1	88.6	8.8	0.6	1.9
学んだことがある	580	45.9	28.3	53.6	50.5	31.4	14.3	17.4	20.5	5.2	90.3	7.6	0.3	1.7
特に学んだことはない	45	20.0	15.6	42.2	35.6	17.8	4.4	8.9	11.1	4.4	73.3	22.2	2.2	2.2
中学生（計）	1116	44.7	34.8	40.2	37.3	27.4	29.3	19.4	14.3	3.0	85.2	13.0	0.7	1.1
学んだことがある	1063	45.6	35.4	40.7	37.8	28.3	29.8	19.8	14.6	3.0	86.0	12.4	0.6	1.0
特に学んだことはない	48	22.9	16.7	27.1	22.9	6.3	16.7	12.5	8.3	4.2	66.7	27.1	4.2	2.1
高校生（計）	1074	41.0	36.5	15.3	14.8	21.5	17.7	4.8	2.2	70.4	26.1	1.2	2.3	
学んだことがある	992	42.6	38.3	15.9	15.1	15.5	22.5	18.6	4.9	2.1	72.5	24.7	0.6	2.2
特に学んだことはない	62	22.6	16.1	8.1	6.5	3.2	9.7	6.5	3.2	4.8	45.2	48.4	3.2	3.2

（出所：内閣府 2015：233）

者（60.3%）よりも多い。なお、啓発学習経験・学校種別は、分析軸の回答者数（N）が50人未満のものがあるため、参考として図示されている（内閣府 2015：233）。

以上の調査結果から、青少年や保護者に対するインターネット利用に関する啓発学習は、家庭での子どものインターネット利用の改善に効果をもたらしていることがわかる。

それでは、実際にどれくらい、青少年や保護者に対するインターネット利用に関する啓発学習が行われているのであろうか。

内閣府の同調査結果によれば、回答した全ての青少年（計3,441人）に対して、図7-78のように、インターネットの危険性について説明を受けたり学んだりした経験を聞いたところ、「学校で教えてもらった」が85.9%で最も多くなっている。次いで「親（保護者）から教えてもらった」（38.3%）、「テレビや本・パンフレットなどで知った」（16.5%）となっている。その一方で、「特に教えてもらったり学んだりしたことはない」は7.8%となっている。平成21年度以降の調査結果と比べると、「学校で教えてもらった」、「親（保護者）から教え

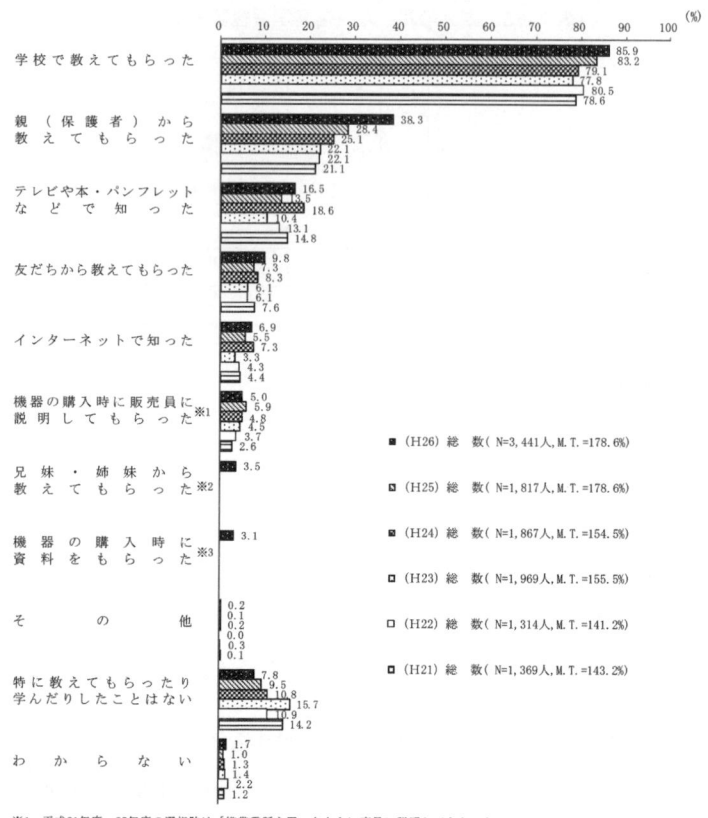

図7-78 インターネットに関する啓発や学習の経験（青少年の回答）

項目	(H26) 総数 (N=3,441人, M.T.=178.6%)	(H25) 総数 (N=1,817人, M.T.=178.6%)	(H24) 総数 (N=1,867人, M.T.=154.5%)	(H23) 総数 (N=1,969人, M.T.=155.5%)	(H22) 総数 (N=1,314人, M.T.=141.2%)	(H21) 総数 (N=1,369人, M.T.=143.2%)
学校で教えてもらった	85.9	83.2	79.1	77.8	80.5	78.6
親（保護者）から教えてもらった	38.3	28.4	25.1	22.1	22.1	21.1
テレビや本・パンフレットなどで知った	16.5	15	18.6	10.4	13.1	14.8
友だちから教えてもらった	9.8	7.3	8.3	6.1	6.1	7.6
インターネットで知った	6.9	5.5	7.3	3.3	4.3	4.4
機器の購入時に販売員に説明してもらった※1	5.0	5.9	4.8	4.9	3.7	2.6
兄妹・姉妹から教えてもらった※2	3.5					
機器の購入時に資料をもらった※3	3.1					
その他	0.2	0.1	0.2	0.0	0.3	0.1
特に教えてもらったり学んだりしたことはない	7.8	9.5	10.8	15.7	10.9	14.2
わからない	1.7	1.0	1.3	1.4	2.2	1.2

※1　平成21年度〜25年度の選択肢は「携帯電話を買ったときに店員に説明してもらった」
※2　「兄弟・姉妹から教えてもらった」は平成26年度新設項目のため25年度以前のデータは存在しない
※3　「機器の購入時に資料をもらった」は平成26年度新設項目のため25年度以前のデータは存在しない

（出所：内閣府 2015：106）

てもらった」は、平成23年度から増加傾向にある。「特に教えてもらったり学んだりしたことはない」は、平成23年度以降減少傾向である（内閣府 2015：105）。

　学校種別にみると、表7-6のように、「学校で教えてもらった」は、小学生（70.7％）では7割強であるが、中学生（92.9％）、高校生（93.0％）では9割台前半と多くなっている。一方、「特に教えてもらったり学んだりしたこと

【表7-6　インターネットに関する啓発や学習の経験（性別・学校種別）（青少年の回答）】

	n（人）	学校で教えてもらった	親（保護者）から教えてもらった	テレビや本・パンフレットなどで知った	友だちから教えてもらった	インターネットで知った	機器の購入時に販売員に説明してもらった ※1	兄妹・姉妹から教えてもらった ※2	機器の購入時に資料をもらった ※3	その他	説明を受けたり学んだりした（計）	特に教えてもらったり学んだりしたことはない	わからない
	人	%	%	%	%	%	%	%	%	%	%	%	%
総　　数	3,441	85.9	38.3	16.5	9.8	6.9	5.0	3.5	3.1	0.2	90.6	7.8	1.7
[性・学校種別]													
小学生（計）	1,080	70.7	41.8	13.9	4.5	1.6	1.7	3.4	1.3	0.3	80.9	15.6	3.4
男子	534	68.4	41.8	13.1	4.5	1.5	1.3	3.0	1.3	0.6	80.3	15.4	4.3
女子	546	73.1	41.8	14.7	4.6	1.6	2.0	3.8	1.3	-	81.5	15.9	2.6
中学生（計）	1,329	92.9	40.2	15.9	11.4	7.4	4.6	3.3	2.9	0.2	95.3	3.7	1.1
男子	654	91.7	38.4	15.4	11.5	8.4	4.3	2.6	3.1	0.2	94.8	3.8	1.4
女子	675	93.9	41.9	16.3	11.3	6.5	4.9	4.0	2.7	0.1	95.7	3.6	0.7
高校生（計）	1,007	93.0	32.4	20.4	12.9	11.5	9.0	3.3	4.9	0.3	94.8	4.6	0.6
男子	491	92.1	28.7	18.5	11.8	13.0	8.1	3.3	3.9	0.2	94.1	5.3	0.6
女子	516	94.0	35.9	22.1	14.0	10.1	9.9	4.5	5.8	0.4	95.5	3.9	0.6

（出所：内閣府 2015：107）

はない」は、小学生（15.6％）では1割台半ばだが、中学生（3.7％）、高校生（4.6％）では1割未満と少なくなっている。

　性別・学校種別にみると、「親（保護者）から教えてもらった」が、高校生で男子（28.7％）より女子（35.9％）の方が多くなっている（内閣府 2015：107）。

　保護者については、回答した全ての保護者（3,637人）に、インターネットの危険性について説明を受けたり学んだりした経験があるかを聞いたところ、図7-79のように、「学校から配布された啓発資料などで知った」（59.3％）と「学校の保護者会やPTAの会合などで説明を受けた」（56.3％）がそれぞれ5割台後半と多く、次いで「テレビや本・パンフレットなどで知った」（49.9％）が5割弱で続く。新たに追加した項目の「保護者同士の会話の中で知った」が25.1％、「インターネットで知った」が20.3％と2割台となっている。他の項目は1割台以下である。なお、「特に学んだことはない」は6.4％となっている。平成21年度以降の調査結果と比べると、「学校から配布された啓発資料などで知った」は、平成23年度以降引き続き増加傾向にある。「学校の保護者会や

266

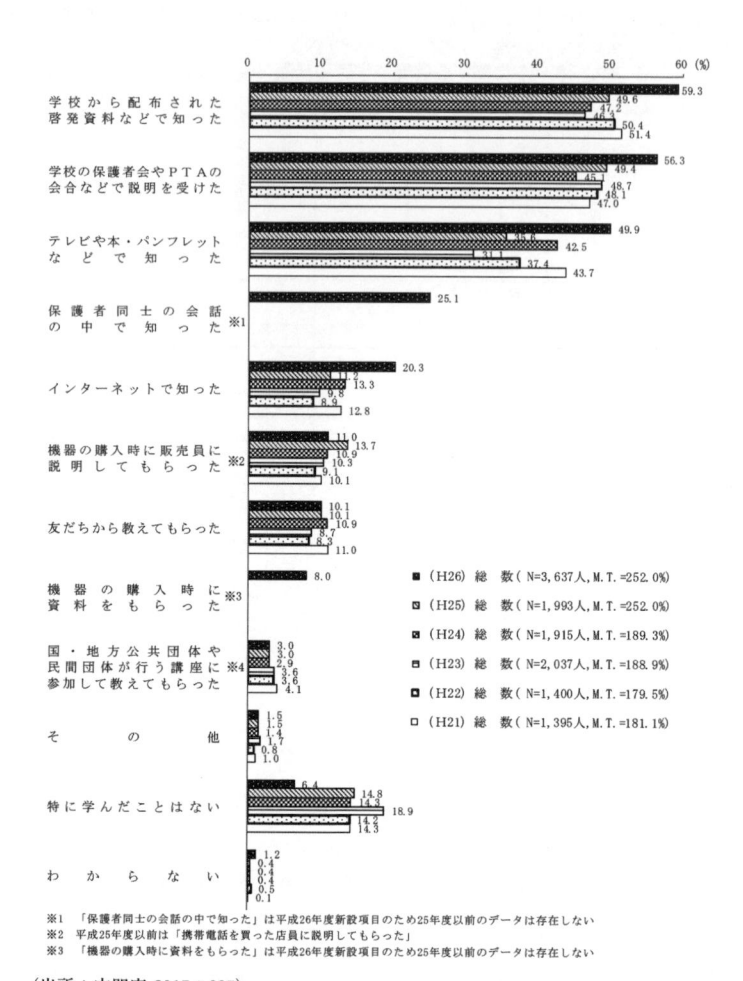

※1 「保護者同士の会話の中で知った」は平成26年度新設項目のため25年度以前のデータは存在しない
※2 平成25年度以前は「携帯電話を買った店員に説明してもらった」
※3 「機器の購入時に資料をもらった」は平成26年度新設項目のため25年度以前のデータは存在しない

(出所:内閣府 2015:235)

【図7-79　インターネットに関する啓発や学習の経験(保護者の回答)】

PTAの会合などで説明を受けた」も、平成24年度以降引き続き増加傾向にある(内閣府 2015:234)。

　学校種別にみると、表7-7のように、「学校から配布された啓発資料などで知った」(小学生の保護者:52.1%、中学生の保護者:64.5%、高校生の保護者:60.0%)、「学校の保護者会やPTAの会合などで説明を受けた」(小学生の

【表7－7　インターネットに関する啓発や学習の経験（性別・学校種別）（保護者の回答）】

		n（人）	学校などで配布された啓発資料などで知った	学校からの保護者会やPTAの会合などで説明を受けた	テレビや本・パンフレットなどで知った	保護者会同士の会話の中で知った	インターネットで知った	友だちから教えてもらった	機器の購入時に販売員に説明してもらった ※1	機器の購入時に資料をもらった	国・地方公共団体や民間団体が行う講座に参加して教えてもらった ※2	その他	説明を受けたり学んだりした（計）	特に学んだことはない	わからない	無回答
		人	%	%	%	%	%	%	%	%	%	%	%	%	%	%
平成26年度	総　数	3,637	59.3	56.3	49.9	25.1	20.3	11.0	10.1	8.0	3.0	1.5	92.1	6.4	1.2	0.3
	[学校種別]															
	小学生の保護者	1,092	52.1	43.7	56.7	26.5	24.8	6.5	11.0	7.1	2.4	1.6	90.1	8.2	1.3	0.4
	中学生の保護者	1,387	64.5	62.9	50.0	27.2	18.5	11.6	10.7	8.4	2.8	1.4	93.7	5.4	0.8	0.1
	高校生の保護者	1,132	60.0	60.2	43.3	21.1	18.5	14.3	8.2	8.5	3.8	1.2	92.0	6.0	1.7	0.4

（出所：内閣府 2015：107）

保護者：43.7％、中学生の保護者：62.9％、高校生の保護者：60.2％）は、小学生の保護者より、中学生、高校生の保護者の方が多くなっている。「機器の購入時に販売員に説明してもらった」（小学生の保護者：6.5％、中学生の保護者：11.6％、高校生の保護者：14.3％）も、小学生の保護者よりも、中学生の保護者、高校生の保護者の方が多くなっている。「テレビや本・パンフレットなどで知った」（小学生の保護者：56.7％、中学生の保護者：50.0％、高校生の保護者：43.3％）、「インターネットで知った」（小学生の保護者：24.8％、中学生の保護者：18.5％、高校生の保護者：18.5％）は、小学生の保護者の方が多くなっている（内閣府 2015：236）。

　以上のように、青少年に対しても、保護者に対しても、年々、インターネット利用に関する啓発学習の機会が増えている。また、青少年の方が保護者よりも、啓発学習を受ける割合が高いが、中高生とその保護者に比べ、小学生とその保護者は、啓発学習を受ける割合が低いことがわかる。

　しかしながら、図7－80のように、小学生の約6割が、インターネットを使える環境にあることを踏まえれば、小学生と保護者に対して、インターネット利用に関する啓発学習の機会をもっと増やす必要があるであろう。

　ところで、上記のような青少年のインターネットも含めたデジタル・メディア社会の課題の解決のための方策について、社会関係資本とインターネットの

区分	(N)	(%)
(H26)【総数】〔性・学校種別〕	(2,615人)	83.2
小学生（計）	(572人)	62.9
男子	(296人)	65.2
女子	(276人)	60.7
中学生（計）	(1,055人)	86.8
男子	(507人)	86.4
女子	(548人)	87.1
高校生（計）	(965人)	97.3
男子	(464人)	96.7
女子	(501人)	97.9

（出所：内閣府 2015：20)

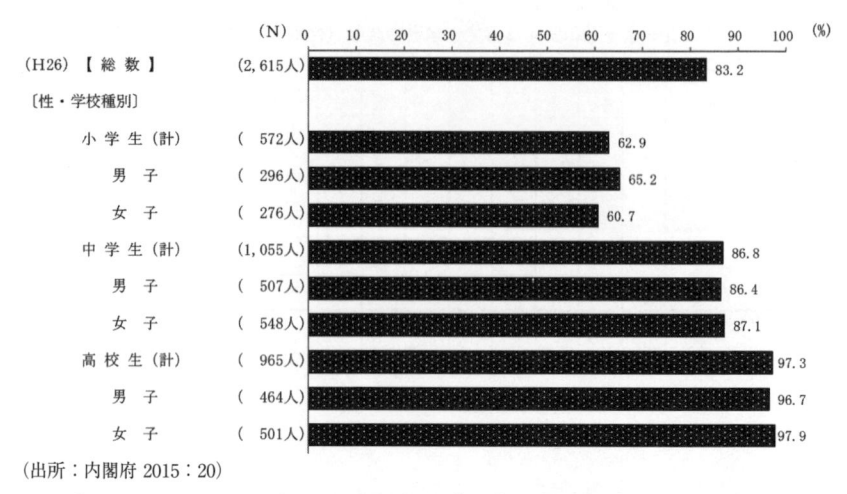

【図7-80　インターネットの利用状況【いずれかの機器でインターネットを利用している比率】（青少年の回答）】

関連から考察することにする。

（5）インターネットと社会関係資本

　パットナムは、インターネットと社会関係資本の関係について、以下のように指摘している。

　それによれば、20世紀の後半において、電子メールやインターネットなどの情報通信が、社会関係資本に対して多大な影響をもたらした。その一方で、情報通信は、広大な空間にわたって人々の社会的ネットワークを維持・拡大する能力を高めたが、他方で、情報通信は、特定の人たちが市民生活や社会生活から退出することを促進した。このように、情報通信の社会関係資本に対する影響は、維持・拡大する方向へも、切断・衰退する方向へも、どちらの方向にも働きうると論じている（Putnum 2002：16-17；パットナム 2013：14-15）。

　これについて、パットナムは、"Bowling Alone"(2000)(『孤独なボウリング』(2006))の「第9章　潮流への抵抗―小集団・社会運動・インターネット―」において、詳しく論じている。

まず、この章の冒頭で、パットナムは、インターネットやそれを通じて構成される「ヴァーチャル・コミュニティ」は、従来の物理的コミュニティにとって代わることが出来るのだろうか、という問いを発している（Putnum 2000：148；パットナム；2006：174）。

そして、彼は、調査機関のMediamarkが1999年5月12日に発表した報道資料に基づいて、1999年春の時点で米国の成人人口の約3分の1（約6,400万人）が、インターネットを使ったと回答しており、この数字は、約半年前の時点に比べて1,000万人増加したこと示している。また、インターネットが普及し始めて数年で、最も伝統的な社会的絆や市民参加の代替物がインターネット上に見られるようになった。例えば、オンライン葬儀やサイバー結婚式、ヴァーチャル礼拝、悲嘆カウンセリング、ボランティア活動、サイバー恋愛、ロビー活動など様々なもの、すなわち、「ヴァーチャルな社会関係資本」をインターネット上に見い出すことができる、と述べている（Putnum 2000：169-170；パットナム 2006：202）。

このようにインターネットが米国で急速に普及するに伴って、インターネット上に「ヴァーチャルな社会関係資本」というものが雨後のタケノコのように出来上がって来たが、パットナムは、2000年の時点では、社会関係資本とインターネットとの関係について、確信を持って述べられることは非常に少ないと論じている。すなわち、米国における社会関係資本の減少と衰退を示す手がかりとなる投票、寄付、信頼、集会、訪問等の低下といった社会現象は、インターネットが普及する20数年前から始まっており、インターネットの普及によって、社会関係資本の減少・衰退したということは言えないし、また、20世紀後半の数十年間に行われていた社交の場が、物理的空間からサイバー空間へと単純に移行したということも言えないし、さらに、インターネット利用者の市民活動への参加率が非利用者に比べて高いという調査結果もないので、インターネット利用と市民参加との間に相関があるとも言えない。したがって、インターネットの長期的な社会的影響を実証的に評価するのは、2000年の時点では、時期尚早であるということである（Putnum 2000：170-171；パットナム

2006：203)。

　このような限定を行った上で、パットナムは、インターネットが社会関係資本にもたらす潜在的な利点と欠点について考察している。

　それによれば、インターネットは、人々のコミュニケーション能力を高め、おそらく、コミュニティを劇的に拡張しうると考えられる。たしかに、インターネットは、物理的に離れた人々の間で情報を伝達する強力な道具であるが、しかし、そうした情報の流れが社会関係資本と正真正銘のコミュニティを涵養することができるのかどうかは、詳細に検討される必要がある、とパットナムは述べている（Putnum 2000：171-172；パットナム 2006：204-205)。

　まず、たくみなやり方をすれば、インターネットは、広範囲で効率的なネットワークを作り出して、人々の社会的世界との絆を強め、コストなしに情報を共有することができるため「知的資本」を増大させうる。また、インターネットは、組織的境界や地理的境界を超えて活動する大規模で稠密であるが、流動的な集団を支援することができる。すなわち、インターネットは、利害関心を共有する何百万人もの人々に、低コストで時空を超えて互いに平等につながり合うことができる手段を提供することで、市民参加と社会的絆を作り出すという潜在的な利点をもつ（Putnum 2000：172-174；パットナム 2006：205-209)。

　その一方で、パットナムは、インターネットが、新しく、より良いコミュニティを生み出すという希望が直面する深刻な4つの問題を考察している。

　まず、1つ目が、サイバースペースへのアクセスの社会的な不平等、すなわち、性別・年齢・居住地域・収入といった社会的属性によるインターネットの利用可能性の格差である「デジタル・ディバイド」である。インターネットが普及し始めた時期では、インターネットのヘビーユーザーの大部分が、若年で、高学歴で、高収入の白人男性であった。米国国勢調査局による1997年の悉皆調査によれば、米国社会において最もインターネットの利用率が低いのは、農村部の貧困者、農村部やインナーシティの人種的マイノリティ、若年女性を世帯主とする世帯（シングルマザー世帯）であった。さらに、教育、収入、人種、家族構成による格差は拡大し続けていて、縮小していない。こうした現象は、

社会的弱者が、インターネットを通じて形成される社会的ネットワークから排除されることで、そこから得られる文化的・経済的・社会的な資源を利用することができず、さらに弱い立場へと転落して行くことで、米国内での強者と弱者の間の社会的格差が拡大し、弱者を中心に社会全体で「架橋型社会関係資本」が減少・衰退していくことが予測される。この問題に対しては、21世紀の公共事業として公費を投入して、社会的弱者が、図書館やコミュニティセンター、コインランドリー、自宅で無料あるいは安価にインターネットを利用できる環境を整備することを、パットナムは、提唱している（Putnum 2000：174-175；パットナム 2006：209-210）。

　そして、2つ目の問題が、インターネット上のコミュニケーションが、文字でのやり取りが中心であるため、文字化できない非言語的な情報を伝えることが困難であることである。

　そのために、インターネット上のコミュニケーションは、対面的なコミュニケーションでは瞬時に伝えられる視線・身振り（意図的なものと、意図的しないもの両方）・うなずき・わずかに眉をしかめるなどの大量の非言語的な情報を伝えることができず、文字で伝わる情報を非言語的情報で補うことができず、対面的なコミュニケーションに比べて、効率性や確実性に劣り、文章表現に細心の注意を払ったとしても、表現が不正確になったり、真意が伝わらなかったりして、誤解を招いたりしがちになる（Putnum 2000：175；パットナム 2006：210）。

　また、文字でのやり取りが中心のインターネット上のコミュニケーションでは、お互いに相手の顔が見えないため、自ら氏名や身分を名乗らない限り、匿名で情報発信ができるため、率直に意見を交換合うことができ、問題発見や解決策を議論できる利点がある一方で、基本的に加入・脱退が自由であるため、偽りや裏切りとなる無責任な言動をとることも可能であり、相手が本当はどのような人物であるのか、また、真意を語っているのか、自分の期待を満たしてくれるのか（裏切られるのか）を判断することが困難なので、社会関係資本に必要不可欠な要素である信頼や互酬性の規範（と相互協力意識）の生成が非常

に難しい。つまり、インターネット上のコミュニケーションは、情報の共有、意見の収集、解決策の議論には向いているが、信頼と互酬性の規範（と相互協力意識）を醸成することには、不向きである。したがって、インターネット上のコミュニケーションを通じて信頼と互酬性の規範（と相互協力意識）を作り出すためには、それを補う対面的なコミュニケーションが必要であり、パットナム曰く、社会関係資本は、効果的なインターネット上のコミュニケーションの前提条件なのであり、それがもたらす結果ではないのである（Putnum 2000：176-177；パットナム 2006：211-213）。

　3つ目の問題として、インターネット上のコミュニケーションを通じて形成されるコミュニティは、共通の関心や問題意識を持つ人々から構成されているために、教育水準、趣味、信念などにおいても同質的な人々のみのつながりになりやすいし、また、そこでの非常に狭い範囲の関心に基づく、マニアックとも言えるテーマについてのやり取りは、参加者の関心をさらに狭めて行き、考えの似た仲間だけに閉ざされた「タコツボ」のようなコミュニティとなって行き、関心や考え方が異なる人々との断絶をもたらす。パットナムは、こうした現象を「サイバーバルカン化」（バルカン半島の小国間の分裂化のようなサイバー空間内のコミュニティ間の分裂化）と呼んでいるが、「タコツボ化」とも言うべきこのようなインターネット上の動きは、異質な社会的な立場の人たちをつなぐ「架橋型社会関係資本」の形成を妨げ、社会を分裂させ、人々が互いに無関心・不寛容になる可能性をもたらす（Putnum 2000：177-179；パットナム 2006：213-215）。

　4つ目の問題は、インターネットが、1990年代以降、営利を目的とした商業的利用が中心となって普及してきたため、市民活動や地域社会への参加につながる能動的な社会的コミュニケーション手段よりも、対面的なつながりを締め出してしまう、テレビ視聴のような受動的でプライベートな娯楽手段になりつつあるという問題である（Putnum 2000：179；パットナム 2006：215-216）。

　以上のように、パットナムは、インターネットが社会関係資本に及ぼす影響

の利点と問題点を検討しているが、彼の結論としては、インターネット上のコミュニケーションとそれによって形成されるコミュニティは、対面的なコミュニティにとって代わるのではなく、それを補完するものである。そして、今後取り組むべき最も重要な問題は、人々が、社会関係資本へ投資して、より多くの成果を得られるようにするために、つまり、社会関係資本を維持・増大させ、社会的問題を解決するために、新たな情報通信技術の研究開発や効果的な利用方法の考案を通じて、インターネットの持つ計り知れない可能性をどのように活用するかである（Putnum 2000：179-180；パットナム 2006：216-217）。

　以上のように、パットナムとインターネットに代表されるデジタル・メディアとの関連についての議論を概観してわかることは、まず、インターネットなどのデジタル・メディアは、それを通じて文字を中心とした顔の見えないコミュニケーションが行われるため、情報の共有や交換という形で、社会関係資本の構成要素の一つである社会的ネットワークの形成・拡大には適しているが、他の構成要素としての信頼や互酬性の規範（と相互協力意識）の形成は、対面的な接触やコミュニケーションを伴わないと非常に困難であることである。

　そして、デジタル・メディアが、プライベートな娯楽や商取引の手段、または、仲間内だけでのコミュニケーションや関係維持・強化の手段として用いられる場合は、社会や地域からの引きもりや、仲間内だけに閉じた「タコツボ化」を助長し、社会における社会関係資本の総量が減少したり、「結束型社会関係資本」のみを形成・増大させたりすることで、「架橋型社会関係資本」の形成・増大につながる可能性が乏しいと考えられる。

　このような状況は、今日の日本においてさらに進展している。

　例えば、朝日新聞2015年8月18日夕刊に掲載された、歴史社会学者の小熊英二の「社会の断片化」に関する論考によれば、現代では社会の「断片化」が問題になっており、情報通信技術の進展は、この傾向を加速した。すなわち、ケーブルテレビが発達し、特定の趣味や政治志向に特化した番組だけを流すテレビ局が生まれた。さらにソーシャルメディアが発達すると、集団の細分化が一層進み、集団が異なると、入ってくる情報も話題も使う言葉も違う。集団ごとに

特化した用語や隠語を用いて生きているので、それを共有しない相手とは話せなくなる。さらに、スマートフォンの普及により、キーボード型パソコンでキーワードを打ち込んで検索する習慣が衰退し、情報元が提供する情報を受動的に受け止める傾向が強くなった。発信元は端末操作者のアクセス履歴によって嗜好を察知し、コンテンツを発信する。受け手は、自分の嗜好に合わせて発信される情報を受動的にザッピングするようになる。また、フェイスブックによる「同じ嗜好をもつ仲間内」だけで情報に接触する傾向も強まっている。その結果、情報を横断的・能動的に検索する習慣が衰退し、自分の嗜好に合う「仲間内」の情報だけを消費・共有する断片化の傾向がさらに強まっていくのである（小熊 2015：3）。

　しかしながら、デジタル・メディアが社会的諸問題に取り組む多様な市民活動に活用される場合には、通常、参加者間の対面的な接触やコミュニケーションを伴うので、情報の共有・交換と活動を通じて、社会関係資本の構成要素である社会的ネットワークが形成されるだけでなく、信頼や互酬性の規範（と相互協力意識）も形成されやすくなり、参加者間で活動グループという形で「結束型社会関係資本」が形成され、さらに、活動グループ間で、デジタル・メディアと活動を通じた連携という形で、「結束型社会関係資本」を飛び石としてつなぎながら「架橋型社会関係資本」が増大・増殖していくということが考えられる。

　ところで、インターネットの急速な普及に象徴される情報化の進展によって市民活動（市民運動やボランティア活動）の中で次第にインターネットなどのデジタル・メディアが活用されるようになった。著者は、デジタル・メディアを活用して行われる市民活動を「デジタル・ネットワーキング」という概念で定義し、『デジタル・ネットワーキングの展開』（晃洋書房 2015年）において、その1970年代から今日にかけての国内外での展開を詳細に論じている。

　そこで、第8章では、現代におけるボランティアの現状とデジタル・ネットワーキングの可能性について、統計データと事例の考察を通じて論じることにする。

第 7 章　情報化の進展と社会生活の変容　275

[参考文献]
・NTT東日本（2014）「インフォメーションNTT東日本2014」
　　（http://www.ntt-east.co.jp/databook/）
・大石裕1992『地域情報化』世界思想社
・小熊英二（2015）「社会の『断片化』―政治家の失言を考える―」『朝日新聞』2015年8月18日（夕刊）
・警察庁（2015）「平成26年中の出会い系サイト及びコミュニティサイトに起因する事犯の現状と対策について」
　　（http://www.npa.go.jp/cyber/statics/h26/h26_community-2.pdf）
・総務省（2015a）『平成27年版　情報通信白書』
　　（http://www.soumu.go.jp/johotsusintokei/whitepaper/ja/h27/pdf/index.html）
・総務省（2015b）「平成26年通信利用動向調査の結果（概要）」
　　（http://www.soumu.go.jp/johotsusintokei/statistics/data/150717_1.pdf）
・総務省（2014a）『平成26年版　情報通信白書』
　　（http://www.soumu.go.jp/johotsusintokei/whitepaper/ja/h26/pdf/index.html）
・総務省（2014b）「平成25年情報通信メディアの利用時間と情報行動に関する調査報告書」
　　（http://www.soumu.go.jp/iicp/chousakenkyu/data/research/survey/telecom/2014/h25mediariyou_3report.pdf）
・総務省（2011）『平成23年版　情報通信白書』
　　（http://www.soumu.go.jp/johotsusintokei/whitepaper/ja/h23/pdf/index.html）
・総務省（2008）「平成19年通信利用動向調査の結果」
　　（http://www.soumu.go.jp/s-news/2008/pdf/080418_4_bt.pdf）
・総務省（2007）『平成19年版　情報通信白書』
　　（http://www.johotsusintokei.soumu.go.jp/whitepaper/ja/h19/pdf/index.html）
・総務省（2005a）『平成17年版　情報通信白書』
　　（http://www.johotsusintokei.soumu.go.jp/whitepaper/ja/h17/pdf/index.html）
・総務省（2005b）「ネットワークと国民生活に関する調査」

(http://www.johotsusintokei.soumu.go.jp/linkdata/nwlife/050627_all.pdf)
・総務省（2001）『平成13年版　情報通信白書概要』
　　(http://www.soumu.go.jp/joho_tsusin/pressrelease/japanese/joho_tsusin/010710_1-1.pdf)
・内閣府（2015）「平成26年度　青少年のインターネット利用環境実態調査」
　　(http://www8.cao.go.jp/youth/youth-harm/chousa/h26/net-jittai/pdf-index.html)
・林雄二郎（1969）『情報化社会』講談社（復刻版2007オンブック）
・干川剛史（2015）『デジタル・ネットワーキングの展開』晃洋書房
・水越伸（2002）『新版　デジタル・メディア社会』岩波書店
・郵政省（2000）『平成12年版　通信白書』
　　(http://www.soumu.go.jp/johotsusintokei/whitepaper/ja/h12/pdf/H12_07_C2E81BECF.pdf)
・郵政省（1999）『平成11年版　通信白書』
　　(http://www.soumu.go.jp/johotsusintokei/whitepaper/ja/h11/pdf/H11_07_C2E81BECF.pdf)
・Putnam, R. D.（2000）, Bowling Alone:The Collapse and Revival of American Community,Simon & Shuster.（芝内康文訳（2006）『孤独なボウリング―米国コミュニティの崩壊と再生』柏書房）

コラム②　インターネットの歴史

　インターネットは世界中のコンピュータネットワークをつなげたグローバルなネットワークである（郵政省 1999：9）。
　その起源は1969年に米国国防総省高等研究計画局（ARPA：Advanced Research Project Agency）が軍事目的で開始したARPAnetであるとされ、1986年からNSFnetの運用を開始した全米科学財団（NSF：National Science Foundation）がその後を引き継いだ。
　我が国におけるインターネットの起源は、1984年に開始されたJUNET（Japan University/Unix Network）である（郵政省 1999：9）。
　これは慶應義塾大学、東京工業大学、東京大学間で構築された研究用ネットワークであった。その後、1988年から民間企業も参加したWIDE（Widely Integrated Distributed Environment）プロジェクトでネットワーク技術等の実験が行われ、その技術と方式は現在

のインターネットへと受け継がれている（郵政省 1999：9）。

しかし、政府機関や研究機関によって運営されたこれらのネットワークは私的・商業的な利用を禁じられており、インターネットの商業利用が可能になったのは1990年代に入ってからであった（郵政省 1999：9）。

米国で1990年にインターネットへの加入制限が撤廃されたのがその始まりであり、日本では1993年に商業利用が開始された。これ以降、インターネット利用者が急激に増加していった（郵政省 1999：9）。

インターネットが、既存のコンピュータネットワークとは異なり、一般のパソコン利用者にまで急速に普及することになった大きな理由の一つには、1989年に欧州合同原子核研究機関（CERN：Conseil Europeen pour la Recherche Nucleaire）で開発が始まったWWW（World Wide Web）と1993年に米国イリノイ大学のNCSA（National Center for Srupercomputing Applications）で開発されたWWWブラウザ「Mosaic」の登場が挙げられる。以前は、インターネット上でやり取りされる情報の多くが文字情報であり、しかも、その利用には専門的な知識が必要とされたが、このWWWの登場によりマルチメディアの情報を比較的容易に閲覧・提供できるようになり、パソコン利用者であれば手軽に世界中のデータベースにアクセスできるようになったのである（郵政省 1999：9）。

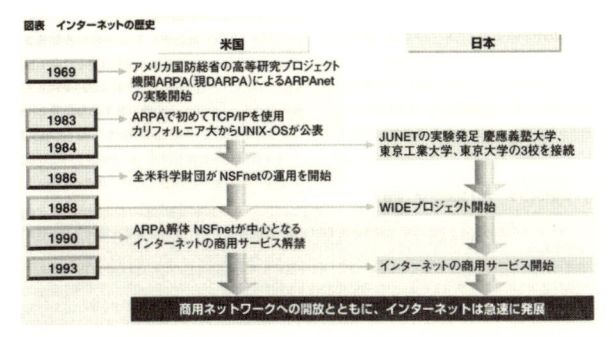

図表　インターネットの歴史

	米国	日本
1969	アメリカ国防総省の高等研究プロジェクト機関ARPA（現DARPA）によるARPAnetの実験開始	
1983	ARPAで初めてTCP/IPを使用	
1984	カリフォルニア大からUNIX-OSが公表	JUNETの実験発足　慶應義塾大学、東京工業大学、東京大学の3校を接続
1986	全米科学財団がNSFnetの運用を開始	
1988		WIDEプロジェクト開始
1990	ARPA解体　NSFnetが中心となるインターネットの商用サービス解禁	
1993		インターネットの商用サービス開始

商用ネットワークへの開放とともに、インターネットは急速に発展

（出所：郵政省『平成11年版 通信白書』「コラム1 インターネットの歴史—軍事目的から商業利用へと発展したコンピュータネットワーク—」（郵政省 1999：9）を転載）

第8章　現代社会とボランティア

（1）ボランティアとは何か

　ボランティアとは、「他人の問題を自分の問題として受け止め、自発的に他者と関わり問題に取り組んで行く」活動、または、それを行う人のことである（金子 1992：65）。

　そこで、ボランティアを3つ要素に分解するならば、表8-1のように、まず、「自発性」、つまり、自分で状況を判断し、自分の責任で他者と関わり行動することである。したがって、「他人から言われなくても自ら進んで行う」が、しかし、「他人から言われても、自分で納得しなければ行わない」のが原則である（早瀬 1999：42）。

　次の要素が、「公共性」、つまり、自分とは直接関係のない他者の役に立つことである。したがって、家族・親族や仲間内の人たち（友人、同僚）のために行う行為は、ボランティア活動ではないということになる。

　3つ目の要素が、「非営利性」、すなわち、経済的な報酬（金銭、物品、サービスなど）を得ることを目的としないことである。しかし、活動を行うために必要な金銭や物品や便宜を他者から得て活用することは、営利ではない。

　そして、ボランティアは、自発的に行われる活動であり、金銭報酬を直接の目的としないために、柔軟性と多様性と先駆性をもつことができる。

　すなわち、柔軟性とは、自由に取り組むべきテーマを選ぶことができ、独

【表8-1　ボランティアの特性】

ボランティアの3要素：自発性・公共性・非営利性
ボランティアの性質：柔軟性・多様性・先駆性

（出所：入江 1999：5-14）

自のペースで活動が展開されることであり、多様性とは、数多くの活動分野において様々な形で活動が展開されることである。さらに、先駆性とは、自らの責任で自由に発想し試行錯誤しながら活動が展開されることである（入江1999：5－14）。

このようなボランティアの性質が、社会の中の多様なニーズに柔軟に対応しつつ問題解決を行うことを可能にする。

（2）ボランティア活動の現状と課題
（2－1）ボランティアへの関心の高まりと参加者の増加

経済企画庁の『平成12年度　国民生活白書』によれば、1990年代に入って、ボランティアへの関心が高まっている。そのことは、新聞の全国紙における「ボランティア」という単語の登場回数にも明瞭に表れており、「ボランティア」という語が紙面に登場した回数は、1990年代に入って急速に増加し、阪神・淡路大震災が発生した1995年には急増している。

それと時を同じくして、新聞の全国紙に登場する「NPO（Non Profit Organizations：民間非営利組織）・NGO（Non Governmental Organizations：民間非政府組織）」という語も増加している。（図8－1）。

ここで、NPOとは、営利を目的としないボランティア組織のことである。また、NGOとは、主に海外で活動を展開するNPOのことを示している。

そして、「全国社会福祉協議会　全国ボランティア活動振興センター」の「ボランティア活動年報2005年版」（概要）及び「ボランティア活動年報2010年版」によれば、各市区町村の社会福祉協議会が把握しているボランティア活動者数から見ても、実際にボランティア参加者の数も増加していることがわかる（図8－2・表8－2）。

このようにボランティア活動への参加者が増加した要因として、（日本全国に居住する15歳以上70歳未満の男女5000人を対象にして2000年5月から6月にかけて実施された）経済企画庁国民生活局の「平成12年度 国民生活選好度調査」（2000年発表）（有効回収数（率）3,972人（79.4％））は、図8－3のよう

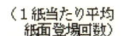

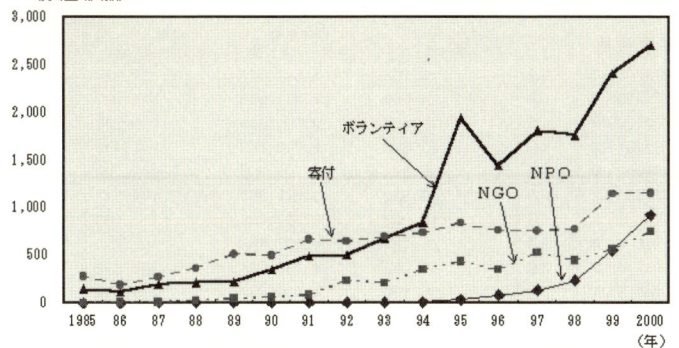

第 8 章　現代社会とボランティア　281

（備考）1. 日経テレコン21（日本経済新聞社が保有するデータベース）の検索により作成。
2. 検索した新聞は、日本経済新聞、日本経済金融新聞、日本経済産業新聞、日本経済流通新聞、読売新聞、毎日新聞、産経新聞の計7紙。ただし、1紙当たり平均紙面登場回数の計算において、日経新聞関係4紙は合計して1紙とした。
3. 検索開始年は、日経新聞関係4紙が1985年、読売新聞が1986年、毎日新聞が1987年、産経新聞が1992年。
4. 2000年は、1月1日～8月31日までの8か月間の紙面登場回数を1.5倍して年間の紙面登場回数とした。
5. NGO（Non-Governmental Organization,非政府団体）は「非政府」という点が強調されており、開発、人権、環境、平和問題等に取り組む非営利の市民団体の総称として用いられている。

（出所：経済企画庁 2000a：Ⅰ-1-2図）

【図8-1　1990年代後半に急増した「ボランティア・NPO/NGO」の新聞紙面登場回数】

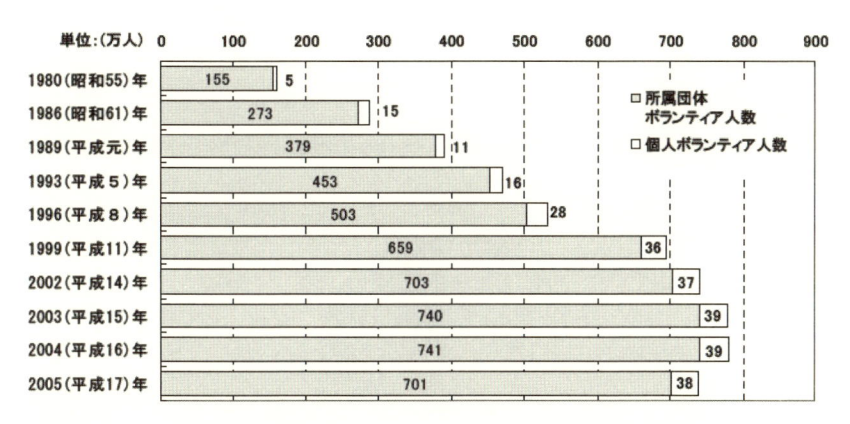

※2005年においてボランティア把握人数が減少したが、これには市町村合併（社会福祉協議会合併）が影響（遡及把握や集約事務の困難等）しているものと思われる。

（出所：全国社会福祉協議会 全国ボランティア活動振興センター 2005：4）

【図8-2　団体所属ボランティアと個人ボランティアの人数推移
（市区町村社会福祉協議会による把握人数）】

【表8－2　ボランティア数の推移（1980年～2009年）】

[単位：団体、人]

調査時期		ボランティア団体数	団体所属ボランティア人数	個人ボランティア人数	ボランティア総人数
1980（昭和55）年	4月	16,162	1,552,577	50,875	1,603,452
1984（昭和59）年	4月	24,658	2,411,588	144,020	2,555,608
1985（昭和60）年	4月	28,462	2,699,725	119,749	2,819,474
1986（昭和61）年	4月	28,636	2,728,409	147,403	2,875,812
1987（昭和62）年	4月	32,871	2,705,995	182,290	2,888,285
1988（昭和63）年	9月	43,620	3,221,253	164,542	3,385,795
1989（平成元）年	9月	46,928	3,787,802	114,138	3,901,940
1991（平成 3）年	3月	48,787	4,007,768	102,862	4,110,630
1992（平成 4）年	3月	53,069	4,148,941	126,682	4,275,623
1993（平成 5）年	3月	56,100	4,530,032	159,349	4,689,381
1994（平成 6）年	3月	60,738	4,823,261	174,235	4,997,496
1995（平成 7）年	3月	63,406	4,801,118	249,987	5,051,105
1996（平成 8）年	3月	69,281	5,033,045	280,501	5,313,546
1997（平成 9）年	4月	79,025	5,121,169	336,742	5,457,911
1998（平成10）年	4月	83,416	5,877,770	341,149	6,218,919
1999（平成11）年	4月	90,689	6,593,967	364,504	6,958,471
2000（平成12）年	4月	95,741	6,758,381	362,569	7,120,950
2001（平成13）年	4月	97,648	6,833,719	385,428	7,219,147
2002（平成14）年	4月	101,972	7,028,923	367,694	7,396,617
2003（平成15）年	4月	118,820	7,406,247	385,365	7,791,612
2004（平成16）年	4月	123,300	7,407,379	386,588	7,793,967
2005（平成17）年	4月	123,926	7,009,543	376,085	7,385,628
2006（平成18）年	10月	123,232	7,211,061	702,593	7,913,654
2007（平成19）年	10月	146,738	7,585,348	742,322	8,327,670
2009（平成21）年	4月	170,284	6,687,611	616,478	7,304,089

（出所：全国ボランティア活動振興センター 2010：1）　　（出典：全国社会福祉協議会調べ（平成21年4月））

「あなたご自身のボランティア活動への関心は、5年前の阪神・淡路大震災をきっかけとして高まったと思いますか。それとも、変わりませんでしたか。（○は1つ）」

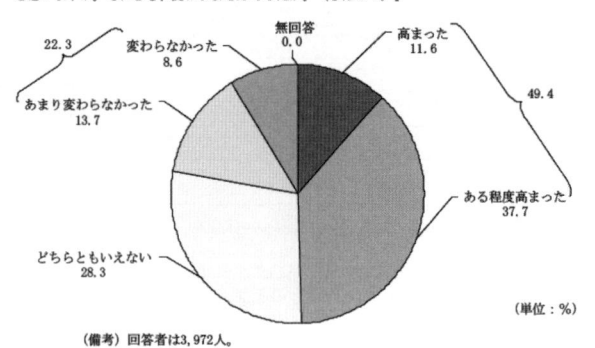

- 高まった 11.6
- ある程度高まった 37.7
- どちらともいえない 28.3
- あまり変わらなかった 13.7
- 変わらなかった 8.6
- 無回答 0.0

49.4

22.3

（単位：％）

（備考）回答者は3,972人。

（出所：経済企画庁国民生活局 2000：5）

【図8－3　阪神・淡路大震災きっかけとしたボランティア活動への関心】

に、1995年に発生した阪神・淡路大震災でのボランティア活動の影響をあげている。

また、同調査は、**図8－4**のように、阪神・淡路大震災をきっかけにボランティア活動への関心が高まった人ほど、ボランティア活動への参加意欲が高まったことを示している。

さらに、同調査によれば、**図8－5**と**表8－3**のように、阪神・淡路大震災をきっかけとして実際にボランティア活動に参加するようになった人は、3,972人中245人（6.2％）で、そのうちで調査時点（2000年5～6月）において活動を継続している人は、56人（1.4％）とごくわずかである。

（2－2）ボランティアへの参加意欲

経済企画庁国民生活局「平成12年度　国民生活選好度調査」によれば、**図8－6**のように、日本におけるボランティア活動の経験者は3人に1人である。

また、同調査によれば、**表8－4**のように、ボランティア活動に参加意欲を持つ人は3人に2人である。

また、ランティア活動経験とボランティア活動参加意欲との関連について

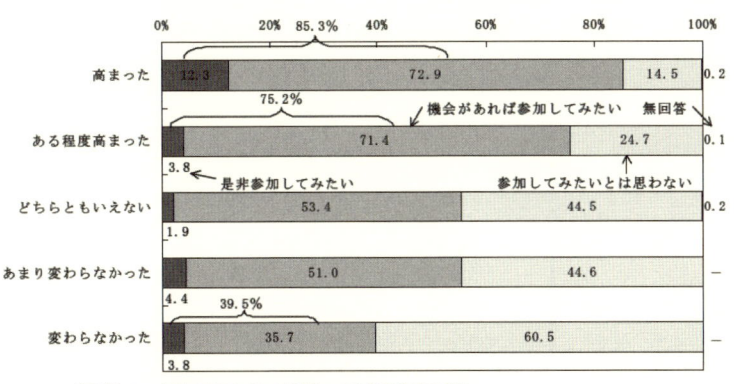

	是非参加してみたい	機会があれば参加してみたい	参加してみたいとは思わない	無回答
高まった	12.3	72.9	14.5	0.2
ある程度高まった	3.8	71.4	24.7	0.1
どちらともいえない	1.9	53.4	44.5	0.2
あまり変わらなかった	4.4	51.0	44.6	—
変わらなかった	3.8	35.7	60.5	—

（備考）1．今後のボランティア活動への参加意欲別に集計。
　　　　2．回答者は3,972人。

（出所：経済企画庁国民生活局 2000：5）

【図8－4　阪神・淡路大震災をきっかけとしたボランティア活動への関心とボランティア活動への参加意欲との関連】

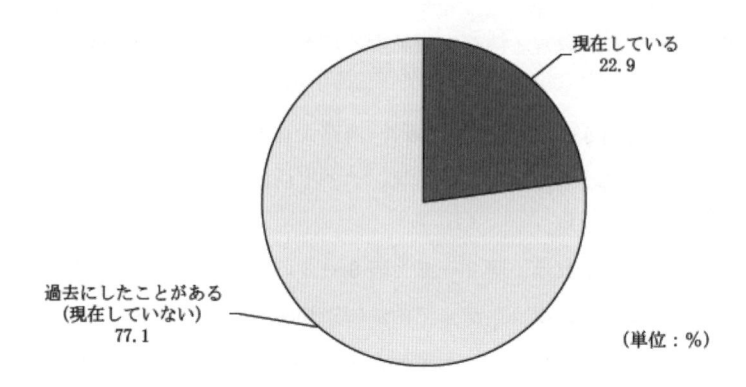

284

```
          現在している
            22.9

過去にしたことがある
  (現在していない)
      77.1
                              (単位：%)
```

(備考) 1. 回答者は、阪神・淡路大震災以後にだけボランティア活動をしたことがある（している）245人。
2. 現在のボランティア活動状況別に集計。
3. 現在とは、調査期間の2000年5～6月時点である。

(出所：経済企画庁国民生活局 2000：6)

【図8－5　阪神・淡路大震災をきっかけしたボランティア活動参加者の調査時点での活動継続の有無】

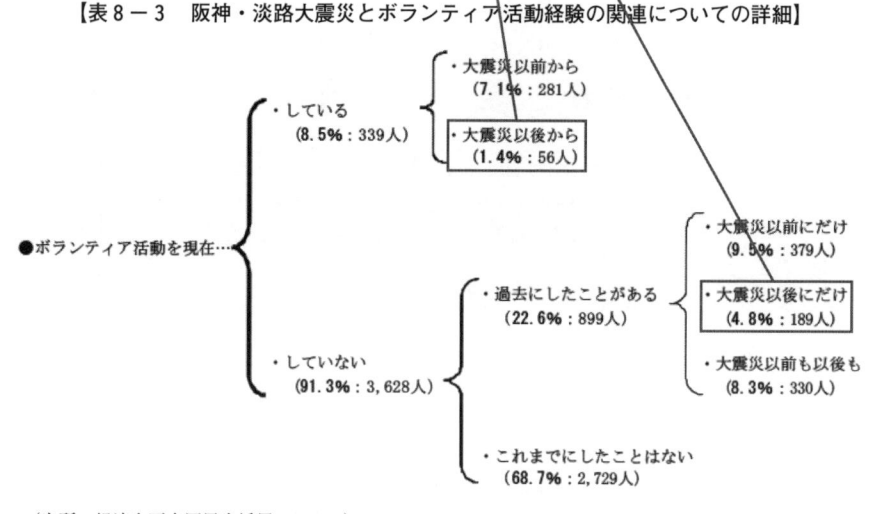

【表8－3　阪神・淡路大震災とボランティア活動経験の関連についての詳細】

```
                              ・大震災以前から
                                (7.1%：281人)
            ・している
            (8.5%：339人)    ・大震災以後から
                                (1.4%：56人)

●ボランティア活動を現在…                ・大震災以前にだけ
                                          (9.5%：379人)
            ・していない      ・過去にしたことがある
            (91.3%：3,628人)   (22.6%：899人)   ・大震災以後にだけ
                                              (4.8%：189人)

                                          ・大震災以前も以後も
                                            (8.3%：330人)

                              ・これまでにしたことはない
                                (68.7%：2,729人)
```

(出所：経済企画庁国民生活局 2000：6)

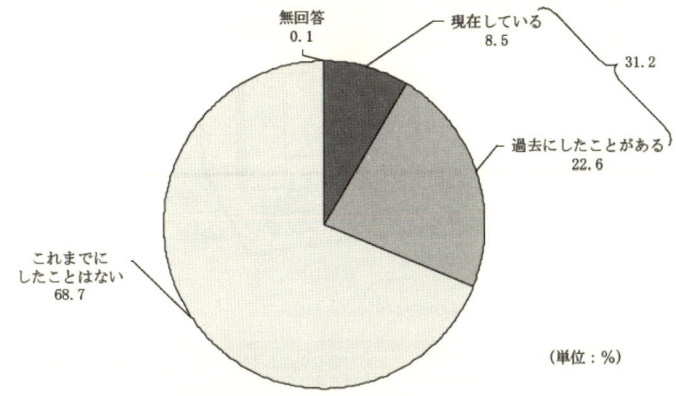

「あなたは、ボランティア活動を現在していますか。あるいは、過去にしたことがありますか。（○は1つ）」

- 無回答 0.1
- 現在している 8.5
- 過去にしたことがある 22.6
- これまでにしたことはない 68.7
- 31.2

（単位：％）

（備考）回答者は3,972人。
（出所：経済企画庁国民生活局 2000：3）

【図8－6　ボランティア活動経験者の割合】

【表8－4　ボランティア活動に参加意欲を持つ人の割合】

「是非参加してみたい」………………4.3％ ┐
「機会があれば参加してみたい」……60.6％ ┤ 65.0％
「参加してみたいとは思わない」……34.9％
「無回答」………………………………0.1％

（出所：経済企画庁国民生活局 2000：3）

は、同じ調査結果を基にした経済企画庁の『平成12年度　国民生活白書』の分析によれば、**図8－7**のように、ボランティア活動の経験者（31.1％）のうちの9割弱（27.6％／31.1％＝89％）が、今後もボランティアに参加したいと回答している。他方で、ボランティア活動の未経験者（68.6％）のうちの過半数（37.3％／68.6％＝54.4％）が、今後ボランティア活動に参加したいと回答している。

このように、ボランティア活動の参加経験の有無が、ボランティア活動の参加意欲に大きな影響を及ぼすことがわかる。また、ボランティア活動未経験者で参加意欲をもつ人が、回答者全体で37％であり、国民の3人に1人が潜在的参加希望者であるといえるであろう。

(%)
40 ― 37.3
30 ― 27.6 31.3
20
10   3.5
 0
   参加したい 参加したくない   未経験者
                            経験者 ボランティア
                                 経験の有無
     今後のボランティア参加意向

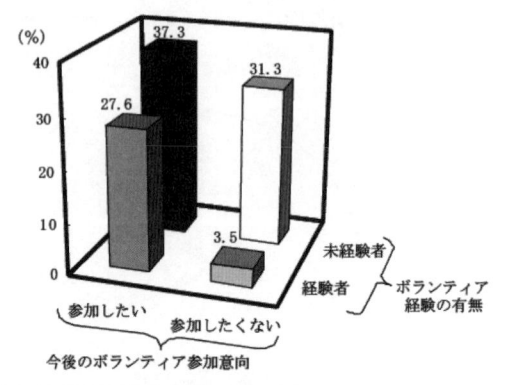

(備考) 1. 経済企画庁「国民生活選好度調査」（2000年）により作成。
      2. 「あなたは、ボランティア活動を現在していますか。あるいは、過去にしたことがありますか。」という問に対する回答ごとにみた「あなたは、今後、ボランティア活動に参加してみたいと思いますか。」という問に対する回答者数について、それぞれの全回答者数（3,972人）に占める割合。
      3. 経験者は、ボランティア活動を「現在している」と「過去にしたことがある」の合計、未経験者は「これまでにしたことはない」、参加したいは「是非参加してみたい」と「機会があれば参加してみたい」の合計、参加したくないは、「参加してみたいとは思わない」。
      4. ボランティア経験の有無、今後のボランティア参加意向についてこのほかにそれぞれ「わからない」があるため、合計は100％にならない。

(出所：経済企画庁 2000b：9)

【図8－7　ボランティア活動経験とボランティア活動参加意欲との関連】

（2－3）ボランティア活動の担い手

　ボランティア活動は、どのような人たちに担われているのであろうか。
　経済企画庁『平成12年度　国民生活白書』に掲載されている総務庁「平成8年度社会生活基本調査報告」（1996年）によると、1996年時点での社会奉仕活動行動者率（過去1年間に「社会奉仕活動」をした人の割合、以下、本節ではボランティア活動参加率とする）は25％（男女計、以下同じ）で、4人に1人の割合となっている。
　これを世代別にみると、図8－8（1）のように、20代までは15％以下であるが、30代で約30％となり、40代で33％と最も高くなっている。そして、50～60代においては約29％となっている。さらに男女別にみると、30～40代では女性の参加率が男性より特に高く、60代以降では男性の参加率の方が高くなっている。

なお、平成8～23年度の「社会生活基本調査」における「ボランティア行動者率（平成8年は、「社会的活動の行動者率」）の推移は、**表8－5**の通りである。

そして、2001・2006・2011年度それぞれの「社会生活基本調査」の男女別・年齢階級別の「ボランティア活動」の行動者率の調査結果については、**図8－8（2・3・4）**の通りである。

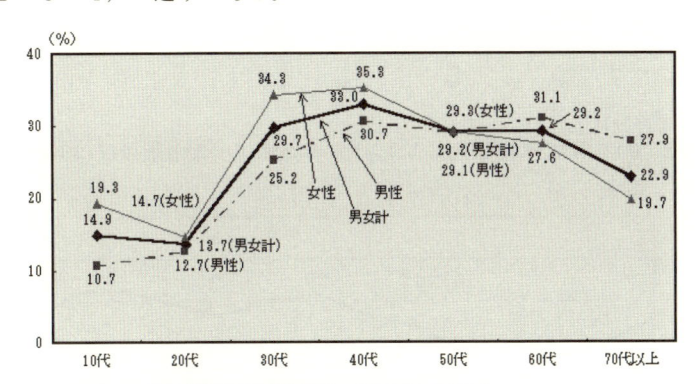

〈備考〉
1. 総務庁「社会生活基本調査報告」（1996年）により作成。
2. 「社会的活動」のうち、「社会奉仕活動」を行った人の割合。
3. 「社会奉仕活動」とは、福祉増進のための活動、地域社会・住民の安全確保、環境整備等、「他人のための活動」の色彩の強い活動である。詳しくは付注2参照。
4. 10代は「15～19歳」。

（出所：経済企画庁 2000b：5）

【図8－8（1）　男女、年齢階級別「社会奉仕活動」（ボランティア活動）の行動者率（1996年）】

【表8－5　「ボランティア活動」の行動者率の推移（1996年・2001年・2006年・2011年）】

年度	平成8年 （1996年）	平成13年 （2001年）	平成18年 （2006年）	平成23年 （2011年）
ボランティア 行動者率	26.9%	28.9%	26.2%	26.3%

（出所：総務庁「平成8年社会生活基本調査・生活行動に関する結果・主要統計表・II－3　男女，年齢，社会的活動の種類別行動者率」(http://www.e-stat.go.jp/SG1/estat/List.do?bid=000001011057&cycode=0)・総務省「平成13年社会生活基本調査・生活行動に関する結果・全国・報告書掲載表・25　男女，ボランティア活動の種類，頻度・活動の形態別行動者数，平均行動日数及び行動者率」(http://www.e-stat.go.jp/SG1/estat/List.do?bid=000000150002&cycode=0)・総務省「平成18年社会生活基本調査・調査票Aに基づく結果・生活行動に関する結果・生活行動編（全国）・ボランティア活動・79　男女，ボランティア活動の種類，頻度・活動の形態別行動者数，平均行動日数及び行動者率」(http://www.e-stat.go.jp/SG1/estat/List.do?bid=000001008010&cycode=0)・総務省「平成23年社会生活基本調査・調査票Aに基づく結果・生活行動に関する結果・生活行動編（全国）・ボランティア活動・59　男女，ボランティア活動の種類，頻度・活動の形態別行動者数，平均行動日数，1日当たりの平均時間及び行動者率」(http://www.e-stat.go.jp/SG1/estat/List.do?bid=000001039115&cycode=0)　より著者作成）

288

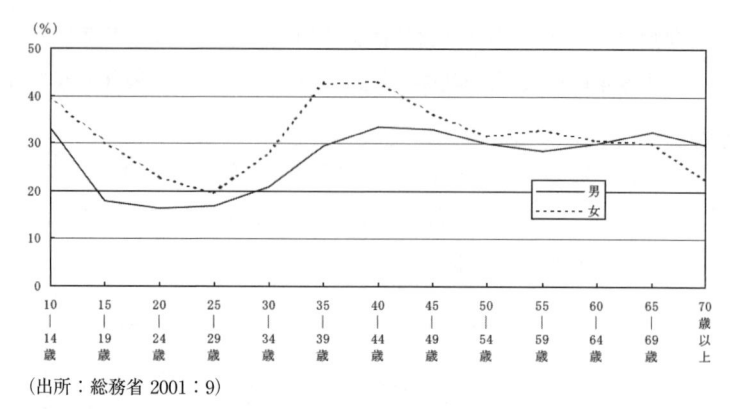

(出所:総務省 2001:9)

【図8-8(2) 男女、年齢階級別「ボランティア活動」の行動者率 平成13年(2001年)】

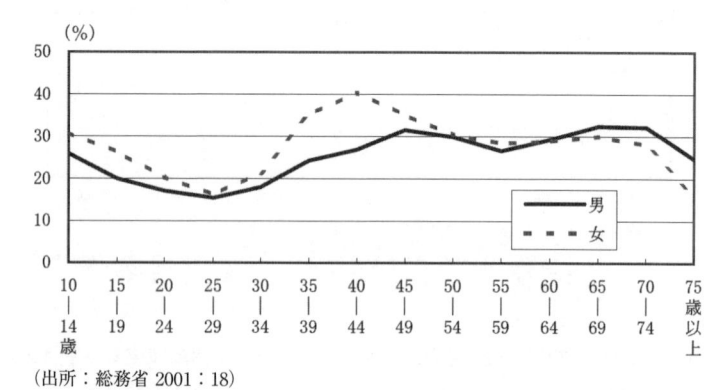

(出所:総務省 2001:18)

【図8-8(3) 男女、年齢階級別「ボランティア活動」の行動者率 平成18年(2006年)】

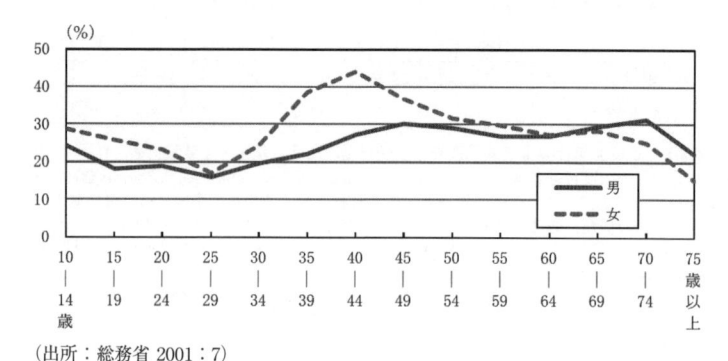

(出所:総務省 2001:7)

【図8-8(4) 男女、年齢階級別「ボランティア活動」の行動者率 平成23年(2011年)】

平成 8・13・18・23 の各年度の調査結果に共通する傾向としては、行動者率が60代になると男性の方が女性を上回るようになることである。

　また、平成 8・13・18・23 の各年度の間で年齢階級別「ボランティア活動」の行動者率の推移については、**図 8 − 9**（1・2・3）のようであり、平成 8 年と平成13年を比較すると、平成13年の方がすべての年齢階級で行動者率が上昇しており、特に10歳代前半から20歳代前半で大幅に上昇している（総務省 2001：8）。しかし、平成13年と平成18年を比較すると、行動者率は平成13年に比べ2.7ポイント低下している（総務省 2006：18）。他方で、平成18年と平成23年を比較すると、行動者率は平成18年と比べると、0.1ポイント上昇しており、平成18年と比べると、20歳代から40歳代前半を中心に上昇している（総務省 2011a：7）。

　このように、ボランティア活動の参加率を見ると、平成 8 年と平成13年の間で上昇、平成13年と18年の間では低下、そして、平成18年と23年の間では上昇というように、相反する変化が起こっている。

　このような変化をもたらした要因として推測されるのは、平成 8 年と平成13年の間の上昇については、1995年の阪神・淡路大震災を契機とするボランティアへの関心の高まり、平成13年と18年の間での低下については、特に20代から40代の行動者率の落ち込みは、第 6 章（2）で論じたような、景気の低迷に伴い、正規雇用者として就職することができず、収入が少なく、身分が不安定で、職業的技能が身につけられない非正規雇用者として働かざるを得ない若者の割合が増えていることと関連しているであろう。

　また、平成18年と23年の間での上昇の要因としては、平成23年（2011年）に発生した東日本大震災が推測され、**図 8 − 10**のように、「災害に関係した活動」の行動者率を年齢階級別に平成18年と比べると、全ての年齢階級で上昇しており、特に20〜54歳で3.0ポイント以上上昇しており（総務省 2011a：9）、**図 8 − 9**（3）のように、20代から40代の行動者率が増加したのは、この年代が災害支援ボランティアの中心であったことと関連していると考えられる。

290

(出所：総務省 2001：8)

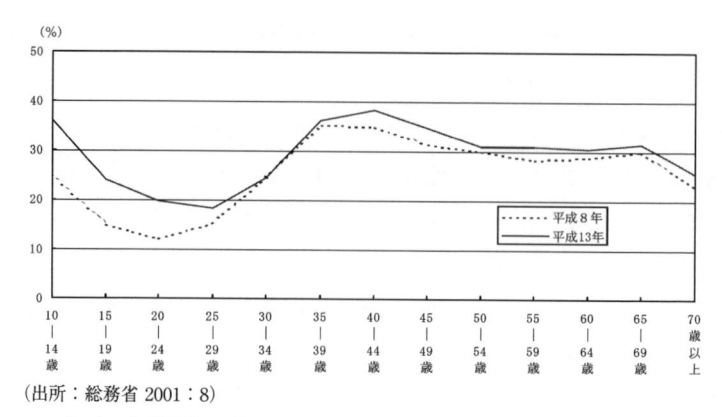

【図8-9（1） 年齢階級別「ボランティア活動」の行動者率の推移（平成8年・13年）】

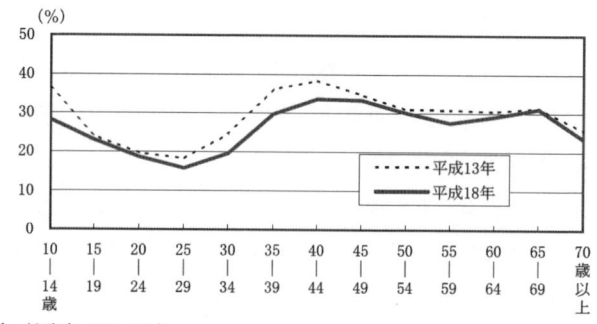

(出所：総務省 2006：17)

【図8-9（2） 年齢階級別「ボランティア活動」の行動者率の推移（平成13年・18年）】

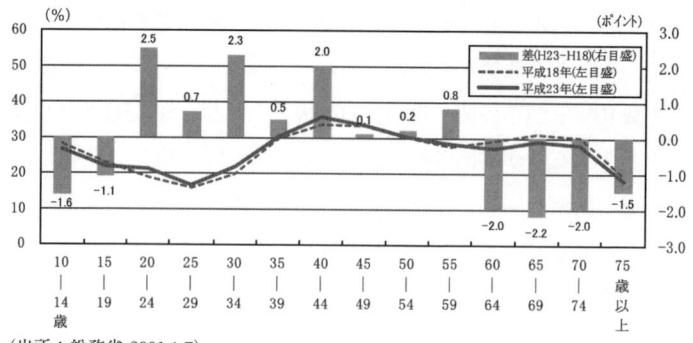

(出所：総務省 2001：7)

【図8-9（3） 年齢階級別「ボランティア活動」の行動者率の推移（平成18年・23年）】

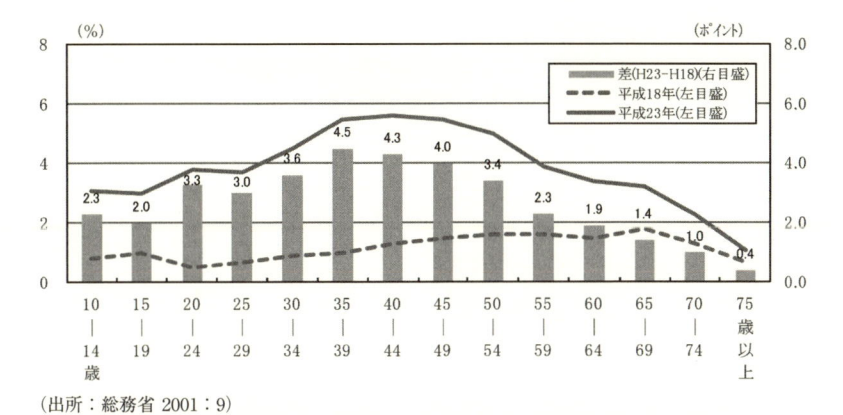

第 8 章　現代社会とボランティア　291

【図 8 −10　「災害に関係した活動」の年齢階級別行動者率（平成18年、23年）】

（出所：総務省 2001：9）

（2−4）ボランティアの活動分野

　ボランティアが実際に活動を行っている分野について、平成13・18・23年度それぞれの「社会生活基本調査」の男女別「ボランティア活動」の種類別行動者率の調査結果については、**図 8 −11**（1・2・3）の通りである。

　図 8 −11（1）のように、平成13年において、「ボランティア活動」の行動者率を男女別にみると、男女とも「まちづくりのための活動」が最も高く、その次に、「自然や環境を守るための活動」が高くなっているが、それ以下では、男性は「安全な生活のための活動」、「健康や医療サービスに関係した活動」の順、女性は「高齢者を対象とした活動」、「子供を対象とした活動」の順となっている。また、男性と女性の行動者率の差が大きいものをみると、「高齢者を対象とした活動」（女性が3.1ポイント高い）が最も大きく、その次に、「子供を対象とした活動」（女性が2.6ポイント高い）、「スポーツ・文化・芸術に関係した活動」（男性が1.8ポイント高い）の順となっている（総務省 2001：10）。

　また、**図 8 −11**（2）のように、平成18年においては、男女別にみると、男女共に「まちづくりのための活動」が最も高く、次に、男性は「自然や環境を守るための活動」「安全な生活のための活動」、女性は「子供を対象とした活動」、「自然や環境を守るための活動」などとなっている（総務省 2006：19）。

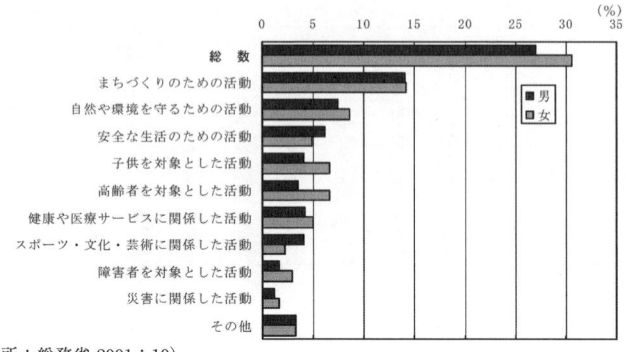

(出所：総務省 2001：10)

【図8－11（1） 男女別の「ボランティア活動」の種類別行動者率（2001年）】

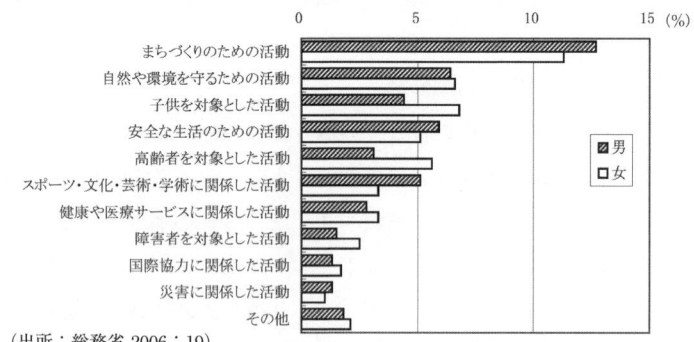

(出所：総務省 2006：19)

【図8－11（2） 男女別の「ボランティア活動」の種類別行動者率（2006年）】

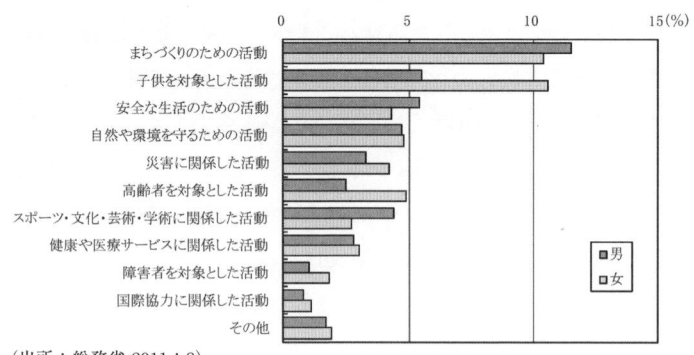

(出所：総務省 2011：8)

【図8－11（3） 男女別の「ボランティア活動」の種類別行動者率（2011年）】

そして、**図8−11（3）**のように、平成23年においては、男女別にみると、男性は「まちづくりのための活動」が11.5％と最も高く、次に「子供を対象とした活動」が5.5％などとなっている。女性は「子供を対象とした活動」が10.6％と最も高く、その次に「まちづくりのための活動」が10.4％などとなっている（総務省 2011a：8）。

なお、「ボランティア活動」の行動者率を種類別について、平成13年と平成18年及び平成18年と平成23年を比較すれば、**図8−12（1・2）**のように、平成13年から平成23年にかけて、「子供を対象とした活動」の行動者率が増加し、また、「災害に関係した活動」については、平成18年と平成23年にかけて2.6

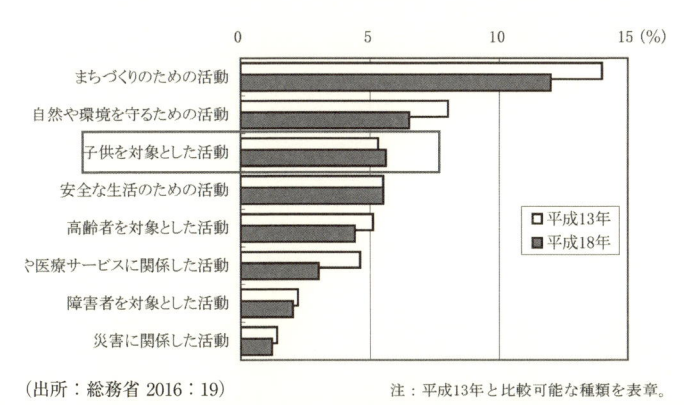

（出所：総務省 2016：19）　　　　　注：平成13年と比較可能な種類を表章。

【図8−12（1）「ボランティア活動」の種類別行動者率（平成13年〜18年の推移）】

（出所：総務省 2011：8）

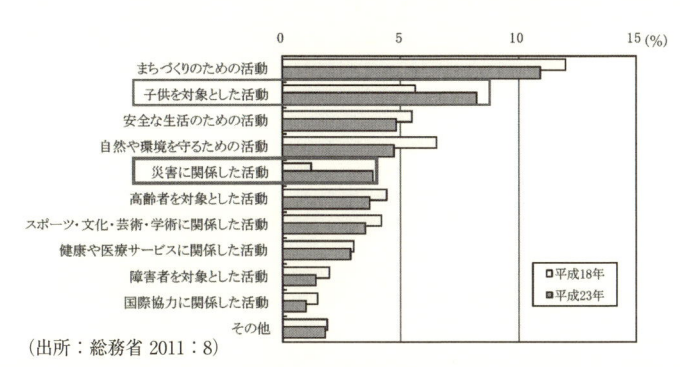

【図8−12（2）「ボランティア活動」の種類別行動者率（平成18年〜23年の推移）】

ポイント上昇している（総務省 2011a：8）。

「災害に関係した活動」の行動者率の増加については、東日本大震災におけるボランティア活動との関連が推測されるであろう。

（2－5）ボランティア活動の動機

ところで、ボランティア活動に参加する人たちは、どのような動機から参加をするのであろうか。

経済企画庁『平成12年度　国民生活白書』によると、図8－13のように、回答者の4人に3人は、社会の一員として何か社会の役に立ちたいと考えてい

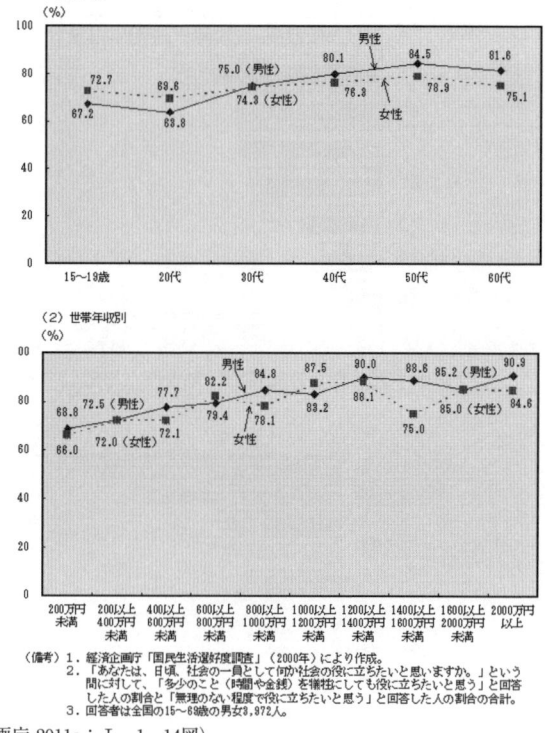

(出所：経済企画庁 2011a：Ⅰ－1－14図)

【図8－13　社会貢献意識と年齢・性別・年収との関連】

る。また、年齢別では、男女とも50代が最も高く、8割の人が役に立ちたいと回答している。そして、世帯年収別では、年収が多いほど緩やかに割合の上昇がみられることがわかる。

なお、経済企画庁『平成12年度　国民生活白書』によると、ボランティア活動参加率と階層意識との間には、「Kパターン」と呼ばれる関係があると社会学の分野では言われている。これは、階層意識（自分が属していると思う生活レベルのことで、「上の上」から「下の下」までの6段階で質問）を縦軸にとり、ボランティア活動参加率を横軸にとった場合、上位階層だけでなく下位階層（生活レベルが「下の下」）においても参加率が高くなり、「K」字型のカーブを描くというものである。経済企画庁「国民生活選好度調査」（1999年）を用いて、ボランティア活動への参加意欲（ボランティア活動中か否かは質問していないため、活動に積極的に参加したい人の割合を代わりに用いた）と階層意識との関係を調べてみると、図8－14のように、「Kパターン」が現れている（経済企画庁 2000：http://www5.cao.go.jp/j-j/wp-pl/wp-pl00/hakusho-00-1-11.html#col2）。

このような関係が出てくる背景として、以下のようなことが指摘されてい

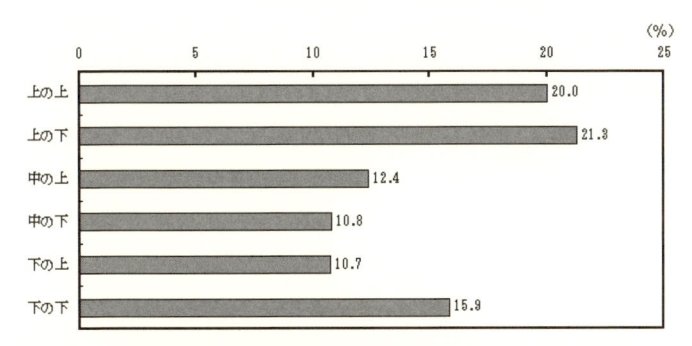

	（％）
上の上	20.0
上の下	21.3
中の上	12.4
中の下	10.8
下の上	10.7
下の下	15.9

〈備考〉1. 経済企画庁「国民生活選好度調査」〈1999年〉により作成。
2. 「お宅の現在の生活は、次の6段階のうちどれに属していると思いますか。」という問に対する階層意識ごとにみた、「ボランティア活動には積極的に参加したい」という意見についてあてはまる程度を尋ねた問に対して「全くそうである」と回答した人の割合。
3. 回答者は全国の15歳以上75歳未満の男女4,179人。

（出所：経済企画庁 2000a：コラム2図）

【図8－14　Kパターンを示すボランティア参加意欲と階層意識との関係】

る。すなわち、生活レベルが上位に属していると思う人たちは、無償性を強調する純粋なボランティアとして活動を行っている。例えば、篤志家が集まり社会奉仕をするロータリークラブのような活動がある。他方、生活レベルが下位に属していると思う人たちは、互酬性を原理とした伝統的な相互扶助的慣行に基づいて活動している。その事例として、「結（ゆい）」や「催合（もやい）」のような慣行が挙げられる（経済企画庁 2000：http://www5.cao.go.jp/seikatsu/whitepaper/wp-pl/wp-pl00/hakusho-00-1-11.html#col2）。

経済企画庁の「平成12年度 国民生活選好度調査」を分析した経済企画庁『平成12年度　国民生活白書』によると、図8－15のように、「今後ボランティア活動に参加したい」人がそのように思ったきっかけは、「自分の自発的な意思で」が約53％で最も高く、次いで「学校、地域、職場、団体などで参加する機会を与えられて」が約24％となっている。他方で、「友人や知人に勧められて」、「家族や親戚に勧められて」の回答割合は低いことがわかる。

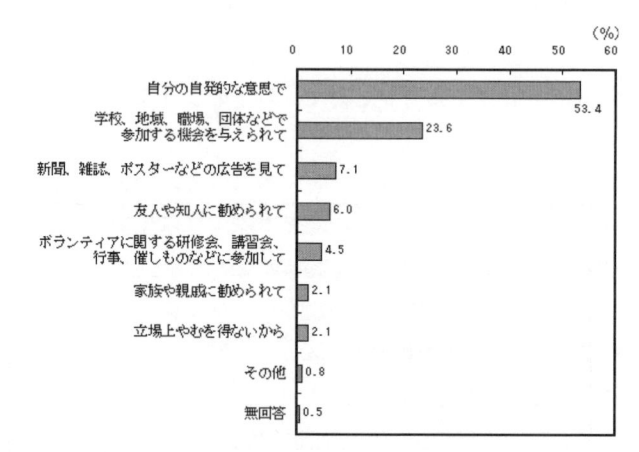

きっかけ	％
自分の自発的な意思で	53.4
学校、地域、職場、団体などで参加する機会を与えられて	23.6
新聞、雑誌、ポスターなどの広告を見て	7.1
友人や知人に勧められて	6.0
ボランティアに関する研修会、講習会、行事、催しものなどに参加して	4.5
家族や親戚に勧められて	2.1
立場上やむを得ないから	2.1
その他	0.8
無回答	0.5

（備考）1. 経済企画庁「国民生活選好度調査」〈2000年〉により作成。
2. 対象者は「あなたは、今後、ボランティア活動に参加してみたいと思いますか。」という問に対して、参加したい（「是非参加してみたい」と「機会があれば参加してみたい」の合計）と回答した人で、「あなたがボランティア活動に参加したいと思われた直接のきっかけはどのようなものですか。複数のボランティア活動に参加したいと思う方は、最も参加したいと思う活動についてお答えください。（○は1つ）」という問に対する回答者の割合。
3. 回答者は2,580人。

（出所：経済企画庁 2000a：Ⅰ－1－16図）

【図8－15　ボランティア活動参加のきっかけ】

また、ボランティア参加経験者の参加理由は、内閣府の「平成26年度特定非営利活動法人及び市民の社会貢献に関する実態調査」によれば、**図8-16**のように、「社会の役に立ちたいと思ったから」(51.6%)、「活動を通じて自己啓発や自らの成長につながると考えるため」(33.3%)、「自分や家族が関係している活動への支援」(23.1%) という順になっている（内閣府 2014：86）。

　さらに、経済企画庁の「平成12年度 国民生活選好度調査」において、「自分の自発的な意思で」ボランティア活動に参加してみたいという回答者のみを対象にして直接的な参加のきっかけを尋ね、その結果を年齢別に分析したとこ

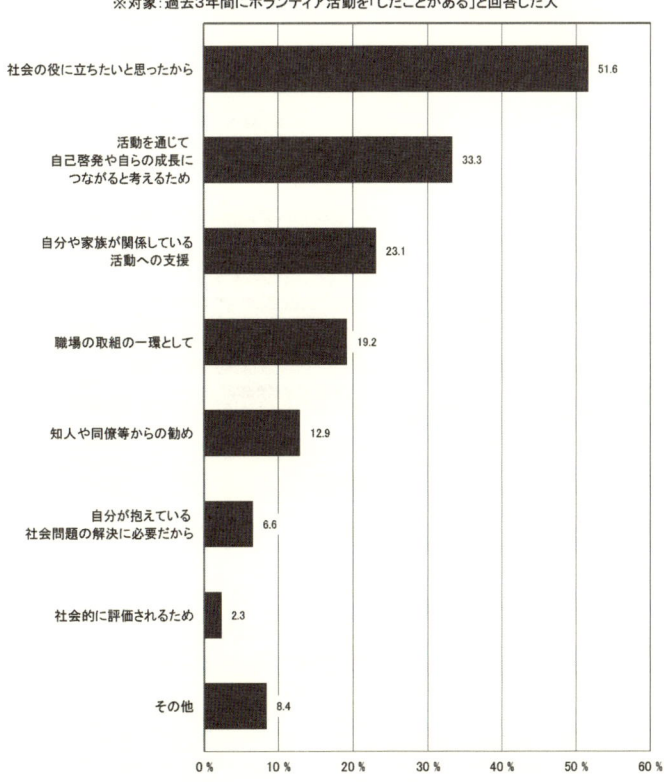

※対象：過去3年間にボランティア活動を「したことがある」と回答した人

参加理由	%
社会の役に立ちたいと思ったから	51.6
活動を通じて自己啓発や自らの成長につながると考えるため	33.3
自分や家族が関係している活動への支援	23.1
職場の取組の一環として	19.2
知人や同僚等からの勧め	12.9
自分が抱えている社会問題の解決に必要だから	6.6
社会的に評価されるため	2.3
その他	8.4

（出所：内閣府 2014：86）

【図8-16　ボランティア参加経験者の参加理由】

ろ、**図8-17**のように、「テレビなどマスコミを通じてボランティア活動をしている人やグループを見」たことに影響を受けてボランティア活動に参加したいと思うのは、10代が4割強と最も高く、年齢が高くなるほど、その割合は低くなっていく傾向にあり、50代、60代では2割強となっている。

他方で、「地域社会に参加したくて」ボランティア活動に参加したいと思うようになった人の割合は、50代が3割弱と最も高く、次いで60代が25%となっており、10代では1割に満たないことがわかる。

(2-6) ボランティア活動から得られること

ボランティア活動に参加することを通じて、参加者は何を得ることができるのか。

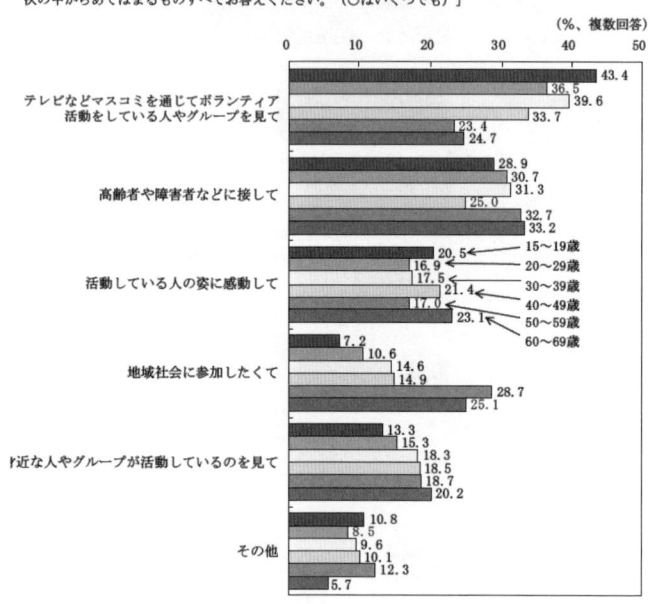

「ボランティア活動に参加したいというあなたの気持ちに影響を与えたのはどのようなものですか。次の中からあてはまるものすべてお答えください。(○はいくつでも)」

(%、複数回答)

	15〜19歳	20〜29歳	30〜39歳	40〜49歳	50〜59歳	60〜69歳
テレビなどマスコミを通じてボランティア活動をしている人やグループを見て	43.4	36.5	39.6	33.7	23.4	24.7
高齢者や障害者などに接して	28.9	30.3	31.3	25.0	32.7	33.2
活動している人の姿に感動して	20.5	16.9	17.5	21.4	17.0	23.1
地域社会に参加したくて	7.2	10.6	14.6	14.9	28.7	25.1
身近な人やグループが活動しているのを見て	13.3	15.3	18.3	18.5	18.7	20.2
その他	10.8	8.5	9.6	10.1	12.3	5.7

(備考) 回答者は、ボランティア活動に「是非参加してみたい」、「機会があれば参加してみたい」と思った直接的なきっかけとして「自分の自発的な意思で」と回答した1,377人。

(出所：経済企画庁国民生活局 2000：8)

【図8-17 年齢別に見た自発的な意思による参加者の直接的な参加のきっかけ】

第 8 章 現代社会とボランティア 299

　経済企画庁『平成12年度　国民生活白書』によれば、図 8 −18のように、「新たな友人や仲間ができた」の約64％（複数回答）に次いで、「自分自身の生きがいを得ることができた」が約50％で 2 番目に高く、「自分自身の啓発につながった」が43％となっている。

　このように、ボランティア活動は、人との新たな交流をもたらしてくれるだけでなく、個人に精神面での充実ももたらしてくれる。したがって、人生の様々な段階においてボランティア活動を行う意義は大きいと考えられるであろう。

　また、経済企画庁「平成12 年度 国民生活選好度調査」によると、図 8 −19のように、活動経験者では、「多くの人と知り合いになれたこと」、「活動をして楽しかったこと」に対して満足した人の割合はそれぞれ 6 割以上と高いことが明らかにされており、上記の調査結果と同様の結果となっている。

　他方で、「社会的な評価を得られたこと」については、満足した人の割合が低い。また、図 8 −18においても、「行政や社会福祉協議会から評価された」、「所属する学校や職場から評価された」と回答する人の割合が低い。

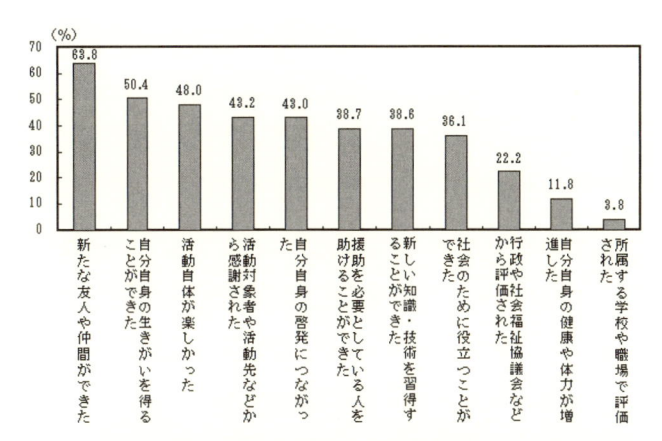

（％）
- 新たな友人や仲間ができた　63.8
- 自分自身の生きがいを得ることができた　50.4
- 活動自体が楽しかった　48.0
- 活動対象者や活動先などから感謝された　43.2
- 自分自身の啓発につながった　43.0
- 援助を必要としている人を助けることができた　38.7
- 新しい知識・技術を習得することができた　38.6
- 社会のために役立つことができた　36.1
- 行政や社会福祉協議会などから評価された　22.2
- 自分自身の健康や体力が増進した　11.8
- 所属する学校や職場で評価された　3.8

（備考）1．（社福）全国社会福祉協議会「全国ボランティア活動者実態調査報告書」（1996年）により作成。
　　　　2．「これまでのボランティア活動を通じて、良かった点はありますか。次の中から当てはまる番号にいくつでも○をつけて下さい。」という問に対する回答者の割合（複数回答）。
　　　　3．回答は上記以外に「無回答」が1.8％、「その他」が1.6％、「特になし」が1.2％。
　　　　4．数値は、団体所属活動者3,193人、個人での活動者848人の合計4,041人に占める回答者の割合。

（出所：経済企画庁 2000a：I−1−22図）

【図 8 −18　ボランティア活動を通じて得られること】

しかしながら、「生きがいを見つけられたこと」については、『平成12年度 国民生活白書』の調査結果と「平成12年度 国民生活選好度調査」の調査結果では、異なった結果となっている。

このような違いが生じるのは、『平成12年度 国民生活白書』では、「これまでのボランティア活動を通じて、良かった点がありますか」という聞き方で実際に得られことについて尋ねており、他方で、「平成12年度 国民生活選好度調査」では、「ボランティア活動をしていて、次の事柄についてどの程度満足しましたか（満足していますか）、それとも不満を感じましたか（不満を感じていますか）」という聞き方で、満足度を尋ねていることが原因ではないかと考えられる。

さらに、同調査によると、図8－20のように、ボランティア活動の経験者

「あなたは、ボランティア活動をしていて、次の事柄についてどの程度満足しましたか（満足していますか）、それとも不満を感じましたか（不満を感じていますか）。ひとつひとつについてお答えください。（○はそれぞれ1つ）」

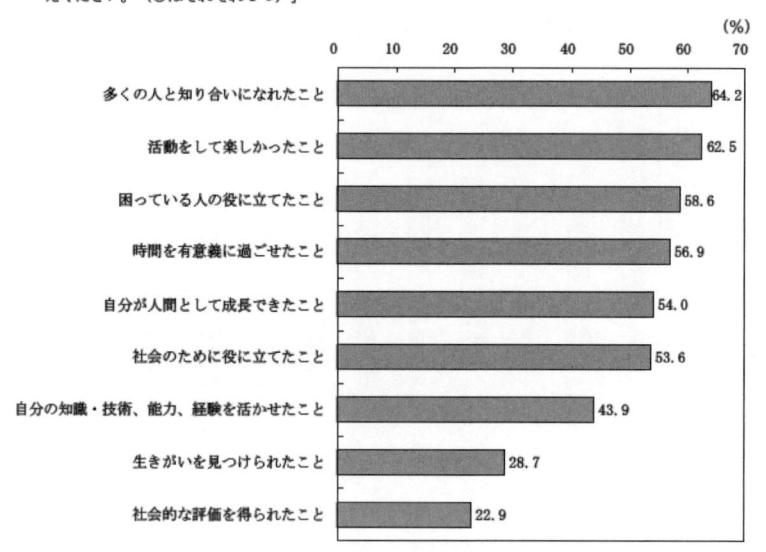

項目	(%)
多くの人と知り合いになれたこと	64.2
活動をして楽しかったこと	62.5
困っている人の役に立てたこと	58.6
時間を有意義に過ごせたこと	56.9
自分が人間として成長できたこと	54.0
社会のために役に立てたこと	53.6
自分の知識・技術、能力、経験を活かせたこと	43.9
生きがいを見つけられたこと	28.7
社会的な評価を得られたこと	22.9

（備考）1．「満足」、「どちらかといえば満足」と回答した人の割合の合計。
2．回答者は、ボランティア活動を「現在している」、「過去にしたことがある」1,238人。

（出所：経済企画庁国民生活局 2000：9）

【図8－19 ボランティア活動への満足度】

第8章 現代社会とボランティア　301

【図8-20　ボランティア活動経験への満足度と参加意欲の関連】

参加したい（％）／参加したくない（％）

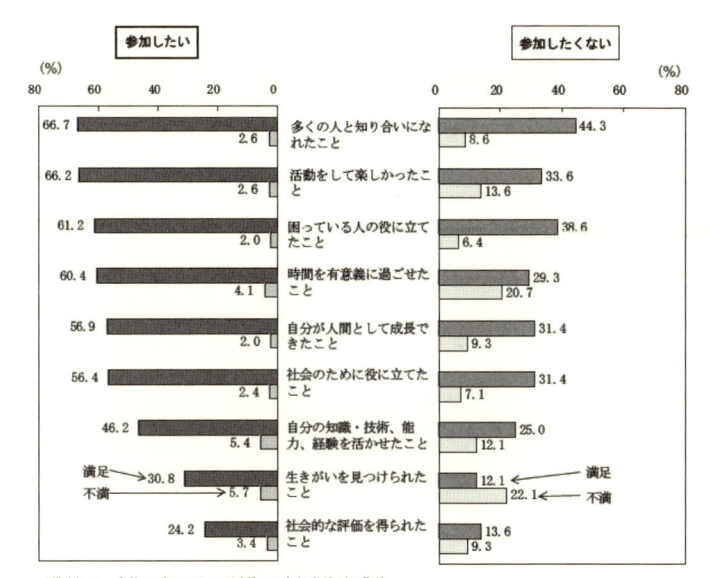

項目	参加したい 満足	参加したい 不満	参加したくない 満足	参加したくない 不満
多くの人と知り合いになれたこと	66.7	2.6	44.3	8.6
活動をして楽しかったこと	66.2	2.6	33.6	13.6
困っている人の役に立てたこと	61.2	2.0	38.6	6.4
時間を有意義に過ごせたこと	60.4	4.1	29.3	20.7
自分が人間として成長できたこと	56.9	2.0	31.4	9.3
社会のために役に立てたこと	56.4	2.4	31.4	7.1
自分の知識・技術、能力、経験を活かせたこと	46.2	5.4	25.0	12.1
生きがいを見つけられたこと	30.8	5.7	12.1	22.1
社会的な評価を得られたこと	24.2	3.4	13.6	9.3

(備考) 1. 今後のボランティア活動への参加意欲別に集計。
2. 参加したいは「是非参加してみたい」人と「機会があれば参加してみたい」人、参加したくないは「参加してみたいとは思わない」人。満足は、「満足」、「どちらかといえば満足」と回答した人の割合の合計。不満は、「不満」、「どちらかといえば不満」と回答した人の割合の合計。
3. 回答者は、ボランティア活動を「現在している」、「過去にしたことがある」1,238人。

（出所：経済企画庁国民生活局 2000：10）

で今後のボランティア活動への参加意欲を持つ人では、参加意欲を持たない人と比べ、「多くの人と知り合いになれた」、「活動をして楽しかった」、「困っている人の役に立てた」、「時間を有意義に過ごせた」など、全ての項目について満足度が高く、かつ不満度が低い。

しかし、活動経験者で今後のボランティア活動への参加意欲を持たない人についてみると、特に「生きがいを見つけられたこと」に対する不満度が22.1％と最も高くなっており、満足度（12.1％）の2倍近くに達している。

このことは、ボランティア活動で何らかの挫折経験をして「生きがいを見つけること」ができないと、不満を持ちやすく、ボランティア活動への参加意欲を低下させると考えられるであろう。

したがって、ボランティア活動の参加経験者の多くは、活動を通じて「多く

の人と知り合いになれたこと」、「生きがいを見つけられたこと」、「活動をして楽しかったこと」、「自分自身の啓発（人間的な成長）」、「困っている人・社会のために役立ったこと」に満足を感じるのであり、「社会的に評価されること」については、それほど満足を感じていないことがわかる。

（2－7）ボランティア活動への参加を困難にする要因
　『平成12年度　国民生活白書』では、ボランティア活動への参加意欲を持つ人にとって、実際に活動することを困難にしている要因が指摘され、その対応策が検討されている。
　それによれば、ボランティア活動への参加を困難にする要因として、以下のものがある。

Ｉ．時間的制約
　経済企画庁「平成12年度国民生活選好度調査」（2000年）によると、図8－21のように、「活動する時間がないこと」がボランティア活動の妨げの要因となると考える人は6割を占めている。

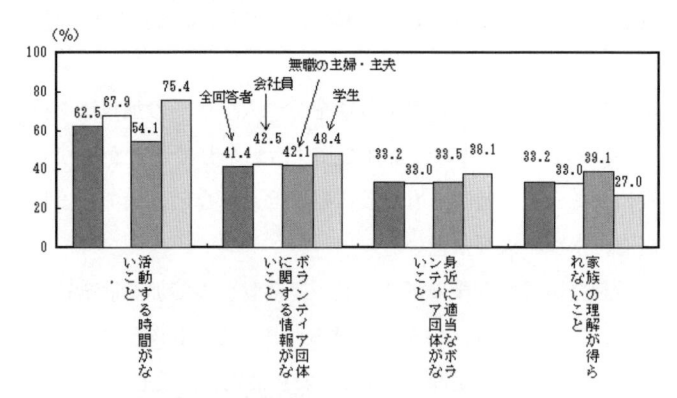

(%)

項目	全回答者	会社員	無職の主婦・主夫	学生
活動する時間がないこと	62.5	67.9	54.1	75.4
ボランティア団体に関する情報がないこと	41.4	42.5	42.1	48.4
身近に適当なボランティア団体がないこと	33.2	33.0	33.5	38.1
家族の理解が得られないこと	33.2	33.0	39.1	27.0

（備考）1．経済企画庁「国民生活選好度調査」〈2000年〉により作成。
　　　　2．回答者の職業別にみた「あなたは、ボランティア活動をするときに、次のような要因は活動の妨げとなりますか。次の要因のひとつひとつについてお答えください。」という問に対して、「妨げとなる」と回答した人の割合。
　　　　3．回答者は、全回答者が3,972人、会社員が1,253人、無職の主婦・主夫が573人、学生が289人。

（出所：経済企画庁 2000a：Ｉ－2－1図）

【図8－21　ボランティア活動への参加を妨げる要因】

また、内閣府の「平成26年度特定非営利活動法人及び市民の社会貢献に関する実態調査」においても、図8－22のように、参加の妨げとなる要因をみると、「活動に参加する時間がない」(53.4%) と時間的制約がその多くを占めているが、経済的な理由や情報不足も参加の妨げとなっていることがうかがえる(内閣府 2014：88)。

　このように、特に、活動する時間がないことは、ボランティア活動を始めようとする際の妨げの要因となるだけではなく、活動を始めてからも、継続を困難にする要因となっている。

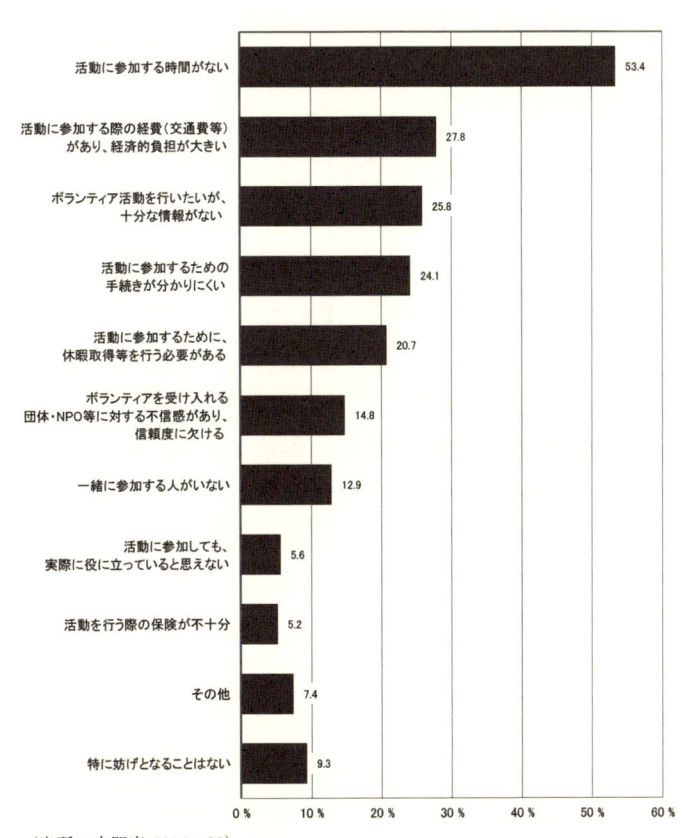

項目	%
活動に参加する時間がない	53.4
活動に参加する際の経費(交通費等)があり、経済的負担が大きい	27.8
ボランティア活動を行いたいが、十分な情報がない	25.8
活動に参加するための手続きが分かりにくい	24.1
活動に参加するために、休暇取得等を行う必要がある	20.7
ボランティアを受け入れる団体・NPO等に対する不信感があり、信頼度に欠ける	14.8
一緒に参加する人がいない	12.9
活動に参加しても、実際に役に立っていると思えない	5.6
活動を行う際の保険が不十分	5.2
その他	7.4
特に妨げとなることはない	9.3

(出所：内閣府 2014：88)

【図8－22　参加の妨げとなる要因（複数回答）】

Ⅱ．ボランティア活動に関する情報の不足

ボランティア活動に関する情報の不足について、「平成12年国民生活選好度調査」によると、図8－23のように、「ボランティア団体に関する情報がないこと」が活動の妨げの要因となると考える人は4割を占める。また、国や地方公共団体に望むこととして（3つまでの複数回答）、「ボランティア活動に関するいろいろな情報をもっと提供する」が約40％と最も高くなっているほか、「ボランティア活動を希望している人に対して情報提供・相談を行うボランティアセンターを整備する」が約29％となっている。

このように、ボランティア活動に関する情報提供への要望が高くなっている。

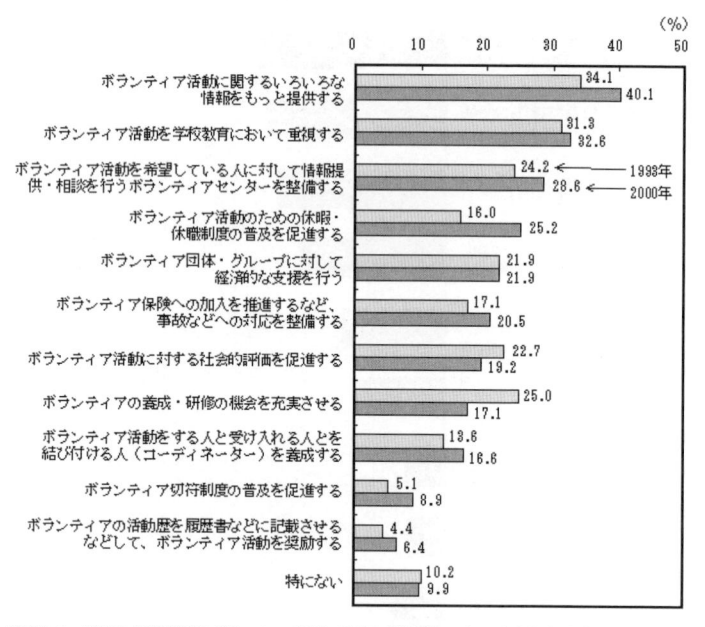

項目	1993年	2000年
ボランティア活動に関するいろいろな情報をもっと提供する	34.1	40.1
ボランティア活動を学校教育において重視する	31.3	32.6
ボランティア活動を希望している人に対して情報提供・相談を行うボランティアセンターを整備する	24.2	28.6
ボランティア活動のための休暇・休職制度の普及を促進する	16.0	25.2
ボランティア団体・グループに対して経済的な支援を行う	21.9	21.9
ボランティア保険への加入を推進するなど、事故などへの対応を整備する	17.1	20.5
ボランティア活動に対する社会的評価を促進する	22.7	19.2
ボランティアの養成・研修の機会を充実させる	25.0	17.1
ボランティア活動をする人と受け入れる人とを結び付ける人（コーディネーター）を養成する	13.8	16.6
ボランティア切符制度の普及を促進する	5.1	8.9
ボランティアの活動歴を履歴書などに記載させるなどして、ボランティア活動を奨励する	4.4	6.4
特にない	10.2	9.9

（備考）1．総理府「生涯学習とボランティア活動に関する世論調査」（1993年）および経済企画庁「国民生活選好度調査」（2000年）により作成。
2．「あなたは、ボランティア活動について、国や地方公共団体（自治体）にどのようなことを望みますか。この中から3つまであげてください。」という問に対する回答者の割合（複数回答）。
3．回答者は、1993年が全国の15歳以上の男女2,144人、2000年が全国の15～69歳の男女3,972人。

（出所：経済企画庁 2000a：Ⅰ-2-2図）

【図8－23　ボランティア活動への参加を妨げる要因としての情報不足】

以上のようなボランティア活動への参加を妨げる要因の克服に向けて、『平成12年度　国民生活白書』では、①時間的制約を減らすボランティア休暇・休職制度、②ボランティア休暇・休職制度の普及や取得しやすい環境づくり、③行政・ボランティアセンター・企業によるボランティア活動に関する情報提供、④ボランティアセンターの充実が提唱されている。

　これと関連して、内閣府の「平成26年度特定非営利活動法人及び市民の社会貢献に関する実態調査」によれば、図8－24のように、国・地方自治体への要望をみると、「ボランティアを受け入れる団体・NPO等に関する情報提供や情報発信を充実すべき」（47.6％）、「ボランティア活動を行いたい人と、受け入れる人を結びつける人（団体等）を養成・支援すべき」（35.4％）、「ボランティ

項目	％
ボランティアを受け入れる団体・NPO等に関する情報提供や情報発信を充実すべき	47.6
ボランティア活動を行いたい人と、受け入れる人を結びつける人（団体等）を養成・支援すべき	35.4
ボランティア活動のための休暇・休職制度の普及を行うべき	32.2
ボランティア活動の学習機会を充実すべき	24.7
ボランティア保険への加入推進等、事故への対応を整備すべき	22.2
ボランティアを受け入れる団体・NPO等に対する経済的な支援を行うべき	18.7
特になし	15.6
その他	2.6

（出所：内閣府 2014：89）

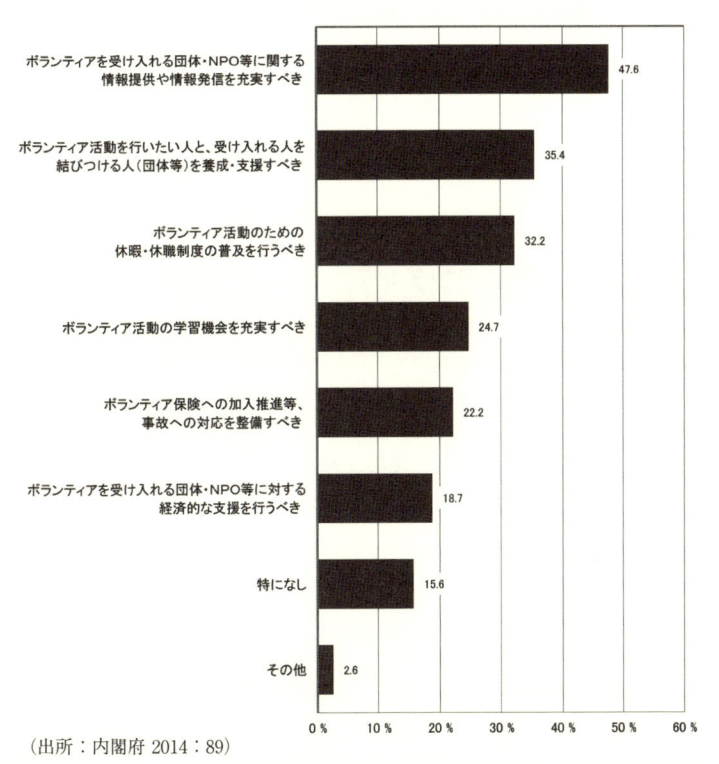

【図8－24　ボランティア・NPOに関する国・地方自治体等への要望（複数回答）】

ア活動のための休暇・休職制度の普及を行うべき」（32.2%）と続き、国や地方自治体等に対するボランティアに関する情報提供や情報発信の要望が最も多い（内閣府 2014：89）。

そこで、現在、都道府県や各地の市区町村のボランティアセンターでは、インターネットを利用して地域内外のボランティアやNPOに関する情報を提供している。

それらボランティアセンターのホームページを訪問すれば、各都道府県・市区町村内外のボランティア活動やボランティア団体の情報を検索することができ、気に入った活動があれば、その団体に連絡することができるようになっている。

このように、1990年代後半よりボランティア活動で日常的にインターネットが活用されるようになり、2011年3月11日に発生した東日本大震災では、インターネットは支援活動にとって必要不可欠なものとなっていた。

そこで、次節では、東日本大震災における支援活動の実態と課題について明らかにしてみたい。

（3）東日本大震災とボランティア

東日本大震災では、被災地内外で様々な人々が多様なボランティア活動を展開した。

そこで、その実態について「全国社会福祉協議会　全国ボランティア・市民活動振興センター」の「東日本大震災『災害ボランティアセンター』活動報告書」と内閣府の「東日本大震災における共助による支援活動に関する調査報告書」を手がかりにして概観してみたい。

（3-1）東日本大震災の概況

まず、この震災の概要については、「東日本大震災『災害ボランティアセンター』活動報告書」によれば、平成23年3月11日14時46分、東北地方太平洋沖に発生した地震（「東北地方太平洋沖地震」）では、日本の観測史上最大のマグ

ニチュード9.0を記録し、大津波が発生した。震災による死亡者は15,852人（岩手県、宮城県、福島県（以下、被災の大きいこの3県を「3県」とする）においては15,786人）、行方不明者数は3,287人（届出のあった数のみ。3県3,283人）、建物被害は、1,145,589戸（3県773,886戸）（2011年2月21日現在の警察庁発表）という未曾有の規模の被害をもたらした。さらに、福島第一原子力発電所事故の影響により、福島県などでは避難者が続出し、大きな混乱が生じた（全国社会福祉協議会　全国ボランティア・市民活動振興センター　2012：2）。

（3－2）被災地内外の災害ボランティアセンターの設置状況

そして、被災地各県の社会福祉協議会（以下、「社協」）と市町村社協では、発災直後より、災害ボランティアセンター（以下、災害VC）の設置・運営を進め、避難所などの被災者に対する支援活動（炊き出し、住居の片付けなどの環境整備、避難物資の対応など）に取り組んだ。3県の社協では、被災地社協そのものの人的・物的被害が大きく、インフラの復旧もなかなか整わない中で、余震への対応、被災地の後方支援や避難者の受入などのために、全国各地の社協で東日本大震災の対応のための専門機関（災害VC）を設置する動きが見られた。共同募金災害準備金や「災害ボランティア活動支援プロジェクト会議」（以下、支援P）ほかの支援により、コンテナハウス等を設置して拠点にあて、電源やIT環境を整備するなど、災害VCの環境を整備した。その結果、東北3県（岩手県・宮城県・福島県）では、104のセンターが設置され、平成24年2月29日の時点でも67のセンターが継続している（全国社会福祉協議会　全国ボランティア・市民活動振興センター　2012：8）。

3県のみならず、全国各地で、通常のボランティアセンターとは別に災害対応のため、26都府県で196の「災害VC」が設置（3県以外で92）され、現地への物資支援、避難者の受入れ支援などに従事した。また、これらの「災害VC」を設置するまでもなく、社協、通常のボランティアセンターで支援に関わった例も多数ある（全国社会福祉協議会　全国ボランティア・市民活動振興センター　2012：9）。

（3－3）被災地の災害ボランティアセンターの対応状況

〈震災直後の対応〉

▼状況
・ライフライン断絶、食糧・ガソリンなどが不足した
・特に沿岸部はアクセス困難、立ち入り禁止区域があった
・避難所では物資、食糧不足、支援の格差などが発生した
・福島原発事故により、多くの住民が移動、さらなる混乱が生じた

▼動向
・被災地では、被害の状況把握、関係者の安否確認など対応
・社協役職員、拠点施設の被害があり、災害VCを立上げようにも、時間を要した
・ガソリン不足、道路が使用できないなどの理由から、自転車での移動などを余儀なくされた。
・災害VCを設置後、すぐに津波被害の地域にはボランティアが入れる状況ではなかった。外部からの支援も限られ、地元中心のボランティア活動となった。また、被災者間の助け合いが活発であった
・県外社協職員による応援がスタート。また、支援Pは先遣隊派遣、運営支援者派遣、資機材調達、配送などを開始した

〈4～5月末の対応〉

▼状況
・遺体の回収など依然続くが、立ち入り禁止区域が解除される
・避難所での生活が長期化、格差も埋まらない。また、自宅などの片付けがはじまる
・被害の状況、全体像をつかみはじめる
・復旧工事車両、各地からの支援車両等による渋滞が発生
・仮設住宅の建設もはじまる

▼動向
・被災地外から様々な支援、応援が活発化した

・ボランティア受入体制づくりと並行しながら、ボランティアのマッチング
・ボランティア数に関する新聞報道から、市町村別のボランティア数非開示の要望が出る
・災害VCとは別に独自の活動も展開された
・ボランティアの受入体制がままならず、県内、市内のみの対応に限定するケースもあった
・徐々に日帰り可能な方、自転車等で通える方などにボランティア募集が変更。宿泊場所の確保は困難であった
・連休対応などを検討、ボランティアバスの運行も活発化した
・宮城県では、連休前半がピーク、後半は落ち込む。岩手県では体制が整い、連休後から活動が活発化した（全国社会福祉協議会 全国ボランティア・市民活動振興センター 2012：18）。

〈5月以降の動向〉

5月以降は、各地での復旧・復興にばらつきが見られるようになる。

泥出しなどの家屋の片付け、避難所支援、応急仮設住宅支援など、これまでの災害では、フェーズがひとつずつ変化していったが、大震災では、それぞれのフェーズが混在する中で、被災者の支援、個別の生活支援が求められた。

また、福島第一原発事故の影響により、避難の長期化し、避難者の支援も継続している。

▼災害VCの名称変更・体制見直し

災害VCを「復興ボランティアセンター」などに名称をかえ、買い物や移動支援などの個別的な生活支援やサロン活動などの仲間づくり、コミュニティづくりへの取組みにシフトしていった。

▼応急仮設住宅支援

市町村社協では、応急仮設住宅の建設と並行して、「生活支援相談員」の雇用、研修などの動きが出てきた。また、仮設住宅の被災高齢者等に対する介護事業などと一体となった支援活動を行う高齢者等へのサポート拠点を受託する社協も少なくない。

▼生活支援相談員の配置

　仮設住宅での被災者の見守りや訪問活動、コミュニティの再生に向けた支援活動等を実施するために、平成23年度第１次補正予算において生活支援相談員配置に必要な予算措置が行われた。岩手県、宮城県、福島県の61か所の市町村社協では、約520人（2011年12月１日現在）の生活支援相談員を雇用配置し、生活支援相談事業を開始している。全社協では、生活支援相談による活動を支援するために、相談員養成研修の基本カリキュラムの策定、研修基本資料（手引書）やアセスメント・支援計画書の作成などを行い、これらを用いた研修会が各地で開催された。また、生活支援相談員の活動と合わせ、仮設住宅の生活の支援がさまざま工夫されている。福島県浪江町社協では、NPOの協力を得て、移送サービスを行う他、岩手県大槌町社協では、宅配会社の協力を得て、スーパーからの宅配を実施している。

▼みなし仮設住宅への支援

　大震災では、プレハブの応急仮設住宅の設置に加えて、国や地方自治体が民間の賃貸住宅を借り上げ、被災者に応急仮設住宅として提供する対策が進められた。また、４月末には、被災者が自力で賃貸住居を見つけて入居した場合でも、仮設住宅と見なして扱う対象に含めることを決めた。みなし仮設住宅では、住居の家賃や敷金・礼金・仲介手数料などが国庫負担の対象とされる。適用期間は２年間となっている。

　行政がみなし仮設住宅に入居する被災者を把握し、支援を行き渡らせることが難しいという点や、被災者どうしが接触する機会が少なく、不安や孤独などに陥ることも懸念されており、災害VC（生活復興支援センター等）では、みなし仮設住宅への支援を行なっているところもある（全国社会福祉協議会　全国ボランティア・市民活動振興センター　2012：19）。

（３－４）　3県のボランティア活動者数および活動状況

　図８－25の数字は、平成23年（2011年）３月11日から平成24年（2012年）２月11日までの各市町村に設置された災害VCを経由してのボランティア活動

者数である。それ以外のボランティアについては、災害VCを経由しないで、NPO等で活動した方も多数に上るものと考えられるため、東日本大震災で活動したボランティアの全体数にはならない。あくまでも、ボランティアの参加数の変化を見るための参考値である（全国社会福祉協議会 全国ボランティア・市民活動振興センター 2012：19）。

ちなみに、**表8－6**は、東日本大震災発生から平成27年7月31日までの被災

<コラム 図表>

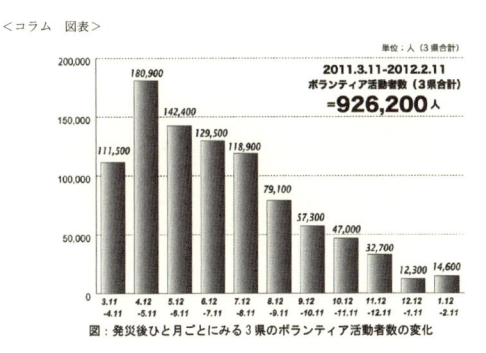

単位：人（3県合計）

2011.3.11-2012.2.11
ボランティア活動者数（3県合計）
＝926,200人

図：発災後ひと月ごとにみる3県のボランティア活動者数の変化

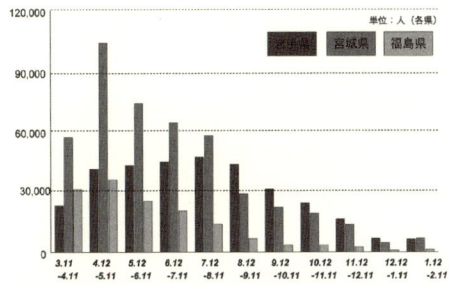

単位：人（各県）
岩手県 宮城県 福島県

（出所：全国社会福祉協議会 全国ボランティア・市民活動振興センター 2012：20）

【図8－25　東日本大震災発生から約1年間の被災地3県（岩手・宮城・福島）におけるボランティア活動者数の推移】

【表8－6　東日本大震災発生から平成27年7月31日までの被災地3県（岩手・宮城・福島）におけるボランティア活動者数の合計】

	3県合計	岩手県	宮城県	福島県
合計（平成27年7月31日まで）	1,450,000人	525,700人	724,800人	199,500人

（出所：全国社会福祉協議会 全国ボランティア・市民活動振興センター 2015：ボランティア活動者数の推移）

地3県（岩手・宮城・福島）におけるボランティア活動者数の合計であり、震災発生後約4年4ヶ月で145万人のボランティアが災害VCを経由して活動を行っていることがわかる。

震災発生後のボランティアの活動状況の推移は、以下の通りである。

〈3月24日～〉

東北道が全線開通し、一般車両の通行規制が解除され、被災地へ赴きボランティア活動をする動きが高まるが、発災後2週間経ってもなお、ガソリンをはじめとする物資の不足が続いたり、宿泊施設が不足したりするなかで、「自転車で来ることが可能な方」「市町村内で十分に対応できている」とする災害VCも少なくなかったが、交通事情等も徐々に改善され、県外からのボランティア募集を開始しはじめることとなる。

〈3月下旬～〉

特に宮城県では、被災者が浸水した自宅に避難所から戻るなかで、泥だしなどのニーズが多くなり、それまで以上のボランティアを募集するため、県内外問わず広く募集を開始し、そのなかでボランティアバスが有効に機能しはじめた。

なお、同時期、岩手県を中心に、一般のボランティアが立ち入るには危険な地域が多かったり、ライフラインの復旧に時間がかかり、4月になって災害VCを立ち上げたところもあるなど、広くボランティアを募集することが困難な地域も見られた。

〈4月中旬～〉

4月下旬からはじまるゴールデンウィークでのボランティアの受け入れに向け、災害VCの体制強化に向けた取り組みをすすめた。5月3日のピーク時には、岩手県、宮城県、福島県の3県内の災害VCで、一日に約12,000人のボランティアが活動することとなった。

3県の内陸部の市町村の災害VCは、自らの地域の災害対応に一定の目処がついた後は、当該市町村内のボランティアを募集し、沿岸部の災害VCに協力して活動を実施している。とくに、岩手県の遠野市災害ボランティアセンター

（遠野市社協のほか内外の組織で構成される「遠野まごころねっと」が運営）や盛岡市災害ボランティアセンター（かわいキャンプ）は、県外からのボランティアも広く募集し、沿岸部の災害VCを支援した。

〈ゴールデンウィーク〜〉

ボランティアの活動者数は、ゴールデンウィーク5月3日の12,000人をピークに減ってきているが、7月中旬までは、土曜日には7,000人以上と、土日に数が増える（とくに土曜日）パターンが定着しているが、7月下旬以降は土日と平日の差が縮まっている（なお、天候によって、活動者数に変化があることに考慮する必要がある）。とくにゴールデンウィーク後は、社会人のボランティア休暇による活動や企業単位の活動が注目された。

ボランティアバスは、新幹線駅や主要都市からのバスを現地が準備するだけでなく、県外の各種団体がバスを準備し各県で参加募集をするもの、さらに旅行会社が募集するものと、さまざまなかたちがある。現在でも、一部の地域において積極的に受入れている。

なお、この数値は、災害VCを経由して活動した人の数なので、この他にも、NPO等の活動に多くの人々が参加しているものと考えられる。したがって、ボランティアの参加数の変化を見るための参考値ととらえる必要がある。

ボランティア活動の内容は、当初は避難所支援、泥だし・片付け、食料・水の配達、在宅者の安否確認等の活動などであった。ニーズへの対応が進むなかで、同様のニーズであっても、被災者からのより個別のニーズが寄せられるようになり、きめ細かい対応が必要となっている。避難所、仮設住宅、自宅等を訪問して相談、生活支援とニーズも変化していくこととなる。これにしたがい、「復興支援（ボランティア）センター」などに名称変更したところが増えてきている。

被災状況、復旧・復興活動の状況は地域によって異なり、ボランティアの受け入れ状況、活動内容も異なっており、泥だし、片付けニーズが依然として残り、多くのボランティアの参加を求めているところもあれば、少数でも、長期間、継続的な活動ができるボランティアを求めているところもある。

盛岡市社協では、7月6日より、ボランティアの宿泊のためのキャンプ場を宮古市に設置したが、このような条件整備の取り組みも行われている。

3県以外は、発災直後、活動を展開したが、その後活動は収束に向かい、ボランティアの募集休止、またはセンター閉所となっているところが多くなっている。福島県においては、ボランティアの新規受付を見合わせているところが多くなっている。また、避難者の受け入れをしている市町村においても、ボランティアによる支援が行われている。また、3県に隣接している県では、当初は当該市町村における災害に対応しながら、その後は3県からの避難者の支援を行う目的に移行するかたちも見られる（全国社会福祉協議会 全国ボランティア・市民活動振興センター 2012：21-22）。

参考までに、表8－7のように、阪神・淡路大震災時のボランティア活動者数を紹介する。ただし、当日のボランティア活動者数と東日本大震災におけるボランティア活動者数では算出方法がまったく違うために、比較することは困難である。阪神・淡路大震災時は、避難所緊急パトロール隊による実態調

【表8－7　阪神・淡路大震災におけるボランティア活動人数（単位：人）】

期間	日数	避難所	物資の搬出・搬入	炊き出し準備、地域活動等	計	累計
1/17～2/17	31日間	12,000	3,700	4,300	20,000	620,000
2/18～3/16	27日間	8,500	1,500	4,000	14,000	1,000,000
3/17～4/3	18日間	4,600	400	2,000	7,000	1,130,000
4/4～4/18	15日間	1,600	100	1,000	2,700	1,170,000
4/19～5/21	33日間	750	10	340	1,100	1,206,000
5/22～6/20	30日間	390	310		700	1,227,000
6/21～7/23	33日間	330	470		800	1,253,400
7/24～8/20	28日間	220	580		800	1,275,800
8/21～9/20	31日間		900		900	1,303,700
9/21～10/20	30日間		600		600	1,321,700
10/21～11/20	31日間		600		600	1,340,300
11/21～12/20	30日間		500		500	1,355,300
12/21～1/20	31日間		700		700	1,377,300

（避難所緊急パトロール隊による実態調査、各市町村対策本部への電話照会、活動団体への電話照会をもとに算出）

（出典：「阪神・淡路大震災復興誌 第1巻」、企画・兵庫県、編集・震災復興調査研究委員会、発行・(財) 21世紀ひょうご創造協会、1997.3.31、pp.319）

（出所：全国社会福祉協議会 全国ボランティア・市民活動振興センター 2012：24）

査、各市町対策本部への電話照会、活動団体への電話照会から、兵庫県が累計数を算出している。約1年間で、およそ137万人（累計）のボランティアが活動している（全国社会福祉協議会 全国ボランティア・市民活動振興センター 2012：24）。

（3－5）東日本大震災における支援者と受援者の意識

　東日本大震災において被災地内外でボランティア活動や寄付などの支援を行った人々（支援者）と被災地で支援を受けた人々（受援者）は、それぞれの立場で、当時、何を考えながら支援しまた、支援を受けていたのであろうか。

　それについては、内閣府の「東日本大震災における共助による支援活動に関する調査報告書」（2013年）において、支援者と受援者それぞれ3,000人を対象にした大規模かつ詳細な調査が実施され、その結果を手がかりにして明らかにしてみたい。

Ⅰ．支援者調査の結果について

　図8－26のように、支援側調査の対象である全国男女3,000人のうち、59.5%が、東日本大震災に関連してなんらかの支援活動を実施しており、10%以上の者が行った支援活動としては、「義援金の拠出」、被災県で産出された商品を購入する「被災地産品購入」、「被災地外での募金活動」、「物資の援助」等があがっている（内閣府 2013：6）。

（注）n＝3,000
（出所：内閣府 2013：6）

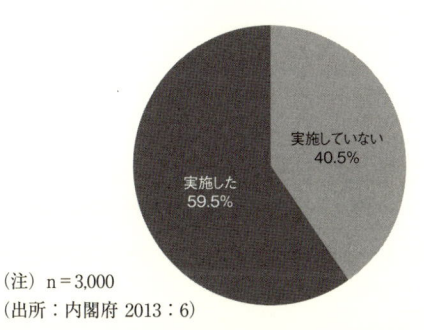

【図8－26　東日本大震災に関連した支援活動の実施の有無】

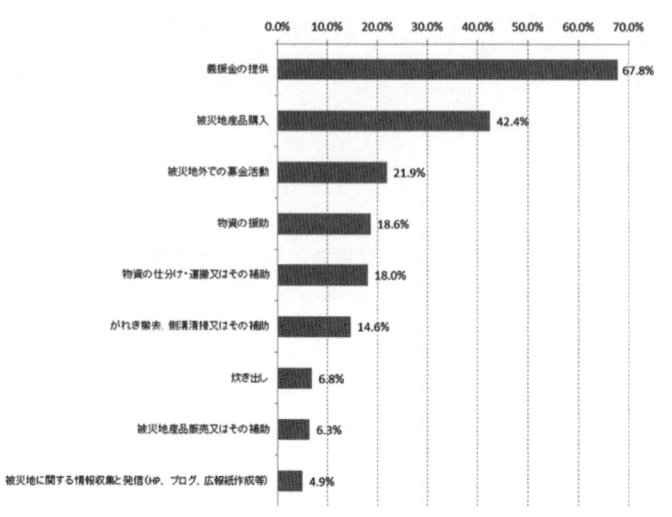

支援活動の種類	比率
義援金の提供	67.8%
被災地産品購入	42.4%
被災地外での募金活動	21.9%
物資の援助	18.6%
物資の仕分け・運搬又はその補助	18.0%
がれき撤去、側溝清掃又はその補助	14.6%
炊き出し	6.8%
被災地産品販売又はその補助	6.3%
被災地に関する情報収集と発信(HP、ブログ、広報紙作成等)	4.9%

（注）n=1,786、複数回答可、類似回答を整理の上で四捨五入後3％以上の回答のみ表示
（出所：内閣府 2013：7）

【図8−27　東日本大震災に関連して行った支援活動の種類（支援活動を行った者のみで比率を算出した場合）】

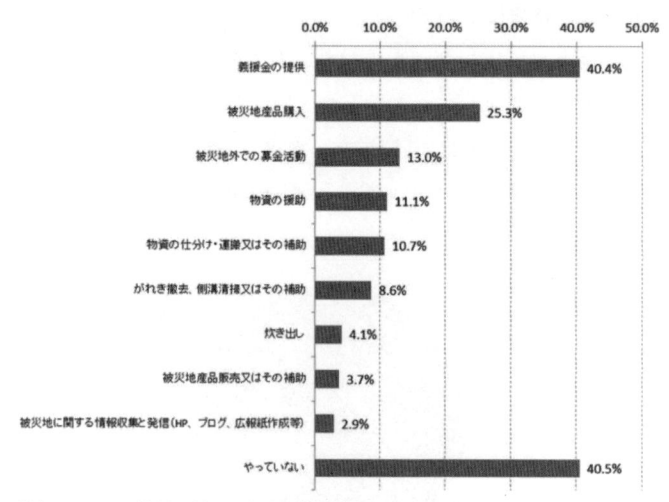

支援活動の種類	比率
義援金の提供	40.4%
被災地産品購入	25.3%
被災地外での募金活動	13.0%
物資の援助	11.1%
物資の仕分け・運搬又はその補助	10.7%
がれき撤去、側溝清掃又はその補助	8.6%
炊き出し	4.1%
被災地産品販売又はその補助	3.7%
被災地に関する情報収集と発信(HP、ブログ、広報紙作成等)	2.9%
やっていない	40.5%

（注）n=3,000、複数回答可、類似回答を整理の上で四捨五入後3％以上の回答のみ表示
（出所：内閣府 2013：7）

【図8−28　東日本大震災に関連して行った支援活動の種類（支援活動を行った者と行っていない者をあわせて比率を算出した場合）】

また、図8－27・28のように、災害時の支援活動については、現地での支援活動のほか、中間・後方支援活動に取り組む者も多く、また、複数の支援活動に取り組んでいるものも多い（内閣府 2013：6）。

支援活動を行った者が、支援活動に取り組んだ動機としては、図8－29のように、「被災地の役に立ちたいと思ったため」（67.1%）が多くなっており、被災者のために、自発的に強い共助の意識を持って活動に取り組んでいる者が多いことがうかがえる。その他に、「家族、友人等が被災したため」（6.8%）という身近な者の被災を動機とするものや、「業務上必要があったため」（6.0%）、「友人等から誘われたため」（4.1%）、「金銭、時間等に余裕があったため」（3.2%）等が動機としてあがっている（内閣府 2013：10）。

支援側が、支援活動を行う契機となった情報源は、図8－30のように、テ

（注）n=1,740
（出所：内閣府 2013：10）

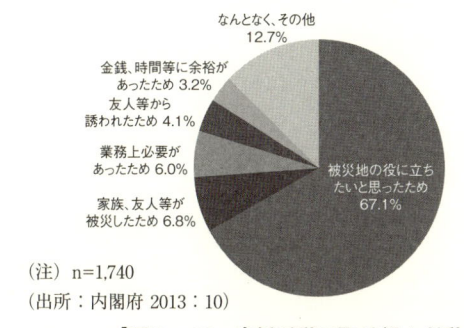

【図8－29　支援活動に取り組んだ動機】

（注）n=1,740
（出所：内閣府 2013：11）

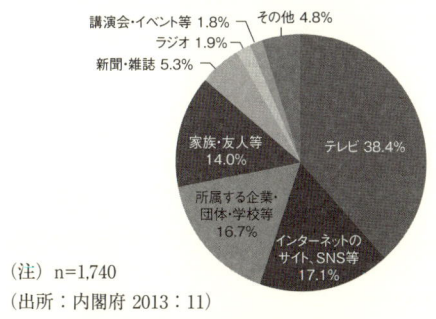

【図8－30　支援活動の契機となった情報源】

レビ（38.4％）が最も多く、次いで、インターネットのサイト、SNS等（17.1％）、所属する企業・団体・学校等（16.7％）、家族・友人等（14.0％）の順となっている。このように、テレビに次いでインターネット関係のサービスが重要な契機となっており、インターネットが、リアルで魅力的なツールとなっていることがうかがえる（内閣府 2013：11）。

　したがって、支援活動のニーズに関する情報をインターネットで広く発信し、支援活動を行いたいと思っている者がその情報を入手しやすくすることが、支援活動の裾野を広げる上で有効であると思われる。また、「所属する企業・団体・学校等」や「家族・友人等」のほか、インターネット上のSNS等なんらかの「つながり」が重要な契機となっており、インターネット上を含めて、「つながり」を通して情報が広まるよう、関連情報の発信方法を工夫する必要があると思われる（内閣府 2013：11）。

　ちなみに、東日本大震災のおけるインターネット等のICT（情報通信技術）を活用した支援活動の事例としては、以下のようなものがある。

　まず、各種機関・団体が構築・運営した支援者支援ポータルサイトとしては、「独立行政法人　防災科学研究所」が構築・運営する「ALL311：東日本大震災協働情報プラットフォーム」（以下、「ALL311」）（図8－31）、震災の支援に取り組むNPO・NGOを中心とした全国の組織・団体から構成される民

（出所：http://all311.ecom-plat.jp/）

【図8－31　「ALL311　東日本大震災協働情報プラットフォーム」】

間ネットワーク「東日本大震災支援全国ネットワーク（JCN）」が構築・運営するWebサイト（**図8－32**）、「内閣官房震災ボランティア連携室　連携プロジェクト」が構築・運営する「3.11救援情報サイト　助けあいジャパン」(http://tasukeaijapan.jp/)、主に政府機関・自治体を支援対象として各種の地図情報を提供することを目的にして結成された「東北地方太平洋沖地震　緊急地図作成チーム（Emergency Mapping Team）」によって構築・運営されている「EMT」Webサイト（http://www.drs.dpri.kyoto-u.ac.jp/emt/index.html）などがある。

　また、**図8－33**のように、地域SNSの全国連携による「大震災『村つぎ』リレープロジェクト」も展開された。

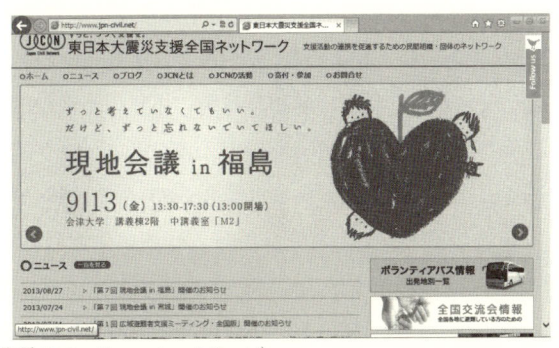

（出所：http://www.jpn-civil.net/）
【図8－32　「東日本大震災支援全国ネットワーク（JCN）」Webサイト】

（出所：総務省 2011b：18）
【図8－33　「大震災〔村つぎ〕リレー」プロジェクトの地図】

岩手県盛岡市にある地域SNS「モリオネット」では、震災前から日常的にネット上の活動のみでなく、「モリオネット・デイ」等の活動を通じた地域住民間等での対面的な交流が行われていた。

今回の震災においても、地震発生直後から、モリオネットのメンバー有志によって、各種の情報の蓄積、整理、構造化が試みられ、SNS外部からの閲覧者も多数に上った。また、全国の地域SNS上においても、震災発生直後から、被災地支援の動きが起こっていた。このような中で、「モリオネット」では集中的な議論を通じて、被災地の子どもたちのために学用品を集めるという計画がなされ、3月17日に「学び応援プロジェクト」が立ち上げられた。同プロジェクトには、兵庫、尾道、春日井、宇治、掛川、葛飾など全国約20の地域SNSが賛同し、これらの地域SNSが連携して、各地で集めた支援物資を、「モリオネット」側で準備した特設会場に一旦集約し、被災地まで送り届けることとなった。特筆されるのは、広島から、兵庫、愛知、静岡、東京の地域SNS事務局を経由して盛岡まで、荷物を積み増しながら引き渡していく、「村つぎ」と呼ばれるリレー方式で送り届けられたことである（図8-33）（総務省 2011b：18）。

このように、各地のSNSが支えあいながら、盛岡に手渡しされた支援物資は、「モリオネット」メンバーや県内の学生等のボランティアによる仕分け作業を経た上で、岩手県庁、陸前高田市、釜石市等まで直接届けられた（総務省 2011b：18）。

なお、「モリオネット」と連携して支援活動を展開した上記の地域SNSは、平成19年（2007年）8月から半年ごとに開催されている「地域SNS全国フォーラム」などを通じ、ゆるやかなネットワークが構成されていた（地域SNS全国フォーラム：http://forum.local-socio.net/）。

他方で、図8-34のように、「ITで日本を元気に！」プログラムの活動が展開されている。

「ITで被災地を元気に！」プログラムは、その設立趣旨によれば、その支援活動は、全国のIT企業と地元の経済復興のリード役である仙台の企業群とが連携することにより、被災地に求められる今のニーズを継続的に把握し、タ

(出所：http://revival-tohoku.jp/)
【図8－34 「ITで日本を元気に！」プログラムのWebページ】

イムリーで細やかに支援ができることを目指す。また、IT関連企業の経営者と被災地の人びと、現地の自治体関係者とが直接接する機会を増やし、復興へのITの関わり方について、的確かつ継続的な施策を立案し復興の支援を行うことを目指している（「ITで日本を元気に！」実行委員会：http://revival-tohoku.jp/establishment.html）。

　その具体的な活動は、「宮城県水産高等学校」（石巻市鹿又にある石巻北高敷地内に仮設設置）にPC、プロジェクター、スクリーンを提供する（活動日時 2012/02/28）。また、「南三陸町立戸倉小学校」（旧登米市立善王寺小学校の敷地・校舎に仮設設置）にPCを提供し、その設定作業や職員室のPCとLANの接続や設定などの支援活動を行った（活動日時 2012/02/26）。さらに、「南三陸町升沢仮設住宅」、「志津川自然の家仮設住宅」、「豊里多目的研修センター避難所」などにPC、iPadを配付した。そして、ECサイト「南三陸町 de お買い物」を立ち上げて、運営している（「ITで日本を元気に！」実行委員会：http://revival-tohoku.jp/activity）。

　このような活動が、東日本大震災の被災地各地で行われているが、活動を行っている人々や団体が、お互いにそれぞれの存在や活動内容を知らないなどで、必ずしも、連携のとれた活動となっていないように思われる。

支援活動を行った者が、支援活動を開始するに当たって段取り等を整えるために利用した手段としては、**図8－35**のように、所属する学校・企業等を通じて（21.1％）、NGO/NPOその他の支援団体を通じて（17.0％）、自ら直接（16.0％）、（被災地、居住地等の）地方公共団体（15.3％）を通じて等が多くなっている。なお、災害ボランティアセンターは6.9％となっている（内閣府2013：12）。

このように、支援活動を行おうとする者にとって、所属する学校・企業等、支援団体、地方公共団体等の協力が、重要になっている。特に、所属する学校・企業等が大きな役割を果たしているのは、学生ボランティアや、企業等の職場を通じ、職場での専門性等を活かして活動を行ういわゆる企業ボランティアが大きな役割を果たしたこととも関連していると思われる（内閣府2013：12）。

支援活動を行った者のうち、活動に「満足」又は「やや満足」と回答した者は、**図8－36**のように、支援活動を行なった者のうち78.7％（「満足」17.1％、「やや満足」61.6％）と高くなっている。その一方で、「不満」又は「やや不満」と回答した者は21.3％（「不満」2.4％、「やや不満」18.9％）となっている（内閣府2013：13）。

活動に「満足」又は「やや満足」と回答した理由としては、**図8－37**のように、

（注）n=1,740
（出所：内閣府2013：12）

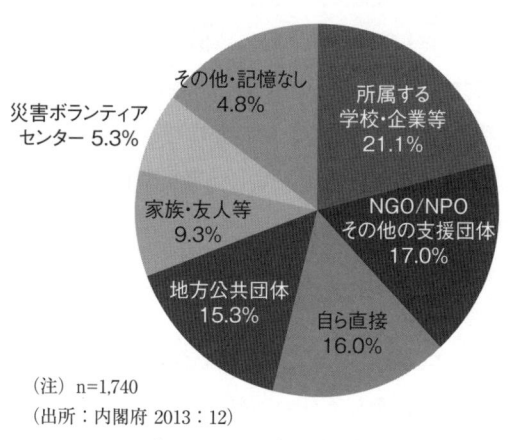

【図8－35　支援活動開始の手段】

「自分の考え通りに行動できた」(36.4%)、「被災者と接点を持てた」(30.7%)、「感謝された」(10.9%)、「成果があがった」(9.1%)等支援活動の成果を重視する回答が比較的多い。なお、「お金がかからない」(18.2%)、「時間が想定内でおさまった」(14.2%)等お金や時間を意識した回答もみられる（内閣府 2013：13）。

他方で、支援活動を行った者のうち、活動に不満・やや不満な者の理由とし

（注）n=1,740
（出所：内閣府 2013：13）

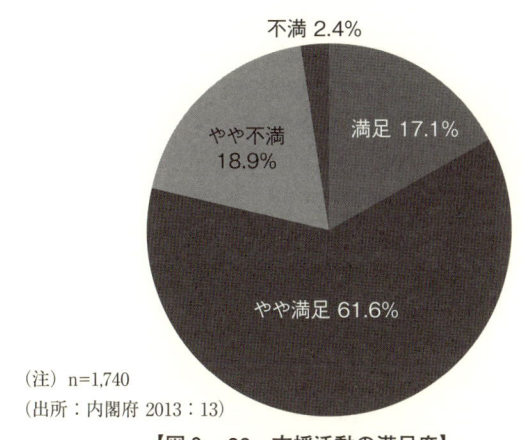

【図8－36　支援活動の満足度】

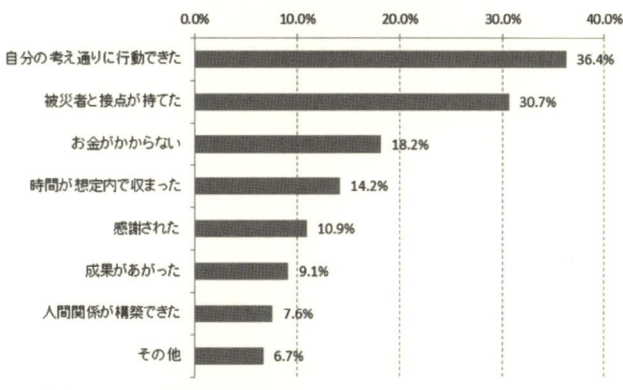

（注）n=1,370、複数回答可
（出所：内閣府 2013：14）

【図8－37　支援活動に満足・やや満足の理由】

ては、図8−38のように、(自分が考えるような)「十分な行動がとれなかった」（61.5％）や（行動した）「成果が分からない」（32.7％）、「被災者との接点がない・不十分」（26.5％）等成果が出ていないこと等を理由とするものが多い（内閣府 2013：14）。

ところで、「支援活動をやっていない」と回答した者についてみると、支援活動を行わなかった理由としては、図8−39のように、「資金的な余裕がない」

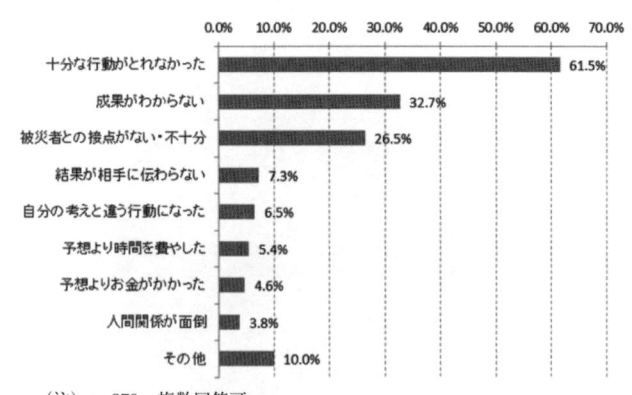

項目	割合
十分な行動がとれなかった	61.5％
成果がわからない	32.7％
被災者との接点がない・不十分	26.5％
結果が相手に伝わらない	7.3％
自分の考えと違う行動になった	6.5％
予想より時間を費やした	5.4％
予想よりお金がかかった	4.6％
人間関係が面倒	3.8％
その他	10.0％

（注）n=370、複数回答可
（出所：内閣府 2013：14）

【図8−38　支援活動に不満・やや不満の理由】

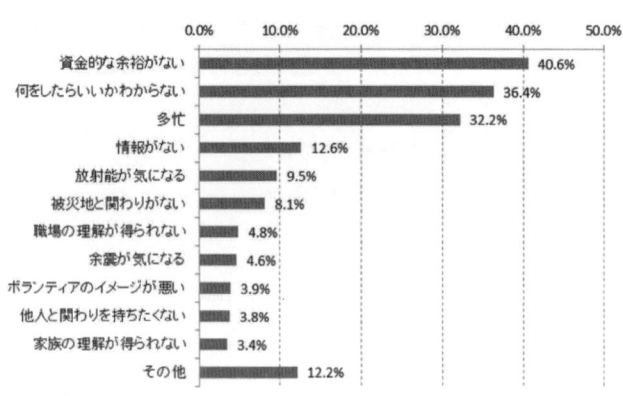

項目	割合
資金的な余裕がない	40.6％
何をしたらいいかわからない	36.4％
多忙	32.2％
情報がない	12.6％
放射能が気になる	9.5％
被災地と関わりがない	8.1％
職場の理解が得られない	4.8％
余震が気になる	4.6％
ボランティアのイメージが悪い	3.9％
他人と関わりを持ちたくない	3.8％
家族の理解が得られない	3.4％
その他	12.2％

（注）n=1,111、複数回答可
（出所：内閣府 2013：16）

【図8−39　支援活動を行わなかった理由】

（40.6％）、「何をしたらいいかわからない」（36.4％）、「多忙」（32.2％）、「情報がない」（12.6％）等が多い（内閣府 2013：15）。

　このことから、まず、「資金的な余裕がない」という回答は、交通費や宿泊費等が支援活動開始に当たっての大きなボトルネックとなっていることを浮き彫りにしている。また、「何をしたらいいかわからない」及び「情報がない」という回答は、支援活動に関するニーズ等関係情報の発信の不足等により、適当な情報に触れる機会がなかった又はそのような機会が少なかったことが原因で活動に取り組む機会を失った可能性がある。その他に、「職場の理解が得られない」（4.8％）と「家族の理解が得られない」（3.4％）のようにまわりの理解が得られないことも原因となっていると考えられる。全体としてみると、資金、時間、情報等が十分にあるほど支援活動に取り組みやすい環境になると思われる（内閣府 2013：15）。

　したがって、支援活動の裾野を広げていくためには、例えば、学生等が支援活動を行うに当たって、交通費や宿泊費の割引等経済的な援助を受けられるような環境を整備したり、企業による支援活動を行う社員への支援を促進じたりして、支援活動に取り組むに当たってボトルネックとなっている要因を取り除くとともに、関係情報の発信を増やし、また、その発信手段を工夫することによって、支援側の意識を高め、関係情報に接触しやすく、また、職場や家族の理解が得られやすい環境を整備することが必要である（内閣府 2013：15）。

　今後、大きな災害が発生し、支援活動が必要になった場合に、実際に支援活動を行うかどうかについては、図8－40のように、参加の意思を有する者が62.8％（「ぜひ参加したい」6.5％、「参加したい」56.3％）となった（内閣府 2013：17）。

　東日本大震災の際に支援活動を行った者が全国の59.5％であることから、上記の参加の意思を有する者が62.8％であるということは、やや、参加の意思を有する者が増加したことを示しており、東日本大震災時に支援活動を行わなかった者も、東日本大震災時の支援活動の影響を受ける等して支援活動への参加意思を持つようになった可能性がある（内閣府 2013：17）。

支援活動に参加する意思を示した者が、今後、大きな災害が発生し、支援活動が必要になった場合に、参加したい支援活動は、図8-41のように、義援金の提供（47.5%）、被災地産品購入（35.7%）、物資の援助（26.2%）等が上位にあがっている。これは、東日本大震災時で回答者が実際に行った支援活動においてみられた傾向と同様であり、中間・後方支援活動に取り組みたいとする者が多いことがわかった（内閣府 2013：18）。

ここからも、このような中間・後方支援活動を行う者ための環境の整備を積極的に進める必要性がうかがえる。なお、ICT等を利用した「被災地に関する

（注）n=3,000
（出所：内閣府 2013：17）

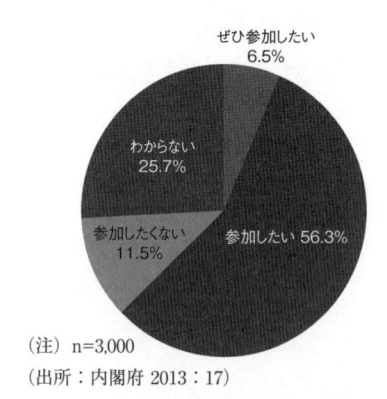

【図8-40　今後の支援活動への参加意思】

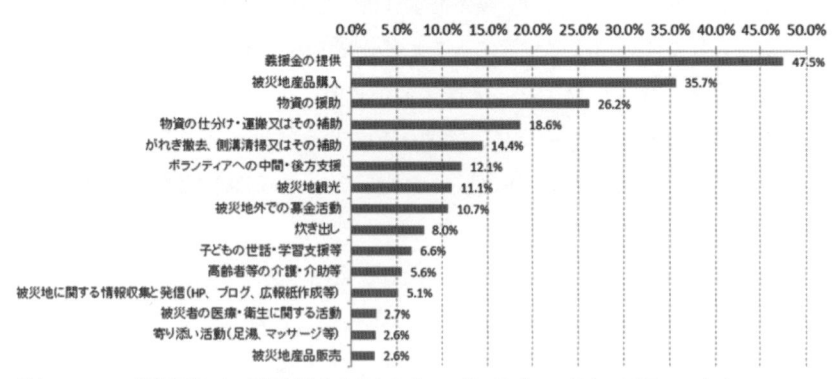

（注）n=1,868、複数回答可、類似回答を整理した上で四捨五入後3%以上の回答のみ表示
（出所：内閣府 2013：18）

【図8-41　今後災害が起こった場合に参加したい支援活動】

情報収集と発信」すなわち、「情報ボランティア」活動をあげた者が5.1%となっており、前出の東日本大震災時に支援者として同様の取組を行った者の割合（2.9%）（図8－28）を2.2ポイント上回っており、災害時におけるICT等の役割やその重要性が、東日本大震災等をきっかけに認識された影響等があるものと推測される（内閣府 2013：18）。

今後、災害発生時の支援活動等防災における共助の取組を活性化するために必要だと考えることとしては、図8－42のように、「支援側と受援側のマッチングの仕組み」（49.8%）、「地域社会での受入れの促進」（32.8%）、「資材や場所の提供」（27.2%）、「寄付や助成金等経済的支援」（26.3%）、「行政等の受け入れ体制強化」（25.7%）が上位にあがっている（内閣府 2013：19）。

ここでも、東日本大震災での活動を経て、被災地のために役立ちたい考える者に必要な情報を届け、その思いを現場のニーズにつなぐ支援側と受援側のマッチングの仕組みが改めて重要であることがうかがえることから、関係ポータルサイトの整備等ICT 等を利用した「被災地に関する情報収集と発信」のための環境の整備が重要である（内閣府 2013：19）。

Ⅱ．受援者調査の結果について

東日本大震災の被災地の男女3,000名を対象に、ボランティア活動等の支援活動を受けたか否かについて尋ねたところ、図8－43のように、「受けた」と

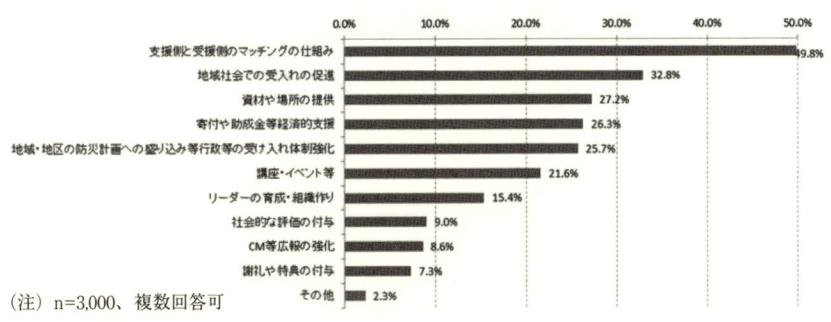

(注) n=3,000、複数回答可
(出所：内閣府 2013：19)

【図8－42 支援活動等共助の取組の活性化のために必要なこと】

回答した者が33.4%、「受けていない」と回答した者が66.6%となっている。なお、支援側と受援側では、環境が異なることから一概には比較できないが、支援側の調査では、調査対象者の約6割がなんらかの支援を実施していたのに対し、被災地の受援側では、支援活動を受けていないと感じている者が2/3であることから、支援側で行っている活動内容と受援側で必要とされている活動内容に大きなミスマッチの発生や支援活動が実施されている地域に偏りがある等の可能性がある（内閣府 2013：22）。

支援を「受けた」と回答した者が、支援側から受けたと感じている受援の内容としては、図8－44のように、物資の援助（50.8%）、物資の仕分け・運搬又はその補助（39.8%）、炊き出し（28.4%）、資金支援（23.6%）、ICT等を利用した

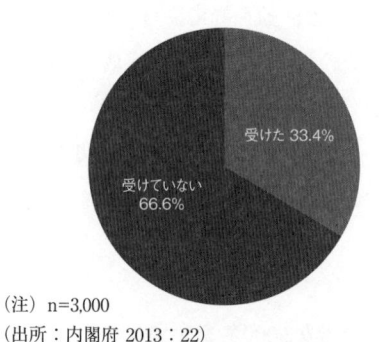

(注) n=3,000
(出所：内閣府 2013：22)

【図8－43　受援経験の有無】

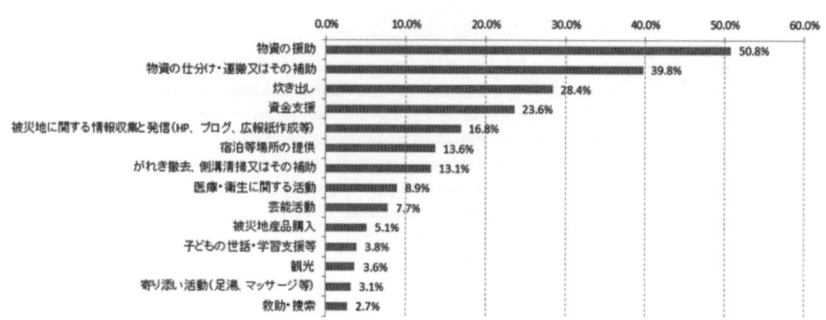

項目	割合
物資の援助	50.8%
物資の仕分け・運搬又はその補助	39.8%
炊き出し	28.4%
資金支援	23.6%
被災地に関する情報収集と発信(HP、ブログ、広報紙作成等)	16.8%
宿泊等場所の提供	13.6%
がれき撤去、側溝清掃又はその補助	13.1%
医療・衛生に関する活動	8.9%
芸能活動	7.7%
被災地産品購入	5.1%
子どもの世話・学習支援等	3.8%
観光	3.6%
寄り添い活動(足湯、マッサージ等)	3.1%
救助・捜索	2.7%

(注) n=1,002、複数回答可
(出所：内閣府 2013：23)

【図8－44　受援の内容】

「被災地に関する情報収集と発信」(16.8%)等となっている。このように、被災地における直接的な支援と間接・後方支援活動の双方が受援側の印象に残っていることがうかがえる（内閣府 2013：23）。

また、支援側と受援側の数値を一概には比較できないが、支援側でICT等を利用した「被災地に関する情報収集と発信」を行った者が2.9%（図8－28）であるのに対して、受援側でICT等を利用した「被災地に関する情報収集と発信」による支援を受けたと感じている者が16.8%にのぼっている。被災時に、受援側から見た場合には、ICT等を利用した「情報収集と発信」による支援が深い印象を残しているものと推測される（内閣府 2013：23）。

ところで、受援側のうち、支援活動に「満足」又は「やや満足」と回答している者は、図8－45のように、83.9%（「満足」62.9%、「やや満足」21.0%）と高くなっており、支援活動は、受援側から高く評価されていることがわかった（内閣府 2013：24）。

支援活動に対して満足した理由としては、図8－46のように、「時期が良かった」(44.9%)の次に、「誠意が伝わった」(41.4%)等をあげるものが多く、支援側の誠意が高く評価されていることがうかがえる（内閣府 2013：24）。

これは、支援側が支援活動を実施した動機として、「被災地の役に立ちたいと思ったため」が67.1%（図8－29）と圧倒的に高くなっていることとあわせて考えると、支援側の使命感が、受援側においても高く評価されていると思わ

（注）n=962
（出所：内閣府 2013：24）

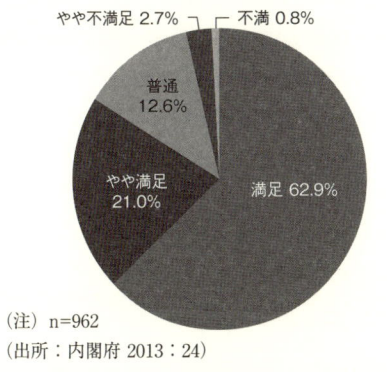

【図8－45　支援活動に対する満足度】

れる（内閣府 2013：24）。

　他方で、支援活動に対して「不満」又は「やや不満」と回答した理由としては、図8－47のように、「量が適当でない」（52.9％）、「時期が適当でない」（32.4％）、「場所が適当でない」（23.5％）等が多くなっている（内閣府 2013：25）。

　なお、受援内容ごとの満足度については、図8－48のように、いずれも高くなっている（内閣府 2013：25）。

　特に、「被災地に関する情報収集と発信（HP、ブログ、広報紙作成等）」を行う「情報ボランティア」活動に対する満足度が91.6％（「満足」72.6％、「やや満足」19.0％）と最も高くなっている。つまり、受援者にとって情報ボラン

時期が良かった	44.9%
誠意が伝わった	41.4%
量が適当又は期待以上であった	31.2%
場所が良かった	19.7%
対応者の性格が良かった	18.2%
対応の方法が要望通り又は期待以上であった	13.4%
対応者の能力が高かった	9.5%
その他	3.0%

（注）n=807、複数回答可
（出所：内閣府 2013：25）

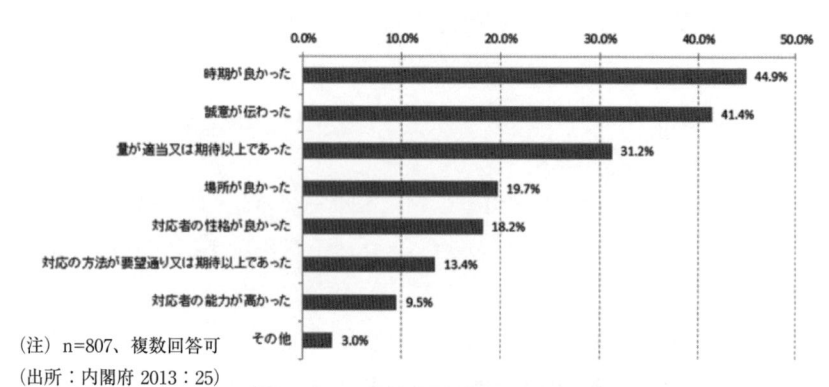

【図8－46　支援活動に満足した理由】

量が適当でない	52.9%
時期が適当でない	32.4%
場所が適当でない	23.5%
対応の方法が要望通りでない	20.6%
対応者の能力が低い	14.7%
そもそも要望していない又は一方的	14.7%
対応者と性格が合わない	2.9%
その他	5.9%

（注）n=34、複数回答可
（出所：内閣府 2013：25）

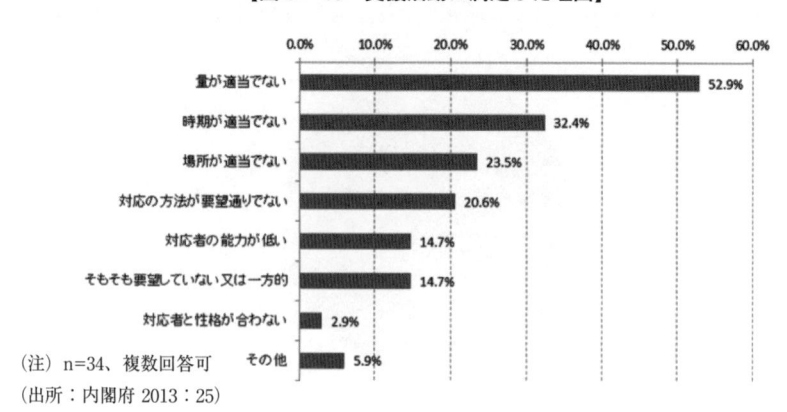

【図8－47　支援活動に対して不満であった理由】

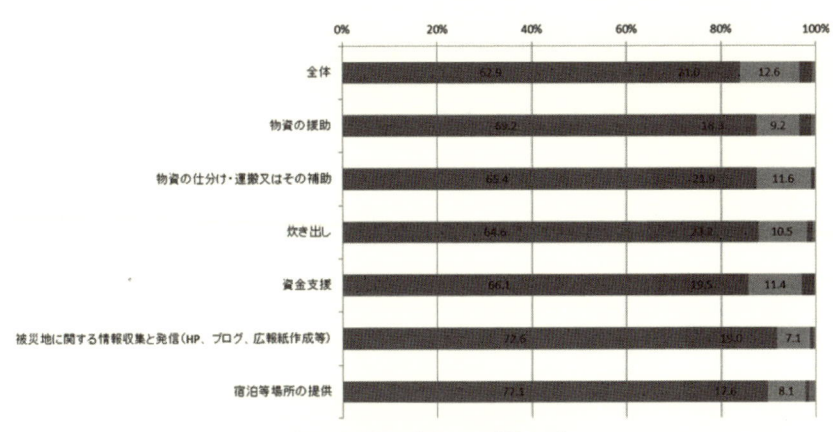

第 8 章　現代社会とボランティア　331

（注）n=962、複数回答可、標本数が100以上の選択肢のみ表示
（出所：内閣府 2013：26）
【図 8 −48　受援側の受援内容別の満足度】

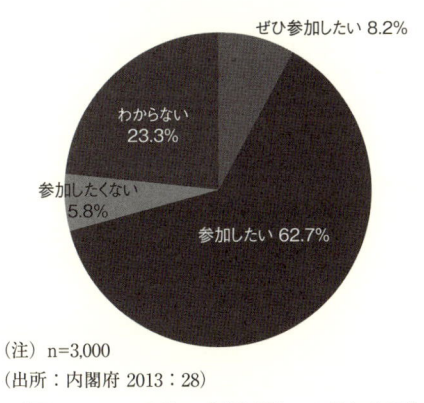

（注）n=3,000
（出所：内閣府 2013：28）
【図 8 −49　今後の支援活動への参加意思】

ティア活動はその必要性が高い（図 8 −44では、上位 5 位（16.8%））とともに、最も満足のいく結果をもたらしていると考えられる。

　今後、大きな災害が発生し、支援活動が必要になった場合に、支援活動を行うかどうかについては、図 8 −49のように、受援者となった人々の中で参加の意思を有する者が70.9%（「ぜひ参加したい」8.2%、「参加したい」62.7%）

となった（内閣府 2013：28）。

　支援側で同様の質問に対して参加の意思を示した者が62.8%（図8−40）であったが、支援側と受援側では、条件が異なることから一概に比較はできないが、受援側のほうでも、東日本大震災時の支援活動の影響を受ける等して支援活動への参加意思を持つようになった者が多い可能性がある（内閣府 2013：28）。

　今後、災害発生時の支援活動等防災における共助の取組を活性化するために必要なこととしては、図8−50のように、「支援側と受援側のマッチングの仕組み」(58.3%)、「地域社会での受入れの促進」(38.7%)、「資材や場所の提供」(31.6%)が上位に挙がっている（内閣府 2013：29）。

　これらの項目については、支援側の調査でも同様に必要なこととして上位にあがっており（図8−42）、支援側調査でも述べたように、被災地のニーズと支援側の思いをつなぐマッチングの仕組みが改めて重要であることが示されており、前述の「東日本大震災全国支援ネットワーク（JCN）」のWebサイト（図8−32）のようなICT等を利用した「被災地に関する情報収集と発信」の促進、関係情報を提供するためのポータルサイトの整備等環境の整備が重要であると思われる（内閣府 2013：29）。

　以上の内閣府による「東日本大震災における共助による支援活動に関する調

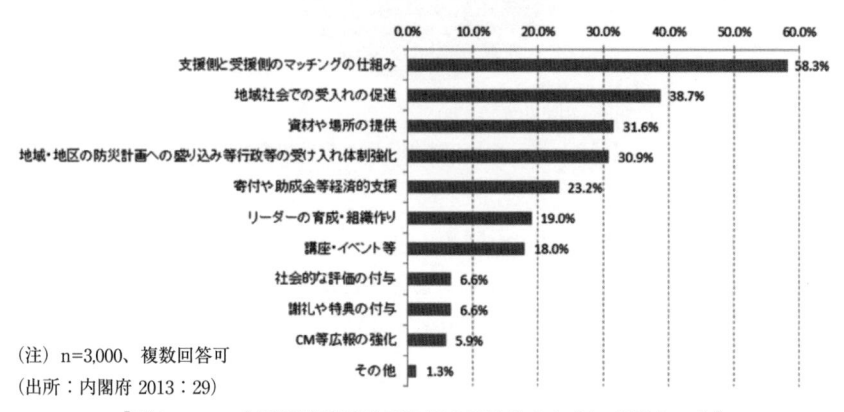

(注) n=3,000、複数回答可
(出所：内閣府 2013：29)

【図8−50　支援活動等共助の取組の活性化のために必要なこと】

査報告書」は、政府によって実施された災害支援活動を対象にした本格的な調査としては、初めて支援側及び受援側の双方の意識に焦点を当てた画期的なものである。

この調査から、以下のようなことが明らかになった。

まず、支援側は、被災地の役に立ちたいという強い意識を持って活動に取り組んでいる者が多い。また、支援活動に対する受援側の満足度は高く、支援側の誠意が高く評価されている。そして、このような活動が、支援側と受援側の一体感を高め、国全体の絆を強めることにつながったと考えられる（内閣府 2013：30）。

支援活動の種類については、現地での支援活動のほか、中間・後方支援活動を行った者も多く、また、受援側にとっても、現地での支援活動及び中間・後方支援活動の双方が深く印象に残っている。また、今後、中間・後方支援活動に取り組みたいと考えている者も多い。そのため、今後、現地での支援活動及び中間・後方支援活動の双方に対する環境整備を積極的に進める必要がある（内閣府 2013：30）。

支援側において支援活動を行う契機となった情報源としては、テレビのほか、インターネットのサイト、SNS等が高くなっている（図8−30）。一方、受援側においては、ICT等を利用した情報収集と発信による支援が深く印象に残っている。このようにICT等による情報発信は、支援側及び受援側の双方にとって大きな役割を果たしており、今後、災害時にICT等を活用して、関係情報を容易に発信・利用できるような環境を整備することが必要である（内閣府 2013：30）。

災害時のボランティア等共助の取組の活性化のために必要なこととしては、支援側及び受援側ともに支援側及び受援側を結びつける「マッチングの仕組み」が重要であるという意見が多く、支援側の思いと被災地のニーズをICT等によって効率的につなぐ仕組みが必要である（内閣府 2013：30）。

東日本大震災後の意識の変化については、支援側及び受援側ともに支援活動への参加意思を持つ者が増加しており、東日本大震災での支援活動の影響等を

受け、支援活動への参加意識が醸成された可能性がある（内閣府 2013：30）。

（4）デジタル・ネットワーキングの可能性
（4－1）インターネットを活用したボランティアの活動

東日本大震災における支援活動からもわかるように、今日、ボランティアやNPO・NGOにとって、インターネットは活動を展開する上で必要不可欠なものとなっている。

郵政省『通信白書』（1998年版）によると、1990年代後半までは、ボランティア団体においては、従来は、情報提供や会員間の情報交換は定期的に発行する機関誌によるものが中心であったが、1990年代後半から、インターネットのWebページや電子掲示板（Webページ上）を利用して、メンバー間の情報交換を実施したり、広く一般向けに広報活動を行ったりする例が数多く見られるようになった。

ボランティア団体のホームページ開設の効果としては、**図8－51**のように、

項目	%
情報がメンバーにすばやく行き渡るようになった	13.3
メンバー同士の情報交換が活発になった	16.9
他のボランティア団体との交流が活発になった	36.1
海外との交流が活発になった	9.6
解放や機関誌の発行にかかる手間やコストが削減できた	4.8
活動内容が社会により広く知られるようになった	51.8
メンバーの数が増大した	20.5
活動がより円滑に行えるようになった	12.0
活動全体が活発になった	15.7
その他	7.2
特にない	14.5

N=83

（出所：郵政省 1998：23）

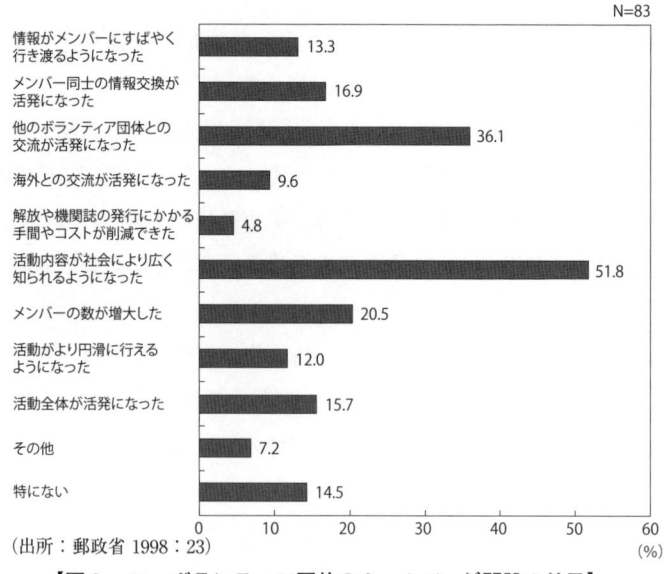

【図8－51　ボランティア団体のホームページ開設の効果】

「活動内容が社会により広く知られるようになった」（51.6%）、「他のボランティア団体との交流が活発になった」（36.1%）、「メンバーの数が増大した」（20.5%）、「メンバー同士の情報交換が活発になった」（16.9%）などのボランティア活動の活発化が挙げられている（郵政省 1998：23）。

このように、1990年代の後半になって、ICT（情報通信技術）の普及が一層進み、インターネットを利用したボランティアに関する情報の提供が進展することで、ICTを活用したボランティアの出会いや交流が、さらに、ICTを活用したボランティア活動そのものが盛んになってきた。また、『平成12年度　国民生活白書』によれば、ボランティア活動は、個人の時間や労力を他の人のために役立てるものであり、それらに制約がある人でも、知恵を駆使して色々な方法でICTを活用すれば、ボランティアの可能性を一層広げていくと期待されている（経済企画庁 2000b：35）。

ところで、著者は、このようなインターネットを活用したボランティアやNPO・NGOの活動を「デジタル・ネットワーキング」（digital networking）と呼び、主に災害ボランティアの分野を中心に1990年代から今日までのデジタル・ネットワーキングの展開と、それによる公共圏構築（世論形成とボランティアが行われる社会的領域）と社会変革の可能性について考察し論じてきた（干川 2001；2003；2006；2007；2009；2014）。

（4－2）『デジタル・ネットワーキングの展開』の要旨

デジタル・ネットワーキングについての著者の研究成果を集大成した著書が『デジタル・ネットワーキングの展開』（晃洋書房 2014年）である。

この本では、市民活動から災害情報支援を経て被災地復興に至るデジタル・ネットワーキングの流れをたどりながら、その実態と課題をとらえた。

そして、この流れの転換点として、阪神・淡路大震災、日本海重油災害、三宅島火山災害、「大都市大震災軽減化特別プロジェクト」（「大大特」）と中越沖地震、岩手・宮城内陸地震、東日本大震災をそれぞれとりあげ、デジタル・ネットワーキングを推し進めて行く原動力が、情報化の進展と、NPO・ボランティ

アの隆盛による社会関係資本（ソーシャル・キャピタル）の拡充であることを明らかにした（干川 20014：205）。

（4−3）市民活動におけるデジタル・ネットワーキングの展開

この本の中で著者は、グローバル化の進展の中で1970年代から展開されてきたNGOのデジタル・ネットワーキングを対象にした参与観察やアンケート調査の結果の分析をもとに、1990年代前半の日本におけるデジタル・ネットワーキングの草創期と展開期の状況について論じた（干川 2014：32−42）。

（4−4）阪神・淡路大震災におけるデジタル・ネットワーキングの展開

日本のデジタル・ネットワーキングの大きな転換点となったのが、1995年1月に発生した阪神・淡路大震災であった。この震災は、著者が「情報ボランティア」という形でネットワーカーとして活動するきっかけとなり、著者のデジタル・ネットワーキング研究の視点が、観察者・研究者から実践者・研究者へと転換する契機となったのである。

そこで、1995年1月17日に発生した阪神・淡路大震災においてコンピューター通信（パソコン通信およびインターネット）を活用した情報ボランティアによる情報支援活動の実態と課題を明らかにした（干川 2014：43−65）。

そして、著者を含めた情報ボランティアたちが得た教訓としては、「日頃から使いこなしていない道具は、災害時には、有効に使えない」、「日頃からの顔の見える信頼関係がないと、災害時には、迅速かつ効果的な連携行動がとれない」というものであった。

特にこの教訓の中で着目すべきなのが、「顔の見える信頼関係」すなわち、社会関係資本＝協力的相互信頼関係（ソーシャル・キャピタル）の必要性である。

このような教訓をもとにして、阪神・淡路大震災以後、情報を取り扱う者と現場で活動する者との間の相互理解ならびに信頼関係をつくり出すために、情報ボランティアに携わった人々が、それぞれの地域の町内会や社会福祉協議会、NPO・NGOで活動する人たちに対して、コンピューターやインターネッ

トの利用方法を教えたりしながら、情報通信システムの利用を広める活動を行い、その成果が、阪神・淡路大震災の2年後に発生した日本海重油災害で現れるようになった。

（4－5）日本海重油災害における災害デジタル・ネットワーキングの展開
　1997年1月に発生した日本海重油災害では、福井県三国町その他で、重油回収作業に携るボランティア団体、兵庫県や新潟県などの地方自治体、旧運輸省などの中央省庁は、インターネットを利用して被害状況や対策状況について情報発信を行うようになった。また、大学やシンクタンクの研究者などがメーリングリストを通じて漂着重油の効果的な処理方法を考案し伝えた。さらに、被災地域の新聞社や放送局、また、「NHKボランティアネット」などのメディアが、現地の被害状況や行政の対応、ボランティアの活動状況などについてインターネットを通じて伝えた。
　そこで、日本海重油災害における民・官・専門家・メディア等によるデジタル・ネットワーキングの実態と課題を明らかにした（干川 2014：66－73）。
　阪神淡路大震災では、ボランティアによる救援活動にパソコン通信やインターネットが利用されたのに対し、行政では、神戸市立外国語大学のインターネットサイトと、パソコン通信とFAXサービスとが一体となった神戸市の「あじさいネット」が利用されていたに過ぎなかった。
　震災から2年後の日本海重油災害では、その様相が一変し、流出重油の漂着地となった府県や市町村、各中央省庁は、インターネットを通じてそれぞれが管轄する地域の重油漂着・回収状況などに関するおびただしい情報を毎日Webページに掲載していた。しかし、こうした形で発信される情報は、各地で重油回収作業にあたるボランティア団体にはほとんど利用されていなかったというのが実情であったと考えられる。
　他方で、現地で流出重油回収活動にあたるボランティア団体は、Webページを通じて毎日の重油漂着・回収状況を発信するのが手一杯で、行政が発信する大量の情報を活動に利用する時間も労力もなかったと思われる。また、情報

ボランティアについても、各地の地方自治体や各省庁からの行政情報の収集とWebへの掲載は十分でなかったようにみえる。

つまり、行政のインターネットによる情報提供と、現場でのボランティアによる救援活動と、情報ボランティアの情報中継活動とがうまくつながっていなかった結果、日本海重油災害における情報発信・活動主体の間の連携はほとんどとれず、ボランティア、行政、マスメディア、専門家、情報ボランティアなどの間の連携のあり方が課題であることが明らかになった。

(4-6) 有珠山火山災害と三宅島火山災害におけるデジタル・ネットワーキングの展開と課題

日本海重油災害から3年後の2000年3月に発生した有珠山火山災害と2000年6月に発生した三宅島火山災害では、インターネット利用者の急激な増加（図7-2 (203ページ)）に伴って、行政機関やボランティアだけでなく、被災者自身もインターネットを情報の収集・発信手段として利用するようになった。

そこで、有珠山火山災害と三宅島火山災害における被災者、行政機関、災害救援ボランティア、支援者、情報ボランティアの間で展開されるデジタル・ネットワーキングの実態をとらえ、さらに、三宅島復興に向けてのデジタル・ネットワーキングの可能性と課題を明らかにした（干川 2014：74-96）。

そして、三宅島「灰干しネットワークプロジェクト」においては、実施主体間の連絡・調整には、メールやメーリングリストが常時活用されており、また、地図情報システムと連動したWebページが設置され、このプロジェクトの目的や成果などが公表されており、まさに、最新の情報通信技術を駆使した「デジタル・ネットワーキング」が展開されていることが明らかになった。

(4-7) 災害デジタル・ネットワーキングにおける情報通信技術 (ICT) 活用の実態と課題

「大大特」の目的と「広域災害情報共有システム」（WIDIS：WIde area Disaster Information Sharing system）の概要を示した上で、「平成19 (2007) 年

新潟県中越沖地震」と「平成20（2008）年岩手・宮城内陸地震」及び「平成21（2009）年佐用町水害」における「地理情報システム（GIS：Geographical Information System）」等の情報通信技術（ICT：Information and Communication Technology）を活用した情報支援活動の実態と課題を明らかにした（干川 2014：97-116）。

中越沖地震および岩手・宮城内陸地震におけるWIDISを活用した情報支援活動の中から浮かび上がってきた問題点として、まず、災害ボランティアセンターの運営主体の社会福祉協議会（社協）と連携してICTを活用する際の組織と資金面の問題があげられる。

そこで、著者たちの研究開発チームのメンバーは、このような組織上の問題に対処すべく、「特定非営利活動法人（NPO法人）基盤地図情報活用研究会」（2008年9月石川県により認証される）を創設し、また、WIDISの災害対応分野以外への多用途化を図り収益事業を行うために「株式会社　ナブラ・ゼロ」を設立した。

これによって、組織上の問題は解消されることになったが、しかし、岩手・宮城内陸地震の事例においては、「仮設住宅入居者生活支援Webデータベースシステム」を運用する際に必要な資金を調達することができず、このシステムの実運用には至らなかった。

そこで、著者たちの研究開発チームが研究開発してきたWIDISを災害ボランティア活動支援のための情報収集・共有・コーディネーションシステムとして発展的に再構築し、より実戦的かつ効果的なものとするためには、まず、WIDISの新たな運用方法の考案・改善と技術的開発・改良を行い「ボランティア・コーディネーションシステム」を開発・構築することが必要である。そして、そのシステムを著者らの研究開発チームが試作した。

また、大規模災害発生時にこのシステムを運用・保守・管理するのに必要な人材確保のために、「人材養成プログラム」の開発・実施も必要となる。

このようなシステムの開発・構築と人材育成プログラムを実施することによって、首都直下地震等の大規模災害の避難者の様々なニーズに対応するため

に、膨大な数の災害ボランティアの多様なシーズ（自発的参加意欲・労力・技術・知識・創造力　等）を活かすことが可能であると考えられる。

　他方で、被災自治体では、発災害直後から被害情報等の各種情報の収集・集約・発信を行うだけでなく、被災住民への罹災証明発行・義捐金配分・固定資産税減免等の災害対応業務を効率よく行うための災害情報システムへのニーズが高いことが、佐用町に対する支援活動を通じて明らかになった。

　しかし、そのような支援を行う際に支障となったのは、適切な縮尺の地図情報の確保が困難であり、全国を網羅する形で、災害対応に適した縮尺（2500分の1または、5000分の1）の基盤地図情報の整備が、地方自治体と国土地理院とが連携しながら進められていくことが求められた。

　以上のような課題が「新潟県中越沖地震」と「岩手・宮城内陸地震」及び「佐用町水害」におけるICTを活用した支援活動から明らかになった。

　この課題が、2011年3月11日に発生した「東北地方太平洋沖地震」による「東日本大震災」における情報支援活動においてどのように解消されたのか、また、新たにどのような課題が現れたのであろうか。

（4－8）東日本大震災におけるデジタル・ネットワーキングの展開

　著者は、総務省の『平成23年版 情報通信白書』を手がかりにして、また、著者が知りうる範囲で、東日本大震災におけるインターネットを活用した主な支援活動を概観した（干川 2014：119-125）。

　また、『平成24年版 情報通信白書』によれば、被災地におけるインターネットの活用状況に関しては、最も活用が多かった団体・個人はNPO・ボランティアであった。活用の場面として、NPO・ボランティアでは、ボランティアの募集や被災地の情報発信などがなされていた。

　さらに、SNS・Twitter等のソーシャル・メディアの活用についても、NPO・ボランティアによって物資に関する情報収集や支援要請の場面で活用されていた。また、インターネット活用における課題としては、NPO・ボランティアではインターネット上の誤情報・デマ情報によって業務に支障を来し

た例もあった（総務省 2012：264）。

　以上のように、東日本大震災において、ICTを積極的に情報の受発信や被災者支援に最も活用しているのは、被災地のNPO・ボランティアであるということがわかる。

　したがって、被災地において、NPO・ボランティアが、ICTを活用して、自治体と連携しながら、また、必要に応じて農協・漁協・商工会などの地域団体と関わりながら、避難所や仮設住宅の被災者リーダーを支援しつつ、活動を展開すること、すなわち、「災害デジタル・ネットワーキング」（災害時におけるインターネット等のデジタル・メディアを活用した支援活動）を実践することによって、被災地の復興が効果的に達成されると期待できる。

　そこで、著者が、東日本大震災の発生前から発生直後を経て現在まで関わっている事例に基づいて、NPO・ボランティアや非営利組織を中心とするICTを活用した被災地の情報支援活動と復興支援活動の実態と課題について考察した（干川 2014：125－159）。

　すなわち、東日本大震災の津波被災地である南三陸町をめぐって「ぼうさい朝市ネットワーク」から「南三陸町福興市」を経て「南三陸福興まちづくり機構」への災害デジタル・ネットワーキングの展開をたどった。

　そこから明らかになったのが、これらのプロジェクトを進めて行く際に大きな壁となるものが、南三陸町内の働き盛りや若い人材の決定的な不足である。今後、女性を含めて地域内外でプロジェクト実施に必要な人材をどのように発掘し育て確保することができるかが、また、不足する人材を情報通信技術の活用でどのように補うことができるかが、プロジェクトの成否を分かつことになる。

　そこで、阪神・淡路大震災から東日本大震災に至るまでの著者の支援活動経験を振り返った上で、「南三陸福興まちづくり機構」による地域再生としての被災地復興の取り組みの現状と課題について、情報通信技術（ICT）活用という観点から明らかにしようとした。

　ところで、阪神・淡路大震災から東日本大震災に至る災害デジタル・ネット

ワーキングの展開では、デジタル・メディアの技術革新と普及に伴って、参加主体が拡大し多様化しつつ、活動そのものも柔軟かつ多様なものとなっていき、次第に、デジタル・メディアなしには活動それ自体が成り立たなくなっていった。

(4-9) デジタル・ネットワーキングによる地域再生に向けて

このような災害デジタル・ネットワーキングの展開の中で、著者は、災害が発生するたびに、過去の災害で培った経験と知識を手がかりにし、その時点で支援活動に必要となる資源（情報・ヒト・モノ・カネ・便宜等）を確保し、状況に応じて活用するべく、行動方針・計画を策定し、デジタル・メディアを駆使して、「顔の見える信頼関係」（社会関係資本：協力的相互信頼関係）にある（と思われる）様々な立場の人々に協力を呼びかけ、巻き込み、必要に応じて新しい情報通信システムを開発・構築し、試行錯誤し、多くの失敗を繰り返し、越え難い壁に突き当たりながらも、活動を展開してきた（干川 2014：160-171）。

こうした阪神・淡路大震災以来の19年にわたる災害デジタル・ネットワーキングの実践の中から明らかになったのは、情報通信技術を活用して支援活動の目的を達成するためには、次の要素が必要であるということである。

すなわち、情報通信技術を活用した支援活動の目的達成に必要なのは、1）情報通信回線・機器、2）アプリケーション・システム、3）情報資源（コンテンツ・リソース）、4）社会関係資本（協力的相互信頼関係）、5）保守管理・運営体制の構築と人材確保・育成及び資金調達である（干川 2014：171）。

そこで、この考え方に基づいて、東日本大震災を前提にして、地域再生や社会変革につながるデジタル・ネットワーキングによる被災地復興の可能性と課題を考察した。

つまり、「南三陸福興まちづくり機構」の活動を踏まえて、「Never Die Network」&「地域再生ポータルサイト」による「地域再生デジタル・ネットワーキング」の構想とそのための課題を具体的に示した（干川 2014：171-198）。

(56) 詳細な議論については、以下を参照。See, Richard Bellamy & Dario Castiglione, "Between Cosmopolis and Community: Three Models of Rights and Democracy Within the European Union," in Daniele Archibugi et al. (eds.), *Re-Imagining Political Community*, (Polity Press, 1998), p.152, 162-165, 167-69, 172-173.

ベラミーとカスティリオーネは、『論集』所収の論文（二〇〇一年）でも、同国家連合という同じ主題について論じているが、そこでは、欧州連合の組織上の特徴を分析することで、同国家連合の制度的・法的構造の正当化を試みている。

(57) 国家主権とコスモポリタン構想との緊張関係については see, William Rasch, "A Just War? or Just a War?: Schmitt, Harbermas, and the Cosmopolitan Orthodoxy," *Cardozo L. Rev.* 21 (2000), p.1665.

ラッシュ（二〇〇〇）は、コスモポリタン構想の中に潜在する暴力的な契機を剔抉しようとしている。

(58) See, Bellamy & Castiglione, *supra* note 55, p.168. ロンドンは、ECの裁判所の判決として述べている。

(59) Neil Macormick, *Questioning Sovereignty*, (Oxford University Press, 1999), pp.148-149, p.156.

(60) 国家主権の概念を維持しつつもECの裁判所の判決に従うとする見解については、See, Köhler, *supra* note 11, p.240.

(61) See, Stephen Toulmin, *Cosmopolis*, (Free Press, 1990), p.197, pp.208-209.

(62) トゥールミン『近代とは何か』（藤村龍雄・新井浩子訳、法政大学出版局、二〇〇一年）一八一頁、二一四-二一五頁。また、以下を参照。See, Mary Kaldor, *New and Old Wars*, 2d ed., (Polity Press, 2006), p.187-190 [メアリ・カルドー『新戦争論』（山本武彦ほか訳、岩波書店、二〇〇三年）二三一頁以下]。カルドーの議論における歴史観をグローバリゼーションの進展に伴うNGOなどの役割の増大という観点からさらに発展させたものとして、

(63) 国際社会における非国家主体（un-civil organization）の活動がグローバル化の進展とともに活発化していることは疑いをいれない。

(64) Michael Hardt & Antonio Negri, *Empire*, (Harvard University Press, 2000), pp.313-314 ［マイケル・ハート、アントニオ・ネグリ『〈帝国〉——グローバル化の世界秩序とマルチチュードの可能性』（水嶋一憲ほか訳、二〇〇三年）四〇〇——四〇一頁］。

Antonio Negri, *Le Pouvoir Constituant*, (Presses Universitaires de France, 1997), p.21 ［アントニオ・ネグリ『構成的権力——近代のオルタナティブ』（杉村昌昭・斉藤悦則訳、二〇〇三年）三三頁］。なお、ネグリは、近代の終焉にともない国家の役割が根本的に変化していくとする。

(65) Held, *supra* note 13, p.286 ［邦訳三三二頁］。

(66) WTO協定における憲法化（constitutionalization）については、中村民雄「国際経済法と『国内憲法』——WTO協定を素材として」中川淳司・寺谷広司編『国際法学の地平』（二〇〇八年）を参照。

(67) See, Köhler, *supra* note 11, pp.232-233.

(68) Rabkin, *supra* note 24, pp.24-25, 236-237, 248 (CoEが主権国家の連合体にとどまっていることを評価する).

(69) See, Rabkin, *supra* note 24, p.247.

(70) See, Hardt & Negri, *supra* note 63, pp.314-315 ［邦訳四〇一——四〇二頁］.

(71) ［筆者注：二〇一一年］本稿脱稿後に刊行された、See, Held, *supra* note 13, pp.136-140 の議論も参照。国家主権・領域性・国民性の相互連関を解体する諸要因として、グローバル経済、国際的法規範、ヘゲモニー的国家秩序、国際的政治コミュニティの発展を挙げる。

第一部

年表

大沢文夫「大沢フィロソフィー――日々の積み重ねがすべてなる」
大沢文夫「国際の研究所「シンローマ」」
湯浅年子「ヨーロッパと戦後の物理研究」（二〇〇三年）日本物理学会誌
湯浅年子「ヨーロッパと戦後の物理研究」（二〇〇三年）日本物理学会誌
湯浅年子「年表 一九四〇―一九七〇年」（二〇〇三年）日本物理学会誌
湯浅年子「年表 一九四五―一九七〇年」（二〇〇三年）日本物理学会誌
湯浅年子「年表 一九三一―一九五〇年」（二〇〇三年）日本物理学会誌
有馬朗人「原子核国際アメリカ物理学会」（二〇〇三年）日本物理学会誌
湯浅年子「CERN日本NATOの（二〇〇三年）日本物理学会誌
湯浅年子「戦後の国際会議にみる日本人（二〇〇三年）日本物理学会誌

第二節

中華民国憲法(constitution)制定の系譜と中華民国憲法(二〇〇五年七次修正)——中華民国憲法の系譜と中華人民共和国憲法制定の系譜——中華人民共和国憲法(二〇〇四年四月)——「政権の分配」と「治権の分配」——中国の社会主義政権の憲法(一〇五四年九月)——最初の中華人民共和国憲法の制定——「治権の分配」と「政権の分配」——中華人民共和国憲法(一九七五年一月)——新憲法制定——中華人民共和国憲法(一九七八年三月)——「国民的合意」——中華人民共和国憲法(一九八二年)——「中華人民共和国憲法(二〇〇四年)における軍事力とシビリアン・コントロールの所在——中華人民共和国憲法(二〇〇四年)と日本国憲法の第九条——日・EU・SIC・ベトナム・ロシアの姿勢

初出一覧　569

憲法裁判官の任命（二〇〇一年）

「フランスの憲法院と人権保障の発展」同志社大学人文科学研究所編『国家と人権──フランス人権宣言二〇〇年──』第一章（二〇〇一年）

「フランスにおける「法律」の概念の変容──二〇〇四年七月二九日のサラン判決（CE, Ass., 30-10-1998）について」辻村みよ子・長谷部恭男編『憲法理論の再創造』（二〇〇一年）

「フランスにおける違憲審査制と「超憲法性」(supra-constitutionnalité)──憲法裁判官と主権者──」憲法理論研究会編『主権理論の現代的意義』（二〇〇一年）

「二〇〇〇年のフランスにおける違憲審査制」比較法学会編『日本法の国際的文脈──歴史と理論──第一法の継受と移植』（二〇〇一年）

大陸型違憲審査制の諸相──「抽象的違憲審査制」と「回廊の法制度──司法のなかにある法」（二〇〇〇年）「具体的違憲審査制」──比較法研究第六二号（二〇〇〇年）

結語

大陸型違憲審査制・司法のなかにある法、「回廊の法制度・司法のなかにある法」

被災地の復興に必要なのは、安全・安心と交通手段や情報通信等の利便性の確保によって、より多くの人々が被災地を訪れ、観光や買い物を楽しみながら1円でも多くのお金を使ってくれることである。

それを促進する情報通信手段が、インターネット衛星回線と公衆無線LANとソーラーパネルから構成される「Never Die Network」(高度に生存可能な情報通信基盤)とWebサイトとTwitterやFace Book等のソーシャル・メディアを組み合わせた被災地内外の人びとの情報交流活性化のための「被災地ポータルサイト」である。

そして、南三陸町でこのような「まちづくり機構」の「Never Die Network」&「地域再生ポータルサイト」構築に基づいたプロジェクトが成功事例となり、東日本大震災の各被災地で同様の取り組みが行われ、また、首都直下地震や南海トラフを震源とする超広域・巨大地震・津波災害の危機に直面する地域で、さらに、被災地以外の過疎高齢化や産業衰退等の地域問題に直面する地域でも同じような試みが行われることで、「地域再生デジタル・ネットワーキング」が展開し、著者の提唱する「デジタル・ネットワーキング」と「社会関係資本」の相乗的循環過程(デジタル・ネットワーキングによって社会関係資本が豊かになり、さらに社会関係資本によってデジタル・ネットワーキングが促進されていく過程)による社会変革の方向性を指し示した。

以上が、『デジタル・ネットワーキングの展開』で論述されている事例研究を中心とした著者の研究成果の概要である(干川 2014：205-211)。

[参考文献]
・入江幸男(1999)「ボランティアの思想」内海成治・入江幸男・水野義之編『ボランティア学を学ぶ人のために』世界思想社
・金子郁容(1992)『ボランティア もうひとつの情報社会』岩波書店
・経済企画庁(2000a)『平成12年度 国民生活白書—ボランティアが深める好縁—』
  (http://www5.cao.go.jp/j-j/wp-pl/wp-pl00/hakusho-00-1-11.html)

・経済企画庁(2000b)「平成12年度 国民生活白書―ボランティアが深める好縁―」(要旨)

 (http://www5.cao.go.jp/seikatsu/whitepaper/h12/1110wp-seikatsu-s.pdf)

・経済企画庁国民生活局（2000）「平成12年度 国民生活選好度調査」

 (http://www5.cao.go.jp/2000/c/1221c-senkoudo-s.pdf)

・総務省（2001）「平成13年社会生活基本調査 2 ボランティア活動」

 (http://www.stat.go.jp/data/shakai/2001/kodo/pdf/vol.pdf)

・総務省（2006）「平成18年社会生活基本調査 結果の概要」

 (http://www.stat.go.jp/data/shakai/2006/pdf/gaiyou.pdf)

・総務省（2011a）「平成23年社会生活基本調査 生活行動に関する結果 結果の概要」

 (http://www.stat.go.jp/data/shakai/2011/pdf/gaiyou.pdf)

・総務省（2011b）『平成23年版 情報通信白書』

 (http://www.soumu.go.jp/johotsusintokei/whitepaper/ja/h23/pdf/index.html)

・総務省（2012）『平成24年版 情報通信白書』

 (http://www.soumu.go.jp/johotsusintokei/whitepaper/ja/h24/pdf/index.html)

・全国社会福祉協議会 全国ボランティア活動振興センター（2005）「ボランティア活動年報2005年版」(概要)

 (http://www.zcwvc.net/関係資料-書籍/ボランティア-市民活動関係資料/全国ボランティア-市民活動振興センター-調査データ/)

・全国社会福祉協議会　全国ボランティア活動振興センター（2010）「ボランティア活動年報2010年版」

 (http://www.zcwvc.net/関係資料-書籍/ボランティア-市民活動関係資料/全国ボランティア-市民活動振興センター-調査データ/)

・内閣府（2004）『平成16年版 国民生活白書』

 (http://www5.cao.go.jp/seikatsu/whitepaper/h16/01_honpen/index.html)

・内閣府（2014）「平成26年度 特定非営利活動法人及び市民の社会貢献に関する実態調査」

 (https://www.npo-homepage.go.jp/uploads/h26_houjin_shimin_chousa_all.pdf)

・早瀬昇（1999）「ボランティア団体の組織と運営」内海成治・入江幸男・水野義之編『ボ

[著書]『憲法判例集』(共著、第二版、有斐閣双書、2008年)。

現在、横浜国立大学大学院国際社会科学研究科教授。

[論文]「ヨーロッパ・ユニオンにおける『民主的正当性』の諸相」『憲法の歴史と比較』(日本評論社、1998年)、「フランス法制度との接触――欧州司法裁判所と国内法の"邂逅"をめぐって――」『欧州憲法条約と加盟国憲法の対話』(有斐閣、2003年)、Constitution, Loi et Traités internationaux. — Leurs statuts dans les systèmes juridiques français et japonais — La constitution et le temps (L'Hermès, 2003)、「本条開示・差別禁止原則の射程――欧州司法裁判所の判例を題材に」『憲法理論と法政策』(敬文堂、2007年)ほか。

小畑郁 おばた かおる

1973年生まれ。立命館大学法学部卒業。早稲田大学大学院法学研究科博士課程修了。ライデン大学にて LL.M取得。現在、早稲田大学大学院法務研究科教授。ヨーロッパ法を専攻。

[論文]「EU域内市場の基本的自由の基本権への収斂化――欧州憲法条約の新段階として」『早稲田法学』第55号145–185頁、「EU域内市場における基本的自由の相互作用の収斂とひろがり――『日本型 EU』出現の予兆?」、『早稲田法学』第27号225–241頁、「欧州経済領域 (EEA) における司法制度――政策的機能の規範形成への関与を遵守するとの多角的な違反内容の連接存在の実例として──」(RIETI Discussion Paper Series 07-J-051)。

佐藤 義明 さとう・よしあき

1972年生まれ。1995年東京大学法学部卒業。2006年東京大学大学院法学政治学研究科博士課程修了。博士(法学)。東京大学社会科学研究所助手、広島市立大学広島平和研究所准教授を経て、現在、島根大学法文学部准教授。専攻は国際法、国際機構。

[著書]『国際機構形成と国際規範』(共編)、国際機構論における国際判例形態の位置と役割を再考察する」(東京大学出版会、近刊)。

[論文]「国際機構へのコミットローと義務履行――アプロテダと9.11後のアラブ諸国間主義」[2006-2]「アメリカ年報」(2007年)、「NAFTAの各種国際審査機関：深化における"precision"と"delegation"」、ISS Joint Research Project Discussion Paper CREP Seminar 9: 国家主権と規範主義 (2006年)、「国家としての国際関係と裁判：準公的機関の論争される時代における『法』の実現」の実務」(東京大学)社会科学研究、56巻5・6号 (2005年) ほか。

ペー』J-102 (2001年)、「着用問題と華族体操──ソ連解体後の「テーゼ」と「エトス」の分裂──」、『比較法学』[早稲田大学] 35巻2号 (2002年)。

清滝 仁志 きよたき・たかし

1954年東京生まれ。1979年東京大学法学部卒業。1981年弁護士登録(第33期司法修習生)。1988年コーネル大学ロースクール卒 (LL.M.)。1993年ミシガン大学ロースクール卒 (LL.M.)。1994年横浜国立大学大学院国際経済法学研究科教授。1996年青山学院大学大学院法務研究科教授。2004年より早稲田大学大学院法務研究科教授。2006年よりアニータ大学ロースクール客員教授。

[著書]『ヨーロッパ経済法』(新世社、1997年)、『グローバル社会法の法律学講義』(現代人文社、2002年)、『新世紀のWTO──非貿易的関心事項の分析』(共著、東信堂新叢書、2003年)、『政府調達制度と経済法──朝鮮戦争時代の清算と平和素描』(日本評論社、2006年)、『EU完全市場展開と経済法』(共著、日本評論社、2007年) など。

広渡 清吾 ひろわたり・せいご

1945年生まれ。京都大学法学部卒業。東京大学社会科学研究所教授、東北大、ドイツ・ドイツ学術交流会、1987年ドイツ・ベルリン自由大学客員講師、1993－94年ドイツ・ミュンヘン大学客員教授、1998－2001年東京大学社会科学研究所長、2001－02年東京大学総長特別顧問、2003年東京大学副学長を兼任。東京大学所属図書館長。

[著書]『法律からの自由と解放──ナチズム支配下の私法学』(日本評論社、1986年)、『刑事裁判制度の比較研究──日米・独・日本』(共編著、東京大学出版会、1987年)、『外国法入門──イギリス・アメリカ・ドイツ・フランス』(有斐閣、1991年)、『法の担い手たち──ドイツ・フランス・イギリス・アメリカ』(弘文堂、共編著、日本評論社、1990年)、『現代家族の比較──独米日本』(共編著、東京大学出版会、1991年)、『戦争責任──戦後補償──日本とドイツはどう違うか』(共編著、東京大学出版会、1993年)、『現代ドイツの社会運動──統一一〇年の位相』(朝日選書、1994年)、『大学の倫理』(共編著、東京大学出版会、2003年)、『比較法社会論──日本とドイツを中心に』(放送大学教育振興会、2007年)など。

大橋 和子 おおはし・かずこ

1986年一橋大学大学院法学研究科博士課程終了。1991年一橋より博士(法学)学位取得。1993年一橋大学大学院法学研究科博士課程単位取得。1997年よりDEA取得。1993年一橋大学大学院法学研究科博士課程単位取得。2001年より慶應義塾大学助教授。2003－04年より慶應義塾大学客員研究員。

有賀 貞 あるが・ただし

1931年東京生まれ。東京大学教養学部卒。一橋大学教授等、麗澤大学教授等を経て、現在、麗澤大学比較文化研究科教授。電子情報大学機器研究所研究員、日本アメリカ学会理事長、アメリカ学会会長等を歴任。

〔著書〕『アメリカ政治史』、『アメリカ史概説』、『アメリカ外交史』ほか多数。

鈴木 輝二 すずき・てるじ

1934年東京生まれ。早稲田大学法学部研究科修了。1961－65年ブリュッセル大学留学、その後帰国。1965－66年インディアナ大学研究員、モスクワ大学法学部留学研究員、1969－70年ポーランド科学アカデミー法学研究所研究員、1971－81年共同通信ロンドン、モスクワ各地に勤務、1982－90年香川大学法学部教授、1990－2005年東海大学法学部教授等、および比較法学会評議員（日米欧比較法部会長、コミュニズム法学院等研究員等）等を歴任。

〔著書〕『EUへの道——中東欧における近代法の形成』（勁草書房、2004年）、『東西法秩序の比較』（三省堂、1987年）、『エリティー・アメリカを渡ったビュジネスマン』（中央公論新社、中公新書、2003年）ほか。

〔論文〕「社会主義国際経済法の新展開」（『香川法学』3巻−4号（1984年））、「ココム体制と東欧貿易拡大の可能性」（『香川法学』7巻3−4号（1988年））、「社会主義経済運動における国際法と国内法の関係」（『法律時報』1969年1月号）、「中東欧における士地商品化と私的所有権的体制」（『東海法学』第27号（2002年）ほか。

佐々 護永太郎 ささ・ごえいたろう

1969年福岡市生まれ。1991年早稲田大学法学部卒。1996年早稲田大学法学部研究科博士課程修了（92−93年モスクワ大学留学）。1999年東京大学社会科学研究所助手を経て、2002年より神戸大学大学院法学研究科准教授、現在東京大学社会科学研究所准教授。

〔著書〕『主選制度の理論と実務』（共編著、三元社、2007年）、「欧州連合の主選挙——欧州議会を例に選挙理論』（編著、三元社、2005年）など。

〔論文〕「国民国家』の位相と『主選の概念』（一）−（三）」、『早稲田大学大学院法研究』、第72号−74号（1995年）、「旧ソ連・ロシアにおける主選挙」、『比較法研究』、59号（1997年）、「ポーナリズムとロシアの政党のなかで——」、『比較法学』〔早稲田大学〕32巻2号（1999年）、「ポーナリズムと全主選制度——メリカから覆制的なものへ」、「著達選挙と朝日号、我をな体制と私」『世界各国の議論・著達選挙・（2000年）」、『著達選挙の理解と「——ダブスタンダード」の間で——」、『東京大学社会科学研究所アメリカジャーナル』

［著者紹介］

(掲載順)

大木 雅夫　おおき・まさお

1931年生まれ。東京大学大学院社会科学研究科経済法学専門課程博士課程修了（東京大学）。比較法学博士。現在、日本学術会議会員、上智大学名誉教授、獨協大学大学院法務研究科特任教授・教授。

〔著書〕『日本人の法観念』（東京大学出版会、1983年）、『比較法講義』（東京大学出版会、1992年）、『基本主義憲法と社会主義憲法』（有斐閣、1992年）、『異文化の法律家』（有信堂、1992年）、『東西方法律観念比較』（北京大学出版社、2004年）など。

〔論文〕「EU法における多言語問題——多言語主義を中心として」、など。

中村 民雄　なかむら・たみお

1959年生まれ。1991年東京大学大学院法学政治学研究科博士課程修了。法学博士（東京大学）。成蹊大学法学部助教授を経て、1999年東京大学社会科学研究所助教授、2006年より東京大学社会科学研究所教授。専門は、EU法および法イギリス法。

〔著書〕『欧州憲法条約——解説及び翻訳』（衆議院欧州憲法調査会事務局、2004年）、『イギリスの憲法改革と EC 法——国会主権の原則の変容』（東京大学出版会、1993年）。『EU研究の新地平——共同及び個体への接近』（編著、ミネルヴァ書房、2005年）、『EU法基本判例集』（編著、日本評論社、2007年）など。

須網 正　たださき・ただし

1946年生まれ。1969年東京大学法学部卒業。1976年東京大学大学院博士課程単位修了。法学博士。1976年上智大学法学部助教授、1984年同法学部教授、2004年同法学部大学院教授、1999年2002年同法学部長、2003–04年同司事補佐、2004–08年書籍科大学副学長。

〔著書〕『フランス行政法の理論』（有斐閣、1984年）、『フランス法』（三省堂、1997年）、『比較法の課題と展開』（編著、信山社、2002年）、『フランス行政法——判例行政法のモデル』（ペーシュール、D.フォラ著訳、木鐸社、三省堂、2007年）13）。

多国籍コーロッパ/欧石と注後

2008年4月20日初版第1刷発行

編者　大　木　雄　太

発行者　中　村　民　雄

発行所　聖学院大学出版会

〒362-8585 埼玉県上尾市戸崎1-1
電話 (048)725-9801 FAX (048)725-0324
E-mail : press@seigakuin-univ.ac.jp

© Seigakuin University General Research Institute, 2008

ISBN978-4-915832-77-2 C3032

〈9 東南アジア経済発展史〉

アジアのなかで伝える国

E・H・ノーマン 著

978-4-915832-71-0 (2008)

本書は、カナダに生まれ、外交官を務めながら優れた日本研究の業績を残したノーマンが、一九四〇年に著した『日本における近代国家の成立』（原題）のほか、日本近世史、明治維新史に関する論文をまとめたものである。

日本と近代世界

E・H・ノーマン 著

978-4-915832-75-8 (2008)

本書は、ノーマンが書きのこしたエッセイや論文のなかから、近代化の諸問題をあつかったものを精選している。「兵士と農民」「クリオの顔」、そして「日本における近代国家の成立」は、その代表作である。

日本における西洋政治経済思想の受容

杉山忠平 著

978-4-915832-73-4 (2007)

本書は、日本における西洋の政治経済思想を受容する過程について考察したものである。スミス、ベンサム、ミル、マルクスなどの思想が、どのようにして日本に受容されたかを、幕末から明治期にかけての思想史的文脈のなかで論じている。（一九七二年 未來社刊）

ベトナム経済の新展開

原洋之介 編

4-915832-66-6 (2006) (4-915832-66-x)

本書は、ベトナム経済の現状と課題について、「市場経済」「開かれた国民経済」、そして「国際化する経済」という三つの視点から、経済発展のメカニズムを解明するものである。東京大学東洋文化研究所を中心とする研究グループによる成果。

ランティア学を学ぶ人のために』世界思想社
- 干川剛史（2001）『公共圏の社会学』法律文化社
- 干川剛史（2003）『公共圏とデジタル・ネットワーキング』法律文化社
- 干川剛史（2006）『デジタル・ネットワーキングの社会学』晃洋書房
- 干川剛史（2007）『災害とデジタル・ネットワーキング』青山社
- 干川剛史（2009）『情報化とデジタル・ネットワーキングの展開』晃洋書房
- 干川剛史（2014）『デジタル・ネットワーキングの展開』晃洋書房
- 郵政省（1998）『通信白書』（1998年版）
    （http://www.soumu.go.jp/johotsusintokei/whitepaper/ja/h10/pdf/index.html）

〈コラム〉
- 全国社会福祉協議会 全国ボランティア・市民活動振興センター（2012）「東日本大震災『災害ボランティアセンター』活動報告書」
    （http://www.shakyo.or.jp/research/2011_pdf/11volunteer.pdf）
- 内閣府（2013）「東日本大震災における共助による支援活動に関する調査報告書」
    （http://www.bousai-vol.go.jp/kyojo/201310report.pdf）

あとがき

　本書は、『現代社会と社会学』（同友館2008年）の改訂版にあたる著書である。
　同書の第2部の地域社会・家族・情報化・ボランティアに関する諸データが、出版時から7年を経過して現状に合わないものとなって来たので、記載内容の大幅な改訂を行なわなければならなくなった。
　しかしながら、阪神・淡路大震災（1995年月17日発生）以来、「情報ボランティア」（大規模災害時に被災地内外の被災者支援活動を情報通信技術の活用によって支援するボランティア）及び復興支援ボランティアとして活動しつつ、それを研究対象として調査研究を行ってきた著者が、2011年3月11日に発生し現時点でもまだ継続中の「東日本大震災」の復興支援活動を続けながら、2014年9月27日に発生した「御嶽山火山災害」と2015年5月29日に発生した「口永良部島火山災害」における支援活動にも携わって来たため、なかなか筆が進まず、原稿の完成まで2年以上かかってしまった。
　本書は、このような経緯で2015年9月下旬に原稿がやっと完成した。
　第1部「現代社会の基礎論」では、基礎概念と主要な理論といった社会学の核心的な部分を取り扱った。第1章を除き、内容は前著と同様である。そして、第2部「現代社会の特色と諸問題」では、地域や家族の変容、格差拡大や情報化といった、現在大きく社会が変化している側面を扱い、さらに、東日本大震災発生から生じる問題に対処すべく展開されるボランティアの現状と課題について概観した。
　本書の評価については、読者の方たちにお任せしたい。
　最後に、なかなか完成しない本書の原稿を忍耐強くお待ちいただいた編集者の佐藤文彦さんに感謝いたします。

　　2015年10月　秋めく多摩キャンパスにて　　　　　　　　　　著者

索　引

あ行

ICT（情報通信技術）
　　…79、201、327、329、332、333、335
ICT活用 …………… 223
ITで地域を元気に！ ………… 320
IP電話 …………… 210
アーバニズム（urbanism） ………44
アーバニズムの下位文化論 ………45
アーバニズム論（都市的生活様式論）44
アカデミック圏 …………… 5
アジア的・共同体的生産様式 ………25
アノミー的自殺 …………… 28
新たな集積構造 …………… 81
安全・安心 ……………… 58、223
「家」制度 …………… 115
一億総中流社会論 …………… 150
一般化された他者 ………… 31
一般職 …………… 161
一般世帯 …………… 116
イデオロギー ……………23、24
意味学派的社会学理論 …………35
姻族 …………… 114
インターネット
　　… 6、202、216、267、318、333、335
インターネット広告費 …………… 216
インターネットの歴史 …………… 276
インナーシティ問題 ………… 51
ヴァーチャル・コミュニティ …… 269
ヴィーゼ …………… 13
ウェーバー …………… 28
受け手参加フォーラム …………… 5
AGIL図式 …………34
APC効果 …………… 127
営利の自己目的化 …………30
SSM調査 ……………147、150

SNS　218、,246、248、254、318、333
エートス …………… 29
NGO …………… 6
NPO …………… 6
炎上 ……………245、254
エンターテイメント圏 …………… 4
OECD（経済協力開発機構） ……87
オイルショック …………… 145
大石　裕 …………… 201
親子2夫婦同居 …………… 125
親子関係 …………… 114
オンラインコミュニティ ………… 234

か行

階級 …………… 146
解釈図式 …………… 9
開発主義 …………56
開発政策 …………56
鏡に映った自己 …………30
架橋型社会関係資本 ……94、271、274
核家族 …………… 110
核家族化 ……………115、118
核家族世帯 …………… 115
格差 ……………54、114、153
格差社会 …………… 143
格差社会論 …………… 150
拡散 ……………246、254
学生ボランティア …………… 322
学歴社会問題 …………… 148
学歴上昇（上方）婚 …………… 168
過疎化 ……………49、56
家族 …………… 109
家族意識の近代化 …………… 117
家族構成 …………… 114
家族制度 …………… 112

家族のライフ・サイクル ………… 122
過疎問題 ……………………………54
学校裏サイト ………………… 255
寛容性 ………………………………96
機会の平等 ………………… 144
企業ボランティア ………………… 322
帰属的地位 …………………………18
期待 …………………………………12
期待の相互（充足）性 …………12
ギデンズ ……………………………35
機能 …………………………………33
希望出生率 …………………………69
基本戦略 ……………………………58
決めつけ的な期待（偏見） …………18
客我（me） …………………………31
旧住民 ………………………………50
教育訓練機会 ………………… 154
教育の機会均等 ……………… 155
協業 …………………………………13
共産主義（的生産様式） ………25、26
共産主義革命 ……………………26
行政圏 ………………………………4
業績的地位 …………………………18
協働 …………………………………3
共同学習フォーラム ………………6
居住規則 …………………… 111
霧島連山新燃岳火山災害 ……100、101
近郊地域社会のブルーカラー化 50、51
近代西洋資本主義 …………………29
近代西洋資本主義社会 ……………29
近代ブルジョワ的生産様式 ……25、26
禁欲主義的合理主義 ………………29
クーリー ……………………………30
クラウドサービス ………………… 224
倉沢進 ………………………………46
クラブ・サークル …………………6
グローバル化 ………………21、52
経済 …………………………………34
携帯電話 ………………… 202

携帯電話インターネット ………… 204
Kパターン ………………… 295
啓発学習 ………………… 261
ゲーム ………………………………31
結婚意欲 ………………… 135
結婚コーホート ………………… 123
結婚の利点 ………………… 136
結節機関 ……………………………53
血族 ………………………… 114
結束（強化）型社会関係資本 …… 274
限界集落 ……………………………56
兼業化 ……………………………53、57
言語 ……………………… 7、11、12
現象学的社会学 ……………………35
公共圏 …………………… 3、5、6
公共性 ………………… 279
合計特殊出生率 ……………………70
公式集団 ……………………………19
公衆 …………………………………30
公衆電話 ………………… 208
構造 …………………………………33
構造―機能主義 ……………………33
行動 …………………………………7
高度経済成長 …… 40、145、155、201
高度経済成長期 …… 40、46、53、116
功利主義的現世主義 ………………30
高齢化 ………………………………83
高齢化率 ………………… 129
コーホート ………………122、128
コールマン …………………………88
国土のグランドデザイン2050 ……58
国民生活選好度調査 ……………… 297
国立社会保障・人口問題研究所 … 130
互酬性の規範 ……………… 91、271
子育て支援 …………………………66
古代的生産様式 ……………………25
コミュニケーション ………7、11、186
コミュニティサイト ……………… 255
コミュニティサイト対策 ………… 258

雇用格差	188
雇用対策	192
孤立化	231
婚活	186
コント	21
コンパクトシティ	78
コンピュータウィルス	226

さ行

災害ボランティアセンター	307
サイバー攻撃	223
サイバーバルカン化	272
差別	18
産業化	117
産業革命	25
産業構造	42、46
3.9G（3.9世代携帯電話）（LTE）	205、208
三段階（状態）の法則	22
産地直送販売	58
支援者	315
ジェントリフィケーション	52
私化	48
シカゴ学派	43
自己本位的自殺	27
自殺	27
『自殺論』	27
市場経済圏	4
実名	247
実用的機能	201
史的唯物論	25
自発性	279
司法圏	4
資本主義の精神	30
市民（ブルジョワ）革命	26
市民活動	6、274
社会意識	23、24
社会化	12、13、111
社会学理論	21

社会関係	7、12、13
社会関係資本（social capital）	87、267、336、343
社会関係資本指数	87
社会経済	5
社会構成体論	23
社会構造	145
社会システム	11
社会システム論	3、33
社会実在論	21、32、33
社会集団	15、16
社会心理	23、24
社会静学	22
社会生活基本調査	287
社会組織	14、16
社会的機能	3
社会的行為	7、11
社会的自我	31
社会的事実	27
社会的諸領域	3
社会的信頼	91
社会的ネットワーク	7、17、48、90、273
社会的不平等	150
社会的連帯	34、35
社会動学	22
社会の断片化	273
社会唯名論	21、28、32、33
社会有機体説	21
若年女性（20〜39歳）	66
主意主義的行為論	33、35
就業状況	135
就職氷河期	151
終身雇用制	152
修正方式	116
集団本位的自殺	27
柔軟性	279
収入格差	188
受援者	315

主我（I） ……………………… 31	心理学的社会学 …………………30
熟成たかはる灰干し …………… 102	ストップ少子化戦略 ……………73
宿命的自殺 ……………………… 28	スピリチュアル圏 ……………… 5
手段 ……………………………… 33	スプロール化 ……………………50
出産期 ………………………… 123	スマートフォン …………203、21、256
出生率 …………………………… 65	生活の個人化 ………………47、57
出生率低下 ……………………… 66	生活の社会化 ……………………47
シュッツ ………………………… 35	正規雇用 ……………………75、165
生涯未婚率 …………………131、172	正規雇用者 …………………… 152
条件 ……………………………… 33	生産関係 …………………………24
条件不利地域 …………………… 56	生産様式 …………………………24
少子化 ………………122、128、183	生産力 ……………………………24
少子化対策基本法 …………… 188	政治 ………………………34、54、55
少子化対策大綱 …………188、195	政治システム …………………… 5
少子高齢化 ………… 21、63、143	青少年 ………………………… 260
消費行動 ……………………… 215	生殖家族 ……………………… 111
上部構造 ………………………… 23	政令指定都市 ……………………78
情報化 ……………… 3、,21、201、335	世界都市 …………………………52
情報環境 ………………………… 11	セキュリティ対策 …………… 227
情報行動 ……………………… 212	世帯 …………………………… 109
情報セキュリティ …………… 223	先駆性 ………………………… 279
情報通信基盤の整備 ………… 223	全国総合開発計画 ………………54
『情報通信白書』…………209、222	全国総合開発政策 ………………43
情報的機能 …………………… 201	戦後復興期 …………………… 201
情報ボランティア ………327、330	潜在 ………………………………35
消滅集落 ………………………… 57	専門処理システム ………………46
人口学的要因 ………………… 122	総合職 ………………………… 161
人口減少社会 …………………… 64	相互行為 ……………………12、13
人口再生産力 …………………… 65	相互扶助 …………………… 56、58
人口置換水準 …………………… 71	相互扶助システム ………………46
人口の都市化 …………………… 39	相乗の循環過程 …………… 343
新住民 …………………………… 50	組織集団 …………………………17
親族ネットワーク …………… 114	ソーシャルサポート ……………6
心的相互作用 …………………… 30	ソーシャルメディア
心的相互作用説 ………………… 13	…………216、218、223、245、273
新聞閲覧 ……………………… 214	その他の親族世帯 ………… 115
シンボリック相互作用論 …31、35	村落の生活様式 …………………56
親密圏 …………………………… 5	
ジンメル ………………13、30、43	た行

350

第一次集団 ……………………… 31、109	賃金格差 ……………………………… 153
大学進学率 ……………………………… 156	出会い系サイト ……………………… 255
大学卒就職率 …………………………… 151	定位家族 ……………………………… 111
大都市郊外 ………………………………50	適応 ……………………………………34
大都市大震災軽減化	デジタル・ディバイド
特別プロジェクト（大大特）…… 335	……………… 223、228、240、270
タコツボ化 …………………………… 272	デジタル・ネットワーキング
他出家族員 …………………… 109、118	…………………… 274、335、343
脱親役割期 …………………………… 123	デジタル・メディア ………………… 274
タブレット型端末 …………………… 206	デジタル・メディア社会 … 221、267
ダム機能 …………………………………73	デュルケーム …………………………27
多様性 ………………………………… 279	テレビ（リアルタイム視聴）…… 214
タルド …………………………………30	テレビ（録画視聴）………………… 214
男女雇用機会均等法 ……… 158、161	電子メール …………………………… 210
男女の機会不均等 …………………… 165	天職 ……………………………………29
単独世帯 ……………………………… 118	動画共有サイト ……………………… 218
地位 ……………………… 15、16、17	動機づけ ………………………………33
地域SNS ……………………………… 319	東京一極集中 ……………………65、72
地域が活きる6つのモデル ………84	東京圏 ……………………………66、68
地域限定総合職 ……………………… 162	同居親族 ……………………………… 109
地域コミュニティ（共同体）………49	同居非親族 …………………………… 109
地域再生 ……………………………… 342	統合 ……………………………………35
地域問題 …………………………………49	同心円地域理論 ………………………44
小さな拠点 ………………………79、97	同類婚 ………………………………… 168
地方拠点都市 ……………………………78	匿名 …………………………………… 247
地方元気戦略 ……………………………77	独立行政法人　防災科学研究所 … 318
地方消滅 …………………………63、64	都市化 ………………………… 39、49、54
地方中核拠点都市 ………………………73	都市社会 ………………………… 53,58
地方中核拠点都市圏 ……………………72	都市生態学 ……………………………44
地方中枢拠点都市 ………………………78	都市的の生活様式 ………… 39、46、54
中核市 ……………………………………78	土台 ……………………………………23
中間階級問題 ………………………… 148	トラシー ………………………………24
中山間地 …………………………………58	トラブル ……………………………… 248
紐帯強化型社会関係資本 ………………94	
中流論争 ……………………………… 149	**な行**
超高齢社会 …………………………… 129	日本創成会議・人口減少問題検討分科会
長寿化 ………………………………… 122	………………………………………63
直系家族 ……………………………… 114	ニュー・エコノミー ………………… 180
直系家族制 …………………………… 112	ニュータウン …………………………50

索引　351

ネットショッピング ………… 215
ネット利用 …………………… 214
ネットワーク公共圏モデル …… 3
年功序列型昇進・賃金制度 …… 152
農業基本法 ……………………53
農村社会 ……………………53、58
農村的生活様式 ………………54

は行

バージェス ……………………44
パーソンズ ……………………32
ハーバーマス …………………35
排除 ……………………………96
灰干しプロジェクト ………… 100
パソコン ……………………… 203
パソコン通信 ………………… 217
パットナム ……………… 88、268
バブル景気 ……………………56
林　雄二郎 …………………… 201
パラサイト・カップル ……… 180
パラサイト・シングル ……… 180
晩婚化 ………… 66、118、122、129
阪神・淡路大震災
　……………50、280、289、314、335
非営利性 ……………………… 279
東日本大震災
　100、289、306、314、325、327、333
東日本大震災支援
　全国ネットワーク（JCN） …319、332
光回線（FTTH回線） ……………… 206
非公式集団 ……………………19
非正規雇用 ……………74、164、192
非正規雇用者 ……152＜164、188、289
非正規女性 …………………… 185
非組織集団 ……………………17
BWA ………………………… 205
ファン・フォーラム …………… 5
フィーアカント ………………13
フィッシャー …………………45

夫婦家族 ……………………… 114
夫婦家族制 ………………112、117
夫婦関係 ……………………… 114
不均等発展 ……………………54
福興（復興）市 ……………… 103
複合家族 ……………………… 114
複合家族制 …………………… 113
福祉 …………………………… 109
不正プログラム ……………… 225
普通世帯 ……………………… 115
不平等 ………………………… 144
フリーター …………………… 181
ブルーカラー化 ………………50
ブルーマー ……………………31
ふるさと納税 ………………… 103
ブルデュー ……………………89
ブロードバンド ……………… 205
ブログ ………………………… 217
『プロテスタンティズムの倫理と
　資本主義の精神』 ……………29
文化 ………………… 7、11、12、34
文化の内面化 …………………12
分業 ……………………… 3、15
平均寿命 ……………………… 124
平均初婚年齢 ………………… 129
封建的生産様式 ………………25
ぼうさい朝市ネットワーク … 103
法サポート …………………… 5
ポータルサイト ……………… 332
ボランティア ……………279、335
ボランティア行動者率 ……… 287
ボランティアバス …………… 313
ホワイトカラー層 ……………50

ま行

マードック …………………… 110
マスメディア圏 ……………… 4
まちづくり ……………………83
マルクス ………………………23

索引　353

ミード ……………………………31
未婚化　73、118、129、183、192、196
未婚者の結婚志向 ………………133
未婚者の増大 ……………………183
水越　伸 …………………………221
南三陸復興まちづくり機構 ……103
三宅島火山災害 …………100、335
無医村 ………………………………57
向都離村 ……………………………40
メッセージングアプリ …………218
メンタルサポート …………………6
目的 …………………………………31
目標達成 ……………………………34
模倣 …………………………………30
催合（もやい） …………………296

や行

役割 …………………15、16、17
結（ゆい） ………………………296
遊戯（play） ………………………31
世論 …………………………………5

ら行

ライフ・コース ………126、170、176
ライフ・サイクル ………………118
ライフケア圏 ………………………5
理解社会学 …………………………28
理念型 …………………………3、35
ルーマン ……………………………35
恋愛至上主義 ……………………186
老々介護 ……………………………57
ロータリークラブ ………………296

わ行

ワーキング・プアー（働く貧困層）　57
ワース ………………………………44
若者家族の空中分解 ……………177
若者の就労支援 …………………189
若者の自立支援 ……………………81

[著者略歴]

干川　剛史（ほしかわ　つよし）

1961年	群馬県に生まれる
1984年	群馬大学教育学部社会科学学科Ⅱ類卒業
1987年	慶應義塾大学大学院社会学研究科社会学専攻修士課程修了（社会学修士）
1992年	早稲田大学大学院文学研究科社会学専攻博士後期課程単位取得満期退学
1992年	徳島大学教養学部専任講師
1995年	徳島大学総合科学部助教授
1999年	大妻女子大学人間関係学部助教授
2005年	大妻女子大学大学院人間文化研究科・人間関係学部教授
2014年	博士（社会学）を慶應義塾大学より授与される

業　績

『公共圏の社会学』法律文化社　2001年
『公共圏とデジタル・ネットワーキング』法律文化社　2003年
『デジタル・ネットワーキングの社会学』晃洋書房　2006年
『災害とデジタル・ネットワーキング』青山社　2007年
『現代社会と社会学』同友館　2008年
『情報化とデジタル・ネットワーキングの展開』晃洋書房　2009年
『デジタル・ネットワーキングの展開』晃洋書房　2014年
　より詳しくは、著者に関するホームページにてご覧ください。
　URL は、http://homepage3.nifty.com/thoshikawa/hoshikawaHP/2index.html

---

2016年3月30日　発行

現代と社会学

著　者　ⓒ　干　川　剛　史
発行者　　　脇　坂　康　弘

発行所　株式会社 同 友 館
東京都文京区本郷3-38-1（郵便番号113-0033）
TEL 03-3818-3966　FAX 03-3818-2774
URL http://www.doyukan.co.jp/

落丁・乱丁本はお取り替えいたします。　神谷印刷／松村製本所
ISBN978-4-496-05195-1　　Printed in Japan